WOHNDESIGN UND DEKORATION

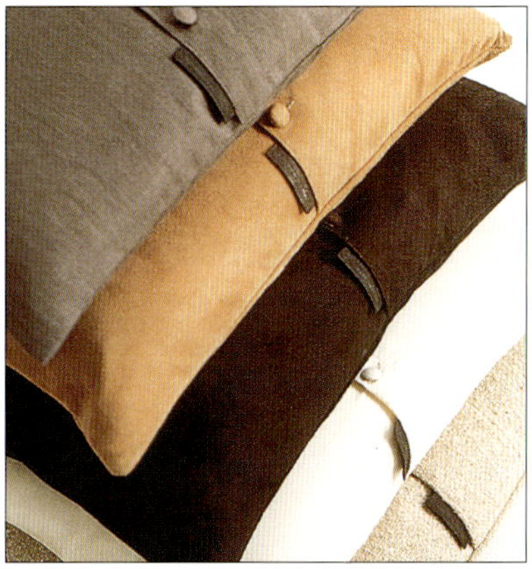

WOHNDESIGN UND DEKORATION

TECHNIKEN UND IDEEN SCHRITT FÜR SCHRITT

NICHOLAS BARNARD

EIN DORLING KINDERSLEY BUCH

EIN DORLING KINDERSLEY BUCH

Projektbetreuung Lee Stacy
Bildbetreuung Gurinder Purewall
Cheflektorat Krystyna Mayer
Chefbildlektorat
Derek Coombes
DTP-Designer Cressida Joyce
Herstellung
Rosalind Priestley
Fotos Tim Ridley
Textilien (Demonstration)
Alison Kingsbury

Neuausgabe 2000
Walton and Pringle
www.waltonandpringle.com

Die Deutsche Bibliothek – CIP-Einheitsaufnahme

Ein Titeldatensatz für diese Publikation ist bei der Deutschen Bibliothek erhältlich.

Titel der englischen Originalausgabe:
Step-by-step Home Decorating Book

Übersetzung
Petra Trinkaus, Susanne Bonn
Redaktion
Andrea Kimmel für Verlagsservice
Monika Rohde, Bonn
Satz
Verlagsservice Monika Rohde, Bonn

ISBN 3-8310-0030-1

Printed and bound in China by
L. Rex Printing Co., Ltd.

Besuchen Sie uns im Internet
www.dk.com

Manche der in diesem Buch verwendeten Zubehörteile sind nur in ausgewählten Fachgeschäften erhältlich, falls nicht, berät man Sie dort sicher gern über Alternativen.

INHALT

EINLEITUNG

Ansprechende Einrichtung und Dekoration verwandeln Ihr Zuhause, machen es schöner und behaglicher und steigern seinen Wert. Mit diesem Buch gelingen Ihnen von Anfang an perfekte Ergebnisse. Sie finden exakte Beschreibungen von Werkzeug und Zubehör für die jeweilige Arbeit und Empfehlungen für die am besten geeigneten Materialien. Jede Technik wird Schritt für Schritt mit Fotos und Anleitungen erläutert; so können Sie sich an die verschiedensten Dekorationsarbeiten wagen und ganz nach Wunsch ein modernes oder traditionelles Interieur zaubern. Außerdem finden Sie Anregungen, wie Sie durch eine interessante Zusammenstellung von Farben und Formen und mit Hilfe zahlreicher Techniken Ihren eigenen Stil kreieren.

TEXTILIEN

STOFFARTEN

WELCHEN STOFF SIE WÄHLEN, hängt davon ab, wozu Sie ihn verwenden und wie er den Charakter eines Raumes verändert. Bei Naturfasern für Heimtextilien ist die Auswahl zwar auf Wolle, Seide, Leinen, Baumwolle und Jute beschränkt, die Vielfalt an Strukturen, Farben und Mustern ist jedoch größer als je zuvor. Das liegt daran, dass die Hersteller Fasern mischen und durch synthetische Materialien Stoffe schaffen können, die pflegeleichter, robuster und einlaufsicherer sind als Stoffe, die nur aus einer einzigen Naturfaser bestehen. Denken Sie bei der Stoffauswahl immer an den Verwendungszweck und die entsprechende Beanspruchung.

Futterstoffe
Vielleicht möchten Sie Ihre Vorhänge abfüttern, um den eigentlichen Stoff vor starker Sonne zu schützen, für Wärmedämmung zu sorgen oder die Dekorationen sauber zu verarbeiten. Baumwollsatin ist gut dazu geeignet. Verdunklungsstoff ist lichtundurchlässig. Nessel ist ein grober Baumwollstoff für Weißpolster.

Baumwollsatin | Baumwollsatin | Nessel | Verdunklungsstoff

Transparente Stoffe
Diese dünnen, leichten Stoffe verwendet man häufig für lichtdurchlässige Gardinen oder dekorative Einfassungen. Dazu gehören Tüll, Spitze, Musselin, Voile und Stickereistoffe. Sie lassen sich leichter kräuseln als dickere, schwerere Stoffe und sind meist preiswert. Transparente Stoffe gibt es in großer Auswahl, einfarbig, bedruckt oder strukturiert; manche sind schwierig zu verarbeiten.

Musselindruck (Weiss) | Musselindruck (Natur) | Baumwollmischgewebe

Leichte Stoffe
Leichte Stoffe bestehen aus Baumwolle, Seide und Synthetikfasern. Wie transparente Stoffe sind sie häufig lichtdurchlässig und lassen sich in der Regel stark kräuseln. Vorhänge und Rollos aus Seide sollte man unter Umständen füttern – Seide leidet, wenn sie längere Zeit dem Sonnenlicht ausgesetzt ist.

Wildseide | Baumwolldruck | Karo (gedruckt) | Karo (gewebt)

Leichte bis mittelschwere Stoffe

Diese Stoffe haben eine fein gewebte Oberflächenstruktur, sind ideal für feine Musterdrucke, sehen dekorativ aus und haben viele praktische Vorteile. Sie eignen sich für die verschiedensten Arbeiten wie Fenster- und Bettdekorationen, Tischdecken, Servietten und Kissenbezüge. Die Mehrzahl der Stoffe dieser Kategorie ist gut zu verarbeiten und leicht zu waschen.

Gewebtes Baumwollkaro — Geblümter Baumwolldruck — Einfarbige Baumwolle — Geblümter Chintz

Jute — Baumwolle — Jacquard — Köper-Jacquard — Baum-wolldruck

Mittelschwere Stoffe

Die meisten Allround-Dekostoffe werden in mittelschwerer Qualität hergestellt. Sie lassen sich leicht verarbeiten, sind vielseitig und überall im Haus einsetzbar. Zu den beliebtesten Fasern gehören Baumwolle, Leinen und Mischgewebe aus Synthetik- und Naturfasern mit Woll- oder Seidenanteil. Viele mittelschwere Stoffe eignen sich für Polsterarbeiten.

Leinendruck — Bedrucktes Strukturgewebe — Woll-Baumwoll-Mischung mit gewebtem Paisleymuster

Schwere Stoffe

Schwere Stoffe sind voluminös und lassen Polstermöbel warm und behaglich wirken. Sie sind in der Regel robust und werden deshalb häufig für Polsterarbeiten verwendet. Die Mehrzahl dieser schweren Stoffe ist schwierig zu verarbeiten und zu formen und benötigt, wie Teppiche, eine Spezialreinigung.

Chenille — Velours — Baumwoll-Leinen-Samt — Baumwolle mit Stickerei

GRUNDAUSRÜSTUNG NÄHEN

UM TEXTILIEN PROFESSIONELL ZU VERARBEITEN, benötigt man die richtige Ausrüstung und einen sauberen, ordentlichen Arbeitsplatz. Bewahren Sie das Nähzeug getrennt von anderem Werkzeug auf und benutzen Sie es nur zum Nähen. Ganz wichtig ist eine ausreichend große Arbeitsfläche – für extrem lange Gardinen muss man unter Umständen auf den Boden ausweichen. Denken Sie bei der Einrichtung des Arbeitsbereichs an Ihre Bequemlichkeit. Setzen Sie sich auf einen Stuhl, der Ihnen ausreichend Halt gibt; der Tisch muss hoch genug sein, damit Sie keine Rückenschmerzen bekommen. Sorgen Sie für gute Beleuchtung, besonders wenn das Zimmer wenig Tageslicht bekommt.

SCHNEIDEWERKZEUGE
Stoff muss akkurat zugeschnitten werden, damit er perfekt passt. Arbeiten Sie mit Scheren, die scharf, stabil und leicht zu bedienen sind. Benutzen Sie Stoffscheren nicht im Haushalt, sonst werden sie schnell stumpf. Mit der Zuschneideschere schneidet man Stoffe und Schablonen zu, mit der Stickschere Details, mit der Zackenschere versäubert man Kanten.

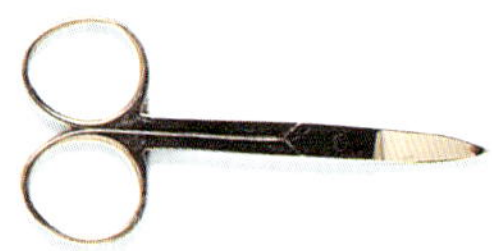
STICKSCHERE

ZUSCHNEIDESCHERE

ZACKENSCHERE

BÜGELEISEN UND BÜGELBRETT
Ein Bügeleisen sollte man nicht zur zum Schluss, sondern während des gesamten Arbeitsvorgangs benutzen, etwa zum Ausbügeln von Nähten, Säumen und Umschlägen. Arbeiten Sie möglichst mit dem Dampfbügeleisen, denn Feuchtigkeit und Hitze glätten den Stoff. Das Bügelbrett sollte höhenverstellbar sein und einen gepolsterten, leicht zu säubernden Spezialbezug haben.

BÜGELBRETT

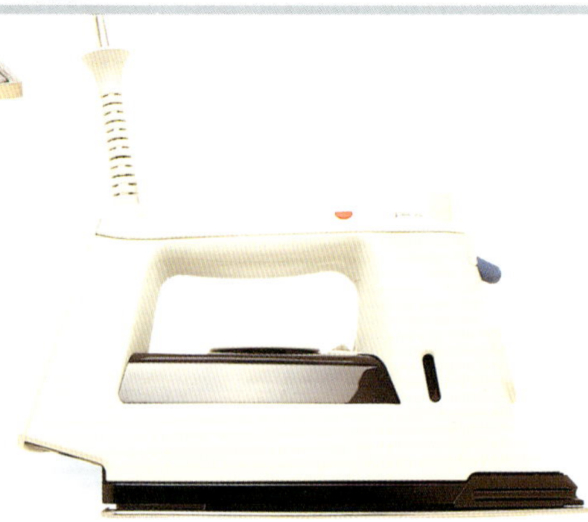
ELEKTRISCHES DAMPFBÜGELEISEN

DIE NÄHMASCHINE
In der Regel näht es sich mit der Maschine leichter und schneller als mit der Hand. Moderne Nähmaschinen sind bedienungsfreundlich und haben viele nützliche Funktionen, darunter Geradstich, Zickzackstich und Rückwärtsgang. Für die meisten Maschinen gibt es Zubehör, z. B. einen speziellen Fuß, mit dem man Reißverschlüsse in Nähte setzt. Legen Sie Ersatzspulen bereit und spulen Sie das Garn vor Beginn der Arbeit auf.

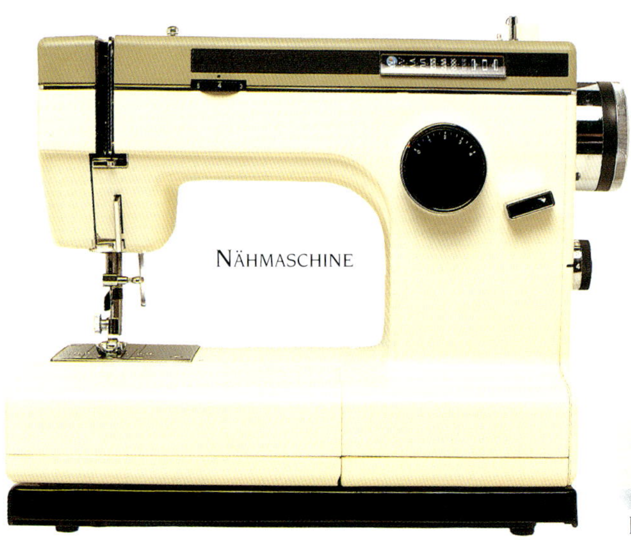
NÄHMASCHINE

SPULEN

REISSVERSCHLUSSFUSS

GERADSTICHFUSS

KNOPFLOCHFÜHRUNG

ZWILLINGS- UND EINFACHE NADEL

Nähzubehör
Verwenden Sie einfache Stecknadeln aus rostfreiem Stahl oder solche mit farbigem Glaskopf – sie sind auf dem Stoff besser zu sehen. Bewahren Sie Stecknadeln griffbereit in einer Dose oder im Nadelkissen auf. Für Stoffe unterschiedlicher Stärke gibt es eine große Auswahl an Nähnadeln. Ein Nadeleinfädler erleichtert das Einfädeln. Welches Garn Sie verwenden, hängt von der Art der Arbeit sowie vom Gewicht des Stoffs ab. Heftgarn gibt es in mehreren Farben; es lässt sich leicht reißen.

Nadelkissen

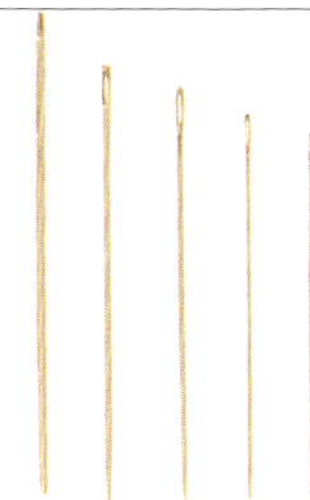
Nähnadeln

Nähgarn

Heftgarn

Stecknadeln

Nadeleinfädler

Mess- und Markierwerkzeug
Akkurates Messen und Markieren sind beim Nähen besonders wichtig. Ein nicht dehnbares Bandmaß erleichtert das Arbeiten in Rundungen und Ecken. Markieren Sie Stoffe mit einer gut sichtbaren und leicht zu entfernenden Farbe – dazu eignen sich Schneiderkreide oder Textilstift. Bügeln Sie den Stoff erst, wenn die Farbe ganz verblichen ist. Bei vielen Heimtextilien muss der Stoff exakt im rechten Winkel zugeschnitten werden; dafür ist ein großer Winkel ideal.

Textilstift

Bleistift

Schneiderkreide

Winkel

Bandmass

Diverses
Eine Durchziehnadel ist eine stumpfe, dicke Nadel mit langem Öhr, mit der man Kordel, Band oder Gummilitze in dicke Stoffe oder Tunnel einzieht. Nähte lassen sich mit dem Nahttrenner schnell und leicht auftrennen. Wäscheklammern sind praktisch, um Stoff vorübergehend auf steifen Teilen wie Einlagen oder Lampenschirmgestellen zu fixieren. Schnittmuster oder Schablonen fertigt man aus Pack-, Transparent- oder Millimeterpapier.

Nahttrenner

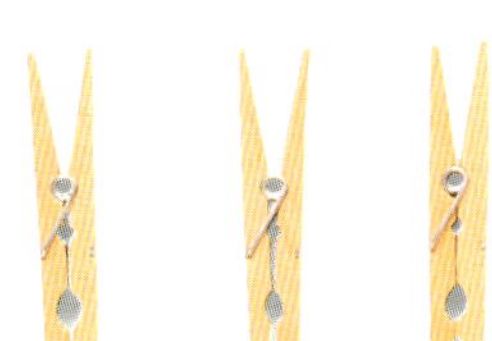
Wäscheklammern

Durchziehnadel

Papier für Schnittmuster

Polsterwerkzeug

Für Kissenbezüge oder einfache Polsterarbeiten benötigt man kaum Spezialwerkzeug. Um Knöpfe oder Noppen auf Kissenbezüge zu nähen, braucht man eine lange Polsternadel – es gibt sie in verschiedenen Größen. Beim Beziehen einfach geformter Möbelstücke, z. B. Fußbänke, spannt man den Stoff vorm Befestigen mit Ansstecknadeln straff. Diese Polsterwerkzeuge sollte man nur bei dickem Stoff verwenden – hauchdünner Stoff könnte durch Polster- oder Anstecknadeln reißen.

Polsternadel

Anstecknadel

EINFACHE NÄHTECHNIKEN

MIT GUTEN MATERIALIEN WIRD DAS HERSTELLEN VON HEIMTEXTILIEN ZUM ENTSPANNENDEN UND BEFRIEDIGENDEN HOBBY, DAS AUSGESPROCHEN DEKORATIVE UND ORIGINELLE ERGEBNISSE HERVORBRINGT. BEI ORDENTLICHEN NÄHTEN, KNOPFLÖCHERN UND REISSVERSCHLÜSSEN IST EINE ELEKTRISCHE NÄHMASCHINE UNSCHLAGBAR, WAS GESCHWINDIGKEIT UND GLEICHMÄSSIGES STICHBILD ANGEHT. SCHON EIN EINFACHES MODELL ERLEICHTERT ROUTINEARBEITEN, UND MIT COMPUTERGESTEUERTEN MASCHINEN GELINGEN AUCH MONOGRAMME ETC. OHNE GROSSEN ARBEITSAUFWAND.

MODERNE STICKEREI
Stilisierte Blüten- und Blattmotive in Violett und Lindgrün auf einem Hintergrund aus frischem weißen Leinen verleihen dieser traditionellen Sticktechnik einen modernen Touch.

NÄHEN VON HAND

ZWAR LÄSST SICH FAST JEDER STICH mit der Nähmaschine arbeiten, es gibt aber immer Fälle, in denen man mit der Hand nähen muss. Vielleicht soll das Stück ersichtlich handgenäht wirken; die Handnäherei kann aber auch Maschinengenähtes ergänzen – z. B. heftet man Stofflagen mit der Hand und näht sie dann per Maschine zusammen. Einstichstellen und Stiche sind bei sorgfältiger Vorbereitung unsichtbar: Vor dem Nähen schaut man sich den Stoff genau an, nimmt die feinstmögliche Nadel und Garn in passender Farbe und Stärke. Rechtshänder arbeiten von rechts nach links, Linkshänder von links nach rechts.

STECKEN UND HEFTEN

Durch Stecken und Heften fügt man Stoffteile vor dem Nähen zusammen. Stecknadeln im rechten Winkel zur Stichlinie stecken. Kontrastfarbiges Heftgarn verwenden.

ZUSAMMENSETZEN Stoffteile zusammenstecken und das Fadenende durch mehrere Stiche oder Knoten befestigen. Entweder alle Heftstiche ca. 1 cm lang arbeiten oder aber auf der Vorderseite 1,5 cm und auf der Rückseite 5 mm lange Stiche machen.

SAUMSTICH

Saumstich verwendet man bei Säumen oder bei Nähten auf der rechten Stoffseite, etwa zum Schließen von Öffnungen, durch die eine Arbeit gewendet wurde.

ÖFFNUNG SCHLIESSEN Faden befestigen und Nadel über die Öffnung führen. 2 mm langen Stich in die Bruchkante machen. Faden wieder über Öffnung führen und ebensolchen Stich in erste Seite machen. Bis zum Ende wiederholen, Faden in der Naht befestigen.

DURCHSCHLAGEN

Mit Durchschlagen markiert man Stoffe zum akkuraten Zusammensetzen und überträgt Markierungen vom Schnittmuster auf eine oder auf zwei gleiche Stofflagen. Man arbeitet mit doppeltem Faden in Kontrastfarbe. Werden auf einem Stoffteil mehrere verschiedene Markierungen benötigt, nimmt man zur besseren Unterscheidung für jede eine andere Farbe.

1 **ANFANG** Einen ca. 1 cm langen Stich durch den Stoff machen. Faden durchziehen, 1,5 cm langes Fadenende auf der Oberseite belassen. Nadel wieder in erstes Stichloch stechen.

2 **SCHLAUFE MACHEN** Zweiten Stich in dieselben Stichlöcher arbeiten. Faden durchziehen, aber eine so große Schlaufe auf dem Stoff stehen lassen, dass der Zeigefinger darunter passt.

Zum Schluss Fadenende auf 1,5 cm kürzen wie am Anfang der Markierung.

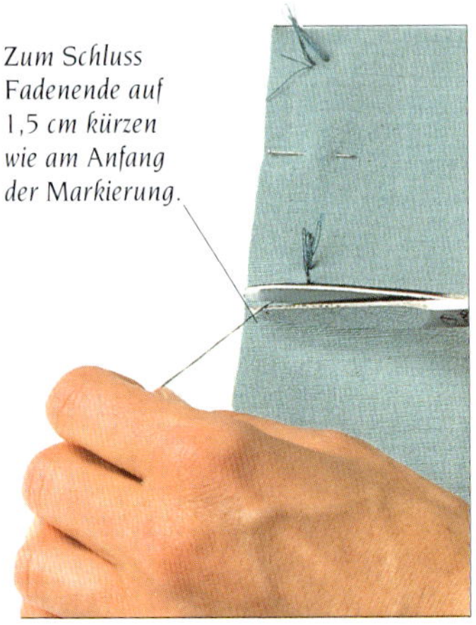

3 **BEENDEN** Durch wenige Stiche entsteht eine vielfädige Schlaufe auf dem Stoff. Zum Beenden Nadel auf Oberseite durchstechen, Faden so abschneiden, dass wie am Anfang ca. 1,5 cm Fadenende bleibt.

4 **AUFSCHNEIDEN** Beim Markieren von zwei Stofflagen diese auseinander ziehen und Fäden durchtrennen; durch ein auf dem Stoff liegendes Schnittmuster Schlaufen durchschneiden und Muster abnehmen.

LEITERSTICH

Leiterstich ist ideal zum Zusammensetzen zweier gemusterter Stoffteile; damit wird die Naht vor dem endgültigen Nähen exakt im Muster fixiert. Dabei heftet man die Stoffteile von der rechten oder gemusterten Seite zusammen. Das führt bisweilen zu einer gewissen Stoffverschwendung, aber nur so lassen sich gemusterte Stoffteile sauber und professionell zusammensetzen. Für diese Arbeit braucht man ein Bügeleisen.

1 **TEILE ZUSAMMENLEGEN** Teile, rechte Seite nach oben, an Kanten übereinander legen. Kante des oberen Teils 2 cm umlegen, bei dickem Stoff mehr. Bruchkante bügeln, mustergerecht zusammenlegen und stecken.

2 **NAHTBEGINN** Heftgarn einfädeln und Fadenende in Nahtlinie befestigen. 1 cm langen Stich in Bruchkante der oberen Stofflage machen.

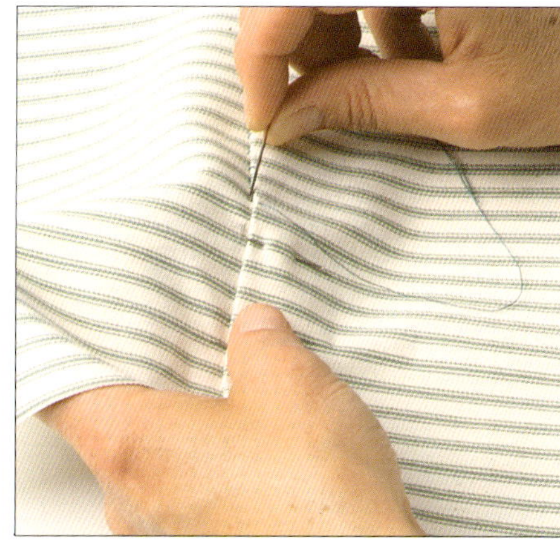

3 **LEITERSTICH** 1 cm langen Stich in unteres Stoffteil machen. Bis zum Nahtende Leiterstiche arbeiten, dann Faden befestigen. Teile rechts auf rechts zusammenlegen, nähen und Leiterstiche entfernen.

LANGETTENSTICH

Langettenstich dient vor allem zum Versäubern von Schnittkanten, aber auch als Zierstich. Arbeiten Sie die Zierstiche in dickem Garn, vor allem wenn der Faden dieselbe Farbe wie der Stoff hat, damit sich die Stiche durch ihre Struktur klar abheben. Mit dicht gearbeitetem Langettenstich versäubert man Knopflöcher; dazu sollte man spezielles Knopflochgarn verwenden; es ist fein, aber sehr stabil.

1 **STICH ARBEITEN** Für Langettenstiche bei dickem Stoff ca. 1 cm, bei leichtem Stoff 5 mm, bei Knopflöchern 3 mm von der Schnittkante einstechen. Nadel über Fadenende führen.

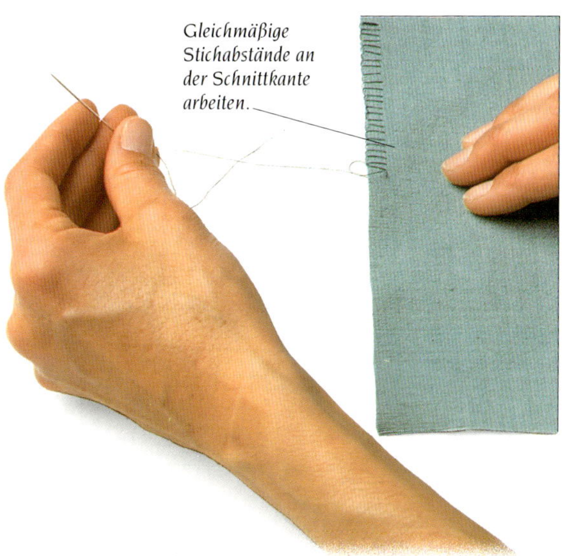

2 **STICH ANZIEHEN** Nadel durchziehen. Die Fadenschlaufe liegt auf der Stoffkante und zieht den Stich von der Kante weg. Vorsichtig anziehen, damit die Stoffkante keine Falten wirft, und Stich über die gesamte Kante wiederholen. Bei dicken Stoffen größere, bei leichten Stoffen engere Stichabstände arbeiten, bei Knopflöchern Stiche dicht nebeneinander setzen.

RÜCKSTICH

Diesen auch Steppstich genannten Stich verwendet man bei stabilen Nähten, vor allem an schwierigen Stellen wie spitzen Ecken, die sich schlecht per Maschine nähen lassen. Auch zum Einsetzen von Reißverschlüssen ist er geeignet. Arbeitet man im Saum in gewissen Abständen Rückstiche, reißt der Saum selbst beim Hängenbleiben nur ein kleines Stück ein.

DER STICH
Auf der Oberseite 1 cm langen Stich machen. Nadel 5 mm vor diesem Stich auf Rückseite durchstechen und 5 mm hinter dem Stich wieder nach oben stechen. Fortlaufend wiederholen, dabei mit jedem Stich ins Ende des vorhergehenden einstechen. Auf der Vorderseite sollten die Stiche 5 mm lang sein, auf der Rückseite 1 cm; sie überlappen sich.

NÄHTE

HALTBARE, SAUBER VERARBEITETE HEIMTEXTILIEN erfordern diverse spezielle Hand- und Maschinennähtechniken. Beim Zusammensetzen von Stoffteilen kommt es auf die richtige Naht an – französische, einfache, handversäuberte oder Kappnaht. Überlegen Sie, wie die Arbeit aussehen soll, und wählen Sie die Methode, die sich für Verwendungszweck und Optik am besten eignet.

EINFACHE NÄHTE

Die einfache Naht ist die simpelste und vielseitigste Methode zum Zusammensetzen zweier Stoffteile. Teile vor dem Nähen immer zusammenstecken und heften. Saubere Ecken und Rundungen erhält man durch Be- und Einschneiden: An den Ecken wird ein Stoffdreieck abgeschnitten, an Rundungen die Nahtzugabe in Abständen eingeschnitten.

EINFACHE FLACHE NAHT

Stecken und heften, dann Stoff unter Maschinennadel legen und Fuß absenken. Faden durch mehrmaliges Vor- und Zurücknähen über 1 cm in der Nahtlinie befestigen. Entlang der Nahtlinie nähen und wiederum durch Vor- und Zurücknähen in der Nahtlinie befestigen. Heftstiche entfernen und Naht ausbügeln. Bei neuen Stichen oder Stoffen zunächst kurze Probenaht auf Stoffrest arbeiten, um die korrekte Maschineneinstellung zu überprüfen.

ECKEN BESCHNEIDEN

An den Ecken nach dem Nähen die Nahtzugabe schräg abschneiden. Etwa 6 mm zwischen Naht und Schnittkante stehen lassen, sonst franst die Nahtzugabe nach dem Wenden sehr leicht aus.

RUNDUNGEN EINSCHNEIDEN

Bei konvexen Nähten Schnittkante wie abgebildet V-förmig einschneiden, damit sie weniger sperrig wird und der Stoff sich nicht verzieht. Auch bei konkaven Nähten fällt der Stoff durch Einschneiden besser.

SCHNITTKANTEN VERSÄUBERN

Die Schnittkanten von Stoffteilen sollte man bearbeiten, damit sie nicht ausfransen – man nennt das Versäubern. Besonders wichtig ist dies bei Polstermöbeln, die starker Belastung ausgesetzt sind. Schnittkanten lassen sich auf verschiedene Weise versäubern – durch Umstechen oder Handversäuberung, Zickzackstich, Einfassen oder einfach mit der Zackenschere. Die einfachste und am häufigsten verwendete Technik ist wohl der Maschinenzickzackstich. Beim Einfassen mit Schrägband sind keine Schnittkanten mehr zu sehen. Dasselbe gilt für handversäuberte Nähte, hier muss man jedoch mehr Nahtzugabe berechnen. Sind die Stoffrückseiten und somit auch die Nähte sichtbar, eignen sich die auf der nächsten Seite beschriebenen Nahttechniken.

ZICKZACKSTICH

Maschine auf Zickzack stellen und Schnittkante unter Nadel legen. Faden befestigen, so dicht wie möglich entlang der Schnittkante nähen, am Ende befestigen.

UMSTECHEN PER HAND

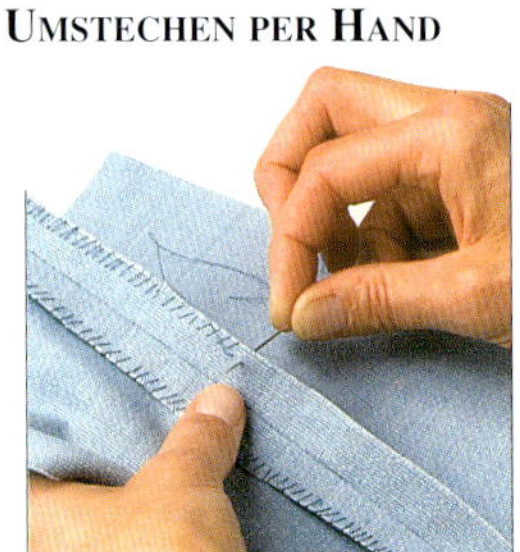

Gleichmäßige Stiche von Rück- auf Vorderseite des Stoffs machen, dabei Faden über Schnittkante ziehen. Stiche nicht zu fest anziehen, sonst wirft der Stoff Falten.

SCHRÄGBAND

Eine Kante des Schrägbands auffalten und an Schnittkante anlegen. In Bruchkante des Bands stecken, heften und nähen. Band um die Kante legen und durchnähen.

HANDVERSÄUBERTE NAHT

2,5–3 cm breite Nahtzugaben machen. Eine nach dem Nähen auf 5 mm beschneiden, die andere darüberlegen und Schnittkante umlegen. Stecken und in Bruchlinie nähen.

ZACKENSCHERE

Mit der Zackenschere schneidet man eine Zackenkante. Die Kante ist jedoch nicht sehr haltbar, deshalb nur bei innen liegenden Nähten verwenden.

FRANZÖSISCHE NAHT

Dies ist eine stabile, saubere Naht, bei der auf der rechten Stoffseite keine Stiche zu sehen sind. Sie eignet sich jedoch nur für gerade Kanten und benötigt etwa 1,5 cm Nahtzugaben. Sie ist die ideale Lösung, wenn beide Stoffseiten sichtbar sind, wie zum Beispiel bei hellen oder transparenten Stoffen.

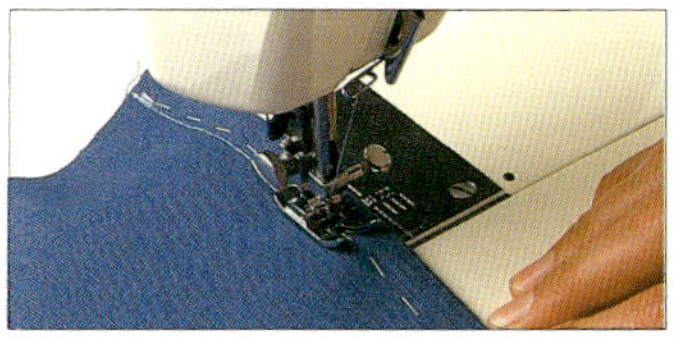

1 **ERSTE NAHT** Stoffteile links auf links zusammenstecken und heften. Einfache Maschinennaht *(siehe links)* 5 mm von Kante steppen. Stoff aus der Maschine nehmen und Heftstiche entfernen.

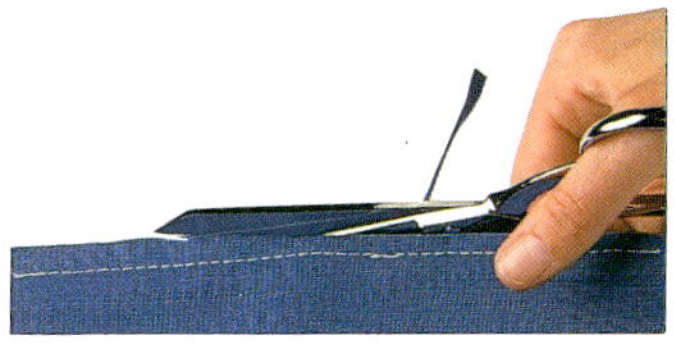

2 **KANTEN BESCHNEIDEN** Beide Nahtzugaben mit scharfer Schere vorsichtig auf 3 mm abschneiden. Stoffteile rechts auf rechts legen, in Nahtlinie falten und bügeln.

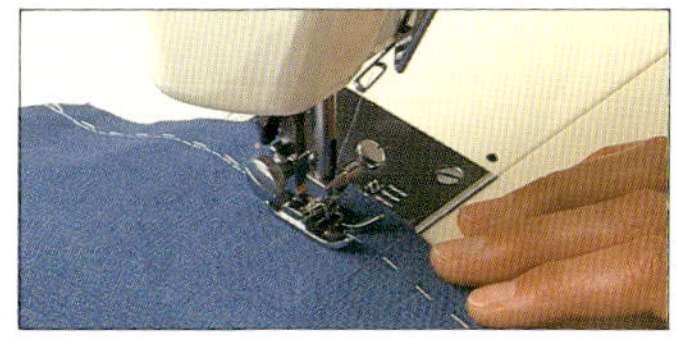

3 **ZWEITE NAHT** Zusammengelegte Teile dicht an Bruchkante heften. Zweite Naht 1 cm neben erster (jetzt Bruchkante) steppen; die Schnittkanten werden eingefasst.

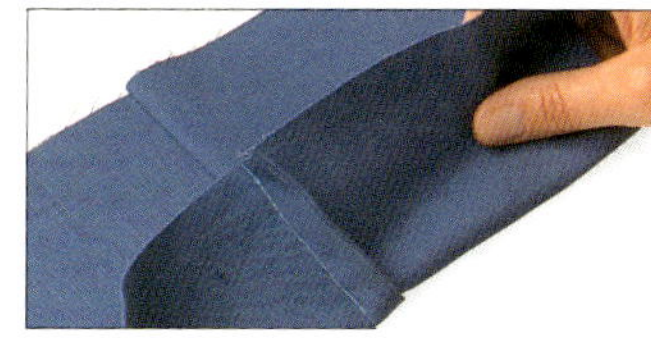

4 **FERTIGE NAHT** Heftstiche entfernen und Stoff auseinander falten. Es erscheint eine saubere Naht ohne sichtbare Stiche. Nahtzugabe glatt auf eine Seite bügeln.

KAPPNAHT

Kappnähte eignen sich besonders gut für Arbeiten, bei denen stabile, flache Nähte gefragt sind; dies ist häufig bei Polstermöbeln der Fall. Bei dieser Naht sind allerdings auf der rechten Stoffseite Stiche zu sehen.

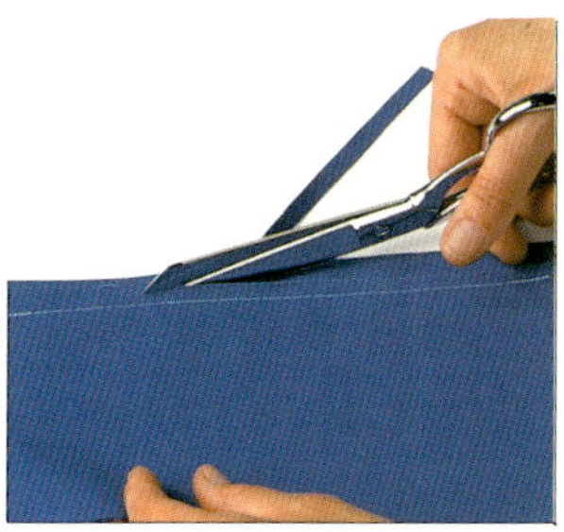

1 **NAHT STEPPEN** Teile rechts auf rechts 1,5 cm neben Schnittkanten zusammensteppen. Eine Nahtzugabe auf 5 mm beschneiden.

2 **NAHT UMLEGEN** Breite Nahtzugabe über schmale umlegen. Beide, Schnittkante nach unten, zur Seite falten, heften.

3 **ZWEITE NAHT** Auf rechter Stoffseite entlang der Heftstiche steppen und Naht bügeln. Eine Stichreihe ist sichtbar.

ABSTEPPEN

Eine einfache Technik, mit der man Linien wie z. B. Nähte betont. Dickes Garn in Kontrastfarbe oder lange Stiche betonen die Linie noch mehr. Einfache Naht stecken, heften und nähen, Heftstiche entfernen und Naht ausbügeln. Auf rechter Seite zu beiden Seiten der Naht absteppen.

QUILTEN

Beim Quilten wird nicht nur eine wärmende Schicht eingefügt – es sieht auch sehr dekorativ aus. Man kann die Wattierung, wie hier, einfach zwischen die Stofflagen nähen und dann die Kanten einfassen. Oder Wattierung auf die linke Seite eines Stoffteils heften, dann rechts auf rechts zusammenlegen. An drei Seiten zunähen, wenden und mit Saumstich *(siehe Seite 16)* schließen.

1 **MUSTER MARKIEREN** Entscheiden Sie sich für ein Muster. Diagonalen sind einfach und plastisch, Sie können aber auch das Stoffmuster nachsteppen. Linien mit geeignetem Stift markieren.

2 **LAGEN ZUSAMMENSETZEN** Wattierung, Futterstoff und Oberstoff auf gleiche Größe schneiden und Wattierung zwischen die Stoffe legen. Alles zusammenstecken und heften.

3 **ABSTEPPEN** Wattierung mit Heftlinien fixieren. Entlang der markierten Linien steppen. Heftstiche entfernen und Wattierung zwischen Nahtzugaben abschneiden. Kanten einfassen.

UMGANG MIT STOFFEN

BEIM ANFERTIGEN VON HEIMTEXTILIEN SOLLTEN SIE einige Grundregeln zum Umgang mit Stoff und die Einschätzung des Stoffverbrauchs berücksichtigen. Das Zuschneiden und Zusammensetzen von Bahnen muss man bei fast allen Näharbeiten beherrschen. Bei gemusterten Stoffen müssen die Motive an den Nahtstellen exakt aneinander passen. Vor dem Zuschneiden legt man den Stoff und das Schnittmuster über das zu beziehende Stück und probiert so lange, bis man mit der Musterverteilung zufrieden ist.

SCHNITTMUSTER AUFLEGEN

Beim Arbeiten mit gemusterten Stoffen sollte man sich zuerst überlegen, wie das Muster im Verhältnis zum Werkstück, etwa an einem Fenster oder auf einem Möbelstück, angeordnet sein soll. Das Muster sollte an allen Nahtstellen exakt anschließen. Messen Sie auch nach, wie groß der Musterrapport auf dem Stoff ist. Beim genauen Ausrechnen des Stoffverbrauchs spielt die Rapportlänge nämlich eine wichtige Rolle.

Musterrapport messen

Hersteller geben die Rapportlänge meist an der Webkante oder auf einem Etikett an der Stoffrolle an. Falls nicht, messen Sie den Abstand zwischen zwei identischen Motiven.

Musterabstimmung bei Bahnen

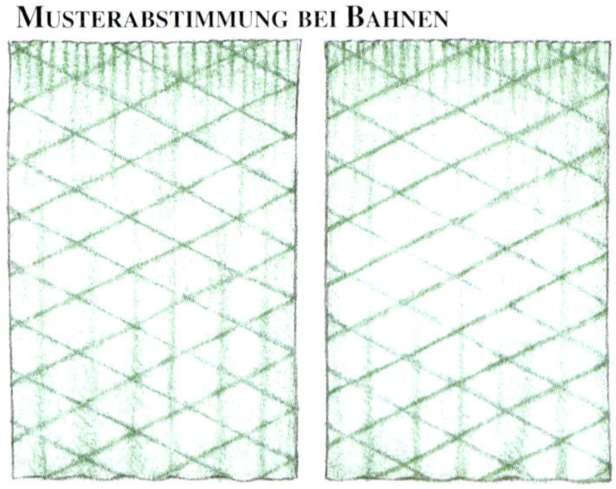

Bei zwei nebeneinander hängenden Teilen wie etwa Vorhängen müssen die Muster über die volle Länge zusammenpassen und auch bei geschlossenen Vorhängen genau anschließen! Schneiden Sie zunächst ein Teil zu und stimmen Sie dann das zweite darauf ab *(siehe Seite 45)*.

Unvollständiges Muster

Bei Rollos oder Vorhängen lässt es sich nicht immer vermeiden, dass ein unvollständiges Muster übrig bleibt. Bei kurzen Vorhängen *(links)* setzt man das abgeschnittene Muster nach oben, das vollständige an den unteren Saum. Bei bodenlangen Vorhängen sollte das komplette Muster oben sitzen *(rechts)*, das abgeschnittene am unteren Saum.

STOFF ZUSCHNEIDEN

Zuschneiden ist nicht schwer, wenn man sorgfältig mit einer scharfen Schere arbeitet. Am besten und bequemsten geht es, wenn man den Stoff auf einer glatten, flachen Fläche auslegt. Beim Zuschneiden großer Teile muss man unter Umständen auf einen sauberen Boden ausweichen. Zum akkuraten Zuschneiden braucht man Nähzeug.

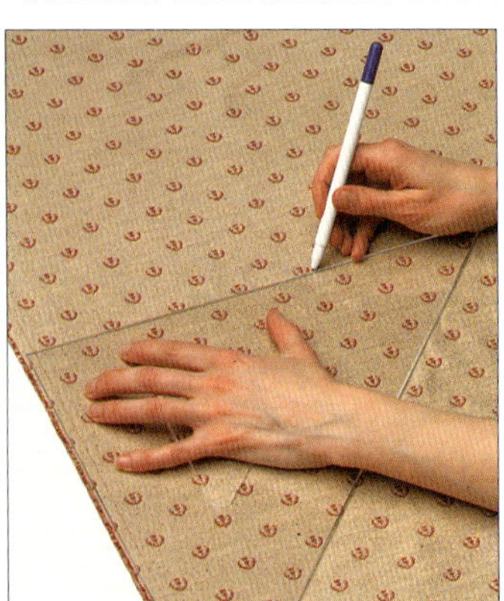

1 **STOFF MARKIEREN** Stoff schneidet man fadengerade – entlang der Schussfäden und rechtwinklig zu den Kettfäden. Winkel im rechten Winkel zur Webkante anlegen und Schnittlinie mit Textilstift markieren.

2 **STOFF SCHNEIDEN** Mit der Zuschneideschere zügig entlang der markierten Linie schneiden. Bei lose gewebten Stoffen kann man einen Faden ausziehen und entlang dieser Linie schneiden *(siehe Seite 45)*.

STOFF EINSCHNEIDEN

Wenn man lange Stoffbahnen nähen muss, sollte man die Oberkanten durch V-förmige Einschnitte markieren, um anschließend die Muster- oder Florrichtung nicht zu verwechseln.

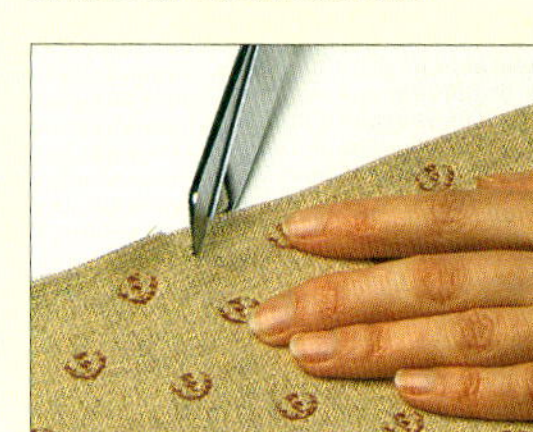

EINFARBIGE STOFFE ZUSAMMENSETZEN

Bei den meisten Heimtextilien muss man große Stücke aus Stoffbahnen zusammensetzen. Am häufigsten benutzt man dabei einfache flache Nähte *(siehe Seite 18)*. Stabilere oder flachere Verbindungen entstehen durch französische oder Kappnähte *(siehe Seite 19)*. Zum Zusammensetzen von Bahnen braucht man passendes Garn und Nähzeug.

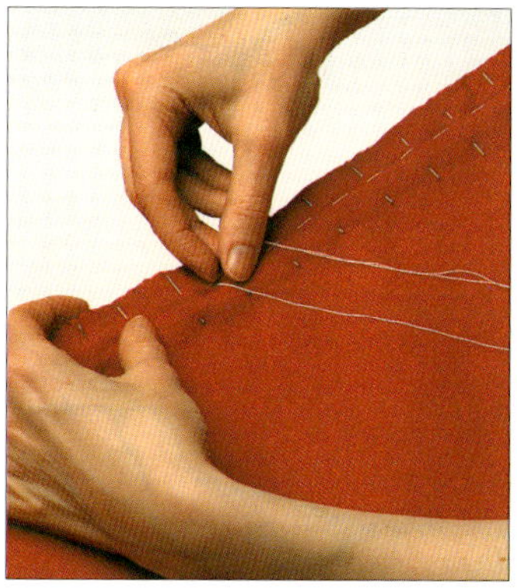

1 **BAHNEN HEFTEN** Nach dem Zuschneiden Bahnen rechts auf rechts zusammenlegen, Schnittkanten aufeinander. Bahnen zusammenstecken und heften, Naht 1,5 cm von den Kanten anlegen.

2 **NAHT STEPPEN** Stecknadeln entfernen und mit der Maschine entlang der Heftlinie steppen. Nach dem Nähen Heftfäden entfernen.

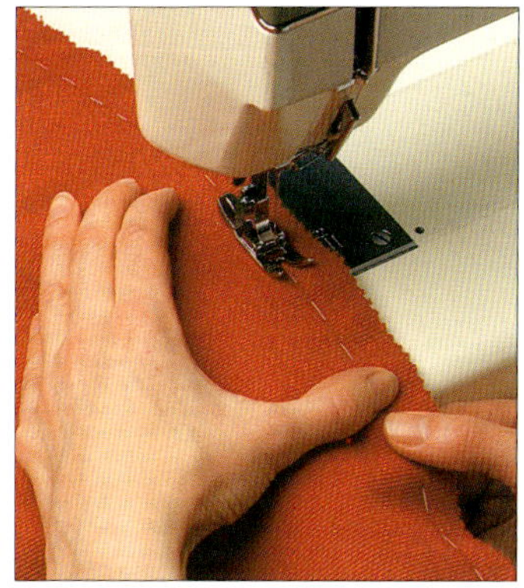

3 **NAHT AUSBÜGELN** Nahtzugabe flach umbügeln, um die fertige Nahtstelle zu glätten.

GEMUSTERTE STOFFE ZUSAMMENSETZEN

Bei gemusterten Stoffen muss der Musterrapport an den Nähten übereinstimmen. Entscheiden Sie vor dem Zuschneiden, wo das Muster im fertigen Stück sitzen soll. Schneiden Sie das erste Teil zu und stimmen Sie dann beim Zuschneiden des zweiten die Muster auf das erste ab. Wenn alle benötigten Stoffteile zugeschnitten sind, werden die Bahnen zusammengesetzt. Zum mustergerechten Zusammensetzen der Teile braucht man passendes Garn und Nähzeug.

1 **MUSTER ABSTIMMEN** Am Rand der Bahn eine 1,5 cm breite Nahtzugabe nach links umbügeln. Bahn umdrehen und umgebügelte Kante auf Schnittkante der zweiten Bahn legen, beide mit der rechten Seite nach oben. Muster bei beiden Bahnen abstimmen. Kanten zusammenhalten und gebügelte Bahn rechts auf rechts über andere Bahn falten. Bahnen entlang der Bruchkante zusammenstecken.

2 **BAHNEN NÄHEN** Bahnen auseinander falten und überprüfen, ob der Musteranschluss noch stimmt. Bahnen provisorisch mit Leiterstich *(siehe Seite 17)* an Bruchkante zusammenhalten. Bahnen wieder rechts auf rechts zusammenlegen und flache Naht *(siehe Seite 18)* an Bruchkante steppen. Leiterstiche entfernen.

NÄHTE AN DER RICHTIGEN STELLE

Ebenso wichtig wie die Verteilung der Musterrapports ist bei großen Möbelstücken oder Fensterdekorationen die Position von Nahtstellen. Halten Sie den Stoff an Möbel oder Fenster und entscheiden Sie, was jeweils am besten aussieht. Am Fenster verlegen Sie die Nahtstellen an die Seiten. Bei Bett- und Tischwäsche platzieren Sie eine ganze Stoffbahn längs mittig auf dem Möbelstück.

SÄUME UND BRIEFECKEN

ERST DURCH PASSENDE SÄUME und korrekte Briefecken wirken selbst gemachte Heimtextilien sauber und professionell. Sorgfältig vorbereitete und verarbeitete Säume sind ebenso wichtig wie die passende Stoffauswahl oder der richtige Nahttyp. Der Saum muss in der Breite zum Stoff und zur Größe des Möbelstücks passen: breit bei großen Möbeln und dicken Stoffen, schmaler bei leichteren Stoffen und kleineren Möbeln. Saubere, professionelle Briefecken sind bei den breiten Säumen von Heimtextilien unerlässlich.

SÄUME

Ein Saum kann 5 mm, aber auch 15 cm breit sein. Wenn die Stiche sichtbar sein dürfen, können Sie die Maschine benutzen. Wählen Sie Gerad- oder Zickzackstich oder (falls möglich) Blindstich. Sollen die Stiche nicht zu sehen sein, mit der Hand arbeiten. Verwenden Sie Garn, das etwas dunkler als der Stoff ist: Saumstiche reflektieren das Licht stärker als Stoff.

Hexenstich, einfacher Saum

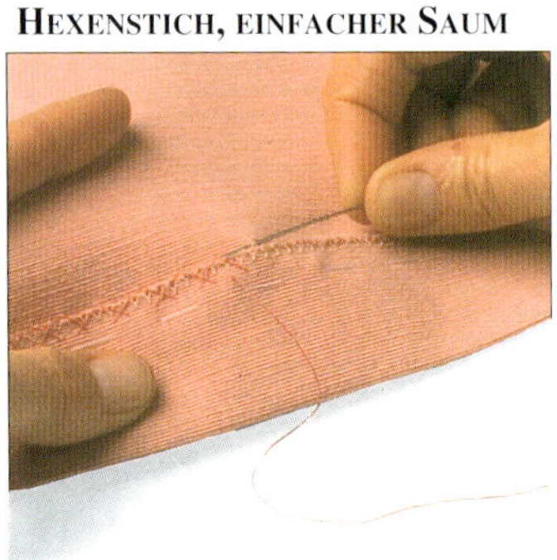

1 STOFF NÄHEN Für schwere Stoffe und gefütterte Vorhänge. Kante durch Umstechen oder mit Zickzackstich versäubern. Saum auf gewünschte Breite umlegen, stecken und heften. Faden befestigen und einige Fäden des Hauptstoffs aufnehmen, dabei gegen die Nährichtung stechen.

2 SAUM NÄHEN Nadel durchziehen. Faden über den ersten Stich kreuzen und ein Stück weiter in den Saum einstechen. Einen Stich durch die Bruchkante machen – wieder in entgegengesetzter Nährichtung. Fortlaufend wiederholen, wobei jeder Stich den vorhergehenden kreuzt.

Doppelter Saum mit verdeckten Stichen

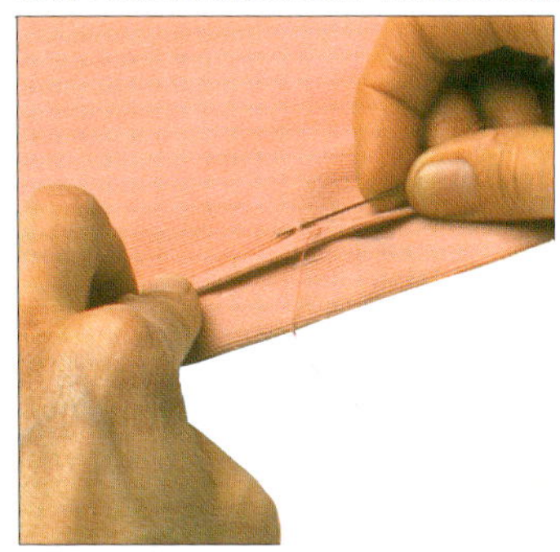

1 STOFF NÄHEN Für feinere Stoffe. Saum auf gewünschte Breite umlegen, bügeln und noch einmal in gleicher Breite umlegen. In kleinem Abstand zur inneren Saumkante stecken und heften. Saumkante 5 mm zurückschlagen. Faden befestigen und durch ein oder zwei Fäden des Hauptstoffs stechen.

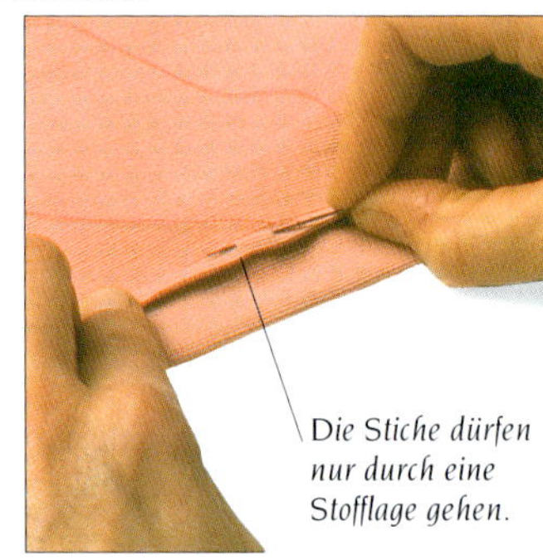

2 SAUM NÄHEN Kleinen Stich durch nur eine Lage der zurückgeschlagenen Bruchkante machen. Fortlaufend abwechselnd durch den Saum und den Hauptstoff stechen. Nach Fertigstellung des Saums Oberkante des Saums glatt streichen und bügeln: Die Stiche werden durch den Saum verdeckt.

Doppelt umgeschlagener Saum mit Saumstich

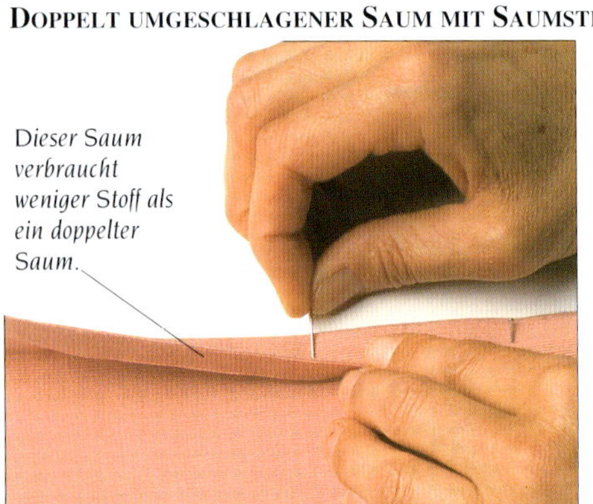

1 SAUM STECKEN So verdeckt man bei leichten und mittelschweren Stoffen die Schnittkanten. Schnittkante 1–2 cm umlegen und bügeln. Kante noch einmal in nötiger Breite umlegen, stecken und heften.

2 SAUM NÄHEN Saum mit Saumstich nähen, dabei abwechselnd einige Fäden vom Hauptstoff aufnehmen und einen 1 cm langen Stich in die Bruchkante machen. Fortlaufend wiederholen.

Maschinensaum

Ein schneller Saum, wo verdeckte Stiche nicht nötig sind – etwa im Futter von Vorhängen. Saum auf gewünschte Breite umschlagen wie beim doppelten Saum, stecken und heften. Saum mit Maschine knappkantig absteppen.

BRIEFECKEN

Auch in dickem Stoff lassen sich durch Briefecken saubere, ordentliche Ecken arbeiten. Man näht zuerst die Ecken, dann die restlichen Säume. Diese Technik eignet sich besonders gut zum Anfertigen von Vorhängen. Sie ist nicht schwierig, man arbeitet aber je nach Typ und Breite des Saums mit unterschiedlichen Methoden. Bei besonders dicken und unhandlichen Stoffen lassen sich die Ecken oft schwer umlegen. Durch Wegschneiden überschüssigen Materials verringert man hier die Anzahl der Stofflagen; so wirkt die Verarbeitung sauberer.

Briefecke in einfachem Saum

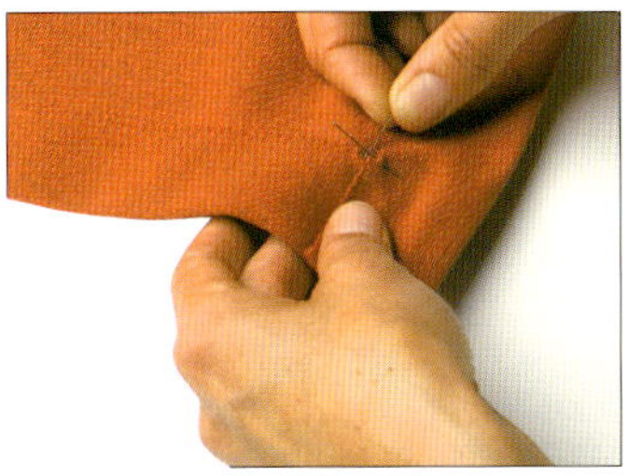

1 ECKE MARKIEREN Schnittkanten beschneiden. Säume übereinander auf gewünschte Breite umlegen, bügeln. Kreuzungspunkte in beiden Saumzugaben mit Nadeln markieren.

2 ECKE UMLEGEN Saumzugaben auffalten. Stoff schräg über die Ecke von einer Nadel zur anderen falten – Bruchkanten der Saumzugaben aufeinander legen. Faltkante bügeln.

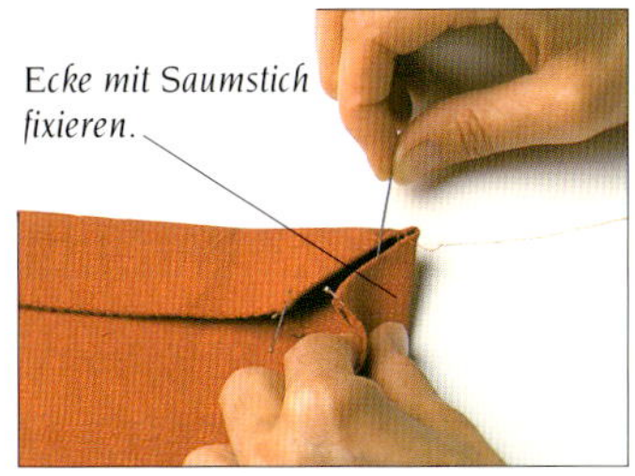

3 BRIEFECKE NÄHEN Beide Säume wieder über die diagonal umgelegte Ecke umlegen. Ecke mit Saumstich schließen und dann Säume wie gewünscht nähen.

Briefecke in doppeltem Saum

Säume doppelt umlegen. Markieren, wo der obere den unteren kreuzt. Mit anderem Saum wiederholen. Auffalten, von Nadel zu Nadel umlegen, bügeln, Säume umlegen, mit Saumstich fixieren.

Briefecke in doppelt umgeschlagenem Saum

1 KANTEN UMLEGEN Stoff mit linker Seite nach oben legen. Saumkanten 1 cm nach links umlegen und Saumzugaben bügeln. Auf gewünschte fertige Breite umlegen und wieder bügeln.

2 ECKE UMLEGEN Zweite Saumzugaben auffalten und diagonal über die Ecke umlegen. Zweite Bügelfalten an umgelegter Ecke auf dieselben Falten an den Kanten legen. Bügeln.

3 BRIEFECKE FERTIG STELLEN Säume an Falten der zweiten Saumzugaben auffalten; die umgelegte Ecke liegt innerhalb der Säume. Briefecke mit Saumstich fixieren, dann restliche Säume nähen.

Briefecke beschneiden bei einfachem Saum

1 ECKEN UMLEGEN Schritt 1 und 2 wie bei einfachem Saum. Umgeschlagene Ecke auffalten und ganzes Stoffstück diagonal zur Ecke hin rechts auf rechts falten, angrenzende Kanten aufeinander.

2 ABSCHRÄGEN Die Falte der umgeschlagenen Ecke ist jetzt auf die Hälfte gefaltet. In der Falte steppen, überschüssigen Stoff in der Ecke außerhalb der Naht abschneiden, 6 mm Nahtzugabe stehen lassen. Naht ausbügeln.

3 WENDEN Stoff auffalten und Briefecke wenden. Ecke vorsichtig mit Scherenspitze herausdrücken, dazu abgerundete, nicht etwa spitze Schere verwenden. Restliche Säume wie gewünscht nähen.

Unregelmässige Briefecke beschneiden

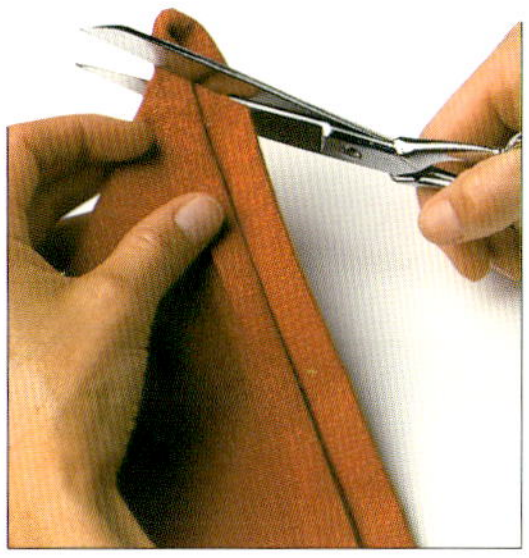

1 ABSCHNEIDEN Schritt 1 und 2 wie bei Briefecke in doppelt umgeschlagenem Saum. Ecke auffalten. Stoff rechts auf rechts in einer Diagonale durch die zweiten Bruchkanten zusammenfalten, nicht über die Ecke, Überschüssiges abschneiden.

2 ECKE FERTIG STELLEN Naht ausbügeln, Briefecke wenden und Säume wieder umlegen. Ecke vorsichtig mit abgerundeter Scherenspitze herausdrücken. Restliche Säume wie gewünscht nähen.

BESATZ

HEIMTEXTILIEN LASSEN SICH LEICHT mit den unterschiedlichsten Einfassungen verzieren. Ein solcher Besatz ist nicht unbedingt notwendig, Einfassungen, Paspeln, Rüschen- oder Faltenabschlüsse wirken aber, fantasievoll eingesetzt, an Vorhängen, Kissen, Bettwäsche oder Rollos sehr hübsch und individuell. Neben diesem handgefertigten Besatz gibt es auch ein großes Angebot an Fertigware wie Borten, Fransen, Spitzen, Bänder und Kordeln, die auf oder in Säumen oder Nähten zusätzliche Farb- und Strukturakzente setzen.

EINFASSEN UND PASPELN

Mit solchem Besatz werden Heimtextilien verziert und verstärkt. Schrägband besteht aus schräg zum Fadenlauf geschnittenen Stoffstreifen; es wirft in Rundungen keine Falten. Schrägband gibt es in verschiedenen Farben und Qualitäten fertig zu kaufen, aus den meisten Stoffen lassen sich aber leicht Schrägstreifen schneiden. Beim Paspeln wird Kordel von einem Schrägstreifen eingefasst. Die Kordel gibt es in unterschiedlichen Stärken, je nach Verwendungszweck und Stoff. Waschen Sie Kordel und Schrägstreifen grundsätzlich vor, damit sie nach dem Verarbeiten nicht mehr einlaufen.

SCHRÄGSTREIFEN

1 **RICHTUNG FESTLEGEN** Kontrollieren, ob die Stoffkanten im Fadenlauf geschnitten sind. Stoff diagonal falten, so dass angrenzende Schnittkanten aufeinander liegen. Die Faltlinie einbügeln.

2 **STREIFEN MARKIEREN** Erforderliche Länge und Breite des Schrägstreifens ausrechnen – Ansatzstellen nicht vergessen. Linien parallel zur eingebügelten Falte einzeichnen und Streifen schneiden.

3 **ZUSAMMENSETZEN** Streifen rechts auf rechts rechtwinklig zusammenlegen. Schnittkanten und Fadenlauf übereinander legen. Stecken, gegebenenfalls heften und 5 mm von Schnittkante steppen.

4 **NAHT BESCHNEIDEN** Naht ausstreichen und ausbügeln. Vom Schrägstreifen stehen jetzt an der Naht zwei Ecken ab; diese abschneiden. Stücke zur gewünschten Streifenlänge zusammensetzen.

FORTLAUFENDER SCHRÄGSTREIFEN

1 **RICHTUNG FESTLEGEN** So lassen sich lange Schrägstreifen einfach zuschneiden: Bei einem Stoffrechteck mit geraden Kanten die kurze Seite diagonal umfalten, so dass sie auf der angrenzenden Seite liegt. Bügeln und entlang der Falte schneiden.

2 **ZUSAMMENNÄHEN** Dreieck rechts auf rechts auf anderes Teil legen, kurze gerade Seiten aufeinander, so dass beim Zusammennähen eine Raute entsteht. Teile mit einfacher Naht mit 6 mm Nahtzugabe zusammennähen, Naht ausbügeln.

3 **STREIFEN MARKIEREN** Stoff mit rechter Seite nach oben legen. Auf dem ganzen Teil Linien im schrägen Fadenlauf aufzeichnen; die Abstände entsprechen der Breite des fertigen Streifens. Linien mit Lineal und Textilstift zeichnen.

4 **SCHLAUCH LEGEN** Stoff rechts auf rechts, markierte Kanten aufeinander. Die Enden der Linien, um eins versetzt, aufeinander legen: Sie bilden eine Spirale. Die Kanten zusammenstecken, so dass ein Schlauch entsteht. Diesen wenden.

5 **AUFSCHNEIDEN** Kontrollieren, ob die Linien an den gesteckten Kanten zusammentreffen. Schlauch wenden, heften und einfache Naht 6 mm von Schnittkante steppen; ausbügeln. In fortlaufender Spirale entlang der Markierungslinie schneiden.

Paspelkordel einfassen

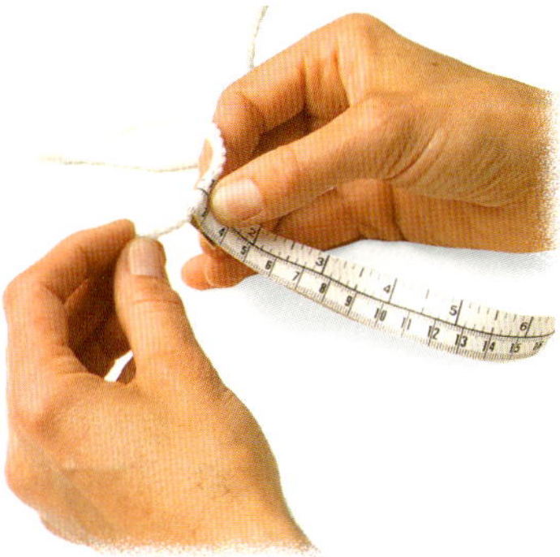

1 KORDEL ABMESSEN Kordel waschen, falls sie einläuft. Umfang messen und 3 cm für Nahtzugaben zurechnen ergibt die korrekte Breite für den Schrägstreifen. Streifen gewünschter Länge zuschneiden.

2 KORDEL EINFASSEN Kordel mittig von links auf Schrägstreifen legen. Streifen um Kordel legen, stecken und heften. Dicht an der Kordel nähen, bei Maschinennaht Reißverschlussfuß benutzen.

Paspel ansetzen

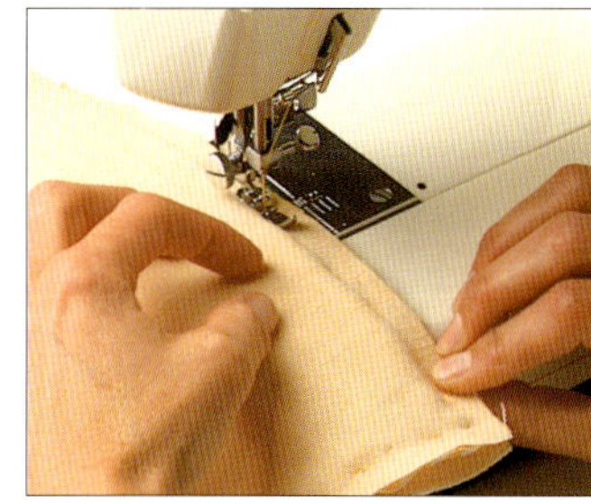

1 PASPEL STECKEN Paspelkordel auf gewünschte Länge schneiden und einfassen – gegebenenfalls 10 cm zum Zusammensetzen zugeben. Paspel auf rechte Seite eines Stoffstücks auflegen, Schnittkanten aufeinander. Feststecken, Nahtzugabe an Ecken einknipsen, heften.

2 ANNÄHEN Zweites Stoffteil rechts auf rechts auf Teil mit Paspel legen, Schnittkanten aufeinander. Die Paspelierung liegt zwischen den Stoffteilen. Heften und dicht an Kordel mit Reißverschlussfuß durch alle Lagen steppen.

Kordel gerade ansetzen

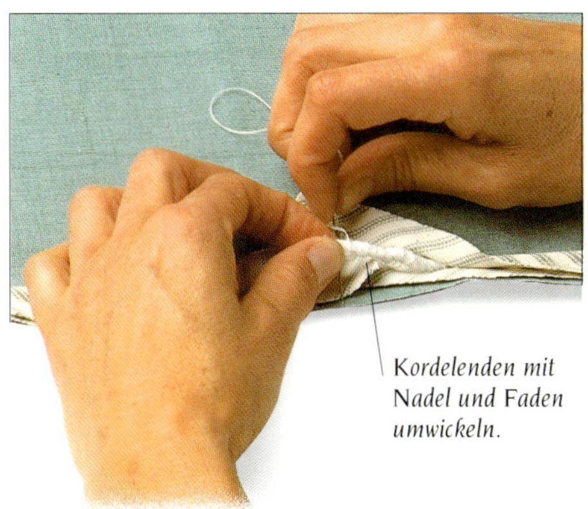

1 KORDEL AUSDÜNNEN Paspel auf rechte Seite eines Stoffteils nähen. 2,5 cm zum Überlappen zugeben, Enden 5 cm überstehen lassen. An den Enden einige Stiche auftrennen und Kordel freilegen. Enden aufdrehen; je eine Stranghälfte abschneiden.

2 KORDEL VERBINDEN Kordelenden zusammendrehen und mit Garn umwickeln. Paspelenden glatt mit linker Seite nach oben legen, ein Ende 6 mm nach innen umschlagen. Anderes Ende des Schrägbands darüber legen und Überstand auf 1,5 cm beschneiden.

3 ANSATZSTELLE SCHLIESSEN Überlappende Bandenden um Kordel legen. In Nahtlinie über Ansatzstelle nähen. Ansatzstelle im Band mit Saumstich schließen. Ansatzstellen fallen an einer Naht oder in der Mitte einer Bahn am wenigsten auf.

Kordel schräg ansetzen

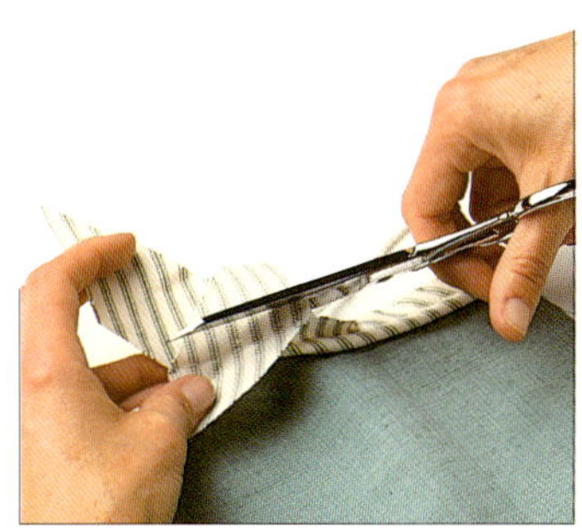

1 VORBEREITEN Die sauberste Art, Paspeln anzusetzen. Paspel auf rechte Seite eines Stoffstücks nähen, Enden 10 cm überstehen lassen. An einem Ende Ecke des Schrägstreifens diagonal, im geraden Fadenlauf, umlegen (plus 6 mm); bügeln.

2 SCHRÄGSTREIFEN STECKEN Anderes Ende des Schrägstreifens auf umgelegtes Ende legen. Der Fadenlauf muss an beiden Enden übereinstimmen; sie müssen glatt liegen. Beide Schrägstreifen entlang der Bruchlinie des unten liegenden Endes exakt zusammenstecken.

3 ENDEN ZUSAMMENNÄHEN Entlang der gesteckten Bruchlinie heften und nähen; überschüssigen Stoff an Streifenenden wegschneiden. Fertige Naht glatt bügeln. Enden der Paspelkordel aufdrehen, zum Ausdünnen an beiden Strängen wegschneiden, zusammendrehen.

4 ANSATZSTELLE SCHLIESSEN Kordelenden fest mit Nadel und Faden umwickeln und verbinden. Zusammengenähten Schrägstreifen über die verbundenen Kordelenden legen. An den Stoff heften; bei Maschinennaht Reißverschlussfuß verwenden.

RÜSCHEN UND FALTEN

Rüschen verwendet man meist für Bettwäsche und Zierkissen. Einfache Rüschen wirken zarter, Doppelrüschen kräftiger; sie eignen sich auch für Stücke mit unterschiedlicher Vorder- und Rückseite. Für den Verbrauch berechnet man das Anderthalb- bis Dreifache: Dicke Stoffe werden schwach, leichte stärker gekräuselt. Faltenrüschen wirken steifer; für sie benötigt man das Zweieinhalb- bis Dreifache der Länge. Man markiert *(siehe Seite 16)* und gibt für die Ecken Stoff zu.

Einfache Rüsche

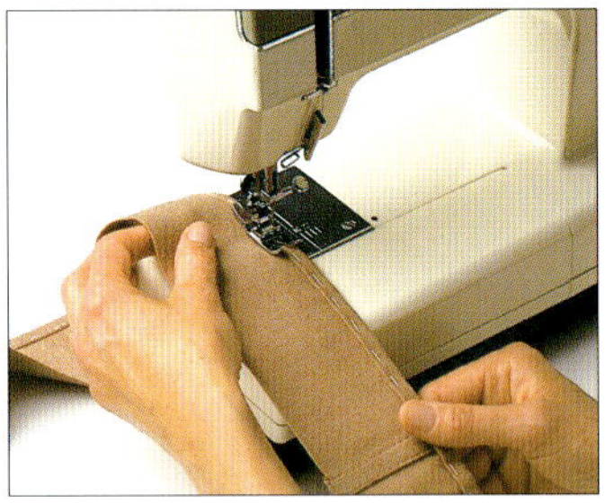

Stoffstreifen auf gewünschte Länge und Breite schneiden; entsprechende Nahtzugaben für Ansatzstelle zugeben. Untere Kante per Hand oder mit der Maschine säumen. Obere Kante glatt schneiden und mit einer der hier gezeigten Methoden kräuseln.

Doppelte Rüsche

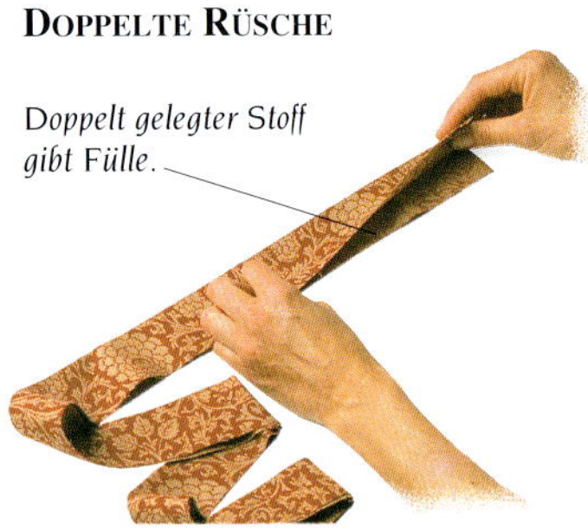

Stoffstreifen auf gewünschte Länge und das Doppelte der fertigen Breite plus 3 cm schneiden. Stücke bei Bedarf zusammensetzen, Nähte ausbügeln. Streifen der Länge nach links auf links zusammenlegen, bügeln. Kräuselfaden durch beide Kanten ziehen.

Kräuseln per Hand

1 KRÄUSELSTICH Methode für mittelschwere bis schwere Stoffe und Doppelrüschen. Kräftiges Garn verwenden; in ein Ende einen Knoten machen, der nicht durch den Stoff rutscht. In der Nahtlinie Heftstiche arbeiten, Länge nach Bedarf regulieren.

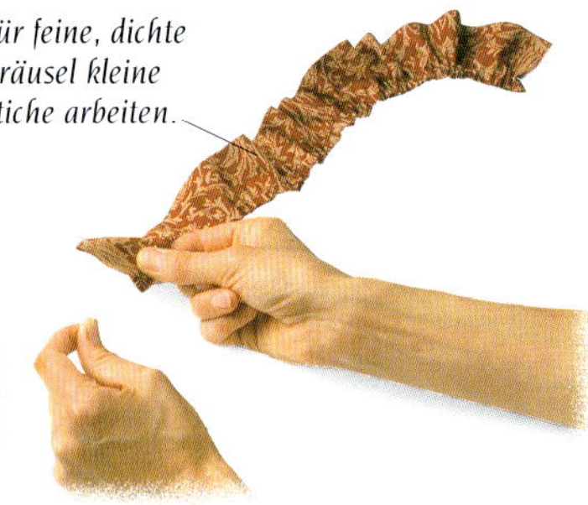

2 STOFF KRÄUSELN Nach Einziehen des Kräuselfadens Ende gut festhalten. Stoff zum Knoten hin schieben, bis Länge und Volumen stimmen. Ende verknoten. Kräusel gleichmäßig verteilen, feststecken und heften.

Maschinenkräuseln bei leichten Stoffen

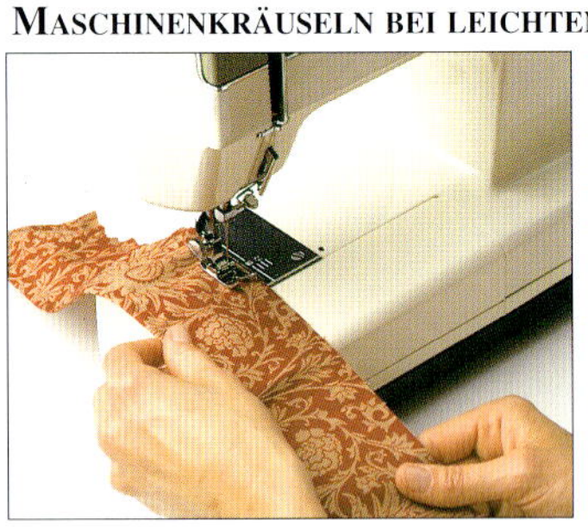

1 LANGE STICHE Maschine auf größte Stichlänge einstellen. Oberfadenspannung etwas straffer stellen, damit sich die Kräusel leichter anziehen lassen. 1–1,5 cm neben Kante nähen.

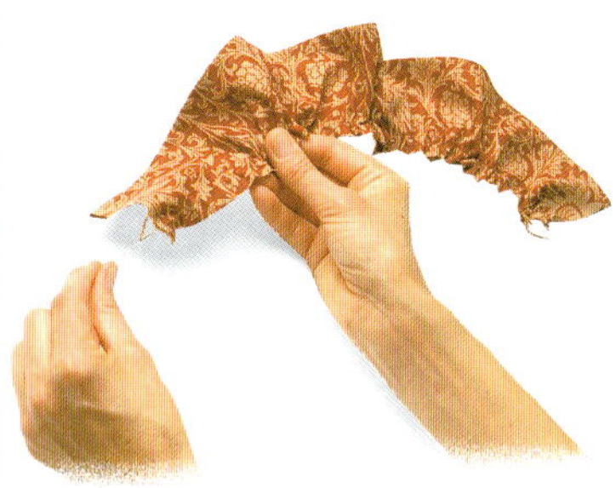

2 STOFF KRÄUSELN Die zweite Stichreihe dicht neben erster nähen. Die Fadenanfänge befestigen, dann Enden anziehen. Kräuselfäden verknoten.

Maschinenzickzack bei schweren Stoffen

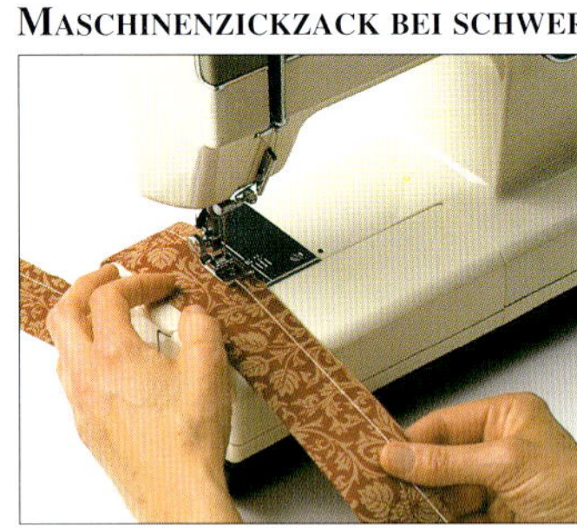

1 FADEN FESTHALTEN Stabiles Garn oder dünne Schnur auf Länge des Stoffstreifens schneiden, ca. 1,5 cm von Schnittkante auflegen. Mit Zickzackstich darüber nähen.

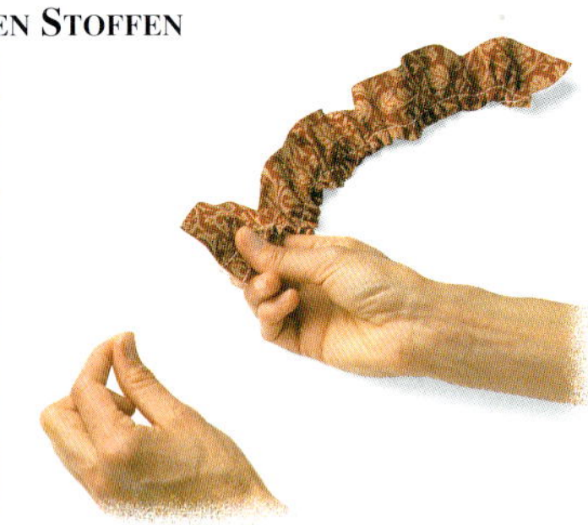

2 KRÄUSELN Mehrmals über ein Ende des Kräuselgarns steppen, dann das andere Ende festhalten und Stoff in Richtung des befestigten Endes schieben.

Einfache oder doppelte Faltenrüsche

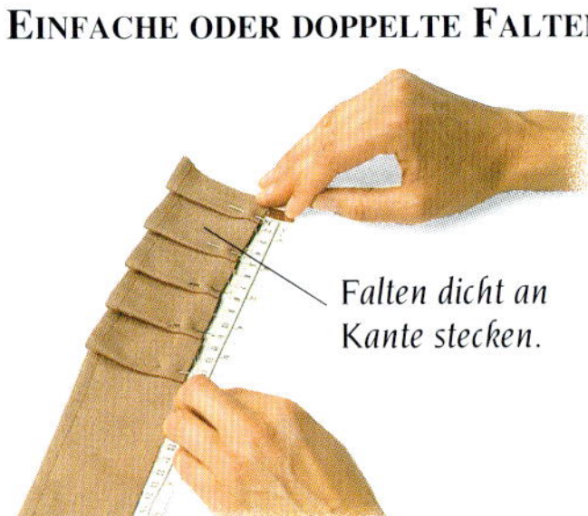

1 PROBESTÜCK Faltenbreite festlegen, einen Streifen mit vier oder fünf Falten machen, stecken und bügeln. Die Falten müssen so tief sein, dass sie einen festen Rand ergeben, sich aber außer in Ecken nicht überlappen. Länge des Probestücks messen.

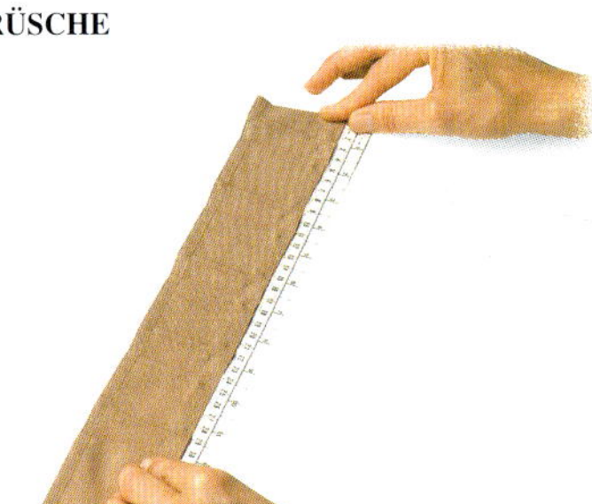

2 LÄNGE BERECHNEN Stecknadeln entfernen, Streifen messen. Länge der gewünschten Einfassung durch Länge des Streifens teilen. Mit Länge des ungefalteten Probestücks multiplizieren. Ergebnis: benötigte Stofflänge.

3 FALTEN MARKIEREN Streifen anfertigen; eventuelle Ansatzstellen mit einfacher oder Kappnaht arbeiten. Beim Zusammensetzen auf linker Seite Faltlinien markieren; Ansatzstellen sollten im hinteren Faltenteil verschwinden.

4 FALTEN NÄHEN Falten an Markierungen legen und stecken. Nach dem Stecken ca. 1,5 cm neben Oberkante in Nahtlinie heften. Streifen bügeln. In der Nahtlinie steppen und anschließend Heftstiche entfernen.

Kellerfalten

Stoffmenge so großzügig berechnen, dass an Ecken oder Rundungen eine einzelne Falte sitzt.

1 **MARKIEREN** Für Kellerfalten benötigt man das Dreifache der fertigen Länge an Stoff: Für den Stoffverbrauch also mit drei multiplizieren. Faltenlinien auf linker Stoffseite markieren.

2 **NÄHEN** Stoff an markierten Linien in Falten legen und stecken. Falten durch Heften in Nahtlinie fixieren, gefalteten Streifen bügeln und abschließend nähen.

3 **ECKEN** In Ecken den in Falten gelegten Streifen umlegen und entsprechend befestigen. Die Eckfalte sollte in der Mitte einer Falte sitzen. Kellerfalten an Dekorationen wirken sehr förmlich.

Schleifen

Schleifen können entweder zur Verzierung oder als Verschluss dienen. Einen Stoffstreifen auf die gewünschte Länge und das Doppelte der fertigen Breite zuschneiden, dazu rundum 2 cm Nahtzugaben. Streifen der Länge nach auf die Hälfte falten. 1 cm neben Schnittkante stecken, heften und nähen. Zum Wenden Öffnung in der Mitte einer langen Seite lassen. Diagonal über die Enden nähen. Nahtzugaben an Ecken einschneiden, wenden, bügeln. Öffnung mit Saumstich schließen und Schleife binden.

FERTIGER BESATZ

Im Kurzwarenladen findet man Fransen, zarte Spitzen, bunte Bänder und Kordeln. Kalkulieren Sie Nähte, Ecken und Versäuberung mit ein und überprüfen Sie bei waschbaren Teilen, ob der Besatz einlaufsicher und farbecht ist. Sind zwei Maschinennähte nötig, beide in gleicher Richtung machen, damit sich keine Falten bilden.

Fransen in der Naht

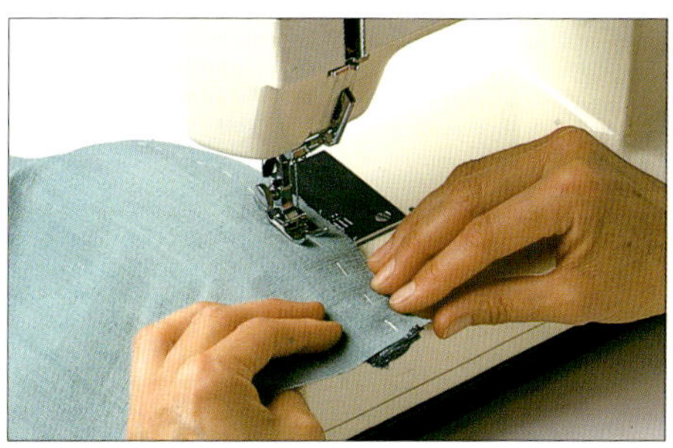

1 **FRANSEN EINSETZEN** Sicherungsnähte an Fransenkanten nicht entfernen. Fransen rechts auf rechts auf Stoff legen; der Teil, durch den man näht, liegt auf der Nahtlinie. Feststecken und heften; an Ansatzstellen Enden aneinander legen.

2 **NÄHEN** Zweites Stoffteil mit rechter Seite nach unten auf erstes Teil und Fransen legen, Schnittkanten aufeinander. In Nahtlinie durch alle drei Lagen stecken und heften. Entlang der Heftlinie steppen, Heftfäden entfernen. Wenden.

3 **FERTIGSTELLUNG** Falls notwendig, Sicherungsnaht entfernen, dazu Faden an einem Ende lösen und vorsichtig herausziehen. Fransen kann man auch von rechts an Stoffkanten oder über die Saumstiche setzen.

Spitze

1 **ECKEN LEGEN** Setzt man Spitze an oder in eine Kante, muss man Briefecken arbeiten. Spitze rechts auf rechts umschlagen und bügeln. Ein Ende diagonal umlegen und bügeln.

2 **ECKEN NÄHEN** Oberes Ende wieder glatt über unteres legen. In Diagonalfalte stecken, heften und nähen. Heftstiche entfernen, überschüssige Spitze wegschneiden, bügeln.

Band

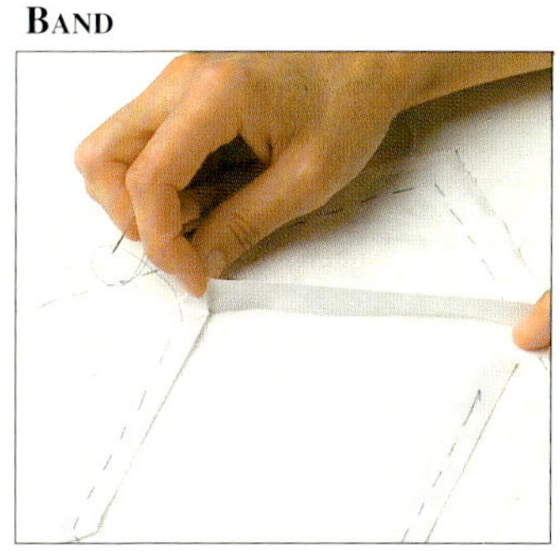

1 **HEFTEN** Bei Band immer zunächst Lage markieren und heften. In Satinband hinterlassen Nadeln Löcher, daher am Rand heften. Bei dickem Stoff arbeitet man Briefecken wie bei Spitze.

2 **ENDEN VERBINDEN** In Ecken ein Ende schräg umlegen, auf das andere nähen. Auf gerader Strecke ein Ende 1 cm umlegen, über das andere legen, mit Saumstich schließen.

VERSCHLÜSSE

WIRD EIN BEZUG GELEGENTLICH zum Reinigen abgenommen, braucht er einen passenden Verschluss. Abziehbare Bezüge fertigt man aus den verschiedensten Stoffen, von robusten Polsterstoffen fürs Sofa bis zu feiner Baumwolle und zarten Geweben für Bettwäsche und Kissen, daher muss der Verschluss auf das Ganze abgestimmt werden. Für starke Belastung eignen sich Reißverschlüsse oder robuste Haken und Ösen. Bindebänder und Knöpfe zählen eher zu den leichten, dekorativen Verschlüssen. Druckknöpfe und Klettband versteckt man in Nähten. Auch kann man eine Naht mit Saumstich schließen und bei Bedarf auftrennen.

KLETTVERSCHLUSS

Zwei Streifen, einer mit winzigen Haken, der andere mit Schlingen besetzt, haften bei Kontakt aneinander. Klettband lässt sich zwar einfach verarbeiten und benutzen, ist aber für leichte und mittelschwere Materialien zu steif. Das Band gibt es in verschiedenen Breiten und Farben, Klettbandscheiben in verschiedenen Größen.

Klettbandscheiben

1 **ERSTE SEITE** Die Nahtzugabe muss breiter als die Scheibe sein. Positionen markieren und feststecken. Mit der Hand annähen.

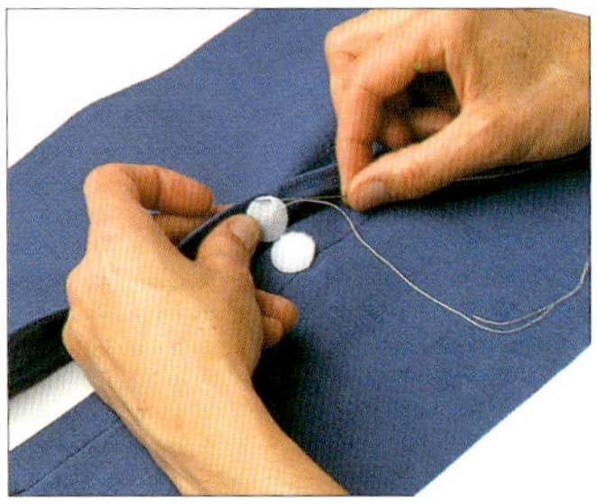

2 **ZWEITE SEITE** Auf der gegenüberliegenden Nahtzugabe zweite Hälfte entsprechend platzieren. Stecken, annähen. 5–10 cm Abstand halten.

Klettband

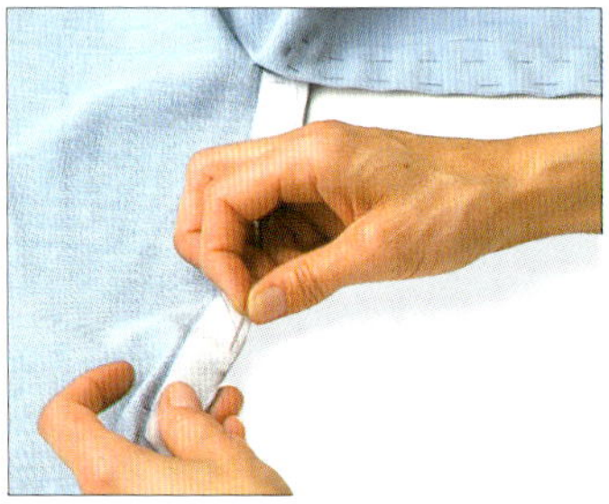

1 **ERSTER STREIFEN** Der Streifen sollte etwas schmaler sein als die Nahtzugabe. Eine Hälfte auf Nahtzugabe legen, stecken, heften und annähen.

2 **ZWEITER STREIFEN** Andere Hälfte des Bands auf gegenüberliegende Nahtzugabe legen. Position überprüfen, eventuell korrigieren. Heften, annähen.

DRUCKKNÖPFE

Metall- und Kunststoffdruckknöpfe sind in mehreren Farben und Größen erhältlich – einzeln zum separaten Annähen, aber auch auf Bändern; das ist bei langen Verschlüssen praktischer. Ein Druckknopfverschluss ist zwar sehr bequem, aber nicht sonderlich belastbar: Er springt bei der geringsten Beanspruchung sofort auf. Er eignet sich sehr gut für Bettwäsche und Zierkissen, falls er sich unauffällig anbringen lässt. (Bei Modellen aus Kunststoff mit dem Bügeln aufpassen!)

Druckknöpfe zum Annähen

1 **UNTERTEIL** Positionen mit Stecknadeln markieren: 6 mm von Kante, 5-10 cm auseinander. Druckknopfunterteil auf Untertritt legen und durch jedes Loch mehrere Stiche nähen.

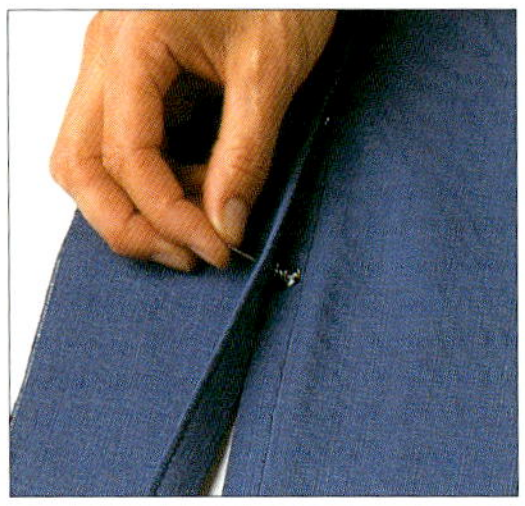

2 **OBERTEIL** Das Oberteil an mit der Nadel markierter Stelle auf den Übertritt legen. Die richtige Position zum Unterteil kontrollieren und dann erst fest annähen.

Druckknopfband

1 **ERSTER STREIFEN** Die Nahtzugabe muss breiter als der Streifen sein. Schnittkanten an Streifenenden unterschlagen, Streifen auf Nahtzugabe legen, stecken.

2 **ZWEITER STREIFEN** Zur korrekten Abstimmung zweiten auf ersten Streifen legen, Druckknöpfe schließen. Zweiten Streifen feststecken, von hinten arbeiten, Schnittenden unterschlagen.

3 **STREIFEN ANNÄHEN** Druckknöpfe öffnen und beide Kanten der Streifen anheften und -nähen. Immer in derselben Richtung nähen, damit sich keine Falten bilden. Reißverschlussfuß benutzen.

HAKEN UND ÖSEN

Mit der Hand angenähte Haken und Ösen aus Metall sind ein simpler Verschluss für aneinander stoßende oder übereinander liegende Stoffteile. Diese gut zu versteckenden Verschlüsse gibt es in mehreren Größen; sie werden einzeln oder als Band angeboten. Sie sind stabil genug für stärkere Belastungen und deshalb besonders für Möbelbezüge geeignet.

Einzelne Haken und Ösen

1 **ÖSEN** Positionen für Ösen alle 5–10 cm mit Stecknadeln markieren. Öse festhalten und fünf- oder sechsmal durch jeden Metallring nähen.

2 **HAKEN** Positionen kontrollieren. Haken über Spitze und durch Ringe annähen. Falls die Nahtzugaben aufklaffen, Kanten mit Saumstich festhalten.

Haken-und-Ösen-Band

1 **ERSTE SEITE** Die Nahtzugabe muss breiter als das Band sein. Schnittkanten der Streifen versäubern. Ösenstreifen auf Nahtzugabe legen, stecken, heften und annähen, eventuell mit Reißverschlussfuß.

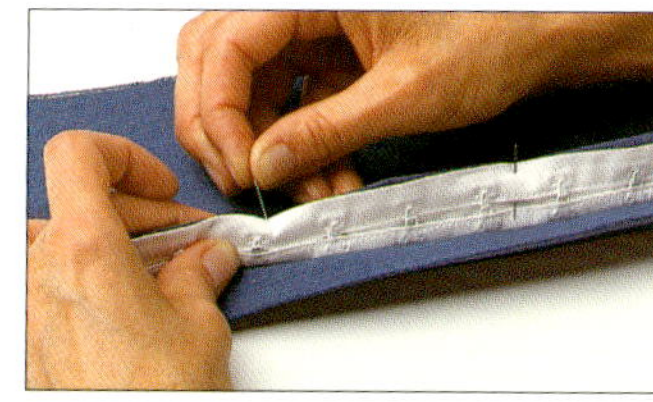

2 **ZWEITER STREIFEN** Haken und Ösen schließen. Hakenstreifen von hinten feststecken, Haken öffnen, heften. Näht man durch beide Lagen, sind die Stiche sichtbar. Näht man durch nur eine Lage, Nahtzugabe mit Saumstich festhalten, damit sie nicht aufklafft.

BINDEBÄNDER

Bindebänder sind eine ungewöhnliche Alternative zu fertigen Verschlüssen. Glatte Stoffbänder sind schnell gemacht und angebracht und eignen sich als dekorativer Verschluss für leichte Teile wie Bettwäsche und Zierkissen. Stoffschläuche fertigt man aus Schrägband; man kann sie binden oder anstelle von Knopflöchern als Schlaufen an einer Öffnung anbringen.

Flache Bänder

1 **ZUSCHNEIDEN** Band auf richtige Länge und doppelte Breite schneiden, plus rundum 1 cm Nahtzugabe. Kanten der langen Seite 1 cm nach links umlegen und bügeln. Ecken schräg abschneiden und Enden nach links umlegen. Bügeln.

2 **NÄHEN** Stoff der Länge nach links auf links zusammenlegen. Stecken, heften und an allen Seiten 2 mm neben Kante steppen. Zweites Band ebenso arbeiten. Bänder mit einem Ende rechts und links der Öffnung feststecken, annähen und Schleife binden.

Stoffschlauch

1 **SCHLAUCH NÄHEN** 2,5–3 cm breites Schrägband in gewünschter Länge rechts auf rechts der Länge nach zusammenfalten, bügeln, 6 mm von Kante steppen.

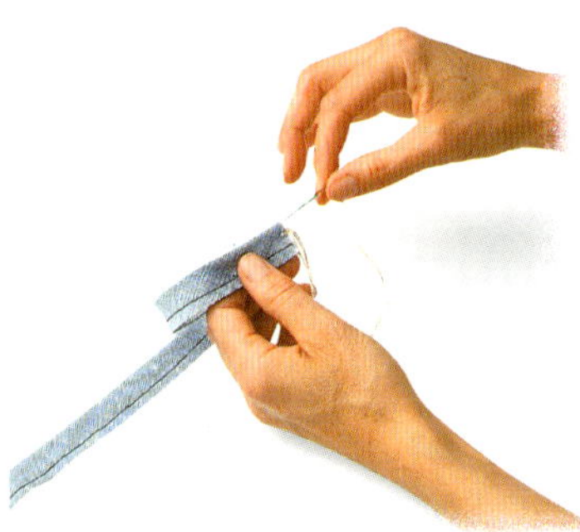

2 **FADEN BEFESTIGEN** In große, stumpfe Nadel kräftiges Garn oder dünnen Bindfaden einfädeln. Garn an einem Schlauchende festnähen und Nadel in Öffnung schieben.

3 **SCHLAUCH WENDEN** Nadel und Garn durch Schlauch ziehen. Das Schlauchende folgt nach: Festhalten und anschließend den Schlauch wenden.

4 **FERTIGSTELLUNG** Garn abschneiden und Schnittkanten des Schlauchs nach innen schieben. Enden sauber mit kleinen Stichen schließen.

KNÖPFE

Bei Knöpfen denkt man zwar eher an Kleidung, viele eignen sich aber auch hervorragend für Heimtextilien. Es gibt sie aus Kunststoff, Holz, Leder oder Perlmutt, aber auch stoffbezogene Knöpfe sind funktional und dekorativ zugleich. Knopfverschlüsse sind weder stabil noch sehr belastbar: Ideal sind sie an Bettwäsche und Zierkissen.

Knöpfe mit Öse

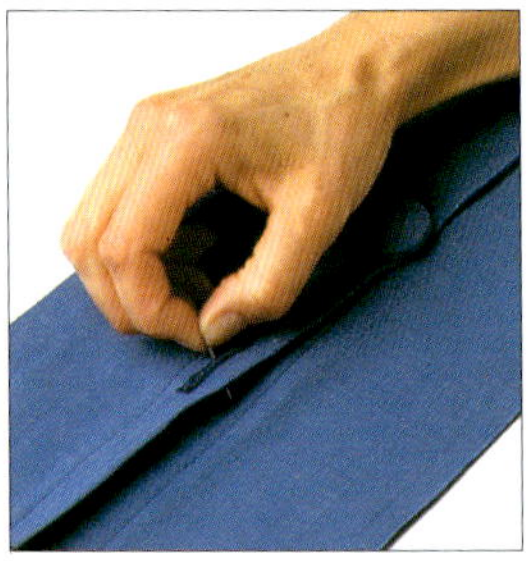

1 **MARKIEREN** Knopf- und Knopflochpositionen markieren und Knopflöcher nähen. Knopfposition überprüfen und Faden befestigen.

2 **ANNÄHEN** Knopf mit 12–14 Stichen durch Öse annähen, dann Faden befestigen.

Knöpfe mit Löchern

Stecknadel unter Knopf legen, parallele Stiche nähen, Nadel herausnehmen. Faden unter dem Knopf ums Garn wickeln, auf linker Seite festnähen.

Knöpfe beziehen

1 **ANPASSEN** Stoff mit ausreichender Zugabe ausschneiden. Knopf umgekehrt auf linke Stoffseite legen und Stoff über die Zähne drücken.

2 **BEFESTIGEN** Knopfrückseite andrücken. Die Knöpfe sind in verschiedenen Typen, Modellen und Größen erhältlich.

KNOPFLÖCHER

Knöpfe und Knopflöcher müssen mit Bedacht platziert werden, damit keine Öffnungen klaffen. Zum Verstärken nimmt man an Verschlusskanten den Stoff doppelt und arbeitet mit Knopflochstich. Viele Nähmaschinen haben einen speziellen Knopflochfuß. Ungewöhnlich wirkt ein Verschluss mit Schlaufen statt mit Knopflöchern.

Maschinenknopfloch

1 **MARKIEREN** Knopflochmitte markieren und Knopf auf Markierung legen. Knopfbreite plus -dicke markieren, Zugabe zum Befestigen der Knopflochenden einrechnen.

2 **AUFSCHNEIDEN** Knopflochstich zu beiden Seiten der Markierung und über die Enden nähen. Mit Nahttrenner oder kleiner Schere Loch an einem Ende der Markierung machen, aufschneiden.

Handgenähtes Knopfloch

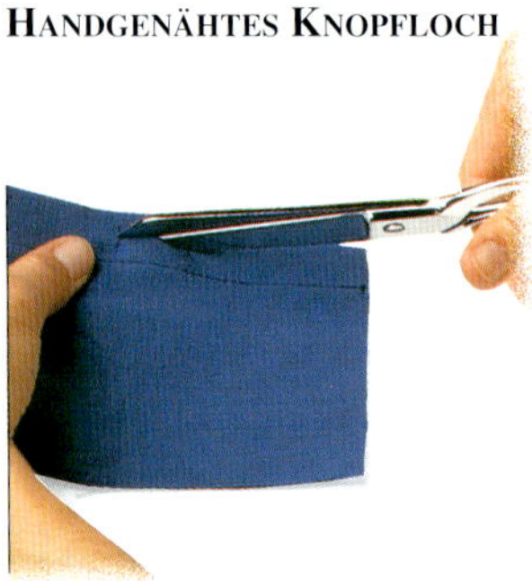

1 **AUFSCHNEIDEN** Lage und Länge des Knopflochs mit Schneiderkreide oder Textilstift markieren. Mit Nahttrenner oder kleiner, scharfer Schere Knopfloch der Länge nach aufschneiden.

2 **ENDE NÄHEN** Knopflochgarn einfädeln. An einem Schlitzende befestigen – liegt das Knopfloch im rechten Winkel zur Kante, am stärker belasteten Ende beginnen. Über das Ende nähen.

3 **KANTEN NÄHEN** Dichten Knopflochstich *(siehe Langettenstich, Seite 17)* über eine Knopflochseite arbeiten. Über das andere Ende nähen. Zweite Seite arbeiten und Faden befestigen.

SCHLAUFENVERSCHLUSS

Zunächst an einer Seite der Öffnung Knöpfe annähen. An der anderen Seite Stoffschlauch *(siehe Seite 29)* feststecken, dabei zu Schlaufen legen. Schlaufen entsprechend Knopfgröße und -abstand legen. Heften und festnähen.

REISSVERSCHLÜSSE

Metall- und Kunststoffreißverschlüsse sind stabil und unauffällig; es gibt sie in den verschiedensten Qualitäten, Längen und Farben. Sie eignen sich für alle Textilien mit Ausnahme sehr dünner Materialien. Metallreißverschlüsse sind am stabilsten, bei Kunststoff ist die Farbauswahl größer, und er ist flexibler; man muss allerdings beim Bügeln aufpassen.

Symmetrisch eingesetzter Reissverschluss

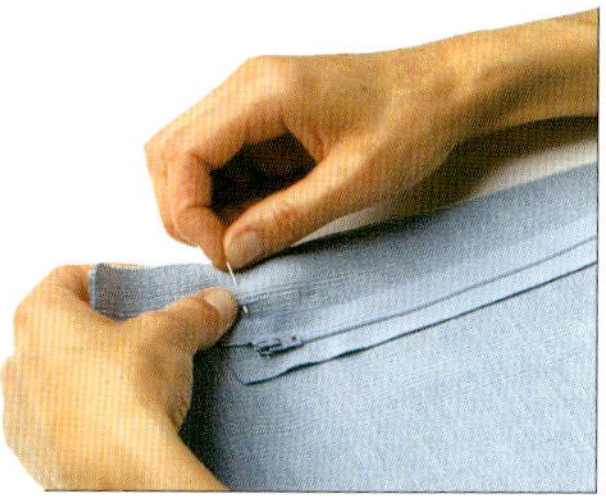

1 PLATZIEREN Zur Belastung passenden Reißverschluss aussuchen. Kontrollieren, ob die Länge für den Zweck ausreicht. Reißverschluss von links auf Nahtlinie auflegen und Position der Enden markieren.

2 ZUNÄHEN Stoffteile an beiden Reißverschlussenden stecken, heften und nähen, von den Stoffkanten bis zur Endmarkierung. Reißverschlussöffnung zwischen Markierungen zuheften und Nahtzugaben ausbügeln.

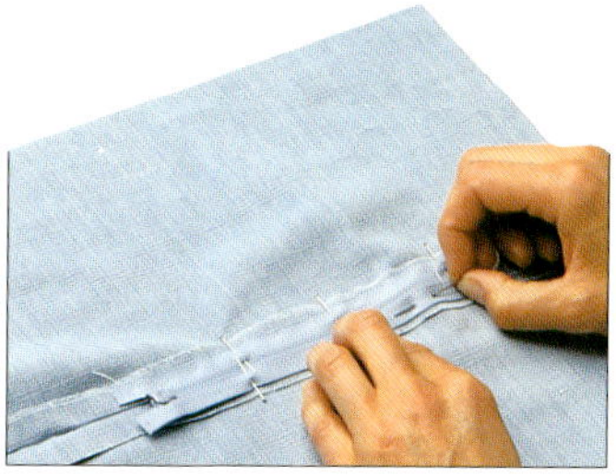

3 STECKEN Naht ausbügeln, Stoff mit rechter Seite nach unten hinlegen. Reißverschluss mit rechter Seite nach unten auf Heftnaht legen. Er muss genau in der Mitte liegen, die Zähne auf der Nahtstelle. Feststecken und heften.

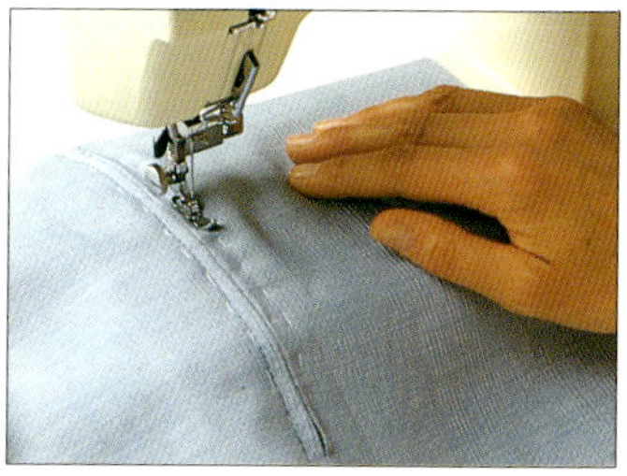

4 EINNÄHEN Stoff mit rechter Seite nach oben legen. Mit Reißverschlussfuß durch alle Lagen um den Reißverschluss steppen, Stichlinie ca. 8 mm von den Zähnen. Heftstiche entfernen.

Asymmetrisch eingesetzter Reissverschluss

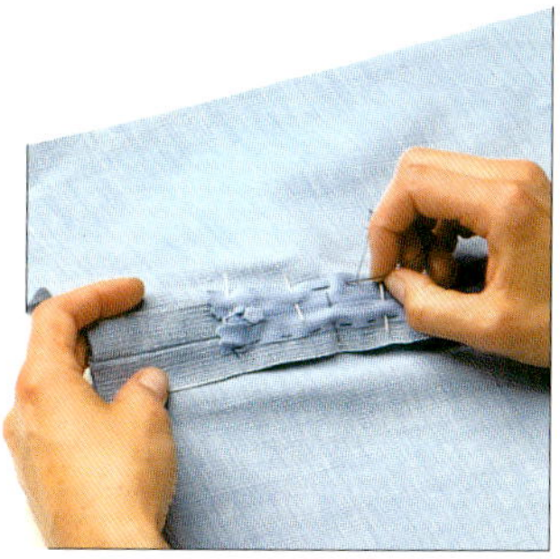

1 EINHEFTEN Schritte 1 und 2 wie oben. Reißverschluss seitlich versetzt auf Heftnaht legen, so dass die Zähne auf einer Nahtzugabe liegen. Feststecken und heften.

2 EINNÄHEN Stoff mit rechter Seite nach oben legen. Mit Reißverschlussfuß durch alle Lagen um Reißverschluss steppen. Genau in den Heftstichen nähen.

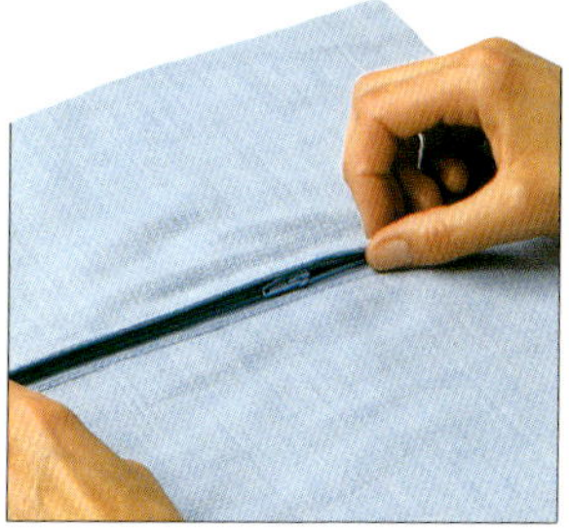

3 ERGEBNIS Heftstiche entfernen. Ein asymmetrischer Reißverschluss fällt weniger auf als ein symmetrischer, daher gut für nicht ganz zum Stoff passende Verschlüsse.

Belegter Reissverschluss am Nahtende

1 PLATZIEREN Zugaben breiter als Verschluss. Am Nahtende offen lassen. Beide Zugaben zu einer Seite umlegen. Rechte Seite oben, oberes Teil umschlagen. Verschluss mit rechter Seite nach oben an untere Nahtzugabe stecken, nähen.

2 ZWEITE SEITE Oberes Stoffteil über Verschluss legen, Nahtzugaben ausrichten. Stoffteile umdrehen. Freie Verschlussseite an freie Nahtzugabe stecken, heften. Rechte Seite nach oben legen, Verschluss öffnen, geheftete Seite nähen.

3 ERGEBNIS Beide Nahtzugaben liegen auf einer Nahtseite, der Reißverschluss dazwischen. Er wird völlig von der oberen Nahtzugabe verdeckt. Diese Methode verwendet man meist bei losen Kissen von Sesseln und Sofas.

Reissverschluss in Paspelnaht

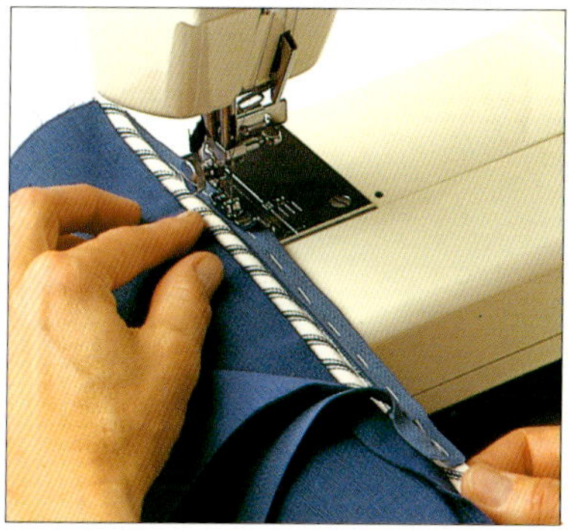

1 PASPELSEITE Eine Seite des geöffneten Reißverschlusses mit rechter Seite nach unten auf Innenseite der Nahtzugabe der Paspelkante legen. Heften, mit Reißverschlussfuß 3 mm von den Zähnen steppen.

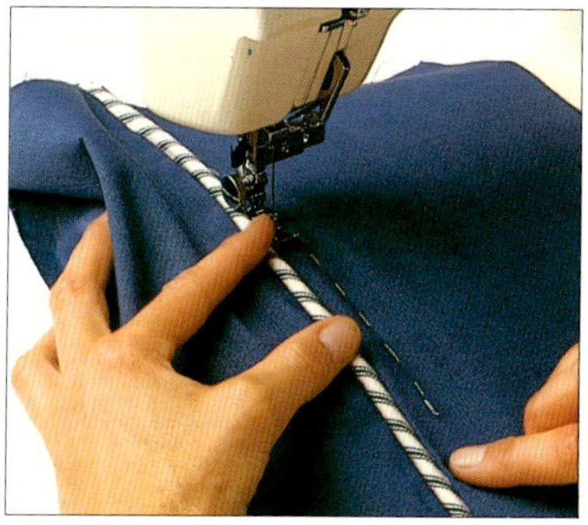

2 ANDERE SEITE Reißverschluss schließen. Nahtzugaben an beiden Kanten umlegen. Zweite Kante so auf Reißverschluss legen, dass sie an die Paspel stößt. Stecken, heften, nähen.

GARDINEN

ALS FENSTERDEKORATION BIETEN GARDINEN SICHTSCHUTZ UND WÄRMEDÄMMUNG UND DÄMPFEN DEN LÄRM VON DRAUSSEN. DA DAS FENSTER OFT DER BLICKFANG EINES RAUMES IST, KÖNNEN STIL, FARBE UND MUSTER DER VORHÄNGE DEN GESAMTEINDRUCK PRÄGEN. DIE AUSWAHL AN FORMEN UND DEKORATIONSSTOFFEN IST GROSS, UND NEUE AUFHÄNGESYSTEME – STANGEN, STÄBE UND SCHIENEN – ERLEICHTERN DAS SELBERMACHEN. OB KOMPLIZIERTE GEFÜTTERTE DRAPERIEN, OB SIMPLE TRANSPARENTE GARDINEN ODER ZARTER TÜLL – DIE PROFESSIONELLE AUSFÜHRUNG MACHT KAUM SCHWIERIGKEITEN.

AN SCHLAUFEN BEFESTIGT
Dieser auffallende Vorhang besteht aus hauchdünnen kirschroten Stoffbahnen, mit der Maschine zusammengesetzt und oben und seitlich gesäumt. Die breiten Schlaufen sitzen auf der linken Stoffseite.

GESTALTUNGSVORSCHLÄGE

WER GARDINEN ANFERTIGT, muss mehrere Faktoren bedenken: die große Stoffauswahl, eine Vielzahl von Aufhängesystemen und die Wahl des richtigen Gardinenbands. Klären Sie zunächst die praktischen Anforderungen. Kalkulieren Sie Form und Größe Ihrer Fenster, die Frage des Sichtschutzes sowie Einrichtungsstil und Farbgestaltung des Raumes. Wollen Sie das Zimmer renovieren, möchten Sie vielleicht die Dekoration auf den Vorhangstoff abstimmen. Denken Sie daran, dass Gardinen Stil und Stimmung eines Raumes beeinflussen und ein Gefühl von Weite oder Begrenztheit schaffen können.

ERKERFENSTER
(oben) Durch Erkerfenster wirken Räume tiefer und interessanter, bei bodenlangen Gardinen kann der Stoffverbrauch aber teuer werden. Um Geld zu sparen, hängt man in die Mitte des Erkers als natürliche Abtrennung eine Bahn transparenten Stoff.

LICHTDURCHLÄSSIGE STORES
(links) Gestreifte Schlaufenvorhänge betonen die hohen Fenster und Decken; die transparenten, ungekräuselten Gardinen auf Stangen bleiben immer zugezogen und gewähren trotz der großen Fenster einen gewissen Sichtschutz.

ANGESETZTER QUERBEHANG
(rechte Seite) Ein breiter Stoffstreifen ergibt einen Querbehang, der die Gardine weicher wirken lässt. Bei aufgezogenem Vorhang verschwindet der Querbehang in den Stofffalten.

QUERBEHANG MIT BOGENKANTE
(linke Seite) Der Querbehang besteht aus einem bunt karierten Baumwollstoff, als Kontrast wurde weißer Pomponbesatz auf die Außenkante gesteppt.

SCHLICHTER BOGEN
(unten) Dieser elegante Bogen wird am Gardinenbrett über dem Fenster befestigt und verdeckt die Schiene. Der Bogen ist mit hellerem Stoff gefüttert, der den klassischen Faltenwurf betont.

FARBIGES BAND
(oben) Mit zwei einfarbigen Stoffen schafft man ohne allzu viel Aufwand einen Schichtenlook. Ein schmales karamellfarbenes Stoffband, in Höhe eines Querbehangs aufgenäht, suggeriert raffinierte Verarbeitung. Der breite Streifen unten schafft ein Gegengewicht zu den bis zum Boden reichenden Fenstern.

MUSCHELDEKORATION
(links) Ungekräuselte Gardinen hängt man einfach an Haken auf. Zur Dekoration werden Knöpfe, Glasperlen oder Muscheln über den Haken gezogen und dieser direkt an die Vorhangstange gehängt. Am effektvollsten ist das bei einfarbigem Voile- oder locker gewebten Stoffen.

AUFHÄNGESYSTEME

ENTSCHEIDEN SIE SICH FÜR EIN AUFHÄNGESYSTEM, bevor Sie Ihre Gardinen anfertigen. Diese Wahl muss zuerst getroffen werden, weil die Größe der Gardinen von der Aufhängung, der Art des Gardinenbandes und der Größe der Fensteröffnung abhängt. Suchen Sie für eine sichtbare Aufhängung Stangen oder Rohre aus Holz oder Metall aus. Schienensysteme dagegen bestehen meist aus Kunststoff und sind dazu bestimmt, durch Querbehang oder Schabracke verdeckt zu werden.

STANGEN UND ROHRE

Stangen oder Rohre mit passenden Ringen und Endstücken gibt es in vielen Holztönen – natur oder farbig – und aus Messing oder Eisen; diese Art der Aufhängung ist sehr dekorativ. Sie eignet sich jedoch nur für gerade Fensteröffnungen.

Stange oder Rohr müssen eine dem Stoffgewicht entsprechende Stärke haben. In der Regel werden sie seitlich von zwei Konsolen gehalten, bei schweren oder breiten Gardinen sollte man jedoch eventuell einen Mittelträger anbringen.

Holzstange mit Gardinenringen und Endstück

Hölzerne Wandhalterung

Hölzerne Konsole

Holzstangen

Zu Holzstangen wird eine breite Auswahl an dekorativen Endstücken angeboten, die als Stopper dienen. Die meisten werden mit einem zweiteiligen System aus Wandbeschlag und Träger vor die Wand gesetzt, einige eignen sich aber auch für seitliche Wandträger. Für Schlaufenvorhänge gibt es spezielle Gleiter, mit deren Hilfe sich Stoff leicht über die Vorhangstange ziehen lässt.

Gleiter für Stoffschlaufen

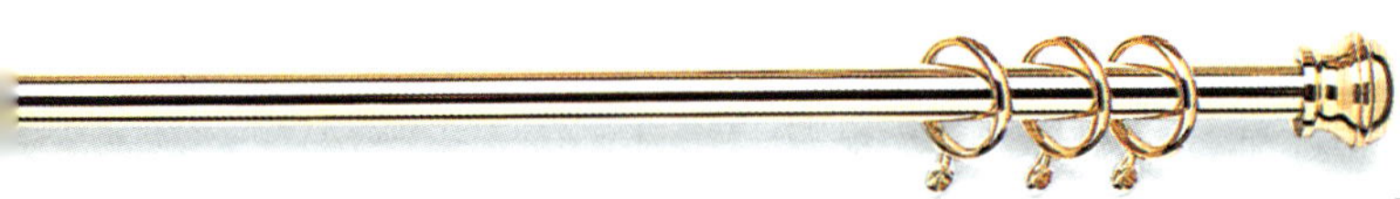

Dünne Messingstange

Wandträger aus Messing

Messingkonsolen

Dickes Messingrohr

Messing-Gardinenring

Messingstangen und -rohre

Bei Messingstangen hat man die größte Auswahl an Stärken; sie sind daher für alle Gardinentypen geeignet, von der leichtesten Tüllgardine bis zu schweren, gefütterten Vorhängen. Wie Holzstangen kann man sie mit Konsolen oder seitlichen Wandträgern befestigen.

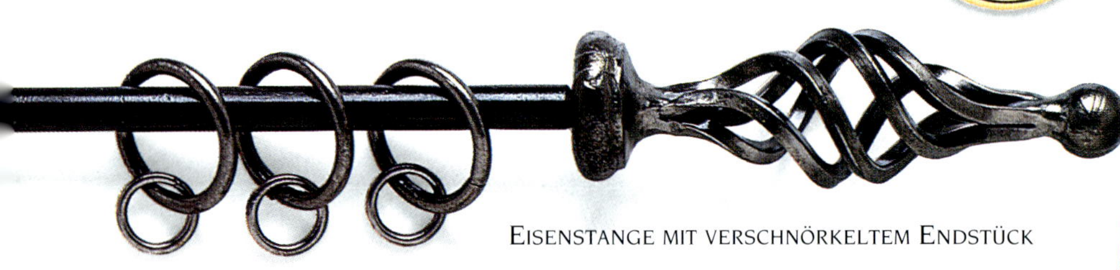

Eisenstange mit verschnörkeltem Endstück

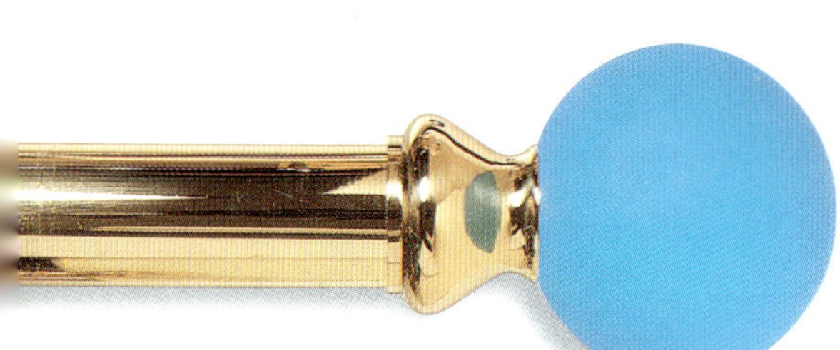

Messingstange mit Glas-Endstück

Glas-Endstücke

Farbige Glas-Endstücke gibt es in runder, gedrehter oder Muschelform. Sie sind handgefertigt, daher hat jedes seine einzigartige Oberflächenstruktur. Glas-Endstücke sind sehr zerbrechlich, man muss also beim Staubwischen besonders vorsichtig sein.

Eisen-Wandträger, Seitenansicht

Schmiedeeiserne Stangen

Wie Messing, so ist auch Eisen mittlerweile ein beliebtes Metall für schöne Vorhangstangen. Eisenstangen lässt man meist auf Bestellung anfertigen; da sie so dekorativ sind, bieten sie sich geradezu für verschnörkelte Endstücke an. Eiserne Vorhangstangen sind dünn, aber stabil, daher eignen sie sich auch für Gardinen ohne Ringe, die oben mit einem simplen Stangendurchzug verarbeitet sind.

EINFACHE AUFHÄNGESYSTEME UND SCHIENEN

Bei leichten Gardinen, die nicht aufgezogen werden, genügen Spanndrähte oder dünne Stangen. Bei schwereren Stoffen hat man die Auswahl zwischen mehreren Systemen. Schienen lassen sich an Wand oder Decke montieren. Die Gardinen werden mit Ringen oder Gleitern und Haken an den Schienen aufgehängt, es gibt aber auch Gleiter mit festem Haken.

EINFACHE AUFHÄNGESYSTEME
Für Tüllgardinen, die nicht aufgezogen werden, eignen sich Spanndrähte oder kunststoffummantelte Stangen. Beide kann man mit Wandbeschlägen oder Haken an der Wand oder an der Seitenwand befestigen. Teleskopstangen lassen sich je nach Breite ausziehen.

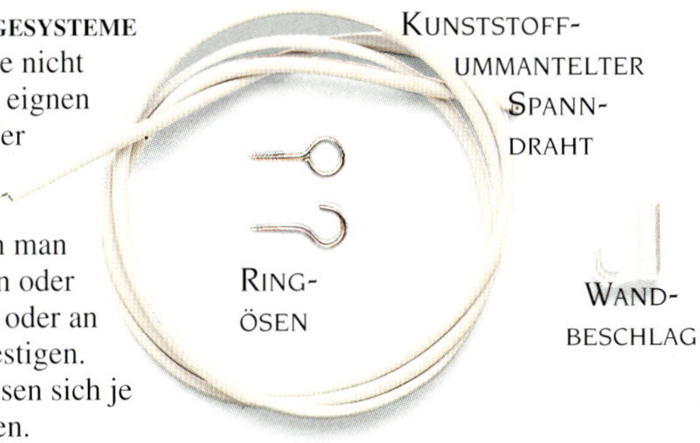

SCHIENE MIT VERDECKTEN GLEITERN
Bei dieser Schiene verdeckt eine flache Blende die Gleiter. Gardinenhaken werden ins Gardinenband und in die Gleiter gehakt. Feststeller halten den letzten Haken fest.

SCHIENE MIT GLEITERN UND HAKEN
Bei diesem System laufen Gleiter vorn über die Schiene und halten im Gardinenband sitzende separate Haken, die Gleiter lassen sich aber auch direkt ins Band einhaken.

QUERBEHANGSCHIENE
Die einfachste Schiene für einen Querbehang über der Gardine, mit Trägern und Verbindungsstäben; passend für Fenster jeder Größe und Form.

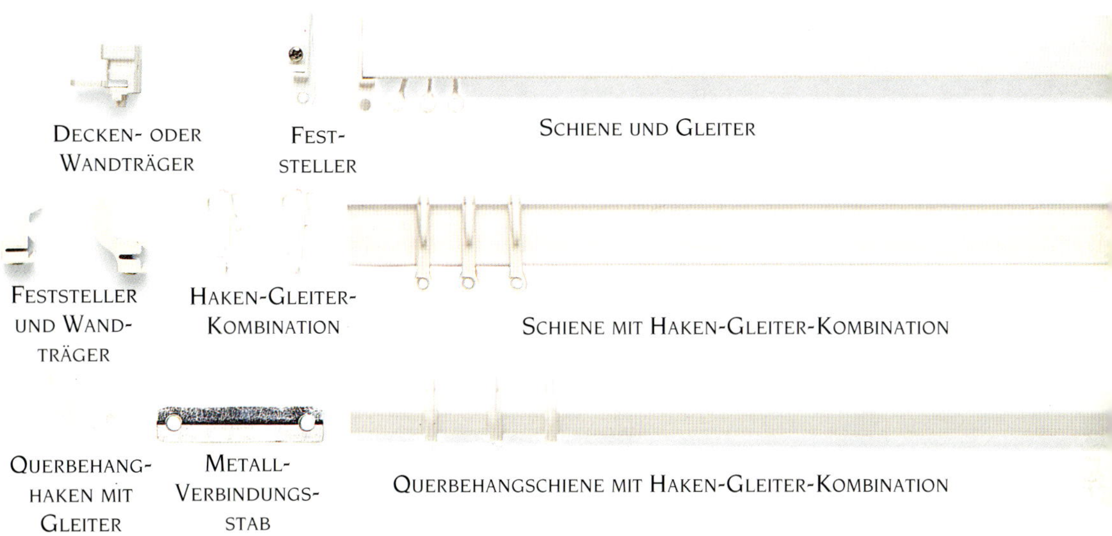

SCHIENENBEFESTIGUNG

Es gibt verschiedene Befestigungen für Aufhängesysteme. Mit Wandträgern kann man Schienen mit Abstand befestigen, eine zweite Schiene oder Querbehangschiene montieren.

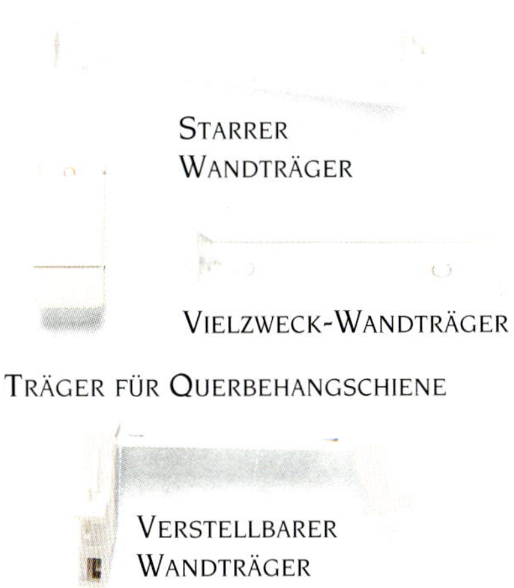

ZWEIZÜGIGE SCHIENE
Für Vorhänge und Querbehang aus gleichem Stoff kann man eine zweizügige Schiene benutzen. Dieses System ist leicht anzubringen und eignet sich zur Wand- oder Deckenbefestigung.

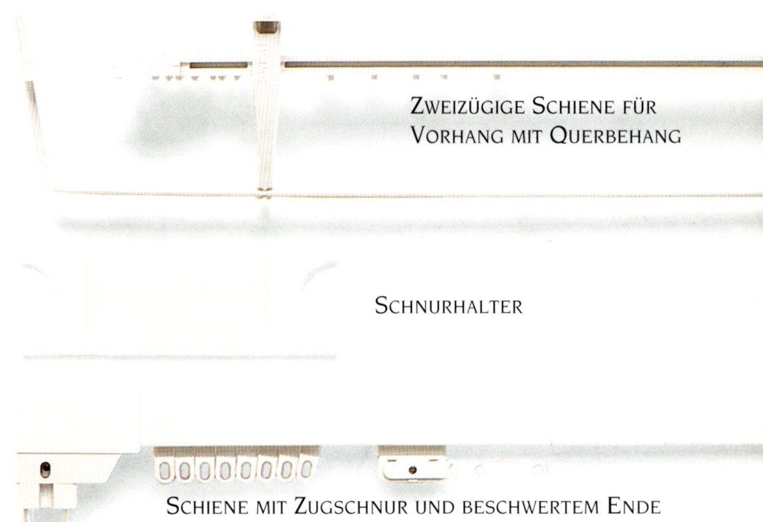

ZUGSCHNÜRE UND SCHLEUDERSTÄBE
Manche Schienensysteme werden mit Zugschnüren angeboten; ein Kordelhalter verhindert, dass die Schnüre durcheinander geraten. Überzugwagen sorgen dafür, dass die Gardinen in der Mitte schließen. Oder: Die Gardinen mit an den Überzugwagen befestigten Schleuderstäben bewegen.

ZUBEHÖR FÜR AUFHÄNGESYSTEME

Mit Accessoires und Zubehör zum Aufhängesystem verleihen Sie Ihren Gardinen eine ganz persönliche Note. Zu den einzelnen Stangen und Rohren gibt es Endstücke und Wandbeschläge in großer Auswahl, außerdem diverse Raffvorrichtungen, mit denen man Vorhänge offen halten und an der Wand befestigen kann.

STANGENZUBEHÖR
Sie haben die Auswahl zwischen den unterschiedlichsten dekorativen Wandbeschlägen und Endstücken für Vorhangstäbe und -rohre. Vor allem Stangen aus Messing – oder vermessingt – kann man vom Meter kaufen und mit Accessoires nach Wunsch ergänzen.

MESSING-ENDSTÜCK IN EICHELFORM

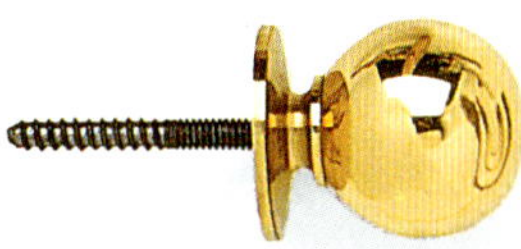

RUNDES MESSING-ENDSTÜCK

MESSINGSCHEIBE ALS ENDSTÜCK

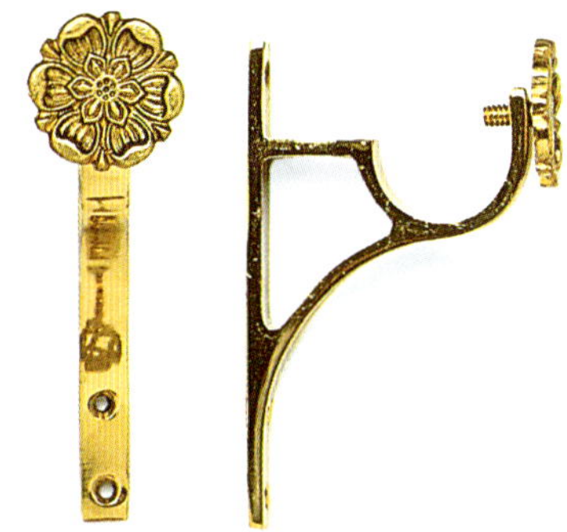

DEKORATIVER MESSINGTRÄGER

PASSENDER MESSING-MITTELTRÄGER

RAFFHAKEN UND RAFFARME
Bei Raffgardinen mit Ringen brauchen Sie zwei Haken, die die gerafften Gardinen an der Wand halten. Solches Gardinenzubehör gibt es in schlichtem oder verschnörkeltem Design. Als Alternative bieten sich die unterschiedlichsten Raffarme aus Metall an. Gardinen lassen sich auch mit Raffrosetten festhalten.

SCHLICHTER RAFFHAKEN

RAFFHAKEN IN LILIENFORM

RAFFROSETTE

DEKORATIVE MESSING-RAFFARME

GARDINENHAKEN

Suchen Sie Haken aus, die sich am besten für Ihr Gardinenband eignen. Die Bänder passen an Universalkunststoffhaken. Für komplizierte Falten braucht man Spezialhaken, für handgearbeitete Köpfchen Stechhaken, annähbare Haken oder Klammern; letztere sind ohne Nähen zu montieren.

UNIVERSAL-KUNSTSTOFFHAKEN

HAKEN ZUM ANNÄHEN

STECHHAKEN

SPEZIAL-KRÄUSELHAKEN

KLAMMERN

AUFHÄNGESYSTEME ANBRINGEN

PLANEN SIE BEIM ANBRINGEN EINES AUFHÄNGESYSTEMS an der Wand seitlich genügend Platz ein, damit die Konstruktion so weit über die Öffnung hinausragt, dass sich die Gardine ganz aufziehen lässt. Die Aufhängevorrichtung sollte an Wand oder Fensterrahmen befestigt werden. Stangen und Rohre bringt man sichtbar an, Schienen werden vom Vorhang verdeckt. Richten Sie Rohr, Stange oder Schiene immer so aus, dass sie parallel zur oberen Fensterkante oder zur Decke verlaufen: Bei geraden Fenstern und Decken arbeiten Sie mit der Wasserwaage, andernfalls passen Sie das Aufhängesystem nach Augenmaß ein.

STANGEN UND ROHRE ANBRINGEN

Metall- oder Holzstangen und -rohre mit passenden Wandträgern werden in verschiedenen Standardlängen hergestellt und lassen sich nach Wunsch kürzen. Zunächst misst man die Breite von Fensteröffnung und Rahmen und gibt so viel zu, dass die Gardinen seitlich überstehen. Rechnen Sie aus, wie viele Gardinenringe Sie brauchen. Machen Sie mindestens 5 cm über der Öffnung mehrere Bleistiftmarkierungen und verbinden Sie diese mit einer Hilfslinie in Länge der Öffnung plus Überstand. Zum Anbringen braucht man Bohrmaschine und Steinbohrer, Dübel, Schrauben und Schraubenzieher.

1 POSITION MARKIEREN Position für Wandbeschlag auf Hilfslinie markieren, dabei Überstand einberechnen. Nicht vergessen: Die Endstücke können 5–10 cm über Stangenende und Wandträger hinausragen. Loch in Markierung bohren und Dübel einsetzen.

2 BESCHLAG ANBRINGEN Beschlag über Dübel halten und dann anschrauben. Beschlag ebenfalls an anderer Fensterseite anbringen. Bei langen Stangen einen Mittelträger montieren, damit sie nicht durchhängen, vor allem dann, wenn es sich um schwerere Stoffe handelt.

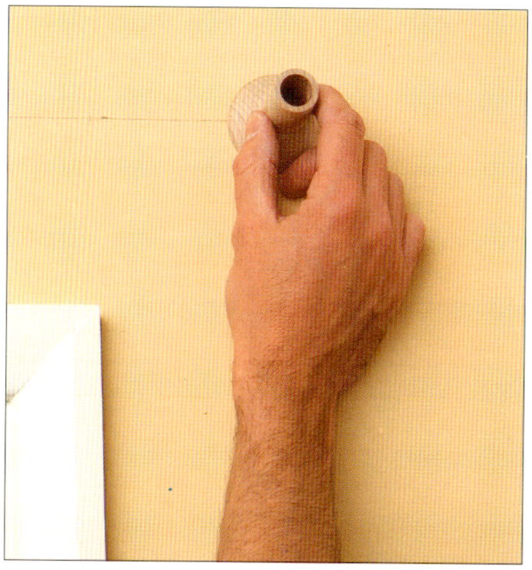

3 WANDTRÄGER MONTIEREN Wandträger in Wandbeschlag einsetzen. Mit den beiliegenden kleinen Schrauben ziehen. Stange durch Träger schieben. Bis auf zwei alle Ringe auf die Stange ziehen. Stange durch zweiten Träger schieben.

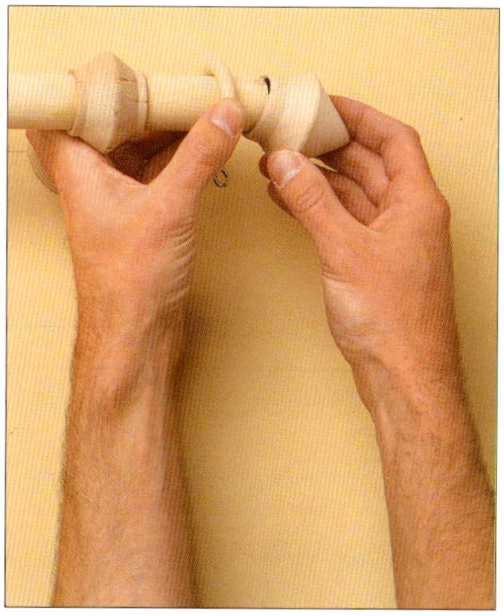

4 ENDSTÜCKE AUFSETZEN Einen der beiden restlichen Gardinenringe über Stangenende schieben und Endstück aufsetzen. Am anderen Ende letzten Gardinenring und zweites Endstück anbringen. Stange mittig zwischen Trägern ausrichten.

5 STANGE FIXIEREN Zum Schluss beiliegende kleine Schraube durch die Unterseite des Trägers in die Stange schrauben. Sitzt diese kleine Schraube dann fest im Holz, kann die Stange auch bei Belastung nicht mehr verrutschen.

SCHIENE AN DER WAND BEFESTIGEN

Wählen Sie die Schiene passend zu Gardinenband oder handgemachtem Köpfchen aus *(siehe Seite 39)*. Fensterbreite ausmessen und seitlich genügend für Überhang zugeben. Eventuell die Schiene auf exakte Größe kürzen. Schienen werden von kleinen Trägern gehalten. Positionen mit Maßband, Bleistift und Lineal an der Wand anzeichnen. Träger mit Bohrmaschine und Steinbohrer, passenden Dübeln, Schrauben und Schraubenzieher anbringen.

1 **TRÄGERPOSITION MARKIEREN** In gleichmäßigem Abstand zur Decke mehrere Bleistiftmarkierungen über der Oberkante des Fensters machen. Soll die Schiene sehr nah an der Decke sitzen, darauf achten, dass noch genügend Spielraum zum Anbringen und Befestigen bleibt.

2 **HILFSLINIE MARKIEREN** Mit einem Lineal die Bleistiftmarkierungen durch Bleistiftlinie auf der Wand verbinden. Mindestabstand für Träger in beiliegender Gebrauchsanweisung beachten, Wand entsprechend markieren.

3 **DÜBEL ANBRINGEN** An einer Fensterseite beginnend (Überstand einberechnen!) Positionen der Dübel mit Bleistift anzeichnen. Hier beträgt der Überstand 10 cm. Der erste Träger sollte 5 cm vor Ende der Schiene sitzen. Erstes Loch bohren und Dübel einsetzen.

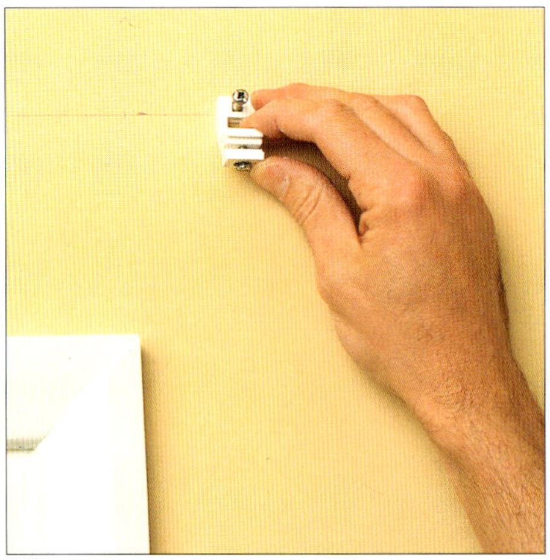

4 **TRÄGER BEFESTIGEN** Träger und passende Schraube an ersten Befestigungspunkt halten. Schraubenspitze leicht in Dübel drücken, dann mit Schraubenzieher eindrehen. So an allen Befestigungspunkten bohren, dübeln und Träger anschrauben.

5 **SCHIENE ANBRINGEN** Nachprüfen, ob alle Träger in einer Linie sitzen, dann Schiene andrücken oder einschieben. Sitzt die Schiene nicht mittig über der Fensteröffnung, abnehmen und neu einsetzen.

6 **SCHIENE BEFESTIGEN** Sitzt die Schiene korrekt, Schrauben an den Trägern anziehen und damit die Schiene an der Wand fixieren.

SCHIENE AM FENSTERRAHMEN

Statt an der Wand kann man Träger auch am Holzfensterrahmen befestigen, allerdings lassen sich die Gardinen dann meist nicht ganz aufziehen. Trägerpositionen markieren, vorbohren und Träger anschrauben.

Befestigung am Rahmen

Gebrauchsanweisung für Trägerbefestigung lesen. Positionen der Träger markieren. Mit Handbohrer vorbohren, bei längeren Schrauben mit Bohrmaschine und Holzbohrer. Schrauben in Träger stecken und eindrehen.

Verlängerung

Wollen Sie die Vorhänge ganz aufziehen, damit möglichst viel Licht in den Raum fällt, können Sie die Breite des Fensterrahmens verlängern. Dazu werden zwei kurze Holzleisten auf die Wand geschraubt. Träger wie links auf der Verlängerung anbringen.

Gleiter und Feststeller

Sobald die Schiene richtig sitzt und an den Trägern befestigt ist, berechnet man die Anzahl der Gleiter und setzt sie auf die Schiene. Feststeller oder Endstücke einsetzen. Beim Aufhängen der Gardine lassen sich die Feststeller leicht abnehmen, falls man mehr oder weniger Gleiter benötigt.

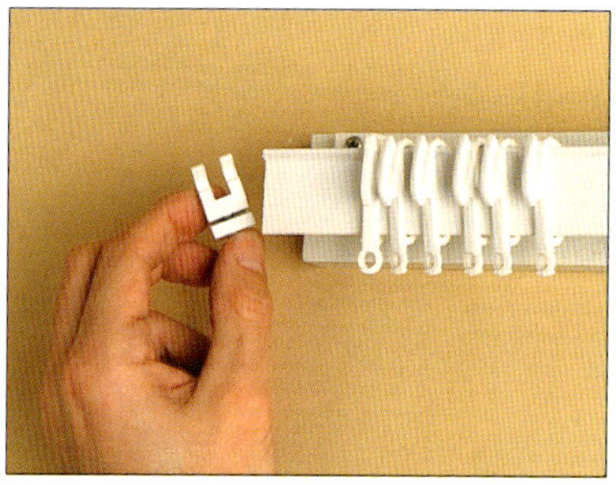

SPANNDRAHT AM RAHMEN ANBRINGEN

Für Tüllgardinen an Fenster- oder Türöffnungen genügt ein leichtes Aufhängesystem wie kunststoffummantelter Spanndraht. Dieser wird mit entsprechenden Haken und Ringösen auf dem Rahmen oder seitlich vom Rahmen gehalten. Bei diesem System markiert man zunächst die Positionen für die Ringösen und bohrt Löcher vor. Anschließend den Draht mit der Zange auf die richtige Länge kürzen.

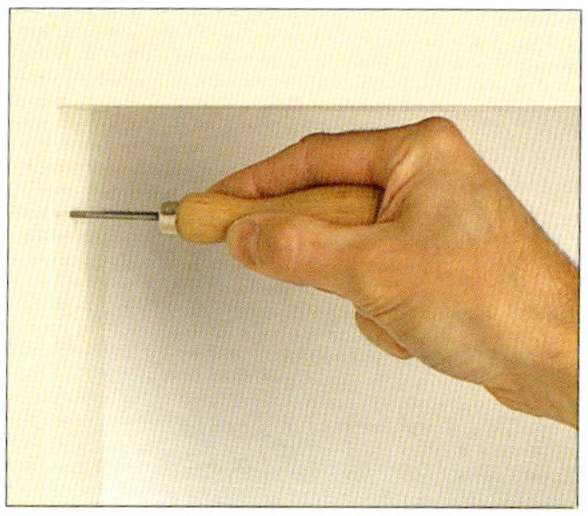

1 **VORBOHREN** Mit dem Handbohrer an den Bleistiftmarkierungen rechts und links am Fensterrahmen vorbohren.

2 **RINGÖSEN ANBRINGEN** Ösen mit der Hand ins Holz drehen, bis sie bündig auf dem Rahmen aufliegen. Abstand zwischen Ösen messen und Draht kürzen (minus Hakenlänge).

3 **DRAHT SPANNEN** Haken an Drahtenden schrauben. Einen Haken über Ringöse ziehen. Draht übers Fenster spannen und zweiten Haken über zweite Öse ziehen.

Schabrackenbrett anbringen

Zunächst die Position festlegen, dafür Schabrackenbrett nach Fenster oder Decke ausrichten. Verlaufen Fenster und Decke nicht parallel, mit Wasserwaage arbeiten. Mit Bohrmaschine und Steinbohrer Löcher bohren. Schabrackenbrett mit Trägern, die von Dübeln und Schrauben gehalten werden, an Wand über Fenster befestigen.

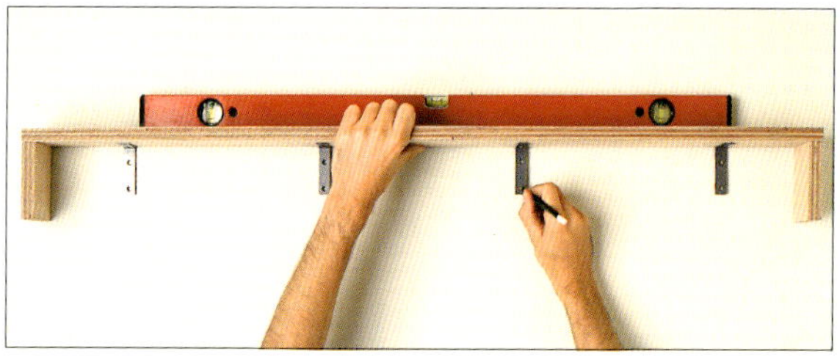

1 **LÖCHER MARKIEREN** Schabrackenbrett mittig über Öffnung halten, dabei Wasserwaage benutzen, und mit Bleistift Bohrlöcher durch Befestigungslöcher des Trägers anzeichnen. Kasten abnehmen, Löcher bohren und Dübel einsetzen.

2 **TRÄGER BEFESTIGEN** Schabrackenbrett an Wand halten, Träger über entsprechende Dübel legen und anschrauben. Bei großen Schabrackenbrettern benötigt man eventuell Hilfe.

PLANUNG UND VORBEREITUNG

DER STOFF AN FENSTER ODER TÜR zieht alle Blicke auf sich. Häufig bestimmt ein Vorhang den Charakter eines Zimmers. Es lohnt sich daher, sich vor Beginn der Arbeit reichlich Zeit zu nehmen und bei der Planung und Vorbereitung zu bedenken, wie die Gardine im Verhältnis zur Fenster- oder Türöffnung und zum gesamten Raum wirkt. Dabei ist nicht allein die Stoffart ausschlaggebend, auch andere Faktoren spielen eine Rolle. Dazu gehören die Art des Gardinenbandes, die Abmessungen der Fenster- oder Türöffnung, für die der Vorhang bestimmt ist, und die Länge und Breite der Vorhänge.

GARDINENBAND

Die Art des Gardinenbandes hat entscheidenden Einfluss auf die Wirkung des Vorhangs, denn sie bestimmt die Art des Faltenwurfes. Fertiges Gardinenband gibt es für verschiedene Kräusel- und Faltenvarianten. Sie lassen sich leicht annähen; durch Anziehen der Schnüre im Band entstehen Kräusel oder Falten. Zum Waschen oder Reinigen lassen sich die Gardinen glatt ziehen. Manche Bänder haben Einschubtaschen, in die die Gardinenhaken eingesetzt werden.

Gardinenband

Ein Faltenband, das Tüllgardinen in schmale Bleistiftfalten legt. Es ist ca. 6 cm breit. Man verwendet Standard-Gardinenhaken oder fädelt die Einschubtaschen über Draht oder Stange. Stoffverbrauch: doppelte Schienenlänge.

Kräuselband

Dieses schmale Band – ca. 2,5 cm breit – bildet Kräusel; es wird häufig für kleinere Gardinen benutzt. Bei Schienen Band so aufsteppen, dass die Schiene verdeckt ist. Stoffverbrauch: anderthalbfache bis doppelte Schienenlänge.

Bleistiftfalten

Das beliebteste Faltenband ist 7,5 cm breit und legt den Stoff in zahllose Falten. In die Einschubtaschen passen die Standard-Gardinenhaken. Der Verbrauch beträgt die zweieinhalbfache Schienenlänge.

Flämische Falten

Ein 9 cm breites Faltenband, das den Stoff in zylindrische Falten legt; besonders geeignet für sehr lange Vorhänge. Das Band wird mit Spezialhaken befestigt. Stoffverbrauch: doppelte Schienenlänge.

Dreifache Kirschbandfalten

Ein 8,5 cm breites Spezialband legt die Stofffalten zu Dreiergruppen. Geeignet für lange Vorhänge und jeden Stoff. Zwei Reihen Einschubtaschen für Spezialhaken. Stoffverbrauch: doppelte Schienenlänge.

Schachtelfalten

Schachtelfalten können niedergenäht oder mit Band gelegt werden. Das Band ist 7,5 cm breit, so dass die Schiene verdeckt ist. Mit zwei Reihen Einschubtaschen für Spezialhaken. Verbrauch: dreifache Länge.

Smokfalten

Mit Hilfe des 7,5 cm breiten Spezialbandes lassen sich Vorhänge und Schabracken smoken. Zwei Reihen Einschubtaschen, geeignet für Standardhaken. Stoffverbrauch: zweieinhalbfache Schienenlänge.

Kelchfalten

Spezial-Automatikband für tiefe, kelchförmige Falten, ideal für üppige, bodenlange Vorhänge. Für dieses Band sollte man Metall-Spezialhaken verwenden. Stoffverbrauch: doppelte Schienenlänge.

AUSMESSEN

Der Stoffverbrauch richtet sich nach Breite der Fensteröffnung, Art des Aufhängesystems *(siehe Seite 38–40)*, Art des Gardinenbandes, Länge der fertigen Gardine und Größe des Musterrapports. Bei bodenlangen, aber nicht auf dem Boden aufliegenden Vorhängen zieht man vom Maß Schiene–Boden (B) 12 mm ab. Sollen die Vorhänge über den Boden fließen, addiert man 5–20 cm zu Maß B. Sollen die Gardinen bis zur Fensterbank reichen, lässt man sie entweder 12 mm über der Fensterbank (C) oder 5–10 cm darunter enden.

Das Köpfchen sollte die Schiene überragen. Verwendet man eine Stange, sollte die Gardine knapp darunter hängen. Man misst von oberer Vorhangkante oder Aufhängesystem bis zur Unterkante der gewünschten Länge, plus 7,5 cm oben, 15 cm unten für den Saum.

Für die Stoffbreite misst man die Breite des Aufhängesystems (A). Sollen sich die Gardinen überlappen, Stoff zugeben. Diese Zahl mit der für das Gardinenband angegebenen Zahl multiplizieren. Für Seitensäume 30 cm addieren. Diese Zahl durch die Stoffbreite teilen; so ergibt sich die Anzahl der Stoffbahnen. Auf eine glatte Zahl aufrunden. Für den Verbrauch multipliziert man die Anzahl der benötigten Bahnen mit der oben berechneten Länge.

Gardinen bis zur Fensterbank

Gardinen über die Fensterbank

Bodenlange Gardinen

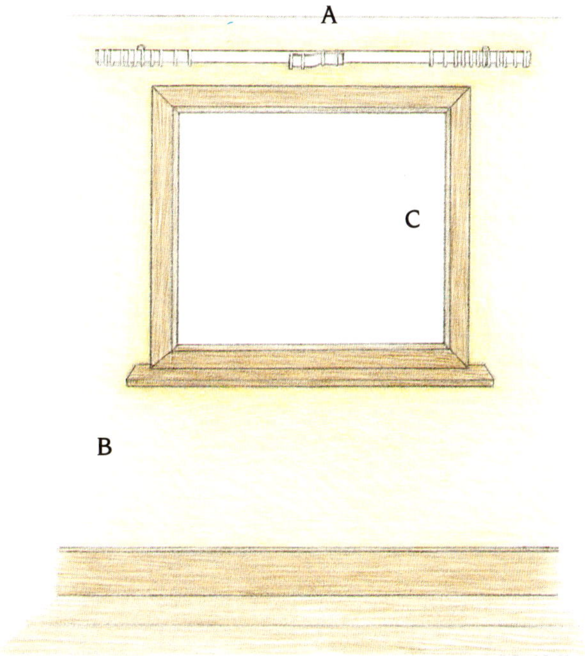

Messanleitung
Der Stoffverbrauch richtet sich nach der Länge von Aufhängesystem und Gardinen. Am akkuratesten misst man mit Zollstock oder Metallmaßband. Zur Berechnung des Stoffverbrauchs Breite des Aufhängesystems zwischen Endstücken (A) messen. Maße Schiene–Boden (B) oder Schiene–Fensterbank (C) sorgfältig ab Schiene oder Stange messen. Je nach gewünschter Gardinenlänge muss man von B oder C subtrahieren oder dazu addieren.

A Länge des Aufhängesystems

B Mass Schiene–Boden

C Mass Schiene–Fensterbank

MUSTERABSTIMMUNG

Für gemusterte Stoffe beim Berechnen der Breite den Musterrapport berücksichtigen, damit man das Muster im Vorhang akkurat abstimmen kann. Es sollte möglichst immer mittig sitzen.

Musterrapport ausmessen

Vorhangstoff auf glatter, flacher Arbeitsfläche ausbreiten und auf dem Stoff sorgfältig einen kompletten Musterrapport abmessen. Zur korrekten Abstimmung an Nähten und zwischen Vorhangteilen kann man einfach pro Teil einen ganzen Rapport zugeben.

ZUSCHNEIDEN

Akkurates Zuschneiden ist ebenso wichtig wie sorgfältiges Ausmessen. Stoff auf glatter Fläche auslegen. Fadengerade oder gegebenenfalls im Muster zuschneiden. Zum Zuschneiden benötigen Sie Nähzeug. Lose gewebte Stoffe an ausgezogenem Faden zuschneiden.

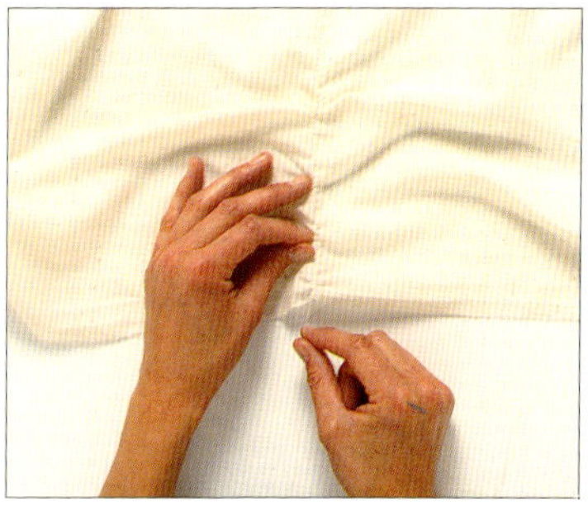

1 **FADEN AUSZIEHEN** Kleinen Schnitt in Webkante machen. An dieser Stelle einzelnen Faden ausziehen und Stoff glätten.

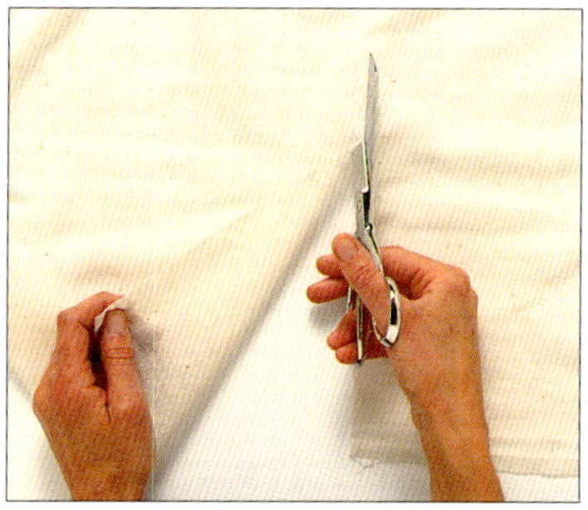

2 **ZUSCHNEIDEN** Entlang der durch den ausgezogenen Faden entstandenen Lücke den Stoff mit der Zuschneideschere schneiden.

STORES

TRANSPARENTE STOFFE sind das ideale Material für Gardinen, die bei Tag Sichtschutz gewähren sollen. Im zugezogenen Zustand verhüllen sie das Fenster, lassen aber trotzdem Tageslicht in den Raum. Gardinenstoffe gibt es in vielen Stärken und Farben. Die Stores dienen entweder als einziger Vorhang oder als Sichtschutz bei Tag, ergänzt durch Vorhänge aus lichtundurchlässigem Material. Nähen Sie ein einfaches oder spezielles handgefertigtes Köpfchen *(siehe Seite 55)* oder benutzen Sie fertiges Gardinenband. Hängen Sie die Gardinen an einer leichten Stange oder einem Spanndraht auf *(siehe Seite 43)*.

GARDINE NÄHEN

Suchen Sie das passende Gardinenband aus und berechnen Sie den Stoffverbrauch *(siehe Seite 45)*. Bei transparenten Gardinen sollte der Stoff möglichst breit liegen, damit man wenige Nähte braucht. Stoff mit Hilfe von ausgezogenem Faden fadengerade zuschneiden. Neue, feine Nähnadel verwenden und französische Nähte arbeiten.

1 **KANTEN SÄUMEN** Stoff auf große, glatte, flache Arbeitsfläche legen. Zum Versäubern an beiden Seitenkanten 1 cm breiten doppelten Saum umlegen. Säume heften, nähen und bügeln.

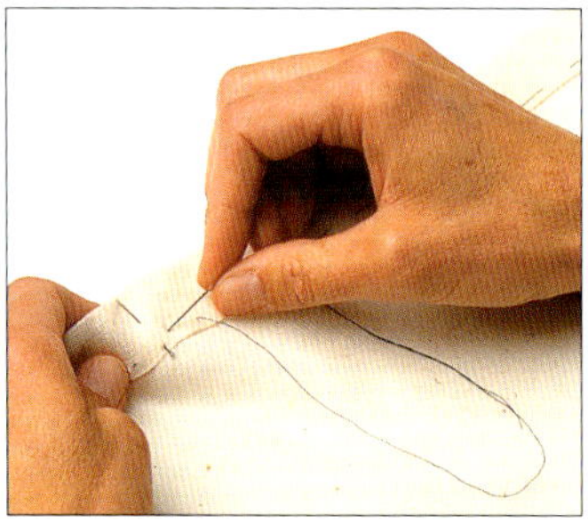

2 **UNTERKANTE SÄUMEN** An Unterkante 2 cm breiten doppelten Saum umlegen und stecken. Saum heften, nähen und bügeln. Am oberen Gardinenende Stoff entsprechend der Breite des Gardinenbandes umlegen und Band aufstecken.

3 **BAND ANBRINGEN** Schnittkanten des Gardinenbandes 2 cm umlegen und Band auf linke Gardinenseite nähen. An einer Seite über Schnurenden nähen. Kräuselfäden anziehen und Kräusel gleichmäßig über Stoff verteilen *(siehe Seite 54)*. Lose Schnurenden auf Schnurhalter wickeln.

FERTIGE GARDINE

VARIANTEN

Transparente Stoffe sind einfach zu verarbeiten und leicht, deshalb lassen sich damit rasch die verschiedensten Gardinenformen für Fenster oder Türen herstellen. Einfach und schnell geht es mit schmalem Gardinenband oder Stangendurchzug. Wer es raffinierter mag, drapiert Stoff über die Stange und schneidet die Schals so lang zu, dass der Stoff in Wellen über den Boden fließt.

RAFFGARDINE

Zwei Gardinen auf ein Gardinenband nähen. Die Vorderkante sollte dem Maß der Fensterdiagonale entsprechen, die Seiten bis zur Fensterbank reichen.

TIEFE FALTEN

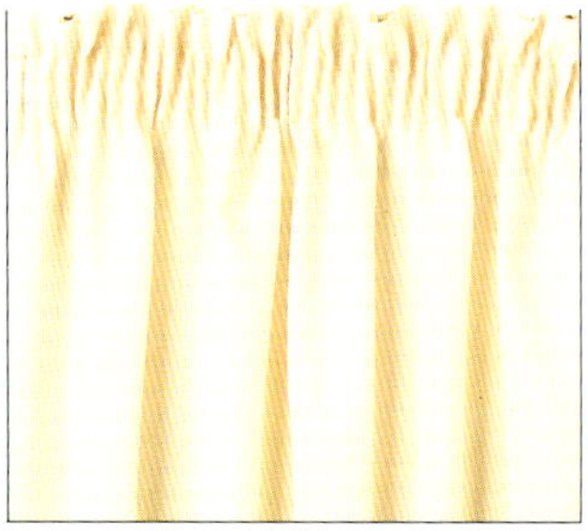

Bei dieser strengen Verarbeitung benutzt man breites Gardinenband und dünnen Stoff. Dieses breite Köpfchen wirkt bei langen Gardinen besonders elegant.

FREIHAND-DEKORATION

Transparenter Stoff wird über Stab oder Rohr drapiert. Eine rein dekorative Lösung für Fenster, bei denen Sichtschutz keine Rolle spielt.

KÖPFCHEN MIT QUERBEHANG

Für Metall- oder Holzstangen: Gardinenband unterhalb der Oberkante aufnähen, so dass eine Rüsche fällt und das Aufhängesystem sichtbar bleibt.

Grosse Fenster
Bei nicht im Parterre gelegenen Wohnzimmern mit großen Fenstern kann man oft auf schwere Vorhänge verzichten. Bei hohen Fenstern erweist sich das Aufhängen schwerer Stoffe wegen der Fülle oft als schwierig. Stattdessen sollte man sich für leichte Stoffe in blassen Farben entscheiden, die die Fensterkonturen weicher machen, ohne die Sicht zu behindern.

Dekorativer Vorhang
Bei dekorativen Vorhängen kommt es hauptsächlich auf die Optik an. Hier rahmt ein scharlachroter Taftvorhang mit üppigem Raffband und Troddeln das Fenster ein und erzeugt in Verbindung mit dem roten Kissenstapel eine prunkvolle Wirkung.

UNGEFÜTTERTE VORHÄNGE

UNGEFÜTTERTE VORHÄNGE AUS LICHTUNDURCHLÄSSIGEM MATERIAL sind die einfachste und preiswerteste Dekoration für Fenster und andere Öffnungen. Ungefütterter Stoff lässt sich in der Regel gut waschen, daher eignen sich Vorhänge aus solchen Materialien besonders gut für intensiv genutzte Räume wie Küche und Bad. Außerdem sind ungefütterte Vorhänge schnell und einfach herzustellen und daher ideal, um die entsprechenden Nähtechniken zu üben, bevor man sich an anspruchsvollere gefütterte Modelle wagt. Damit solche leichten Gardinen gut hängen, müssen Säume oder Ecken eventuell mit Bleiband oder Bleiplomben beschwert werden.

VORHANG ANFERTIGEN

Entscheiden Sie sich für Aufhängesystem, Köpfchenverarbeitung *(siehe Seite 44)* und Grad der Kräuselung. Fenster ausmessen und Stoffverbrauch berechnen *(siehe Seite 45)*. Ebene Arbeitsfläche freimachen und Gardinenband, Haken und Nähzeug bereitlegen. Stoff mit Zugaben zum Zusammensetzen der Bahnen zuschneiden. Webkanten abtrennen.

1 **BAHNEN ZUSAMMENSETZEN** Stoffbahnen mustergenau *(siehe Seite 45)* zusammennähen. Saum und Seitenkanten 1,5 cm nach links umlegen und bügeln. Seiten noch einmal 2,5 cm umlegen und bügeln. Saum 7,5 cm umlegen und Briefecken arbeiten *(siehe Seite 23)*. Dann Seiten mit der Hand säumen.

2 **OBERKANTE UMLEGEN** An Oberkante des Vorhangs 4 cm breiten Stoffstreifen nach links umlegen, stecken und bügeln. Gardinenband auf Breite des fertigen Vorhangs schneiden, an den Enden je 2 cm zum Umlegen zugeben.

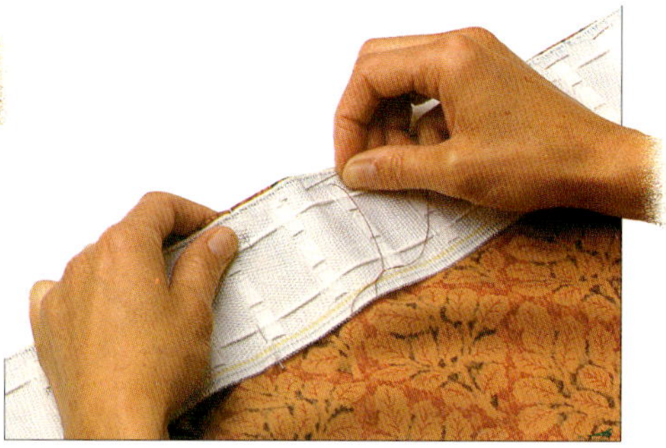

3 **BAND AUFSETZEN** Gardinenband knapp unter oberer Bruchkante aufstecken und heften. In derselben Richtung über beide Seiten nähen, dann über ein Ende, um die Schnüre zu befestigen. Schnüre miteinander verknoten, damit sie beim Anziehen der Kräusel nicht durchrutschen *(siehe Seite 54)*. Mittelschweres Bleiband auf Breite des Vorhangs zurechtschneiden.

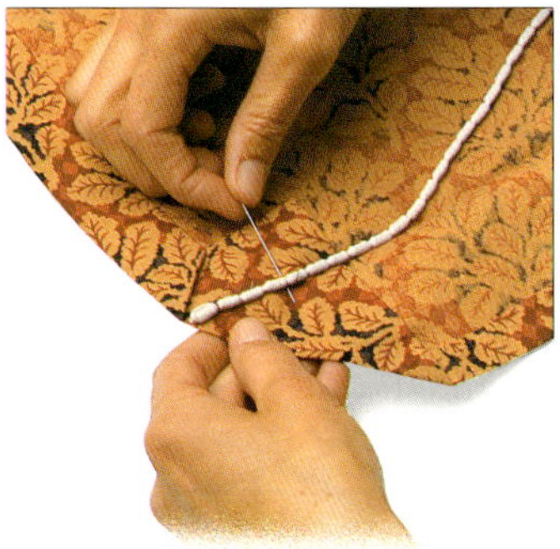

4 **BLEIBAND FESTNÄHEN** Saum auffalten. Bleiband in die untere Bruchkante legen. In regelmäßigen Abständen festnähen.

5 **FERTIGSTELLUNG** Zum Schluss Saum wieder umlegen und feststecken. Dann mit Saumstich schließen. Haken an Band befestigen und Vorhang an Schiene, Rohr oder Stange hängen. Zum Schluss drapieren.

FERTIGER VORHANG

GEWICHTE

Leichte oder lichtundurchlässige Vorhänge fallen besser, wenn man Gewichte in den Saum einarbeitet. Es gibt Bleiband, das in den Saum eingelegt wird, und Bleiplomben, die in die Ecken genäht werden.

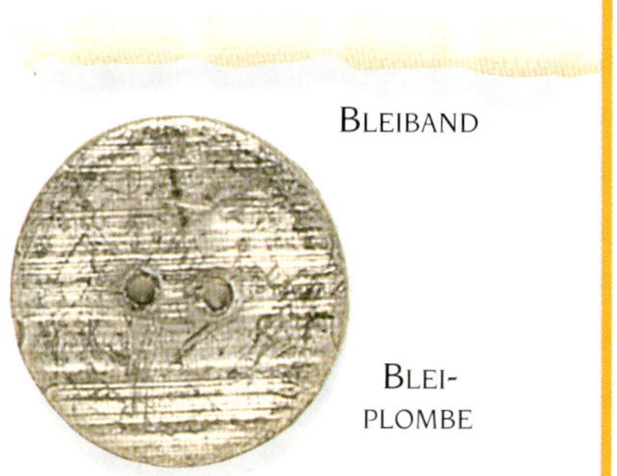

BLEIBAND

BLEIPLOMBE

GEFÜTTERTE VORHÄNGE

EINEN VORHANG ZU FÜTTERN hat viele Vorteile. Erstens verleiht das Futter dem Hauptstoff Volumen, so dass der Vorhang schön üppig fällt. Zweitens lässt ein aus mehreren Lagen bestehender Vorhang sehr viel weniger Licht durch als ein ungefütterter. Schließlich sorgt ein Vorhang, bei dem zwischen zwei Stoffen ein Zwischenfutter sitzt, für hervorragende Wärmedämmung. Vorhänge füttert man entweder mit der simplen Schlauchmethode *(siehe nächste Seite)*, die sich am besten für kleine, leichte Vorhänge eignet, oder man näht das Futter per Hand an den Oberstoff. Diese Technik eignet sich für breite, hohe Vorhänge.

FÜTTERN PER HAND

Durch diese spezielle Technik wirkt die Verarbeitung besonders professionell, vor allem bei breiten, hohen Vorhängen aus zusammengesetzten Stoffbahnen. Das Futter wird in gleichmäßigen Abständen mit senkrechten Steppstichreihen *(siehe unten)* an der Rückseite des Oberstoffs festgehalten. Man braucht Vorhang- und Futterstoff, Gardinenband, Haken und Nähzeug. Zunächst muss man die Stoffbahnen für den Vorhang zuschneiden, bei Bedarf mit einfachen Nähten *(siehe Seite 18)* zusammensetzen. Nun die Futterbahnen 12,5 cm kürzer als den Oberstoff zuschneiden. Für den Saum 9 cm, fürs Köpfchen 4 cm zugeben. Futterstoffbahnen jeweils mit einfachen Nähten zusammensetzen, anschließend an den Seitenkanten dann je 4 cm abschneiden.

1 **STOFF SÄUMEN** Stoffkanten 4 cm umlegen. Unterkante 5 cm umlegen und Briefecken präparieren. Saum bügeln und Bleigewichte anbringen. Saum mit Hexenstich *(siehe Seite 22)* festhalten. Am Futter Seiten und Saum 1,5 cm umlegen und bügeln.

2 **HILFSLINIEN MARKIEREN** Mit Winkel oder Lineal sowie Textilstift oder Schneiderkreide auf linker Seite des Oberstoffs in 30–50 cm Abstand senkrechte Linien aufzeichnen.

3 **FUTTER STECKEN** Futterstoff an den markierten Linien links auf links auf Oberstoff stecken. 15 cm von der Oberkante des Oberstoffs entfernt Futter an erster senkrechter Linie anheften.

4 **FUTTER EINNÄHEN** Futter zurückschlagen und entlang der ersten Heftlinie Steppstich arbeiten; 15 cm von Oberkante entfernt beginnen. Lose Stiche in großen Abständen arbeiten, damit sich keine Falten bilden. Futter entlang der Linien annähen.

5 **FERTIGSTELLUNG** Futter an Seiten und Saum stecken, heften und ansäumen. Heftstiche entfernen. Zum Schluss Gardinenband anbringen *(siehe Seite 54)*. Passende Haken anbringen, dann Vorhang aufhängen und drapieren.

FERTIGER VORHANG

SCHLAUCHFUTTER

Eine schnelle und einfache Methode zum Füttern von Vorhängen; dabei werden Futter und Oberstoff nur an den Seitennähten verbunden und bilden einen Schlauch. Am besten geeignet für kleine Vorhänge und leichte Stoffe. Man braucht Ober- und Futterstoff, Gardinenband mit Haken und Nähzeug. Vorhang und Futter wie links beschrieben zuschneiden.

1 **FUTTER ANSETZEN** Das Futter rechts auf rechts auf den Oberstoff legen. Die Oberkante des Futters endet 4 cm vor der Oberkante des Oberstoffs. Stecken, heften, an einer Seite einfache Naht 1,5 cm neben Stoffkante steppen. Unten noch 15 cm für den Saum offen lassen. Nun die offene Seite ebenfalls zusammenlegen, stecken, heften und wie vorher zusammennähen. Anschließend dann die beiden Nähte ausbügeln.

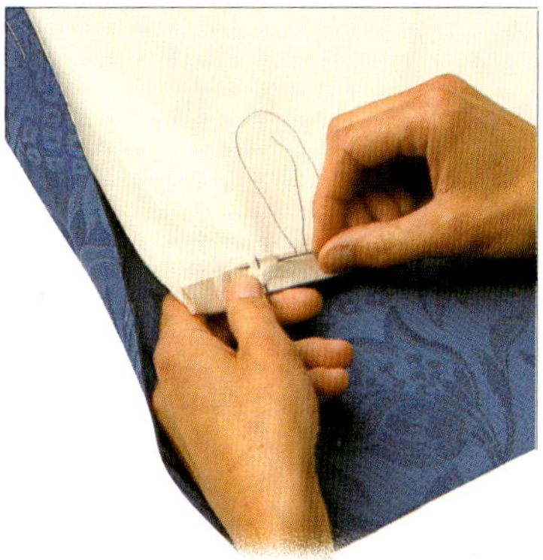

2 **FUTTER SÄUMEN** Vorhang nicht wenden. An Unterkante des Futters 1,5 cm breiten doppelten Saum umlegen. Stecken, heften und Saum nähen.

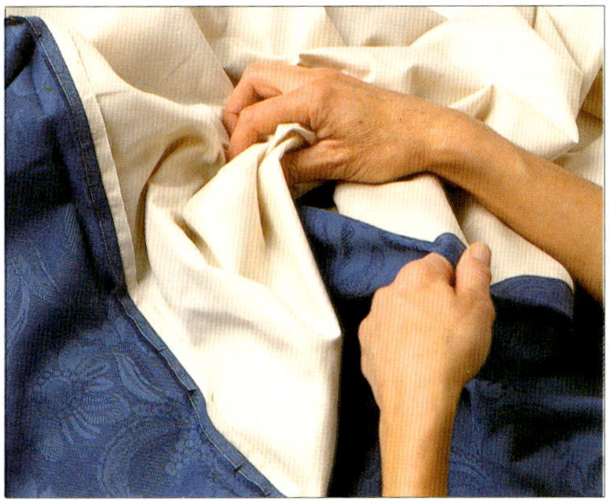

3 **WENDEN** Vorhang und Futter auf rechts wenden. Schlauch mit dem Futter nach oben glatt hinlegen und so zurechtziehen, dass die Seitennähte auf der Rückseite des Vorhangs liegen und das Futter mittig sitzt. An beiden Seiten sollte die gleiche Menge Oberstoff – ca. 4 cm – zu sehen sein. Eventuell feststecken, bügeln. Im Oberstoff 1,5 cm für Saum umlegen, dann noch einmal 7,5 cm; bügeln.

4 **BRIEFECKEN** Briefecken arbeiten *(siehe Seite 23)* und, falls notwendig, noch Gewichte einarbeiten *(siehe Seite 49)*. Dann Ecken stecken und heften. Nun Saum feststecken und heften. Gardinenband anbringen *(siehe Seite 54)* und Vorhang aufhängen. Länge von Futter und Oberstoff überprüfen und bei Bedarf korrigieren.

5 **FERTIGSTELLUNG** Passen Futter und Oberstoff korrekt zusammen, kann man Saum, Ecken und das restliche Futter mit Saumstichen annähen. Alle Heftstiche entfernen. Dann Vorhang von beiden Seiten bügeln und aufhängen.

FERTIGER VORHANG

ANDERE FUTTERVARIANTEN

DOPPELTER VORHANG

Statt mit weißem oder cremefarbenem Futterstoff kann man Vorhänge auch mit dem Oberstoff füttern. Hier zum Beispiel ergibt die Rückseite eines Jacquardstoffs ein ideales Futter.

MUSTERKONTRAST

Stoffe, deren Muster gut mit dem Oberstoff harmoniert, geben ein interessantes Futter ab – zum Beispiel farblich zusammenpassende Streifen und Karos.

VORHANG MIT ZWISCHENFUTTER

Ein Zwischenfutter zwischen Oberstoff und Futter dient der Wärmedämmung und macht einen Vorhang üppiger und haltbarer. Für derartige Vorhänge braucht man Ober- und Unterstoff *(siehe Seite 10)*, Zwischenfutter, Gardinenband mit Haken und Nähzeug. Vorhang ausmessen und zuschneiden, Stoffbahnen bei Bedarf mit einfachen Nähten zusammensetzen.

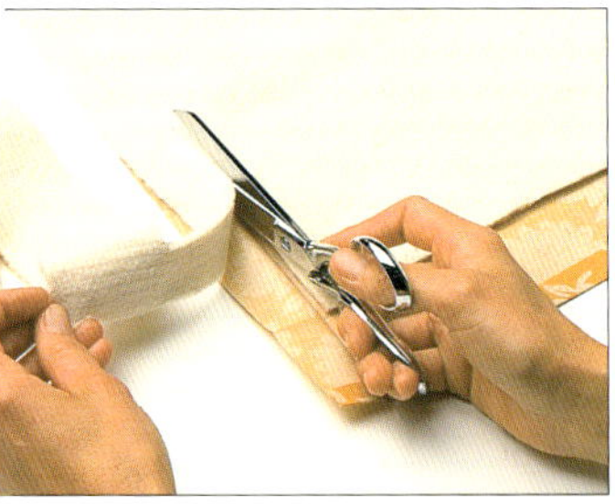

1 **ZUSCHNEIDEN** Im Oberstoff Saum 1,5 cm, dann 7,5 cm umlegen und bügeln. Andere Kanten 4 cm umlegen und bügeln. Kanten wieder öffnen. Zwischenfutter auf Stoff legen und so zuschneiden, dass es innerhalb der Bruchkanten liegt. Futter in derselben Größe wie Zwischenfutter zuschneiden.

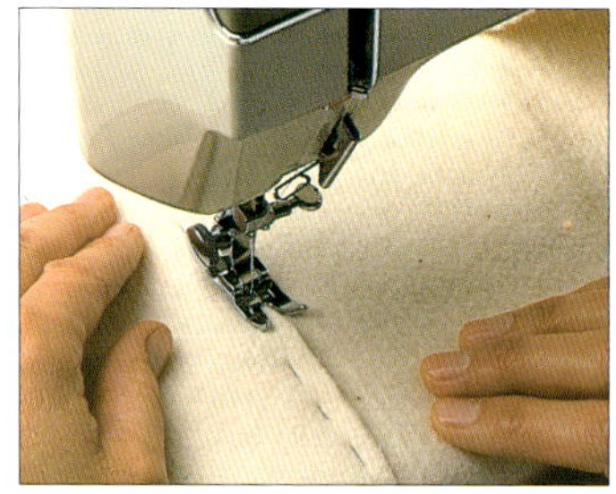

2 **ZWISCHENFUTTER ZUSAMMENSETZEN** Bahnen zusammensetzen: Kanten übereinander legen, stecken, heften, durch beide Lagen nähen. Zwischenfutter mit senkrechten parallelen Steppstichreihen an Oberstoff festhalten wie bei gefütterten Vorhängen *(siehe Seite 50)*.

3 **SÄUME NÄHEN** Säume über Zwischenfutter umlegen und Briefecken präparieren. Seiten mit Hexenstich *(siehe Seite 22)* säumen, unteren Saum mit Saumstich *(siehe Seite 16)* an Zwischenfutter nähen. Ecken für Bleiplomben offen lassen.

4 **BESCHWEREN** Die Bleiplomben innen auf die Ecken der unteren Saumzugabe nähen und Saum ganz schließen. Den Futterstoff anschließend säumen: Unten zweimal 1,5 cm umlegen und mit der Maschine steppen.

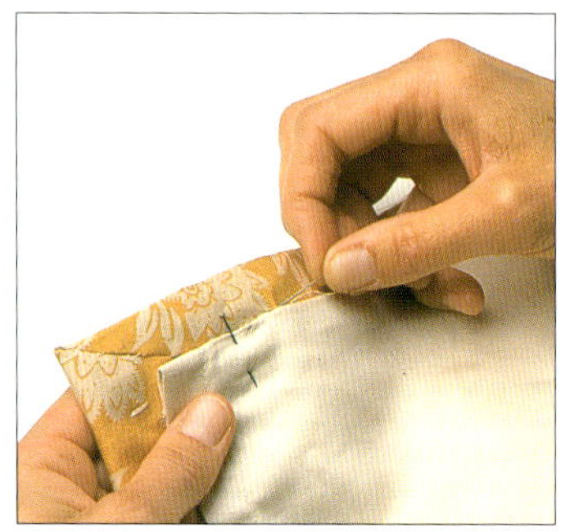

5 **FUTTER ANSETZEN** Seitenkanten an Futter 1,5 cm umlegen und bügeln. Umgelegte Seitenkanten an Oberstoff ansäumen *(siehe Seite 50)*. Oberkante des Oberstoffs über Futter umlegen und Gardinenband anbringen *(siehe Seite 54)*.

FERTIGER VORHANG

VORHANG MIT LOSEM FUTTER

Eine einfache Methode, einen Vorhang mit abnehmbarem Futter auszustatten. Man braucht Oberstoff und Gardinenband, Futterstoff und Futterband, Haken für beide Bänder sowie Nähzeug. Vorhang anfertigen und Futter auf Größe des fertigen, ungekräuselten Vorhangs zuschneiden. Seiten zweimal 1,5 cm umlegen und Säume mit der Maschine steppen.

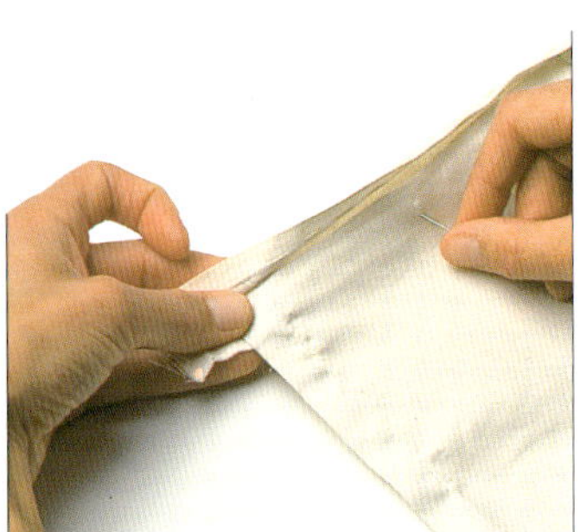

1 **BAND AUFLEGEN** Futterband ist der Länge nach zusammengefaltet. Obere Schnittkante des Futters in das Futterband schieben. Kontrollieren, ob das Band richtig herum liegt und die Schnittkante an der Bruchkante des Bandes anliegt. Feststecken.

2 **BAND FESTNÄHEN** Nun an Ober- und Unterkante heften. Entlang der Heftlinien nähen, und zwar beide Male in derselben Richtung, damit sich keine Falten bilden. Heftstiche entfernen und Futter anschließend kräuseln *(siehe Seite 54)*.

3 **FUTTER SÄUMEN** Futter mit Haken an Vorhangband befestigen. Beide Lagen glatt hinlegen und Futter so abschneiden, dass es mit einem 1,5 cm breiten doppelten Saum 3–4 cm kürzer als der Oberstoff ist. Futter säumen und anhaken; Vorhang drapieren *(siehe Seite 57)*.

FERTIGER VORHANG

FLEXIBLER VORHANG

Ein Vorhang aus mehreren Stofflagen passt sich jeder Jahreszeit an. Man braucht Vorhangstoff und Tüll, Stoff zum Einfassen und für Bänder, Gardinenband und Nähzeug. Maß nehmen und Stoff zuschneiden: anderthalbfache Breite des fertigen Vorhangs, Länge plus 3 cm fürs Köpfchen. Die anderen Kanten werden eingefasst *(siehe Seite 61)* und brauchen deshalb keine Zugaben. Bahnen mit französischen Nähten *(siehe Seite 19)* zusammensetzen. Tüll ebenso zuschneiden, aber in der Breite 6 cm, in der Länge 13 cm zugeben.

Gardinenband an oberen Saum des Stoffes annähen.

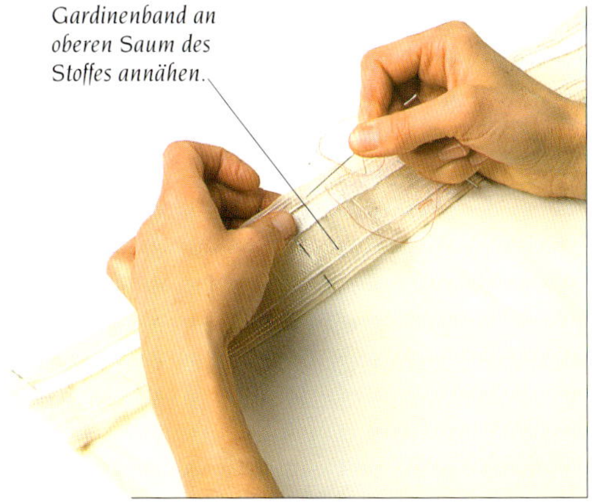

1 BAND ANNÄHEN Im Tüll an den Seiten und unten 1,5 cm breite doppelte Säume umlegen, heften und nähen. Oben 5 cm breiten doppelten Saum umlegen und bügeln. Gardinenband knapp unter Bruchkante stecken, heften und nähen; Gardine kräuseln.

2 BÄNDER NÄHEN Anzahl der benötigten Bänder errechnen: ca. 10 cm Abstand, je eins an der Kante. Positionen markieren. Bänder nähen *(siehe Seite 29)*; sie müssen so lang sein, dass sie den Vorhang in der richtigen Höhe halten. Bänder in der Mitte an Gardinenband ansäumen.

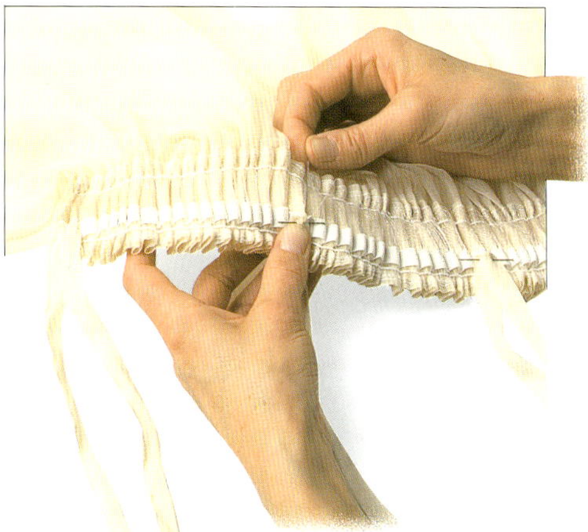

3 EINFASSUNG NÄHEN Genügend Schrägband zum Einfassen des gesamten Oberstoffs anfertigen; 10 cm zum Zusammensetzen zugeben. Lange Kanten des Schrägbands 1 cm nach links umlegen und bügeln. Stoffkanten einfassen *(siehe Seite 18)*. Schrägband am unteren Ende ansetzen; dort fällt die Naht am wenigsten auf.

4 BAND ANSETZEN Eine Linie 3 cm unterhalb Oberkante des Oberstoffs aufzeichnen. An dieser Linie einfaches Gardinenband feststecken, heften, nähen und kräuseln. Positionen der Bindebänder ungefähr wie bei Tüllgardine festlegen, aber versetzt zu den Tüllbändern. Bänder falten und an Oberkante des Gardinenbandes ansäumen.

TÜLLGARDINE

5 VORHANG AUFHÄNGEN Abwechselnd Bindebänder von Tüllgardine und Vorhang an Gardinenringe hängen. Dickeren Vorhang mitsamt Ringen während der Sommermonate abnehmen, wenn keine Wärmedämmung erforderlich ist. Die Tüllgardine bleibt als Sichtschutz hängen.

VORHANG MIT TÜLLFUTTER

GARDINENBAND

IM LETZTEN ARBEITSSCHRITT wird an die fertig genähten Gardinen das zuvor ausgewählte Gardinenband *(siehe Seite 44)* angenäht. Jedes fertige Gardinenband, vom simplen Kräuselband bis zu raffinierten Automatik-Faltenbändern, besteht aus einem kräftigen, steifen Stoffstreifen. Fertiges Gardinenband hat eine oder mehrere Reihen Einschubtaschen, durch die die Gardinenhaken gezogen werden, und zwei oder mehr Durchzugschnüre, mit denen sich der gesamte Vorhangstoff ohne große Mühe auf die gewünschte Breite einkräuseln lässt.

GARDINENBAND ANSETZEN

Man braucht Gardine, Gardinenband und Haken sowie Nähzeug. Gewünschte Länge von der Unterkante abmessen und oben am Vorhang auf dem Stoff markieren. Stoff in der Markierung umlegen und bügeln. Gegebenenfalls den umgelegten Stoff auf die fürs Band erforderliche Breite beschneiden. Gardinenband auf Vorhangbreite plus 4 cm zurechtschneiden.

Ungefütterter Vorhang

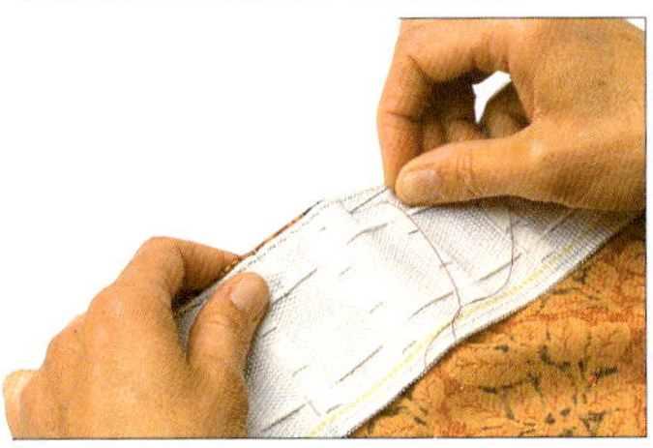

1 **BAND HEFTEN** Band mit Oberkante knapp unter Bruchkante des Stoffs legen. Schnurenden an Innenseite verknoten.

2 **ENDE UMLEGEN** An dieser Seite Bandende 2 cm umlegen und bündig zur Vorhangkante umlegen. Band anheften. An Außenkante anderes Bandende 2 cm umlegen; Schnurenden hängen lassen.

3 **BAND ANNÄHEN** Mit der Maschine entlang der Ober- und Unterkante des Bandes steppen. Beide Male in dieselbe Richtung nähen, damit der Stoff keine Falten wirft. Über Bandenden nähen, dabei an Innenseite verknotete Schnurenden befestigen, an der Außenkante hängen lassen. Heftstiche entfernen.

Gefütterter Vorhang

1 **STOFF UMLEGEN** Futterstoff oben so zurechtschneiden, dass die Schnittkante an der Markierung für die obere Bruchkante liegt. Oberstoff in Markierung umlegen, so dass die Schnittkante des Futters verdeckt wird. Umgelegten Stoff über Futter feststecken und bügeln. Stecknadeln entfernen.

2 **BAND ANNÄHEN** Gardinenband knapp unter Bruchkante des Vorhangs legen. Schnüre an Innenseite verknoten, Bandende 2 cm umlegen und Bruchkante bündig zur Vorhangkante ausrichten. Band stecken und heften. An der Außenkante Band umlegen, Schnurenden hängen lassen. Band annähen wie bei ungefüttertem Vorhang.

Kräusel anziehen

1 **SCHNUR ANZIEHEN** Die losen Schnurenden an der Außenkante in die Hand nehmen. Mit der anderen Hand Vorhang und Band festhalten und die Schnüre anziehen. Dabei bildet das Band Kräusel oder Falten. Beim Anziehen die Kräusel gleichmäßig über die ganze Breite verteilen, bis der Vorhang oben die von Ihnen gewünschte Breite hat.

2 **BEFESTIGEN** Die Schnurenden mit Knoten sichern. Überstehende Schnüre auf Schnurhalter wickeln, den man unsichtbar versteckt. Die Schnurenden bitte nicht abschneiden: Werden die Gardinen zum Reinigen abgenommen, wickelt man die Schnüre ab und zieht das Band glatt, damit die einzelnen Teile ganz glatt liegen können.

3 **HAKEN EINSETZEN** Durch Zurechtziehen der Falten Stoff gleichmäßig über ganze Breite verteilen. Position und Abstand der Haken festlegen und diese in eine Reihe der Einschubtaschen im Band einhaken.

HANDGEARBEITETE KÖPFCHEN

NOCH VOR RELATIV KURZER ZEIT wurden die meisten Köpfchen von Hand gearbeitet und waren ein Bestandteil der Gardine. Heute sind verschiedene Kräusel- und Faltenbänder im Handel erhältlich. Es gibt aber immer noch diverse Köpfchen, die man von Hand arbeiten kann oder muss: Schlaufen- oder Bogenkanten können wegen ihrer speziellen Beschaffenheit nur individuell angefertigt werden, Stangendurchzüge sind so simpel, dass man sie leicht selbst machen kann. Mit handgearbeiteten Köpfchen kann man seine Gardinen nach Maß schneidern und so die Inneneinrichtung individueller gestalten.

STANGENDURCHZUG MIT RÜSCHE

Ein Stangendurchzug ist die einfachste Methode der Gardinenaufhängung. Er eignet sich für Lösungen, bei denen die Gardinen zur Seite gerafft werden, oben aber geschlossen bleiben. Man benötigt die anderthalb- bis zweieinhalbfache Breite der fertigen Gardine (Bahnen bei Bedarf mit französischer Naht zusammensetzen), Gardinenstange oder Draht sowie Nähzeug. Zunächst Unter- und Seitenkanten säumen *(siehe Seite 46)*.

1 **OBERKANTE UMLEGEN** Doppelten Saum in ausreichender Breite für Tunnel und Rüsche umlegen. Saumlinie für Tunnelbreite markieren und in Linie heften.

2 **KÖPFCHEN HEFTEN** Dicht an unterer Bruchkante heften. So ergibt sich der Tunnel für die Stange. Vor dem Nähen Sitz überprüfen, bei Bedarf korrigieren.

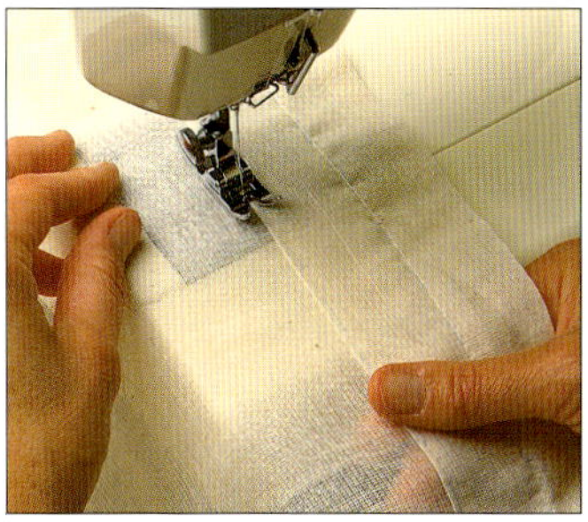

3 **TUNNEL NÄHEN** Mit der Maschine in Heftlinien steppen. Beide Nähte in der gleichen Richtung machen, damit keine Falten entstehen. Heftstiche entfernen, bügeln. Stange einschieben, Gardine aufhängen. Köpfchen mit Rüsche hängen auf Stangen besser als auf Drähten.

FERTIGE GARDINE

ANDERE STANGENDURCHZÜGE

Ein Tunnelsaum oben an der Gardine, durch den Stange oder Draht gezogen werden, ist ebenso simpel wie vielseitig. Er lässt sich leicht für die verschiedensten schlichten oder dekorativen Köpfchen abwandeln. Sämtliche hier gezeigten Köpfchen sind ideal für leichte oder Tüllgardinen, die immer geschlossen bleiben: Bei Stangendurchzügen bereitet das Aufziehen Schwierigkeiten.

UNGEKRÄUSELTE GARDINE

Manche Gardinen, z. B. groß gemusterte Spitzenbahnen, wirken ungekräuselt am besten. Stoff etwas schmaler als die Länge von Stange oder Draht zuschneiden, damit er glatt hängt. Doppelsaum passend für Stange oder Draht umlegen und nähen.

GEKRÄUSELTE GARDINE

Auf Drähten hängen einfache Stangendurchzüge besser als solche mit Rüsche. Stoff in gewünschter Breite zuschneiden. Doppelten Saum so breit umlegen, dass er locker über die Ösen an den Drahtenden passt. An innerer Saumkante heften und nähen.

GEKRÄUSELTE DOPPELRÜSCHE

Für Tunnel Oberkante nach links umlegen, bügeln. Für Rüschen zwei Falten links auf links legen. Innere Bruchkanten bündig auf Schnittkante des Tunnels legen. Für Tunnel zwei Nähte machen: untere durch Tunnelbruchkante, obere durch Schnittkante und Falten.

BOGENKÖPFCHEN

Eine Bogenkante am Köpfchen ist besonders beliebt für Caféhausgardinen, die nur die untere Fensterhälfte verdecken. Auf geraden Zuschnitt achten, vor allem bei Streifenmustern! Ungefähre Breite von Bögen und dazwischenliegenden Streifen schätzen. Die Streifen sollten mindestens 5 cm, die Bögen 12 cm breit sein. Fertige Gardinenbreite durch Gesamtbreite von Bogen und Streifen teilen; Streifenzahl gleich Bogenzahl plus eins, so dass an jedem Ende ein Streifen sitzt. Man benötigt Ober- und Futterstoff in der Breite des Fensters und der gewünschten Länge, einen Karton für die anzufertigende Schablone, Caféhausgardinenringe und Nähzeug.

1 **SCHABLONE ZEICHNEN** Mit Zirkel Kreis im Bogendurchmesser auf Pappe zeichnen. In gewünschter Bogenhöhe Bleistiftlinie ziehen und Schablone ausschneiden.

2 **MARKIEREN** Gardine und Futter rechts auf rechts zusammenstecken. Futter nach oben. Nahtlinie 1,5 cm von oberer Schnittkante markieren. An einer Seite eine Streifenbreite markieren. Schablone dort anlegen, gerade Kante an oberer Nahtlinie und Kontur anzeichnen. So ganze Oberkante markieren, zwischen Bögen eine Streifenbreite Abstand lassen. An Bogenlinie stecken und heften.

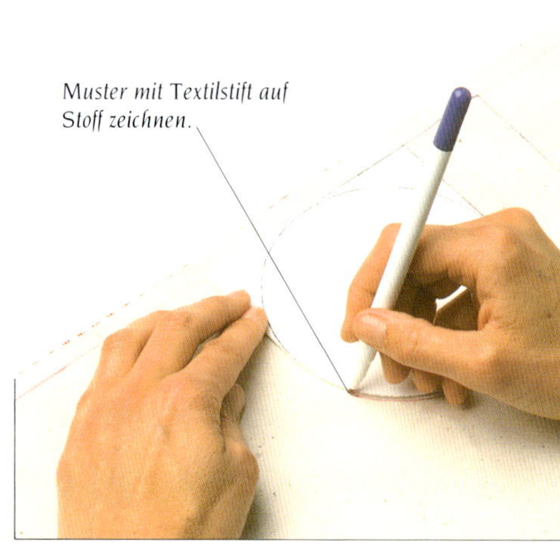

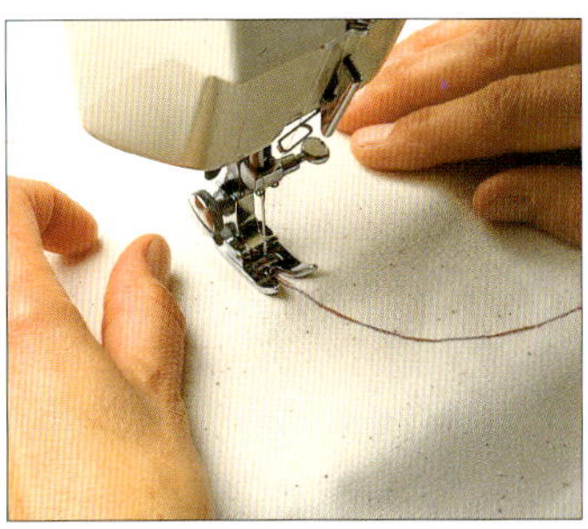

3 **BÖGEN NÄHEN** Zunächst die gesteckte und geheftete Bogenlinie, dann die anderen Gardinenseiten nähen. Eine Naht so weit offen lassen, dass man durch die Lücke die gesamte Gardine wenden kann.

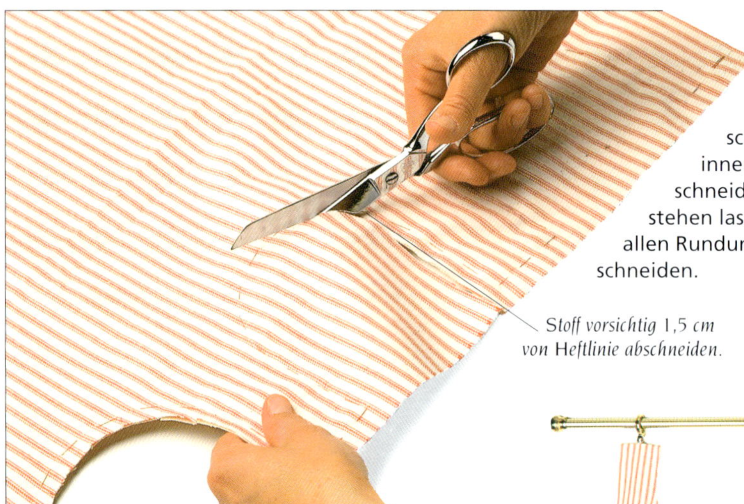

4 **ZUSCHNEIDEN** Mit scharfer Zuschneideschere Stoff innerhalb der Bögen ausschneiden; 1,5 cm Nahtzugabe stehen lassen. Nahtzugaben an allen Rundungen und Ecken einschneiden.

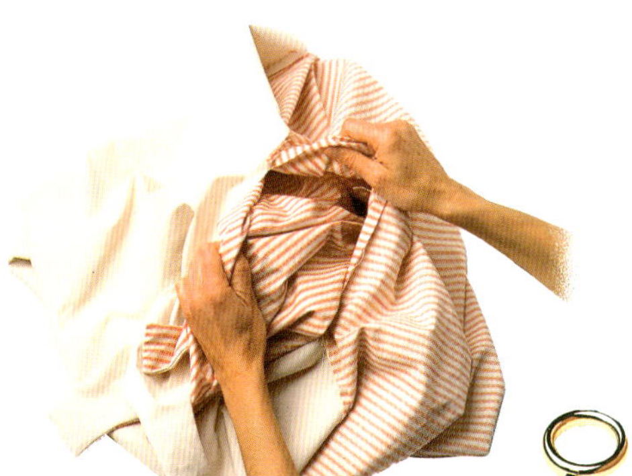

5 **WENDEN** Stoff durch offene Stelle wenden. Alle Ecken vorsichtig zu einer sauberen Spitze herausdrücken – dafür ist eine stumpfe Stricknadel ideal. Öffnung mit Saumstich schließen und Gardine bügeln.

6 **RINGE NÄHEN** Nähen Sie die Caféhausgardinenringe auf die Mitte der einzelnen Streifen zwischen den Bögen. Befolgen Sie dabei die Anweisungen des Herstellers. Stange durch die Ringe führen und aufhängen.

FERTIGE GARDINE

SCHLAUFENVORHANG

Glatte oder gekräuselte Gardinen kann man auch an einfachen Stoffschlaufen aufhängen. Vorhangstoff auf gewünschte Größe zuschneiden, Bahnen bei Bedarf mit Kappnähten *(siehe Seite 19)* zusammensetzen. Seiten und Unterkante säumen *(siehe Seite 22)*. Die Schlaufen werden auf die linke Stoffseite gesetzt, die Enden von einem Belegstreifen verdeckt. Anzahl und Größe der Schlaufen festlegen. Stoffstreifen für Schlaufen zuschneiden: Länge gleich doppelter Abstand von Gardine zu Stange, Breite gleich doppelte fertige Breite, plus 1,5 cm Nahtzugaben rundum. Der Stoff muss außerdem für einen 6 cm breiten Beleg in Länge der Gardinenbreite plus 3 cm reichen. Außerdem braucht man Nähzeug.

1 **SCHLAUFEN NÄHEN** Streifen rechts auf rechts der Länge nach zusammenlegen. Stecken, heften und 1,5 cm von Schnittkante nähen, so dass ein Schlauch entsteht. Ausbügeln.

2 **WENDEN** Alle Streifen wenden. Bei schmalen Streifen Faden an ein Ende nähen und durchziehen. Streifen so bügeln, dass die Naht in der Mitte einer Seite sitzt.

3 **BELEG AUFSETZEN** Schlaufen auf die Hälfte falten, Nähte nach innen. Auf rechte Gardinenseite auflegen, Enden bündig an oberer Schnittkante. Stecken und heften. Belegstreifen mit linker Seite nach oben auf Gardine legen, Schnittkanten bündig. Beleg an den Enden 1,5 cm überstehen lassen.

4 **NÄHEN** Naht 1,5 cm von Oberkante durch Stoff, Schlaufen und Beleg heften und nähen. Belegkanten 1,5 cm umlegen, bügeln und heften.

5 **BELEG VERSÄUBERN** Beleg und Gardine links auf links zusammenlegen, bügeln, so dass Schlaufenenden verdeckt sind. Beleg mit Hand an Gardine ansäumen. Gardine bügeln.

FERTIGE GARDINE

SCHLEIFEN
Wer die Schlaufen mit Stoffschleifen verzieren will, kann Stoffschläuche *(siehe Seite 29)* nähen und sie ums untere Schlaufenende zu Schleifen binden. Das geht auch mit Schleifenband oder Kordel.

GARDINEN AUFHÄNGEN UND DRAPIEREN

Die fertige Gardine wird erst nach dem korrekten Aufhängen drapiert. Schwere Vorhänge sollten vor dem Säumen 24 Stunden hängen, damit sich der Stoff aushängt. Beim Drapieren werden u. a. die Falten durch Festbinden gelegt: Man bindet sie gut zusammen, aber nicht so fest, dass der Stoff knittert. Nach Abnehmen der Bänder hängt der Vorhang in adretten Falten.

GLEITER MIT FESTEM HAKEN

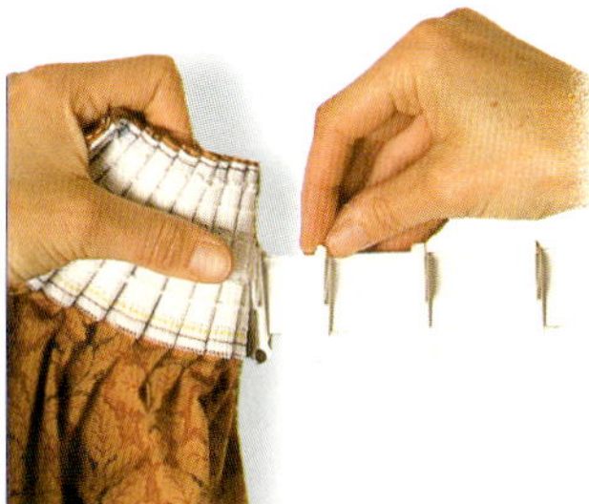

Damit die Abstände gleichmäßig werden, vor dem Aufhängen Einschubtaschen zählen und markieren.

GLEITER-HAKEN-KOMBINATION

Die Haken werden durch die Einschubtaschen gezogen und dann in unten am Gleiter sitzende Ösen gehakt.

DRAPIEREN

1 **FALTENWURF** Vorhang in Ziehharmonikafalten legen. Jede Falte am Köpfchen fassen. Zügig nach unten ziehen.

2 **BINDEN** Falten oben, in der Mitte und unten zusammenbinden. 48 Stunden hängen lassen, dann Bänder abnehmen.

TÜRVORHANG
Ein Vorhang vor der Tür hält in den Wintermonaten Kälte und Zugluft ab und bietet Sichtschutz. Dieser Vorhang fällt bis auf den Boden und wird locker gerafft. Die Raffvorrichtung sorgt für üppigen Faltenwurf und lässt einen ausreichend großen Durchgang frei.

HUILE D'OLIVE

BESATZ

MIT BESATZ LASSEN SICH FENSTERDEKORATIONEN schnell, leicht und wirkungsvoll verzieren. Die Auswahl an fertigen Fransen, Troddeln, Kordeln und Bändern ist groß, man kann die Verzierungen aber auch selbst anfertigen. Bei dem Angebot dürfte es nicht schwer fallen, für einen bestimmten Vorhangstoff den in Stärke, Breite, Muster und Farbe passenden Besatz zu finden. Damit lassen sich nicht nur die Gardinen, sondern auch Zubehör wie Raffbänder und Schabracken schmücken; dasselbe gilt für andere Textilien im Raum wie Kissen und Tischdecken.

PICOTKANTE AN TÜLLGARDINE

Da Tüllgardinen in der Regel als Sichtschutz oder zum Verhüllen einer unschönen Aussicht dienen, sind sie oft ständig zugezogen. Daher lohnt es sich, sie durch ein dekoratives Arrangement oder einen einfachen Besatz attraktiver zu gestalten. Als Raffgardine *(siehe Seite 46)* wirken Tüllgardinen interessanter; ein Besatz betont die diagonalen Linien. Für diese Raffgardine mit simpler Zierkante braucht man die fertig genähte Gardine, Besatz nach Wahl (hier eine schöne Picotkante) und Nähzeug. Die diagonal drapierten Gardinenkanten messen und nach diesem Maß zwei Besatzstücke zuschneiden, dabei jeweils 3 cm zum Umlegen zugeben.

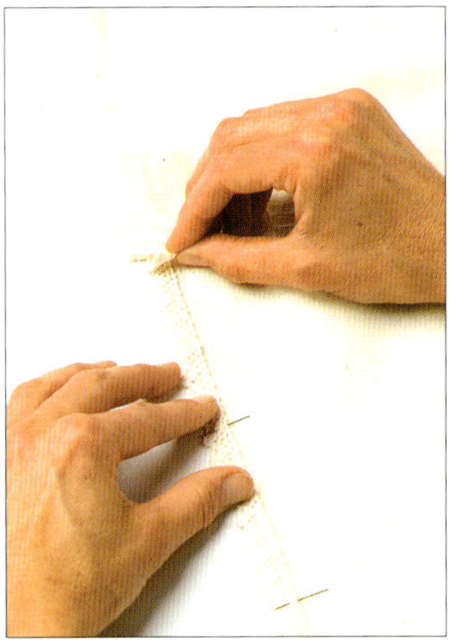

1 BESATZ AUFLEGEN Besatzenden versäubern, dazu Schnittkanten je 1,5 cm umlegen und festnähen. Gardinenstoff mit linker Seite nach oben auf große, glatte Arbeitsfläche legen und Besatz sorgfältig an innerer Kante feststecken und heften. Andere Seite ebenso vorbereiten.

2 BESATZ ANNÄHEN Mit Nähmaschine oder Hand (Saumstich) Besatz an Kanten nähen. Heftstiche entfernen und bügeln. Gardine aufhängen und Bahnen raffen. Noch interessanter wirken Raffgardinen mit ungewöhnlichen Raffbändern.

Fertiger Besatz verleiht Raffgardinen dezente Eleganz.

FERTIGE GARDINE

KORDELKANTE

Dieser Besatz wird an den fertigen Vorhang genäht; man kann damit also auch alten Vorhängen ein neues Gesicht verpassen. Man braucht Kordel und Nähzeug. Linie für Kordel 1 cm neben Innen- und Saumkanten markieren. Diese Linie ausmessen und Kordel auf entsprechende Länge schneiden; 3 cm zugeben.

1 KORDEL VORBEREITEN An zurechtgeschnittenem Kordelstück ein Ende versäubern: Farblich passendes kräftiges Garn ums Kordelende wickeln.

2 ENDE BEFESTIGEN Kordelende so umlegen, dass die Umwickelung verdeckt ist. Kordel auf Linie legen, umgelegtes Ende an einer Vorhangkante, und mit der Hand umnähen.

3 ANNÄHEN Kordel auf markierter Linie ansäumen. Kordel und Stoff glatt halten, damit es beim Aufhängen keine Falten gibt. Am anderen Ende Kordelende umlegen, annähen.

FERTIGER VORHANG

FRANSENKANTE

Man braucht Stoff und Futter wie für gefütterte Vorhänge, Fransenborte und Nähzeug. Ober- und Futterstoff wie bei gefüttertem Vorhang zuschneiden *(siehe Seite 50)*. Oberstoff mit rechter Seite nach oben auf große, glatte Arbeitsfläche legen. Futter an Seite ohne Fransen an Oberstoff nähen, Oberkante 4 cm von Oberkante des Oberstoffs. Andere Kante des Futters 1 cm nach links umlegen und bügeln. Innenkante des Vorhangs abmessen: von 4 cm vor Oberkante bis 9 cm vor Unterkante. Fransenborte auf diese Länge schneiden.

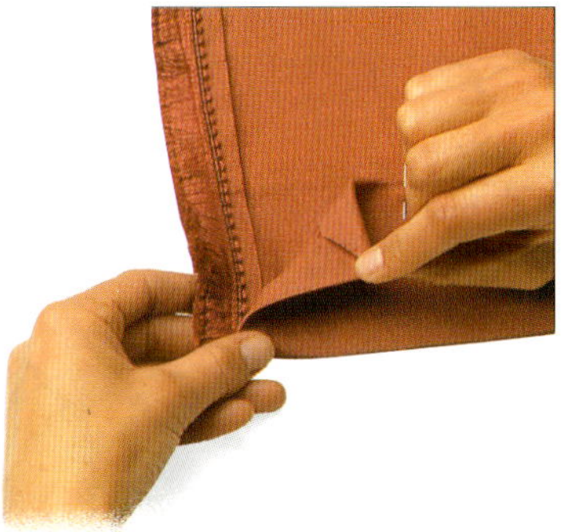

1 **FRANSEN ANSETZEN** Die Fransenborte von rechts auf die Nahtlinie an der Innenkante nähen. Nahtzugabe nach links umbügeln. Unterkante des Vorhangs erst 1,5 cm, dann 7,5 cm umlegen, so dass die Fransennaht verdeckt ist; anschließend gut bügeln. Eine Briefecke machen und dann den gesamten Saum per Hand nähen.

2 **FUTTER ANNÄHEN** Vorhang mit links nach oben legen, lose Seite des Futters bündig auf Nahtlinie der Fransenkante legen. Mit Saumstich nähen.

3 **ANSETZEN** Futter an Unterkante umlegen, ansäumen. An Oberkante Futter zurechtschneiden, Oberstoff umlegen. Band ansetzen *(siehe Seite 54)*.

FERTIGER VORHANG

EINFASSEN MIT SCHRÄGSTREIFEN

Diese Einfassung verstärkt und versteift bei ungefütterten oder doppelten Vorhängen die Kante und wirkt sehr adrett. Für gefütterte Vorhänge eignet sie sich nicht. Für einen Vorhang mit eingefassten Kanten braucht man Vorhangstoff, Schrägband, Gardinenband, nach Wunsch Stoff für ein loses Futter sowie Nähzeug. Vorhangstoff wie für ungefütterten Vorhang zuschneiden *(siehe Seite 49)*, jedoch ohne Nahtzugaben (hier werden alle Kanten eingefasst). Einzufassende Kanten ausmessen und Schrägstreifen kaufen oder selbst machen *(siehe Seite 24)*; zum Umlegen der Enden 3 cm zugeben.

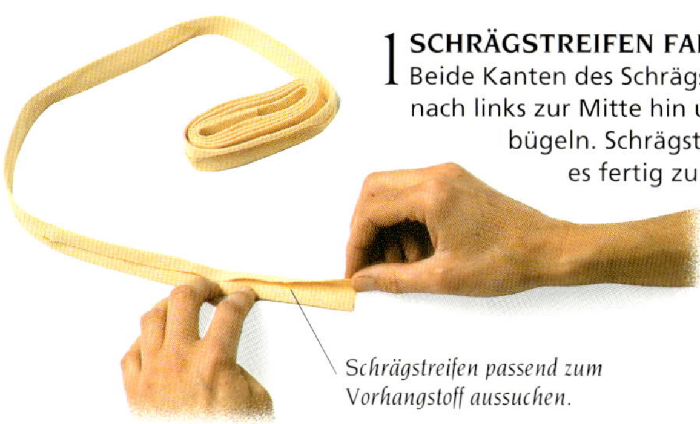

1 **SCHRÄGSTREIFEN FALTEN** Beide Kanten des Schrägstreifens nach links zur Mitte hin umlegen, bügeln. Schrägstreifen gibt es fertig zu kaufen.

2 **SCHRÄGSTREIFEN ANSETZEN** Schrägstreifen und Vorhangstoff rechts auf rechts legen, Schnittkanten bündig, und Streifen an Vorhangkanten stecken. In der näher zur Schnittkante liegenden Bruchkante des Streifens heften und nähen. Heftstiche entfernen.

3 **NAHTZUGABEN BESCHNEIDEN** Nach dem Annähen Nahtkanten von Schrägstreifen und Stoff auf 6 mm beschneiden, das macht sie weniger sperrig.

4 **KANTE EINFASSEN** Schrägstreifen um Schnittkanten nach links umlegen und feststecken. An der Bruchkante ansäumen; die Stiche dürfen auf der rechten Vorhangseite allerdings nicht zu sehen sein. Anschließend Vorhang fertig stellen.

FERTIGER VORHANG

RAFFBÄNDER

RAFFBÄNDER SIND PRAKTISCHE und dekorative Accessoires. Sie halten eine Gardine fest, damit tagsüber möglichst viel Licht ins Zimmer fällt, und lockern gleichzeitig deren strenge vertikale Linie auf. An der Wand befestigte Haken oder Rosetten halten das Raffband fest; sie sollten so weit vom Fenster entfernt sitzen, dass sich die Gardine ganz zurückraffen lässt, und so hoch, dass der Stoff in großzügigem Bogen nach unten fällt. Raffbänder aus Kordel oder Schnur kann man komplett mit Troddeln kaufen oder sie selbst in den verschiedensten Formen aus dem Vorhang- oder einem kontrastierenden Stoff anfertigen.

AUSMESSEN

Vorhang aufhängen, drapieren und zur Seite raffen. In gewünschter Höhe ein Maßband um den Vorhang halten. Maßbandenden in Höhe des Hakens an die Wand halten. Größe und Position des Raffbandes festlegen. Maß aufschreiben; Hakenposition an der Wand markieren.

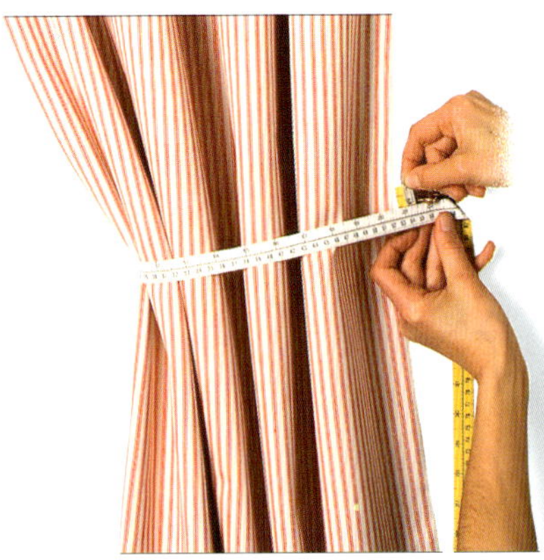

EINFACHES RAFFBAND IN V-FORM

Für ein einfaches V-förmiges Raffband braucht man Stoff, Futter nach Wunsch, Einlage, passende Ringe und Haken für die Wandbefestigung sowie das übliche Nähzeug.

1 **SCHNITTMUSTER ANFERTIGEN** Für Raffband Maß nehmen; Rechteck auf Papier zeichnen: Hälfte dieses Maßes mal 28 cm. Einen Punkt 14 cm von unterer linker Ecke dieses Rechtecks anzeichnen, von diesem gerade Linie zur oberen rechten Ecke ziehen. Punkt 5 cm unter oberer rechter Ecke anzeichnen und von diesem gerade Linie zu unterer linker Ecke ziehen. Diese Keilform für Papierschnitt ausschneiden.

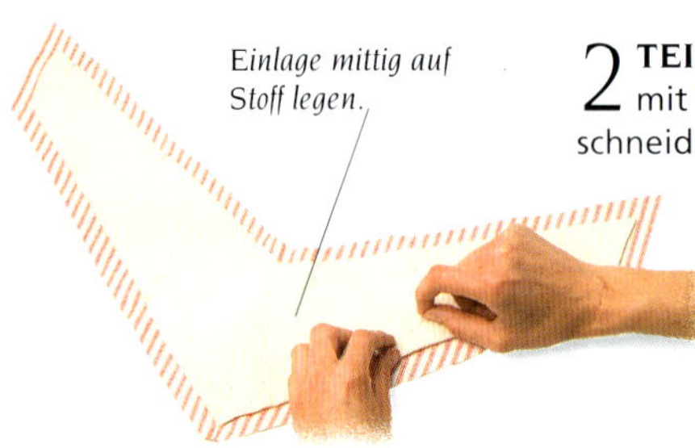

2 **TEILE STECKEN** Stoff doppelt legen, Papierschnitt mit breiterem Keilende an Stoffbruch. Stoff zuschneiden, rundum 1,5 cm Nahtzugaben. Futterstoff ebenso zuschneiden. Einlage in gleicher Größe wie Papierschnitt zuschneiden. Oberstoff auffalten und mit rechter Seite nach unten auf Arbeitsfläche legen. Einlage auffalten und auf Stoff legen; aufstecken und heften.

3 **STOFF NÄHEN** Oberstoff und Futter rechts auf rechts legen. Dicht an Einlagenkante zusammenstecken, heften und nähen. Zum Wenden Lücke in der Naht lassen.

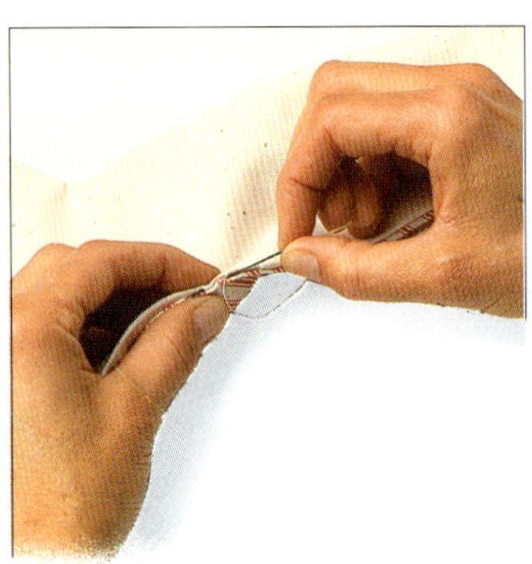

4 **FERTIGSTELLUNG** Nahtzugaben an Ecken abschneiden. Raffband wenden und bügeln. Schnittkanten an Lücke umlegen und Kanten mit Saumstich schließen. 6 mm neben Kanten absteppen, um Einlage festzuhalten.

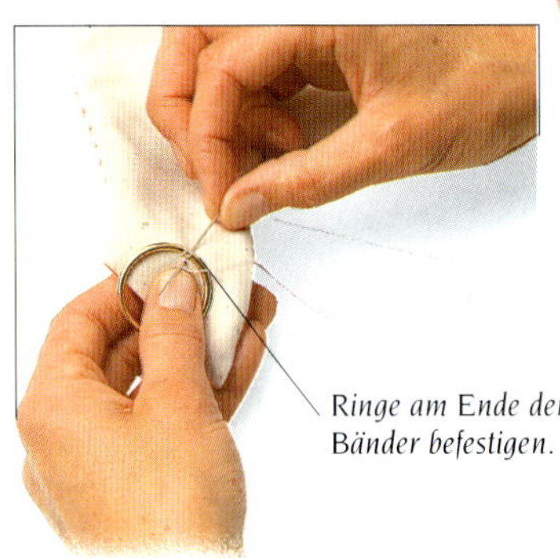

5 **RINGE ANBRINGEN** An den Enden des Raffbandes Ringe annähen: so weit vom Ende, dass sie kaum zu sehen sind, oder sichtbar an den Enden. Haken an Wand anbringen und Raffband anhängen.

FERTIGES RAFFBAND

WATTIERTES RAFFBAND

Das wattierte Raffband besteht aus einem einfachen Schlauch mit Wattierung; es lässt den fertigen Vorhang plastischer wirken. Länge des Raffbandes abmessen wie auf der vorherigen Seite beschrieben; Breite festlegen. Stoff in Länge des Raffbandes und doppelter fertiger Breite zuschneiden; dazu rundum 1,5 cm Nahtzugaben. Für dieses Raffband braucht man Stoff, Wattierung, Ringe und Haken sowie Nähzeug.

1 MARKIEREN Stoff der Länge nach rechts auf rechts zusammenfalten und 1,5 cm von Schnittkante zusammennähen, so dass ein Schlauch entsteht. Schlauch wenden, so bügeln, dass die Naht mitten auf einer Seite liegt. Auf Wattierung legen, anzeichnen.

2 SCHLAUCH FÜLLEN Wattierung zuschneiden. Um ein Ende kräftigen Faden binden und diesen durch Schlauch ziehen. Durch vorsichtiges Ziehen am Faden Wattierung in Schlauch einziehen.

3 ENDEN VERSÄUBERN Nach dem Einziehen der Wattierung den Faden abschneiden. Die Schnittkanten des Raffbandes nach innen umlegen und anschließend die Enden sorgfältig mit Saumstich umnähen.

4 RINGE ANNÄHEN Ringe an die Enden des Raffbandes legen und Positionen markieren; je nach Wunsch sichtbar oder unsichtbar. Gut annähen. Haken an Wand anbringen und Raffband anhängen.

FERTIGES RAFFBAND

KORDELN, TRODDELN UND RAFFARME

Fertige Schnüre und Kordeln mit Quasten gibt es in einer reichen Auswahl an Stärken, Farben, Materialien und Größen, Ton in Ton oder kontrastfarbig, für jede Art von Vorhangstoff. Zu diesen Kordeln gehören häufig eine oder mehrere aufwändige Troddeln. Haken und Raffarme gibt es in diversen Materialien und Formen; auch das sind dekorative Möglichkeiten, einen Vorhang offen zu halten.

HALTERUNGEN
Haken, Rosetten und Raffarme aus Holz oder Metall gibt es in großer Auswahl, häufig passend zu dekorativen Gardinenstangen. Solche Halterungen werden meist mit den passenden Schrauben und Dübeln angeboten. Raffen Sie den Vorhangstoff mit der Halterung und probieren Sie aus, was am besten aussieht.

KORDELN UND TRODDELN
Diese eleganten Raffbänder sind fertig in Standardlängen erhältlich, man kann die Troddeln aber auch einzeln kaufen und sie passend zum Vorhang mit farbiger Kordel kombinieren. Haken an der Wand befestigen und Kordel so schlingen, dass die Troddel vor den Falten herunterhängt.

HALBMOND-RAFFBAND MIT KORDELKANTE

Die Kante eines Raffbandes lässt sich mit Besatz verzieren, um die Form zu betonen. Für dieses Raffband braucht man Stoff, Zierkordel, aufbügelbare Einlage, Futterstoff nach Wunsch, Ringe, Haken und Nähzeug. Für Raffband Maß nehmen. Auf Papier 11 cm breiten Streifen aufzeichnen, halb so lang wie fertige Länge.

1 SCHNITTMUSTER ANFERTIGEN Auf Papierstreifen einen halben Halbmond aufzeichnen, der zu den Enden hin auf 5 cm Breite verläuft. Ausschneiden, Stoff doppelt legen und breiteres Ende des Papierschnitts an Stoffbruch legen. Stoff zuschneiden, rundum 1,5 cm Nahtzugaben. Zweites Teil aus demselben oder aus Futterstoff ebenso zuschneiden; Einlage in gleicher Größe wie Papierschnitt zuschneiden. Einlage von links auf ein Teil aufbügeln, 1,5 cm Rand frei lassen.

Kordel knapp innerhalb der Nahtlinie

2 KORDEL HEFTEN Stoff auffalten und Nahtlinie messen. Kordel auf diese Länge schneiden, 2,5 cm zum Überlappen der Enden zugeben. Kordel knapp innerhalb der Nahtlinie von rechts auf äußeres Teil aufstecken und heften.

Teile in Nahtlinie zusammenstecken und heften.

3 TEILE ZUSAMMENFÜGEN Inneres Stoffteil rechts auf rechts auf äußeres legen, Schnittkanten bündig. Stoffteile in Nahtlinie zusammenstecken und heften, Kordel dazwischenfassen.

4 TEILE NÄHEN Mit Maschine in Heftlinie zusammennähen, dabei Kordelkante mitfassen. Ausreichend große Lücke zum Wenden lassen.

5 NAHTZUGABEN EINSCHNEIDEN Mit scharfer Zuschneideschere Nahtzugabe rundum einknipsen, damit die Naht weniger sperrig wird *(siehe Seite 18)*. Band durch Lücke wenden und bügeln.

6 FERTIGSTELLUNG Schnittkanten an Lücke umlegen und mit Saumstich schließen. Ringe in gewünschter Position an Bandenden fest annähen, dann Haken an Wand befestigen und Raffband um fertigen Vorhang legen. Vorhang nach Wunsch korrigieren und drapieren.

Beim Aufhängen darauf achten, dass die Saumstiche innen sitzen.

FERTIGES RAFFBAND

RAFFBAND MIT SCHLEIFE

Für das Raffband mit Schleife braucht man Stoff für beide Teile, aufbügelbare Einlage, Ringe, Haken und Nähzeug. Zwei 8 cm breite Streifen in Länge des Raffbandes zuschneiden, plus 1,5 cm Nahtzugaben. Einlage auf dieselbe Größe minus Zugaben zuschneiden und auf linke Seite eines Stoffstreifens aufbügeln, 1,5 cm Rand frei lassen.

1 **RAFFBAND NÄHEN** Stoffstreifen rechts auf rechts legen, 1,5 cm neben Schnittkanten dicht an Einlage zusammenstecken, heften und nähen. Zum Wenden an einer Seite Lücke lassen. Nahtzugaben auf 6 mm beschneiden, an Ecken einschneiden.

2 **RAFFBAND FERTIG STELLEN** Raffband durch Lücke wenden und bügeln. Lücke in Naht sauber mit Saumstich schließen.

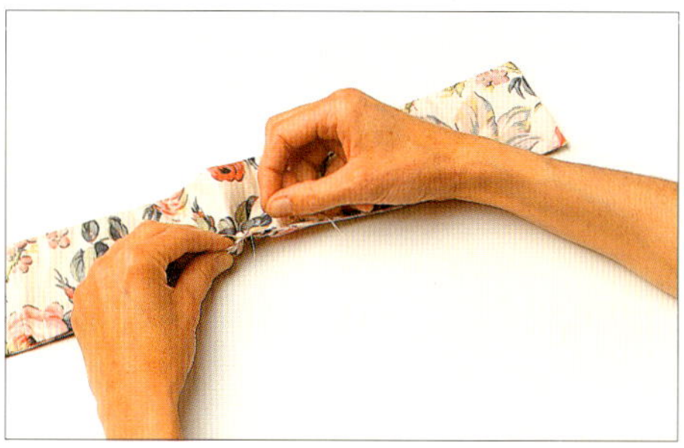

3 **SCHLEIFE ANFERTIGEN** Zwei Stoffstreifen – 93 x 11 cm – rechts auf rechts legen. 1,5 cm neben Schnittkanten stecken, heften und nähen. Lücke lassen. Nähte auf 6 mm beschneiden, Ecken einschneiden. Wenden, bügeln. Lücke mit Saumstich schließen.

4 **ENDEN KREUZEN** Streifen zusammenlegen, Enden aufeinander, Mitte mit Stecknadel markieren. Streifenenden über Mittelmarkierung schleifenförmig übereinander legen. Bei Bedarf zur gewünschten Form korrigieren.

5 **SCHLEIFE NÄHEN** Liegt die Schleife in der richtigen, gleichmäßigen Form, Lagen in der Mitte zusammenstecken. Größere Schleifen einfach mit größeren Stoffstücken arbeiten. Vor dem Zuschneiden Probeschleife aus Nessel arbeiten.

6 **MITTELSTREIFEN NÄHEN** Stoffquadrat mit 11 cm Seitenlänge zuschneiden. Rechts auf rechts auf Hälfte falten. Lange Seite 1,5 cm neben Schnittkante zum Schlauch stecken, heften und nähen. Wenden und so bügeln, dass die Naht mitten auf einer Seite sitzt.

7 **FESTNÄHEN** Streifen um Mitte des gefalteten Bandes legen, Nahtseite innen. Enden auf Rückseite umlegen, so zusammenlegen, dass der Streifen die Schleifenmitte umschließt, mit Saumstich nähen.

8 **SCHLEIFE ANBRINGEN** Fertiges Raffband mit Oberseite nach oben auf Arbeitsfläche legen und Mitte markieren. Schleife an Markierung annähen; auf geraden Sitz achten. An Enden des Raffbandes Ringe annähen und Band um fertigen Vorhang legen. Raffband an Wand hängen und Vorhang nach Wunsch korrigieren und drapieren.

FERTIGES RAFFBAND

SCHABRACKEN UND QUERBEHÄNGE

SCHABRACKEN UND QUERBEHÄNGE SCHMÜCKEN Gardinen und Vorhänge und halten Zugluft ab. Schabracken bestehen aus steifem oder halb steifem Material mit einem Stoffüberzug, meist aus dem Vorhangstoff. Sie werden über dem Fenster an einem von rechtwinkligen Trägern gehaltenen Kasten oder Brett aufgehängt oder angenagelt. Das Schabrackenbrett muss nicht besonders stabil sein, da es kaum Gewicht zu tragen hat. Ein Querbehang ist eine lange Stoffrüsche, die entweder an einer Stange über dem Köpfchen hängt oder am Gardinenstoff selbst angenäht wird.

EINFACHE SCHABRACKE

Die Schabracke sollte etwas breiter als der Vorhang sein, damit dieser nicht eingequetscht wirkt. Außerdem muss sie so weit vor dem Vorhang hängen, dass sie beim Auf- und Zuziehen nicht behindert. Die Länge der Schabracke richtet sich nach Länge und Art des Vorhangs: Als Faustregel gilt, dass die Schabrackenlänge einem Achtel des fertigen Vorhangs entspricht. Für diese Schabracke braucht man Vorhang- und Futterstoff, mittelstarke Einlage, Steifleinen, Klettband, Filzstift, Pinsel, Haushaltsschere, Tacker und Nähzeug.

1 STEIFLEINEN ZUSCHNEIDEN Maß nehmen und Steifleinen auf richtige Breite (einschließlich Seiten) und Länge zuschneiden. Haushaltsschere benutzen – Steifleinen ist sehr hart; eine gute Zuschneideschere wird davon stumpf.

2 SEITEN FALZEN Auf dem Steifleinen Linien einzeichnen, wo die Seiten auf die vorderen Ecken treffen. Diese beiden Linien mit dem Scherenrücken falzen. Die Einlage und das Futter rundum 1,5 cm größer als das Steifleinen zuschneiden. Die Verteilung von Mustermotiven und -rapport auf dem Oberstoff festlegen und geraden Fadenlauf genau kontrollieren. Den Oberstoff rundum 3 cm größer als das Steifleinen zuschneiden.

3 KANTEN ANFEUCHTEN Steifleinen mittig auf Einlage legen und Kanten leicht mit Wasser anfeuchten, am besten mit kleinem Malerpinsel. Das Steifleinen wird durch Anfeuchten leicht klebrig.

4 EINLAGE KLAMMERN Kanten der Einlage über angefeuchtete Kanten des Steifleinenstücks umlegen. Mit den Fingerspitzen fest andrücken und mit Wäscheklammern festhalten.

5 EINLAGE BESCHNEIDEN Kanten mit Bügeleisen und feuchtem Tuch dämpfen, dabei Wäscheklammern nach und nach abnehmen. Durch die Hitze klebt die Einlage am Steifleinen fest. Überschüssige Einlage an Ecken abschneiden, damit der Oberstoff glatt und mühelos über die Einlage passt.

6 STOFF ÜBERZIEHEN Einlage mittig auf linke Oberstoffseite legen. Kanten des Steifleinens innerhalb der Einlagekanten anfeuchten. Oberstoffkanten so umlegen, dass sie über Einlagekanten reichen. Briefecken arbeiten. Stoff straff ziehen und feststecken. Kanten mit feuchtem Tuch dämpfen.

7 FUTTER ANBRINGEN Kanten 2 cm nach links umlegen. Briefecken arbeiten, bügeln. Futter auf Rückseite stecken und mit Saumstich festhalten.

8 KLETTBAND ANBRINGEN Brett so über dem Fenster anbringen *(siehe Seite 43)*, dass die Schabracke das Köpfchen verdeckt. Klettband in Länge des Bretts zuschneiden. Hakenteil auf Brett tackern. Schlingenteil von hinten an Schabrackenoberkante ansäumen.

9 SCHABRACKE ANBRINGEN
In Falzlinien knicken und markieren, wo Seiten und Vorderseite zusammentreffen. Klettbandstreifen aufeinander legen und Schabracke fest an Brett drücken.

FERTIGE SCHABRACKE

ZINNEN-SCHABRACKE

Steifleinen auf Größe der Schabracke einschließlich Seiten schneiden. Papierschnitt für Schabrackenvorderseite machen. Zusammenfalten und Mitte markieren, dann zu Vierteln oder Achteln falten. Man braucht Stoff, mittelstarke Einlage, Steifleinen, Klettband, Filzstift, Klebeband, kräftige Schere, Malerpinsel und Nähzeug.

1 SCHNITT ZEICHNEN Rechtwinklige Form von Seiten- zu Unterkante des Papierschnitts zeichnen. Zeichnet man sie an die markierte Mittellinie, sitzt eine Einkerbung in der Schabrackenmitte, zeichnet man sie an die andere Schnittseite, sitzt – wie man unten genau sehen kann – eine Zinne in der Mitte.

2 AUSSCHNEIDEN Ausschneiden und Papier auffalten. Entspricht die aufgezeichnete Form der Hälfte des zusammengefalteten Papiers, sind Zinnen und Einkerbungen gleich groß.

3 MUSTER ÜBERTRAGEN Schnitt mit Klebeband auf Steifleinen fixieren. Mit Filzstift um Schnitt zeichnen. An den Enden auf Steifleinen anzeichnen, wo Seiten und Vorderseite zusammentreffen.

4 STEIFLEINEN ZUSCHNEIDEN Ecklinien mit Scherenrücken falzen. Muster an Unterkante des Vorderteils mit kräftiger Schere ausschneiden – bei Steifleinen keine gute Zuschneideschere benutzen!

5 EINLAGE ZUSCHNEIDEN Die Einlage und den Stoff jeweils mit rundum 1,5 cm Nahtzugabe zuschneiden, dabei vor dem Zuschneiden sorgfältig Musterverteilung und Fadenlauf überprüfen. Steifleinen anschließend mittig auf Einlage legen und die inneren Ecken vorsichtig einschneiden.

6 BESCHNEIDEN Steifleinen an Kanten mit Pinsel anfeuchten und Einlage mit Wäscheklammern anklammern. Einlage mit feuchtem Tuch bügeln. An Ecken überschüssigen Stoff wegschneiden. Teil mittig von links auf Oberstoff legen und innere Ecken vorsichtig einschneiden.

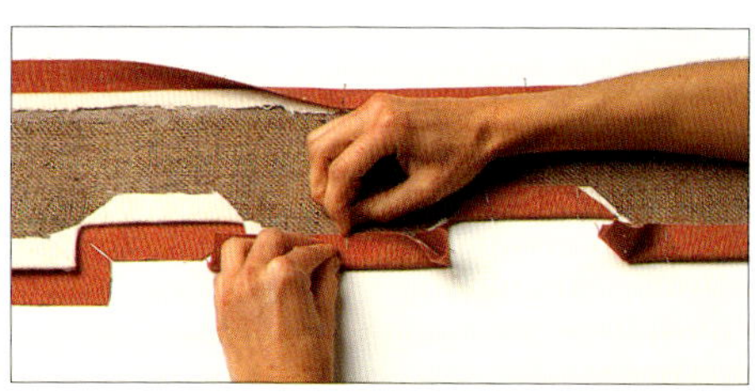

7 STOFF ANBRINGEN Stoff über Schabrackenkante umlegen und an Einlage feststecken. Glatt streichen und mit kleinen Heftstichen an Einlage nähen. Überschüssigen Stoff an Ecken wegschneiden. Schabracke aufhängen.

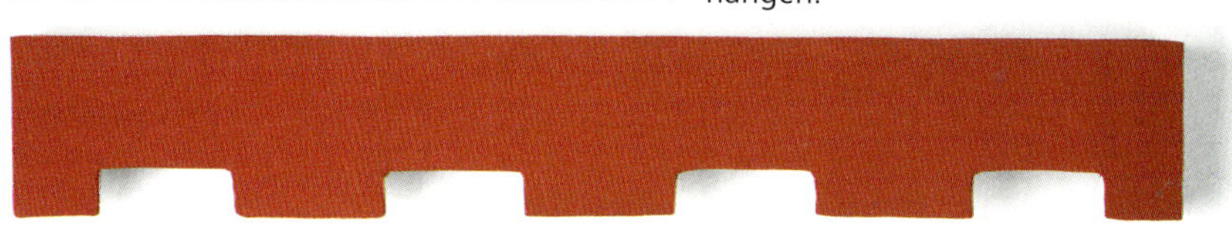

FERTIGE SCHABRACKE

HOLZSCHABRACKE MIT BOGENKANTE

Schabrackengröße festlegen *(siehe Seite 66)*. Bretter für Vorderseite und Seitenteile sägen. Futter und Einlage in gleicher Größe zuschneiden, aber rundum 1,5 cm größer. Für die Schabracke mit Bogenkante braucht man dünnes Holz, Ober- und Futterstoff, Einlage, Ringe, Kordel, Stoffkleber, Band und Nähzeug.

1 **EINLAGE ANBRINGEN** Vorderes Brett mittig auf die Einlage legen und Kanten der Einlage an allen Ecken und Rundungen vorsichtig einschneiden. Den Stoffkleber auf die Brettkanten auftragen und die Stoffkanten mit den sauberen Fingerspitzen fest an den Kleber andrücken. An den beiden Seitenteilen Einlage ebenso anbringen.

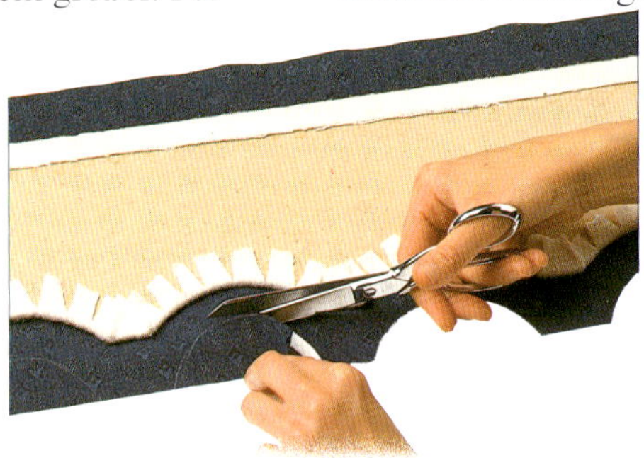

2 **STOFF ZUSCHNEIDEN** Unter Berücksichtigung von Musterverteilung und Fadenlauf Schabrackenteil mit Einlage nach unten von links auf Oberstoff legen. Stoff rundum 3 cm größer als Schabracke zuschneiden. Seitenteile ebenso zuschneiden.

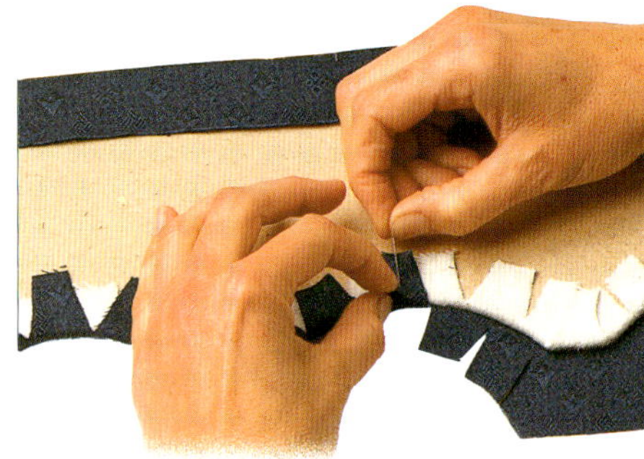

3 **STOFF ANBRINGEN** Stoffkanten in Rundungen einknipsen und über Kanten mit Einlage falten. Feststecken, dabei Stoff straff ziehen und glatt auf Schabracke legen. Stoffkanten mit Kleber festhalten und bügeln. Seitenteile ebenso beziehen.

4 **FUTTER VORBEREITEN** Futterstoff für Vorder- und Seitenteile auslegen. Kanten in Rundungen einschneiden und alle Kanten 2 cm nach links umlegen. Briefecken arbeiten, bügeln.

Futter auf Schabrackenrückseite ansäumen.

5 **FUTTER ANBRINGEN** Futterstoff mit rechter Seite nach oben auf Rückseite des vorbereiteten Schabrackenvorderteils legen. Rundum ansäumen, an einem Ende offen lassen. Seitenteile ebenso arbeiten, Vorderseiten offen lassen.

Am offenen Ende durch Futter, Oberstoff und Kordel stechen.

6 **VORDERTEIL EINPASSEN** Kante des Schabrackenvorderteils ausmessen und Kordel auf diese Länge schneiden. An Öffnung in Futternaht beginnen und Enden unter Futter stecken. Kordel an Kanten des Vorderteils ansäumen, dabei offenes Nahtstück schließen.

7 **SEITEN EINFASSEN** Ober-, Hinter- und Unterkante der Seitenteile ausmessen und die Kordel zurechtschneiden. Kordel an allen drei Seiten der Seitenteile ansäumen, dabei Enden verstecken und Öffnung schließen wie beim Vorderteil. An den Vorderkanten Futterstoff ordentlich an Oberstoff ansäumen.

8 **AUFHÄNGEN** Kleine Ringösen oben in Schabrackenkasten eindrehen. Hinten an Vorder- und Seitenteilen der Schabracke unter der Kordel entsprechend den Ringösen Ringe annähen. Schabrackenteile an Ringen an den Kasten hängen.

FERTIGE SCHABRACKE

EINFACHER QUERBEHANG MIT EINGEFASSTER KANTE

Für diese Technik braucht man Stoff, Futterstoff, Schrägstreifen, Gardinenband, Querbehangschiene und -träger sowie Nähzeug. Suchen Sie ein Gardinenband aus und schätzen Sie den Stoffverbrauch (der Querbehang sollte üppiger fallen als der Vorhang). Größte Stoffbahn in die Mitte setzen und Bahnen mit einfachen Nähten zusammensetzen. Behanglänge festlegen und Stoff zuschneiden; für die Seiten 2,5 cm, fürs Köpfchen 4 cm zugeben. Futterstoff rundum 2 cm kleiner zuschneiden. Ober- und Futterstoff rechts auf rechts zusammenlegen, untere Schnittkanten bündig. Beide Seitennähte stecken, heften und nähen. Nähte ausbügeln, wenden. Bügeln, dabei Futter mittig nehmen, so dass die Nähte 2 cm von der Bruchkante entfernt auf der Futterseite liegen. Oberstoff an Oberkante 4 cm über Futter umlegen, bügeln.

1 **BAND ANBRINGEN** Gardinenband bündig mit Oberkante auf Querbehang legen. Stecken, heften und nähen wie bei Gardinenköpfchen *(siehe Seite 54).*

2 **KANTE EINFASSEN** Schrägstreifen in Länge der Unterkante des Querbehangs zuschneiden. Schrägstreifen ansetzen. Gardinenband befestigen, Haken anbringen, Querbehang an separate Schiene hängen.

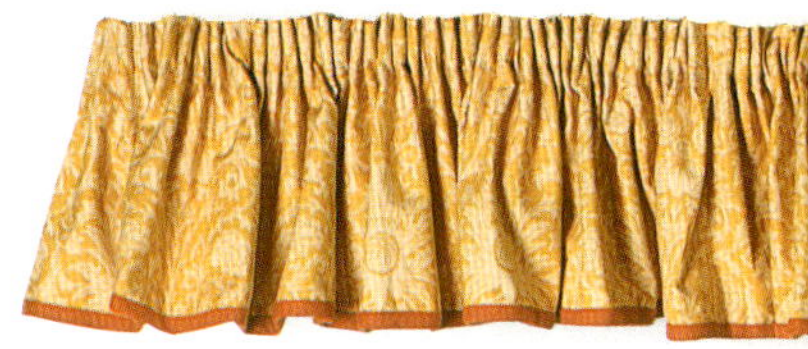

FERTIGER QUERBEHANG

ANGESETZTER QUERBEHANG

Man braucht einen als Schlauch genähten Vorhang ohne Gardinenband, Stoff, Fransen, Schrägstreifen, Gardinenband und Nähzeug. Stoff auf Vorhangbreite plus 11 cm für Nahtzugaben zuschneiden. Länge: ein Sechstel bis ein Fünftel der Vorhanglänge plus 1,5 cm Nahtzugaben. Futter gleich lang, aber 8 cm schmaler zuschneiden. Fransenborte 5,5 cm kürzer als Saumkante des Querbehangs schneiden. Fransen 1,5 cm von Saumkante so auf rechte Stoffseite nähen, dass sie von der Kante weg zeigen. Futter und Oberstoff rechts auf rechts zusammenlegen, Oberkanten bündig. An den Seiten 1,5 cm breite Nähte machen. Nähte ausbügeln, wenden. Fransenbesetzte Kante nach links umlegen und bügeln.

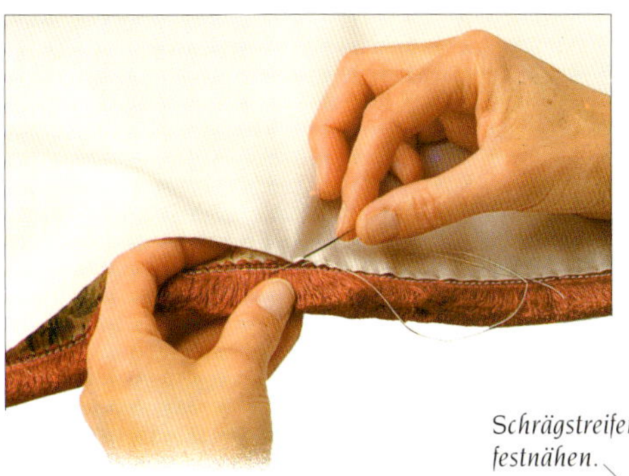

1 **FUTTER FESTNÄHEN** Unterkante des Futters 1,5 cm umlegen. Bügeln und auf Rückseite der Fransenkante ansäumen.

2 **QUERBEHANG ANBRINGEN** Vorhang mit rechts nach oben auf Arbeitsfläche legen. Querbehang mit rechter Seite nach oben darauf legen, Oberkanten bündig. Querbehang an Oberkante stecken und heften.

3 **ANSETZEN** Schrägstreifen auf Länge der Oberkante von Vorhang und Querbehang schneiden. Streifen oben auf Vorhang und Querbehang legen, Schnittkanten bündig. Schrägstreifen nähen. Nahtzugabe auf 3 mm beschneiden.

Schrägstreifen festnähen.

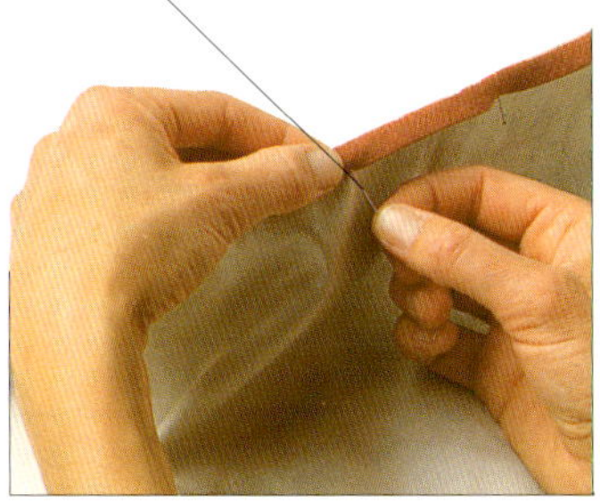

4 **EINFASSEN** Schrägstreifen über Schnittkanten von Querbehang und Vorhang umlegen und stecken. Auf Futterseite an Nahtlinie ansäumen.

5 **BAND ANSETZEN** Gardinenband knapp unterhalb eingefasster Kante an Vorhang nähen, dabei durch alle Stofflagen nähen. Band kräuseln, Haken anbringen und fertigen Vorhang aufhängen und drapieren *(siehe Seite 57).*

FERTIGER QUERBEHANG

Alternative Aufhängung
Wenn die Zeit knapp ist und die Nähkünste sich in Grenzen halten, leisten Klettband und Gardinenklammern gute Dienste. Hier verdecken Vorhänge die Vorratsregale unter der Arbeitsplatte; sie sind mit Klettband an der Platte befestigt. Die Fenstervorhänge hängen an Gardinenklammern und Metallstange. Bei beiden Systemen lässt sich der Stoff zum Waschen abnehmen.

BÖGEN UND SCHÄRPEN

BÖGEN UND SCHÄRPEN GEHÖREN ZU DEN RAFFINIERTESTEN und luxuriösesten Fensterdekorationen. Im eleganten Wohnzimmer sind sie Schmuck und Ergänzung für funktionale Vorhänge. Am besten kommen sie an hohen Fenstern in Räumen mit hohen Decken zur Geltung. Man arbeitet sie separat und bringt sie als unabhängiges Dekorationsteil mit dem Tacker am Schabrackenbrett über dem Fenster an. Nach Möglichkeit sollten sie aus dem gleichen Stoff bestehen wie der Vorhang – die Kanten lassen sich zusätzlich mit einer dekorativen Fransenkante, einer kontrastierenden Einfassung, Paspel oder sogar mit Schleifenband betonen.

BOGEN ANFERTIGEN

Für Bogen und Einfassung braucht man den gleichen Stoff wie für den Vorhang, außerdem Futterstoff, Kreppband, einen Schabrackenkasten mit Seitenteilen *(siehe Seite 43)* sowie Nähzeug. Das Vorderteil des Kastens ausmessen: Diese Breite hat der fertige Bogen. Zur Berechnung der Länge Fensterhöhe ausmessen. Der fertige Bogen sollte an der tiefsten Stelle ein Sechstel bis ein Achtel dieser Länge messen.

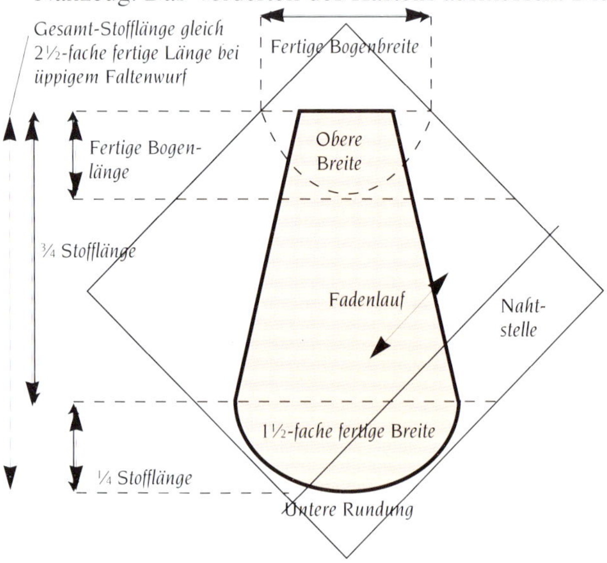

1 SCHNITT ZEICHNEN Nach diesem Diagramm Papierschnitt entsprechend den Proportionen zeichnen, 1,5 cm für Nahtzugaben zugeben. Papierschnitt ausschneiden und im schrägen Fadenlauf auf Futterstoff stecken.

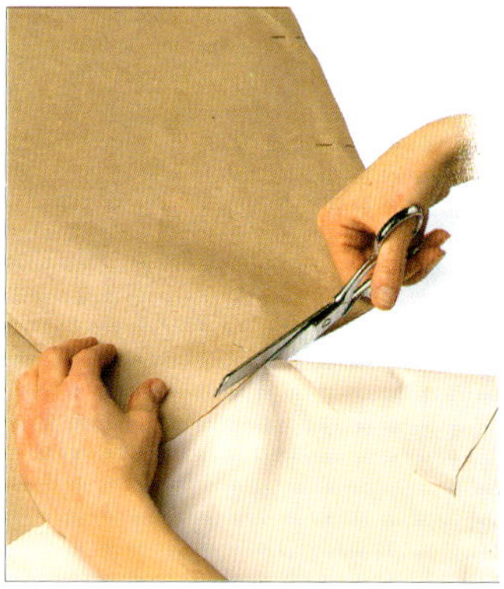

2 ZUSCHNEIDEN Futterstoff nach Schnitt zuschneiden. Schnitt abnehmen. Futterstoff, wieder im schrägen Fadenlauf, auf Oberstoff stecken. Oberstoff zuschneiden, bei Bedarf im geraden Fadenlauf mit einfachen Nähten zusammensetzen *(siehe Seite 18)*.

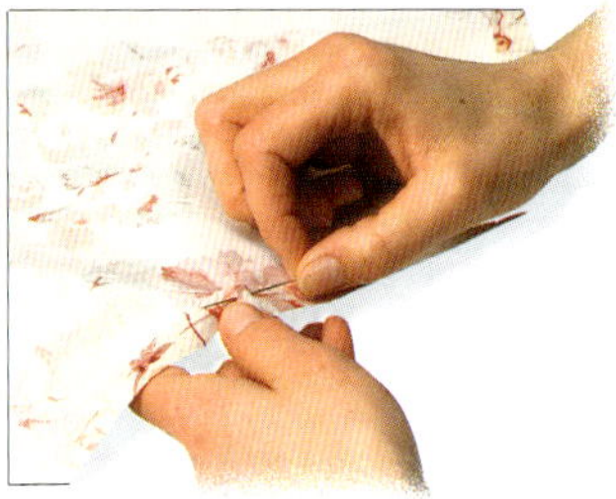

3 SÄUMEN Stecknadeln entfernen. Oberstoff an allen Kanten 1,5 cm nach links umlegen. Heften, mit Hexenstich annähen *(siehe Seite 22)*. Nahtzugabe an unterer Rundung einschneiden, damit sie weniger sperrig ist *(siehe Seite 18)*. Am Futter an allen Kanten 1,5 cm breiten Saum auf linke Seite umlegen und bügeln.

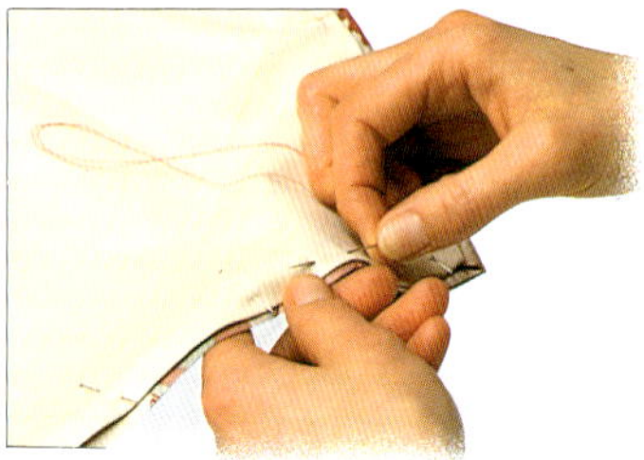

4 STOFFE HEFTEN Futterstoff links auf links an den drei geraden Kanten an Oberstoff heften.

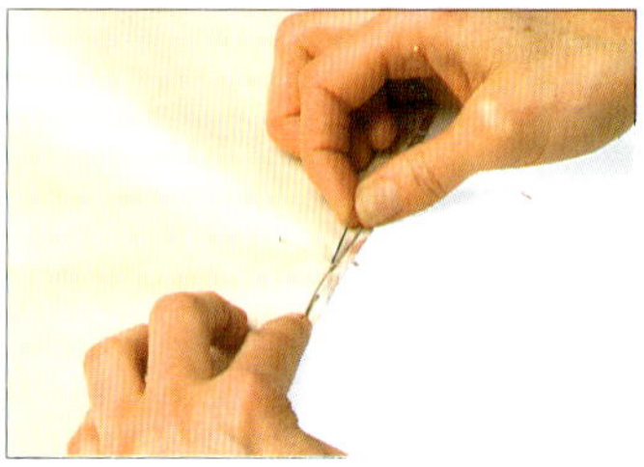

5 UNTERE RUNDUNG NÄHEN Am fertigen Bogen ist die untere Rundung sichtbar. Damit der Futterstoff nicht zu sehen ist, Stoffbahnen dort mit Saumstichen zusammennähen.

6 STOFF AUFHÄNGEN Einen Stoffrest, der breiter ist als der fertige Bogen, mit Kreppband an die Tischkante kleben. Auf diesem Stoffrest Mitte und fertige Breite des Bogens markieren. Mitte der Oberkante des Bogens auf markierte Mitte des Stoffrests stecken. Anschließend Außenkanten des Bogens auf markierte Außenpunkte des Stoffrests stecken.

7 STOFF FALTEN Eine lange Stoffseite von außen zur Mitte hin in gleichmäßige Falten legen, und zwar so, dass die der Mitte am nächsten liegende Falte die Oberkante der Bogenmitte bedeckt. Andere lange Seite ebenso legen; die Falte in der Mitte symmetrisch arrangieren. Alle Falten gut feststecken. Manchmal hilft es, die Falten oben mit Textilstift zu markieren. Alle Stecknadeln entfernen, die den Bogen am Stoffrest halten.

8 FALTEN FESTNÄHEN Falten an der Oberkante heften und nähen. Zum Einfassen am oberen Ende aus dem gleichen Stoff 5 cm breiten Stoffstreifen in Länge der Schabracke plus 3 cm schneiden. Ein Ende des Schrägstreifens *(siehe Seite 18)* rechts auf rechts an Oberkante des Bogens legen. Schrägstreifen 1,5 cm von Kante annähen.

Schrägstreifen an Stoffkante ansäumen.

9 EINFASSUNG NÄHEN Zum Schluss Schrägstreifen über Stoffkante umlegen. Schnittkanten umlegen und Kante mit Saumstich festnähen.

SCHÄRPEN ANFERTIGEN

Schärpen werden am Schabrackenkasten befestigt und fallen rechts und links des Bogens herunter. Wenn der Stoff keine schöne Rückseite hat, kann man ihn mit einem anderen Stoff füttern. Außer Oberstoff und Stoff zum Einfassen braucht man einen Tacker und Nähzeug. Die Schärpen werden paarweise und spiegelbildlich angefertigt. Fertige Länge (A) festlegen. Die kürzere Seite (B) sollte ca. 15 cm lang sein. Länge der Oberkante (C) schätzen. Anzahl und Tiefe der Falten festlegen. Die doppelte Faltenanzahl, multipliziert mit der Faltentiefe, ergibt die fertige Breite der Oberkante.

1 SCHNITT ANFERTIGEN Papierschnitt in gewünschter Größe zeichnen und ausschneiden, rundum 1,5 cm Nahtzugaben. Ecken mit Winkel zeichnen.

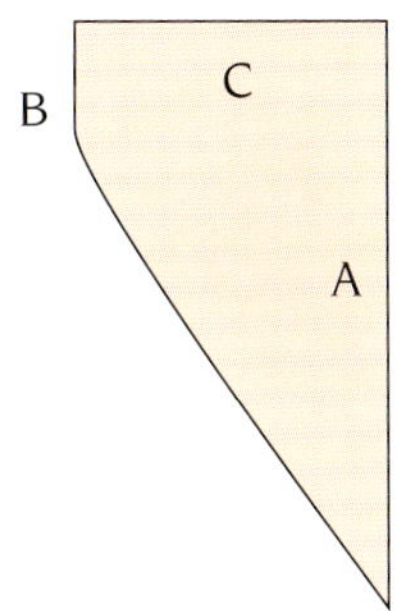

2 STOFF ZUSCHNEIDEN Schnitt im geraden Fadenlauf auf Futterstoff stecken. Stoff zuschneiden. Schnitt abnehmen und im geraden Fadenlauf auf Oberstoff stecken, dabei gegebenenfalls Musterverlauf berücksichtigen. Stoff zuschneiden. Paspel *(siehe Seite 24)* in Länge der Innenkanten anfertigen.

3 PASPEL auf rechte Oberstoffseite stecken und heften, dann Enden beschneiden. Ober- und Futterstoff rechts auf rechts zusammenlegen. An drei Seiten stecken, heften und nähen. Oben zum Wenden offen lassen. Mit Reißverschlussfuß an Paspelkante nähen. Wenden, bügeln. An Oberkante heften.

Faltenpositionen mit Stecknadeln markieren.

4 FALTEN MARKIEREN Stoff mit rechter Seite nach oben auf glatte Fläche legen. Von der kurzen Seite ab Faltenpositionen abmessen und mit Stecknadeln an Oberkante markieren.

5 FALTEN STECKEN Falten zurechtstecken, die letzte für die Seiten des Schabrackenkastens frei lassen. Falten an der Oberkante festheften und festnähen. Zum Einfassen einen 5 cm breiten Stoffstreifen in Länge der Oberkante zuschneiden. Anschließend wie in Schritt 8 und 9 oben einfassen.

Bogen und Schärpen an Schabrackenkasten tackern.

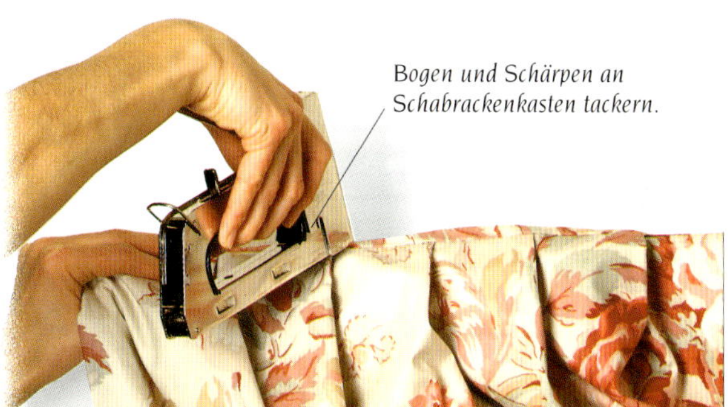

6 BÖGEN UND SCHÄRPEN ANBRINGEN Bogen und Schärpen an Schabracke tackern oder mit Polsternägeln befestigen. Kontrollieren, ob der Bogen wirklich mittig sitzt, dann an Oberkante des Schabrackenkastens festtackern oder nageln. Schärpen an Seiten und Vorderseite der Schabracke befestigen.

FERTIGER BOGEN UND SCHÄRPE

ROLLOS

DIE ERSTEN ROLLOS GAB ES SCHON VOR MEHR ALS VIER JAHRHUNDERTEN; DAMALS WAREN ES NUR STOFFSTÜCKE, DIE MAN ÜBERS FENSTER HÄNGTE, UM DIE EINRICHTUNG VOR SONNE ZU SCHÜTZEN. HEUTE SIND ROLLOS NICHT MEHR WEGZUDENKEN. SIE SIND NICHT NUR PRAKTISCH, SONDERN AUCH LEICHT HERZUSTELLEN, UND DAS IN DEN UNTERSCHIEDLICHSTEN FORMEN, GRÖSSEN UND MATERIALIEN, VOM SCHLICHTEN SPRINGROLLO BIS ZU TRADITIONELLEN FORMEN WIE DEM ELEGANTEN, RÜSCHENBESETZTEN WOLKENROLLO. IN DIESEM KAPITEL FINDEN SIE ALLES WISSENSWERTE ÜBER DIE ANFERTIGUNG UND ANBRINGUNG VON ROLLOS.

RAFFROLLO AUS BAUMWOLLVOILE
Wo es nicht in erster Linie auf Sichtschutz ankommt, setzt ein dünnes Voilerollo Farbakzente und filtert das natürliche Tageslicht. Schmale Nähte und transparente Säume unterstreichen die zarte Wirkung und lassen die Fensterkonturen weicher erscheinen.

GESTALTUNGSVORSCHLÄGE

ROLLOS LASSEN SICH IN ZWEI GRUPPEN einteilen: glatte und Raffrollos. Zur ersten Kategorie gehören Spring-, Binde- und Faltrollos; alle zeigen im geschlossenen Zustand eine glatte Fläche. Glatte Rollos wirken schlicht und streng, sind komplett aufzuziehen und lassen so viel Tageslicht wie möglich in den Raum. Zu den Raffrollos gehören z. B. Wolkenrollos; sie wirken sehr viel üppiger und opulenter als glatte Rollos. Denken Sie bei der Formauswahl daran, dass Raffrollos das Fenster selbst im komplett geöffneten Zustand teilweise verdecken und den Lichteinfall beeinträchtigen.

Stäbchenrollos
(oben) Stäbchenrollos sind preiswert und lassen sich leicht zurechtschneiden und anbringen, daher eignen sie sich besonders für kleine oder ungünstig geschnittene Fenster. Man kann sie passend zur Einrichtung streichen; naturbelassen harmonieren sie mit Holzeinrichtungen. Bei diesem Zimmer unterstreichen sie den Safari-Stil. Sind Stäbchenrollos die einzige Fensterdekoration, kann man sie mit dünner Baumwolle oder Voile füttern; so bieten sie mehr Wärmedämmung und Sichtschutz.

Lösung fürs Oberlicht
(oben) Licht, das durch ein Dachfenster fällt, lässt den Raum luftig und frisch erscheinen, kann aber auf Dauer dem Stoff schaden. Bei der richtigen Fensterlösung hält sich das Ausbleichen jedoch in Grenzen. Hier unterstreicht ein Rollo aus naturfarbener Baumwolle die kühle Stimmung. Damit das Rollo glatt anliegt, wird es von Wandträgern gehalten.

Naturfarbenes Leinen
(rechts) Besteht das Rollo aus einem lose gewebten Stoff, lässt man immer einen Teil des Rollos sichtbar, um optisch eine Verbindung zu anderen Stoffen und Accessoires zu schaffen.

Rollo-Trio
(rechte Seite) Durch angesetzte Bordüren wird die Form betont, und der Fensterbereich erhält eine individuelle Note. Bei diesen Faltrollos versteckt sich die Aufhängung diskret in der Fensterlaibung und schließt bündig und sauber mit der abgehängten Decke ab. Die Zugschnüre befestigt man, wenn sie nicht gebraucht werden, am Fensterrahmen.

MODERNE MATERIALIEN
(ganz oben) Denim wirkt robust und modern und passt deshalb gut zum heutigen Einrichtungsstil. Das Rollo mit Lederschlaufe sollte mit stabilen Hand- oder Maschinennähten gearbeitet werden.

WEICHE FALTEN
(oben) Einfache Stoffbänder passen zu leichten Stoffen, die wie von selbst in weichen Falten fallen. Man sollte den Stoff nicht füttern, sonst wird er zu voluminös und wirft unregelmäßige Falten.

ROLLO IN DER NISCHE
(linke Seite) Bei Fensternischen muss zwischen Rollo und Wand ein 6 mm breiter Raum bleiben. Bei seitlich angebrachten Trägern benötigt man mehr Platz.

BAUMWOLLDRUCK
(oben) Bedruckte Baumwollstoffe lassen sich gut zu Springrollos verarbeiten, wenn man sie zuvor beschichtet. Die Flüssigkeit wird beim Trocknen klar und hinterlässt eine robuste, abwaschbare Oberfläche.

FALTROLLO MIT ÖSEN
(links) Durch die frische Mixtur aus Kanariengelb und Weiß gewinnt dieses Fenster eine sonnige Ausstrahlung. Die in den Stoff eingeschlagenen Ösen zaubern bei geschlossenem Rollo interessante Lichteffekte. Der untere Saum wurde abgeschnitten; der dünne Kunststoffstab macht sich doppelt nützlich: Er dient gleichzeitig als Zuggriff und als Versteifung für den Saum.

ROLLOS ANFERTIGEN

BEVOR MAN SICH FÜR EINE FORM entscheidet, sollte man überlegen, wie das Rollo im geöffneten und im geschlossenen Zustand wirkt. Spring-, Falt- und Binderollos zeigen geschlossen eine glatte Stofffläche. Sind sie geöffnet, ist mehr vom Fenster zu sehen als bei Raffrollos. Wolkenrollos wiederum wirken geschlossen sehr viel ausdrucksvoller; sie dominieren das Fenster und seine Umgebung, wirken aber auch geöffnet sehr dekorativ. Für welche Rolloform Sie sich auch entscheiden: Akkurates Ausmessen des Fensterbereichs vor Beginn der Arbeit ist unerlässlich.

WERKZEUG UND ZUBEHÖR

Zum Anfertigen von Spring-, Falt-, einfachen oder Raffrollos braucht man Nähzeug und den Werkzeugkasten *(siehe Seite 218)*. Stoff mit Tacker oder kleinen Reißzwecken und Hammer an Stange oder Brett befestigen. Rundhölzer, Leisten und Stäbe mit Fuchsschwanz zurechtsägen. Endkappen mit Hammer einschlagen. Die Träger werden am Fensterrahmen mit Schrauben angebracht, für die Wandbefestigung braucht man Maßband, Wasserwaage, Handbohrer, Bohrmaschine mit Bohrern, Schraubenzieher, Metalldetektor und Dübel.

SPRINGROLLOS
Mit einem Bausatz, der alle benötigten Teile enthält, geht die Montage von Springrollos ganz leicht. Unbehandelten Stoff nach Gebrauchsanweisung beschichten.

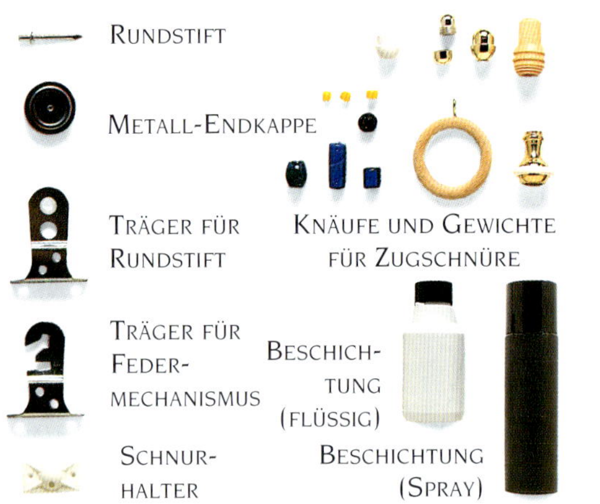

FALTROLLOS
Sie legen sich durch Anziehen der Zugschnüre in Falten; die Schnüre laufen auf der Rückseite durch in senkrechten Reihen aufgenähte Ringe. Zugschnüre an Krampenhaken festbinden.

EINFACHE ROLLOS
Ein Binderollo befestigt man oben am besten mit auf ein Brett getackertem Klettband. Ein einfaches Klapprollo hängt man an einem von zwei Ringösen gehaltenen Rundholz auf.

RAFFROLLOS
Ringband oder Kräuselband wird in senkrechten Reihen aufgesetzt. An Spezialschiene oder Gardinenbrett aufhängen. Schnüre an Krampenhaken festbinden.

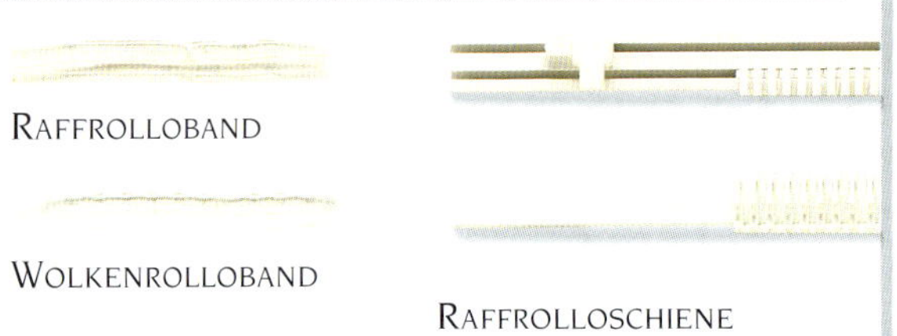

FENSTERBEREICH AUSMESSEN

Soll das Rollo in der Fensternische sitzen, misst man die Höhe von der Befestigung bis zum Fensterbrett. Die fertige Breite sollte 3 cm weniger betragen als die Breite der Fensternische. Soll das Rollo vor der Nische sitzen, misst man die Höhe von der Oberkante des Aufhängesystems bis 5 cm unterhalb des Fensterbretts. Das fertige Rollo sollte seitlich je 5 cm über die Nische ragen, damit kein Licht eindringt.

SPRINGROLLOS

TYPISCH FÜR DIESES ROLLO ist der Feder- oder Rollmechanismus, der den Stoff an der Stange auf- oder abrollt. Im geschlossenen Zustand sollte das Rollo das Fenster verdecken, aber noch Tageslicht ins Zimmer lassen – vorausgesetzt, der Stoff ist nicht zu dick. Wird der Stab über dem Fenster befestigt, ist das Fenster bei geöffnetem Rollo ganz zu sehen. Springrollos kann man am unteren Ende mit dekorativem Besatz verzieren.

EINFACHES SPRINGROLLO

Man hat die Wahl zwischen verschiedenen Rollostoffen, dünne Stoffe beschichtet man. Die Träger werden an Fensterrahmen oder Wand befestigt. Kaufen Sie die Stange lieber zu lang – Sie können sie selbst kürzen. Die Träger parallel zur oberen Fensterkante anbringen. Stange auf Abstand zwischen befestigten Trägern kürzen, minus 3 mm für Endkappe. Endkappe nach Gebrauchsanweisung aufsetzen und Stift einschlagen. Maß nehmen *(siehe vorherige Seite)*; kontrollieren, ob der Stab richtig in den Trägern sitzt. Zur Länge 30 cm zugeben, damit der Stab auch bei geschlossenem Rollo von Stoff verdeckt ist, sowie für den Tunnelsaum mit der Leiste am unteren Ende.

1 **TRÄGER ANBRINGEN** Bei der Anbringung in Fensternischen muss über den Trägern noch 2 cm Platz bleiben. Träger für Vierkantstift links, den für den Rundstift rechts anbringen. Bei Holzrahmen Schraubenpositionen markieren, die Löcher vorbohren und die Schrauben eindrehen. An den Wänden zunächst genau mit dem Metalldetektor überprüfen, ob dort elektrische Leitungen verlaufen. Dann markieren, vorbohren, Löcher bohren, Dübel einsetzen.

2 **STOFF MARKIEREN** Maß nehmen und markieren *(siehe vorherige Seite)*. Stoff zuschneiden; die Ecken müssen exakte rechte Winkel bilden, damit das Rollo korrekt hängt und sich richtig aufrollt. Zum Zusammensetzen Schnittkanten 1 cm überlappen lassen und knappkantig steppen (diese Ansatzstellen bei Berechnung des Stoffverbrauchs einkalkulieren).

3 **TUNNEL NÄHEN** Unterkante mit Zickzackstich versäubern *(siehe Seite 18)*. Leiste auf linke Stoffseite legen. Unterkante darüber legen. Saum markieren. Bügeln, heften und dicht an Heftstichen Tunnelsaum nähen. Seiten offen lassen.

4 **STANGE ANKLEBEN** Stoff mit rechter Seite nach oben glatt hinlegen. Position für Stange markieren. Mittig auf Stoffoberkante legen. Stange an Markierung legen. Stoffoberkante ankleben; Klebeband liegt manchmal dem Bausatz bei.

5 **STOFF BEFESTIGEN** Mit einer halben Umdrehung Stoff auf Stange wickeln; darauf achten, dass die Kanten gerade liegen. Nach Gebrauchsanweisung mit kleinen Reißzwecken oder Tacker an Stange befestigen.

6 **KORDEL ANBRINGEN** Leiste 6 mm kürzer als Rollobreite sägen. Mittig in Saum einschieben. Kordel an Halterung befestigen und diese auf links mittig auf Leiste anbringen.

7 **KNAUF ANBRINGEN** Das Gewicht und den Knauf auf die Kordel auffädeln und verknoten. Den Stoff auf die Stange wickeln. Stange in Träger einsetzen. Das Rollo gründlich ausprobieren und so lange auf- und abwickeln, bis es perfekt funktioniert; die Spannung der Schnüre bei Bedarf nach Anweisung des Herstellers regulieren.

FERTIGES ROLLO

SPRINGROLLOS MIT FRANSEN

Wer ein Springrollo unten mit einer Zierkante versehen will, braucht Besatz und Nähzeug. Maß nehmen und Springrollo anfertigen *(siehe Seite 81)*. Besatzbreite im Verhältnis zum Fenster kalkulieren: Sitzt das Rollo vor der Nische, sollte der Besatz ein Stück unterhalb des Fensterbretts hängen, sitzt es in der Nische, sollte er bis auf das Fensterbrett hängen.

1 **FRANSEN VERSÄUBERN** Fransenborte in Breite des Rollos zuschneiden, 5 cm zugeben. Beide Schnittkanten beschneiden, nach links umlegen und festnähen.

2 **FRANSEN ANBRINGEN** Leiste abnehmen und Unterkante des Rollos auf glatte Fläche legen. Fransenborte mit passendem Garn an Unterkante des Tunnels ansäumen, linke Seite auf rechte Seite des Rollos. Rollo wie in Schritt 4–7 auf Seite 81 fertig stellen.

FERTIGES ROLLO

SPRINGROLLO MIT BOGENKANTE

Die Unterkante eines Springrollos kann in verschiedenen dekorativen Formen, z. B. in Bögen, gearbeitet werden. Für diese Technik braucht man Stoff für Rollo und Belegstreifen, aufbügelbare Einlage zum Verstärken der Unterkante, eine Untertasse als Schablone sowie Nähzeug. Maß nehmen *(siehe Seite 80)*. Zur Länge die gewünschte Bogenlänge addieren. Hier sind die Bögen 3 cm lang. Rollostoff zuschneiden und beschichten *(siehe Seite 81)*.

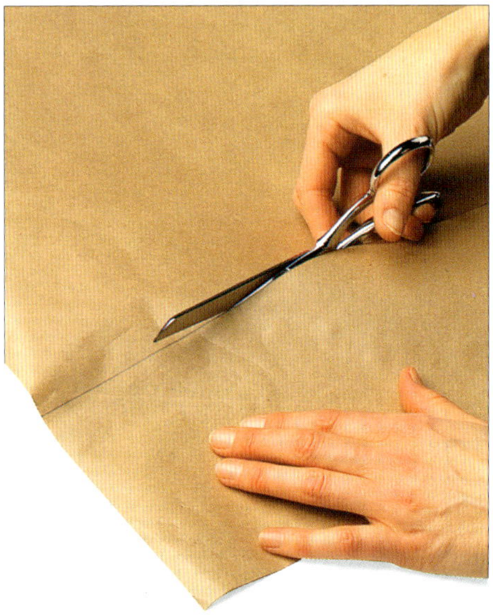

1 **SCHNITTMUSTER ANFERTIGEN** Papierstreifen in Breite des Rollos mal Stärke der Leiste plus 7,5 cm und nochmals plus 3 cm für Länge der Bögen zuschneiden.

Einlage in gleicher Größe wie Beleg zuschneiden.

2 **EINLAGE ZUSCHNEIDEN** Stoffstreifen für Beleg in Größe des Papierschnitts zuschneiden. Passenden Einlagestreifen zuschneiden. Einlage von links auf Beleg aufbügeln.

3 **LEISTE MARKIEREN** An Oberkante des Belegs mit der Maschine Zickzackstich *(siehe Seite 18)* nähen. Auf beiden Belegseiten Linien 1 cm von Oberkante aufzeichnen. Entsprechend der Leistenstärke daneben jeweils eine weitere Linie markieren. Die hier verwendete Leiste ist 3 cm breit.

4 BOGEN ZEICHNEN

Papierschnitt in gleiche Abschnitte falten. Untertasse auf zusammengefalteten Schnitt legen und glatten Bogen für Bogenkante zeichnen.

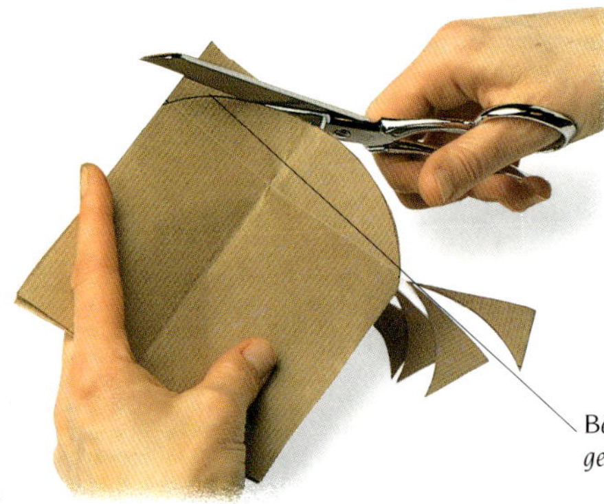

5 SCHNITT ZUSCHNEIDEN

Zusammengefalteten Schnitt mit einer Hand gut festhalten und Bögen ausschneiden, dabei sorgfältig der gezeichneten Linie folgen.

Bögen für Schnitt nach aufgezeichneter Linie ausschneiden.

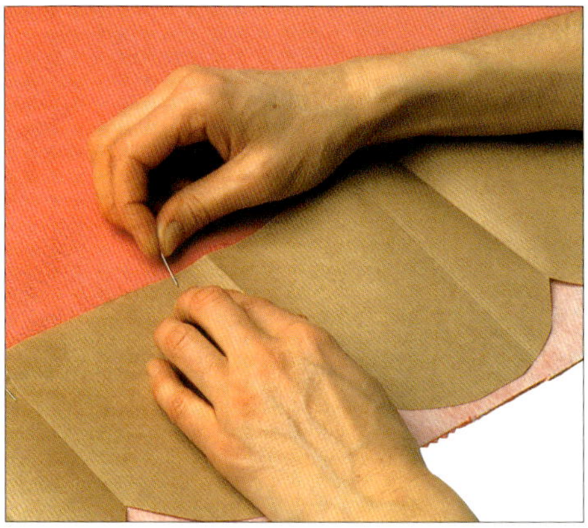

6 SCHNITT AUFSTECKEN

Beleg und Rollostoff rechts auf rechts zusammenstecken, Schnittkanten bündig. Papierschnitt auffalten und auf Beleg stecken, gerade Kante des Schnitts auf versäuberte Belegkante.

7 MARKIEREN

Bogenkonturen mit Textilstift auf Beleg übertragen. Schnitt abnehmen. Eine Reihe Heftstiche 6 mm innerhalb der Bogenlinie arbeiten.

8 STOFF NÄHEN

Mit der Maschine in Heftlinie steppen. Bögen entlang markierter Linie ausschneiden. Gebogene Nahtzugaben einschneiden *(siehe Seite 18)*. Stoff und Beleg wenden, bügeln.

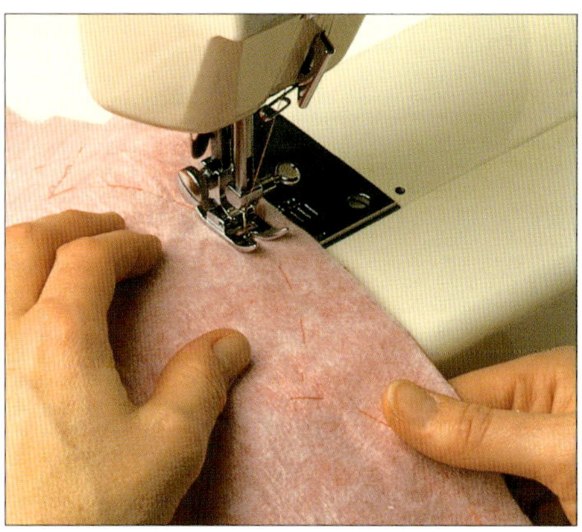

9 LEISTE HEFTEN

Beleg und Stoff an unterer Leistenlinie *(siehe Schritt 3)* zusammennähen. Rollo auslegen und Leiste zwischen Stoffteile und an Nahtlinie legen. Beleg über Leiste legen und kontrollieren, ob die Leiste genug Platz hat.

10 TUNNEL NÄHEN

Leiste herausnehmen. Tunnel mit Steppnaht dicht an Zickzackstich fertig stellen. Rollo, wie bei Schritt 4–7 auf Seite 81 gezeigt, zu Ende bauen.

Tunnel durch Steppnaht dicht an Zickzackstich fertig stellen.

FERTIGES ROLLO

Leuchtende Farbflächen
Felder aus orangefarbenen, lindgrünen und kobaltblauen Springrollos beleben die kühlen, cremefarbenen Wände. Quadratmotive unten an den Leisten schaffen eine optische Verbindung; das Motiv wiederholt sich in den Drucken an den Wänden. Die Rollos sitzen in den Fensternischen und wirken vor den weißen Rahmen besonders plakativ.

EINFACHE ROLLOS

EINFACHE ROLLOS EIGNEN SICH besonders gut für Räume, in denen man Sichtschutz benötigt, etwa im Badezimmer. Diese schlichten Rollos sind leicht herzustellen und bieten zahlreiche Dekorationsmöglichkeiten. Das Binderollo besteht aus ungefüttertem Material, das von Stoffstreifen oder Bändern gerafft wird, und sitzt mit Klettband an einem Gardinenbrett. Doppelseitige Klapprollos sind vielseitiger als Binderollos. Man hängt sie an einem Rundholz zwischen zwei über den Fensterrahmen geschraubte Haken, sie lassen sich ganz oder halb schließen, wenden und ohne großen Aufwand vom Fensterrahmen abnehmen.

BINDEROLLO

Für dieses schlichte Rollo benötigt man Stoff, Band, Klettband und Nähzeug. Die Bindebänder kann man auch aus Stoffresten nähen. Länge und Breite ausmessen, dabei an allen Kanten 5 cm zugeben, wenn das Rollo vor der Fensternische sitzen soll. Für Nahtzugaben je 6 cm in Länge und Breite zugeben. Zuerst muss man aber ein Gardinenbrett anbringen.

1 SAUM NÄHEN Stoff zuschneiden. An Unter- und Seitenkanten 1,5 cm breiten doppelten Saum auf linker Seite nähen. Vier Bänder in gewünschter Breite, 5 cm länger als Rollo anfertigen *(siehe Seite 29)*.

GARDINENBRETT ANBRINGEN

Zunächst entscheidet man, wo das Brett angebracht werden soll. Soll das Rollo in der Nische sitzen, wird das Brett wie abgebildet oben in der Nische angeschraubt. Soll es vor der Nische sitzen, befestigt man das Brett wie beim Schabrackenkasten *(siehe Seite 43)* mit Winkelträgern. An dem hier abgebildeten Gardinenbrett lassen sich auch Falt- oder Raffrollos aufhängen – die Zugschnüre laufen durch in die Brettunterseite geschraubte Ösen.

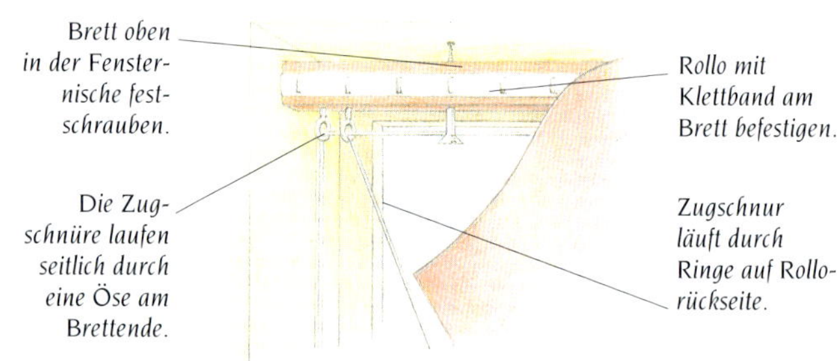

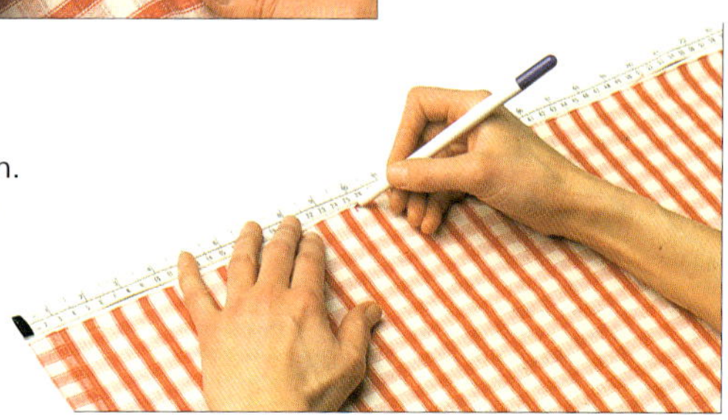

2 STOFF MARKIEREN Stoff glatt hinlegen. An Oberkante von den Ecken aus ein Viertel der Breite markieren.

3 BÄNDER ANSETZEN An den Markierungen von beiden Seiten die vier Bänder anstecken, heften und nähen.

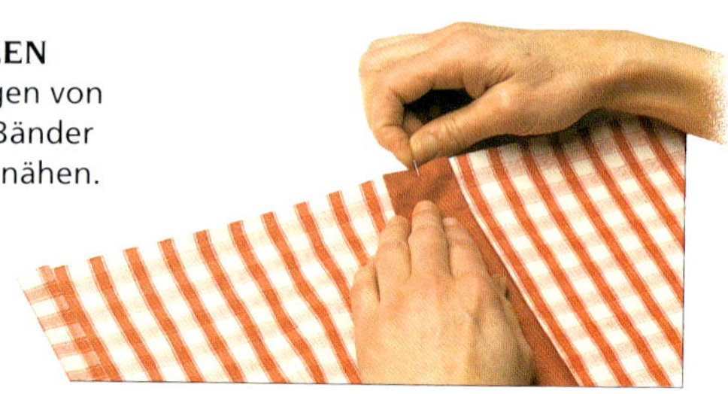

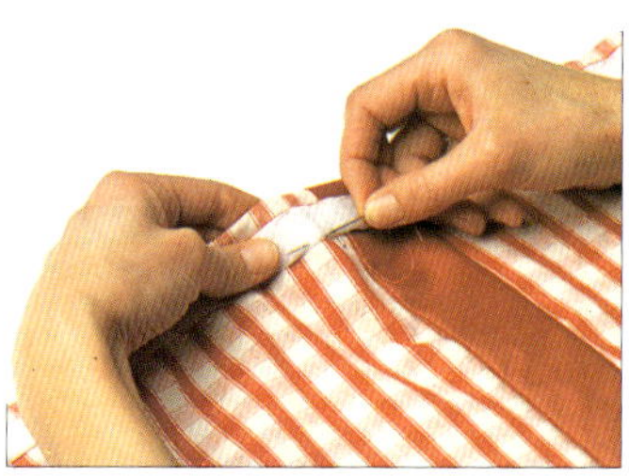

4 KLETTBAND ANBRINGEN Klettband auf Breite des Rollos schneiden. Stoff an Oberkante 3 cm nach links umlegen und bügeln. Klettbandstreifen mit Schlingen auf umgelegte Kante stecken, heften und nähen.

5 KLETTBAND ANTACKERN Anderen Klettbandstreifen an Gardinenbrett tackern. Rollo an Brett halten und Klettbandstreifen aufeinander drücken. Zum Hochziehen Stoff locker raffen und Bänder in gewünschter Höhe verknoten.

FERTIGES ROLLO

WENDEROLLO

Dieses Rollo wirkt am allerbesten, wenn man es mit passendem Stoff füttert, da beim Hochschlagen die Rückseite sichtbar wird; hier ist sie mit dem Oberstoff eingefasst. Man braucht Oberstoff, entsprechenden Futterstoff, Borte und Nähzeug. Für die Aufhängung am Fensterrahmen benötigt man zwei Rundhölzer (etwa 12 mm Durchmesser), einen Fuchsschwanz, zwei Ringösen und den Handbohrer, für die Wandbefestigung Bohrmaschine und Bohrer sowie Dübel. Man nimmt Maß wie für das Faltrollo *(siehe Seite 88)*; beim Aufhängen in der Fensternische muss so viel Platz bleiben, dass die Rundhölzer oben und unten im Rollo an den Enden je 2 cm überstehen. Bei Aufhängung vor der Fensternische sollte das Rollo an den Seiten 5 cm überstehen, um das Licht abzuhalten.

1 STOFF ZUSCHNEIDEN Oberstoff auf richtige Größe zuschneiden, einschließlich Zugaben für Einfassung, hier rundum 7,5 cm. Futterstoff auf exakte Größe des fertigen Rollos zuschneiden.

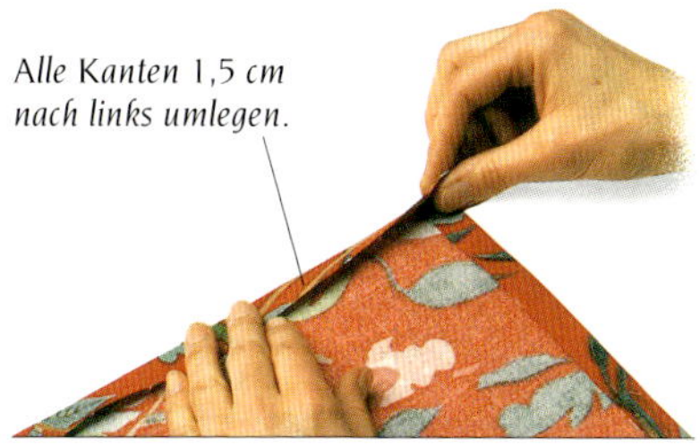

Alle Kanten 1,5 cm nach links umlegen.

2 KANTEN UMLEGEN Oberstoff mit linker Seite nach oben legen. Alle Kanten 1,5 cm nach links umlegen und bügeln.

3 NOCH EINMAL UMLEGEN Umgelegte Stoffkanten 5 cm nach links umlegen. Briefecken vorbereiten *(siehe Seite 23)*.

4 BRIEFECKEN ARBEITEN Die 5 cm umgelegten Kanten auffalten. Ober- und Futterstoff links auf links zusammenlegen. Schnittkanten des Futters an Bruchkanten des Oberstoffs legen. Aufgefaltete Kanten und Briefecken wieder umlegen und feststecken.

Nach Auflegen des Futters Kanten und Ecken umlegen.

Blende entsteht durch Annähen der umgelegten Kante an Futter.

5 KANTEN NÄHEN Für die Blende dicht an der inneren Bruchkante heften und ansäumen. Die Ecken an den Innenkanten offen lassen; dort werden anschließend die Rundhölzer eingeschoben.

6 BORTE AUFSETZEN Borte auf die gleiche Länge wie Innenkante der Einfassung schneiden. An dieser Kante Borte ansäumen.

7 RUNDHÖLZER EINSCHIEBEN Rollobreite an Ober- und Unterkante messen. Zwei Rundhölzer auf diese Länge plus 4 cm sägen. Rundhölzer oben und unten in Säume einschieben.

Rundhölzer in Rollobreite oben und unten in Säume einschieben.

8 RINGÖSEN ANBRINGEN 1 cm zu Rollobreite addieren und dieses Maß auf Wand oder Fensterrahmen anzeichnen. In Holzrahmen Löcher vorbohren und Ösen einschrauben. In Wand markieren, bohren, dübeln und Ösen einschrauben. Rundholz an Ösen aufhängen.

FERTIGES ROLLO, GESCHLOSSEN

FERTIGES ROLLO, HOCHGESCHLAGEN

FALTROLLOS

FALTROLLOS SIND DIE ELEGANTESTEN unter den glatten Rollos und passen zu fast jeder Einrichtung. Beim Öffnen legen sie sich in breite, gerade, waagerechte Falten; diese entstehen durch Rundhölzer, die durch Tunnel im Futterstoff laufen. Da bei diesem Rollotyp die Rundhölzer für Stand sorgen, muss der Stoff nicht beschichtet werden. Zur Aufhängung für Faltrollos gehören Zugschnüre, die senkrecht über die Stoffrückseite und durch Metallösen im Gardinenbrett verlaufen. Dieses Aufhängesystem eignet sich auch für Raffrollos.

FALTROLLO ANFERTIGEN

Die genaue Position des Rollos festlegen und Fensterbreite ausmessen. Soll das Rollo vor der Nische hängen, 5 cm Überstand zugeben. Gardinenbrett anbringen *(siehe Seite 86)*. Länge von Gardinenbrett bis Fensterbrett messen; für Rollo vor Nische 5 cm zugeben. Man braucht Stoff für Rollo und entsprechendes Futter, Zugschnüre, Krampenhaken, Rundhölzer, Fuchsschwanz, Ringösen, Ringe, Klettband und Nähzeug.

ROLLOKONSTRUKTION Das Zugsystem eignet sich für Raff-, Wolken- und Faltrollos. Unten werden Schnüre befestigt, diese laufen durch Ringe, die an den Tunneln für die Rundhölzer festgenäht sind. Oben laufen die Schnüre durch in die Brettunterseite geschraubte Ösen. Diese sitzen in der Verlängerung der senkrechten Ringreihen auf der Stoffrückseite. Eine weitere Öse, durch die die Schnüre laufen, wird seitlich eingeschraubt. Der Abstand zwischen dem obersten Rundholz und der Rollo-Oberkante sollte größer sein als zwischen den übrigen Rundhölzern. Das ist so, damit das gesamte Rollo beim Hochziehen dahinter verschwindet.

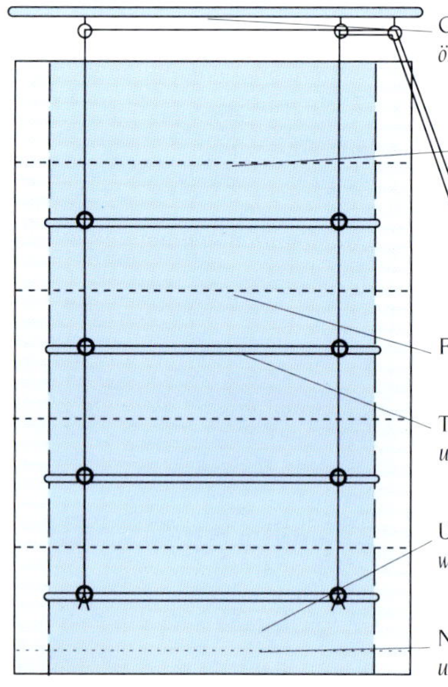

1 STOFF ZUSCHNEIDEN Stoff fadengerade auf gewünschte Größe zuschneiden, in Länge und Breite 6 cm zugeben. Futter in gleicher Größe wie Oberstoff zuschneiden, aber in der Breite 8 cm abziehen, in der Länge die Tunnelbreiten – Umfang sämtlicher Rundhölzer plus 6 mm – addieren. Man braucht Rundhölzer für die Unterkante und alle Tunnel. An der Oberkante wird kein Rundholz benötigt.

2 SEITENSÄUME NÄHEN An Futterstoff Seitenkanten 1,5 cm nach links umlegen. Beide Seitensäume bügeln, stecken, heften und nähen.

3 POSITION MARKIEREN Auf rechter Futterseite Linie 3 cm von Unterkante anzeichnen. Von dort aus Tunnelpositionen abmessen und markieren. Der Abstand zwischen den Rundhölzern entspricht der doppelten Faltenbreite.

4 TUNNEL NÄHEN Tunnel entsprechend Markierungen links auf links zusammenkniffen. In diesen Markierungen stecken, heften und nähen. Oberstoff an Unter- und Seitenkanten 3 cm nach links umlegen und bügeln.

5 TUNNEL MARKIEREN Im Oberstoff unten Briefecken arbeiten *(siehe Seite 23)*. Von unterer Bruchkante ab alle Tunnelpositionen markieren. An beiden Stoffunterkanten Mittelpunkte markieren.

6 STOFFE STECKEN Stoffe rechts auf rechts zusammenlegen, Mittelpunkte aufeinander. Einfache Naht 3 cm von Unterkante nähen. Nähte auf 1,5 cm beschneiden. Ober- und Futterstoff links auf links legen. Unterkante der Nahtlinie bügeln.

7 TUNNELMARKIERUNGEN ZUSAMMENLEGEN Tunnelnahtlinien im Futterstoff auf Tunnelmarkierungen im Oberstoff legen. Futter und Oberstoff an den Seiten zusammenstecken.

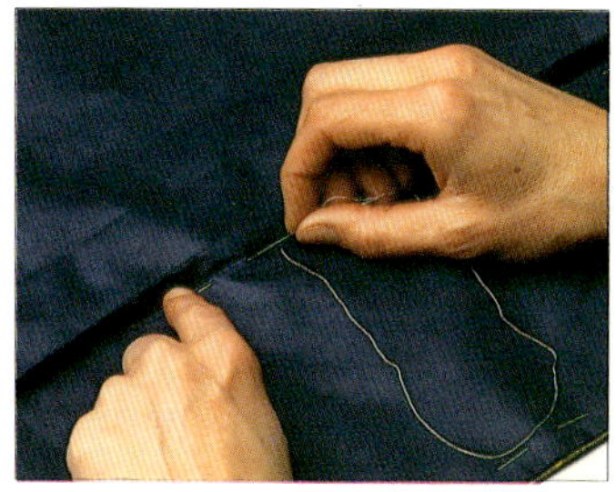

8 FUTTER ANHEFTEN Futter und Oberstoff knapp über oder unter Tunnelnähten dicht an Naht zusammenheften. Für das unterste Rundholz Heftlinie über Rollo-Unterkante arbeiten, Abstand: 2 mm plus Rundholzdurchmesser.

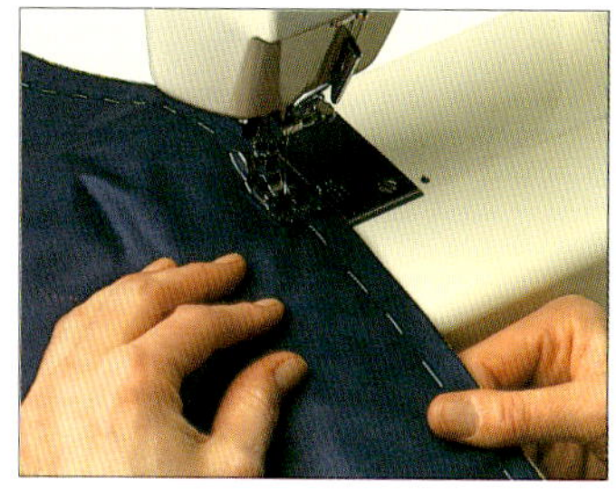

9 FUTTER ANNÄHEN Futter und Oberstoff an Heftlinien zusammennähen. Rundhölzer bis auf unterstes 1 cm kürzer als Tunnel sägen. Unterstes Rundholz 6 mm kürzer als Rollobreite sägen.

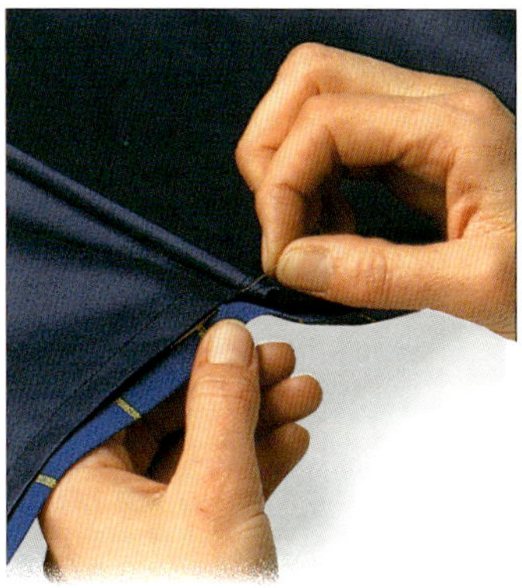

10 SEITEN NÄHEN Rundhölzer in Tunnel einschieben, das längste nach unten. Enden mit Saumstich schließen. Futter und Oberstoff an den Seiten mit Saumstich zusammennähen.

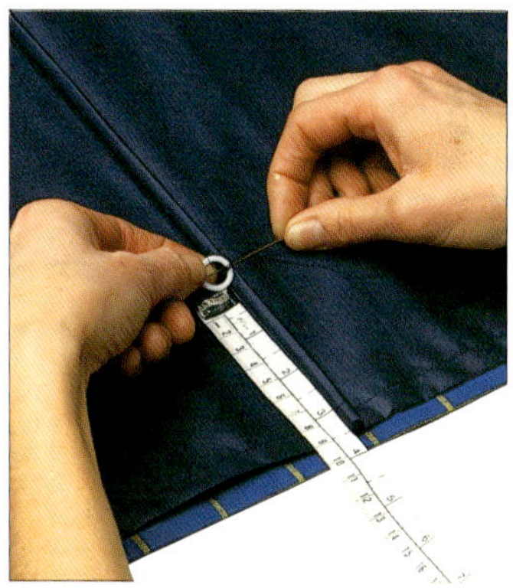

11 RINGE ANBRINGEN Ringe an Tunnel nähen, 10 cm von Seitenkanten und 30–40 cm auseinander. Sie müssen exakt senkrecht übereinander sitzen. Am oberen Rollo-Ende Oberstoff 3 cm nach links umlegen, bügeln und heften. Klettband auf Breite des Rollos schneiden.

12 KLETTBAND ANNÄHEN Den Klettbandstreifen mit Schlingen oben an Rollo nähen. Schnüre auf doppelte Rollolänge schneiden, plus erforderliche Länge für Verlauf am Brett bis zur Seite.

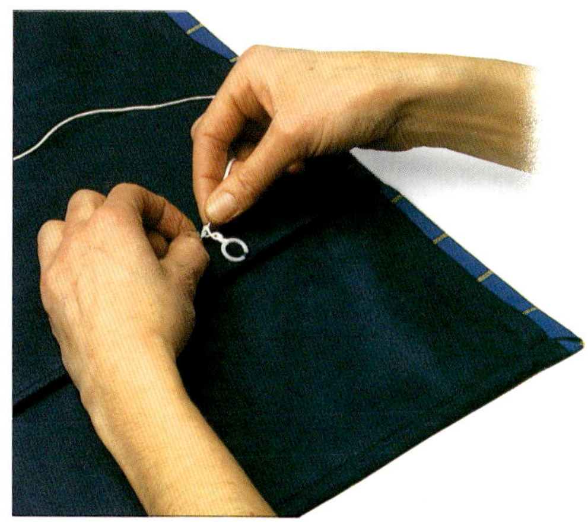

13 SCHNÜRE BEFESTIGEN Ein Schnurende an untersten Ring binden. Senkrecht durch alle Ringe bis nach oben durchziehen. Restliche Ringe festbinden und durchziehen. Hakenseite des Klettbands an Gardinenbrett tackern.

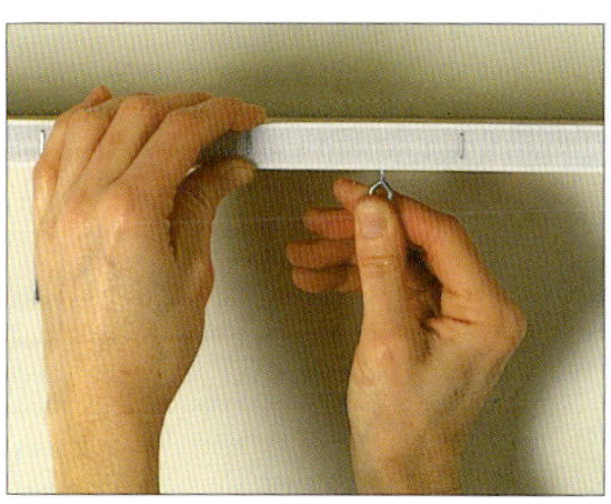

14 RINGÖSEN ANBRINGEN Positionen für Ringösen am Brett anzeichnen. Bis auf eine müssen alle Ösen jeweils in der Verlängerung der Ringreihen sitzen. Ösen entsprechend in Brettunterseite einschrauben. Eine Öse an der Seite ins Brett schrauben, an der die Zugschnüre hängen sollen. Rollo am Brett befestigen.

15 ROLLOS FERTIG STELLEN Schnüre durch Ösen im Brett zur gewünschten Seite ziehen. Rollo schließen und Schnüre oben 2,5 cm hinter letzter Öse verknoten. Schnüre unten beschneiden und noch einmal verknoten. Rollo öffnen, Krampenhaken an Wand oder Fensterrahmen anbringen.

FERTIGES ROLLO, GEÖFFNET

Monochromer Stil
Der dramatische Einsatz von Hell und Dunkel mit kräftigen Konturen erfordert eine kühne Fensterdekoration. Die Springrollos bestehen aus einem dicht gewebten schokoladenbraunen Stoff, der einen doppelten Zweck erfüllt: Er hält das Licht ab und dient im Winter zur Wärmedämmung. Bei diesem Bausatz mit Federstange sind Zugschnüre überflüssig.

RAFFROLLOS

NEBEN DEM EINFACHEN RAFFROLLO gibt es das so genannte Wolkenrollo; beide werden oben wie Gardinen gekräuselt. Sie sehen zwar ähnlich aus, Raffrollos fallen jedoch nur am unteren Ende in Bögen, Wolkenrollos hingegen über die ganze Länge. Raffrollos werden wie Faltrollos *(siehe Seite 88)* mit Hilfe von Zugschnüren aufgezogen, die an der Rückseite durch Ringe oder Schlaufen laufen. Man kann sie mit oder ohne Futter arbeiten. Für Wolkenrollos eignen sich auch schwerere Stoffe. Den Bogeneffekt kann man durch Zierrüschen und Fransen an Unter- und Seitenkanten betonen.

RAFFROLLO

Fenster ausmessen und Größe des fertigen Rollos schätzen *(siehe Seite 80)*. Entscheiden Sie, wie stark das Rollo gekräuselt werden soll, legen Sie Breite und Anzahl der fertigen Bögen fest – leichte Stoffe lassen sich am üppigsten raffen. Man braucht Oberstoff, Futterstoff, Gardinenband *(siehe Seite 44)*, Fransen, Spezialband mit Schlaufen oder Ringen, Zugschnüre, einen Krampenhaken, eine Aufhängung, z. B. Raffrolloschiene oder Gardinenbrett *(siehe Seite 86)*, sowie Nähzeug. Oberstoff auf gewünschte Länge zuschneiden, zum Umlegen 4 cm sowie 15–60 cm zum Raffen am unteren Ende zugeben. Stoff je nach Art und Gardinenband auf Anderthalb- bis Zweieinhalbfaches der fertigen Breite plus 3 cm für Seitenkanten zuschneiden. Für Ansatzstellen bei Bedarf je 3 cm für französische Nähte *(siehe Seite 19)* zugeben. Nähte an die Senkrechten verlegen, in denen die Bögen gerafft werden; halbe Bahnen an die Seiten setzen. Futter in gleicher Größe wie Oberstoff zuschneiden. Ansatzstellen in Futter und Oberstoff nicht an die gleiche Stelle legen.

1 FUTTER ANSETZEN Das Futter und den Oberstoff rechts auf rechts legen. 1,5 cm von den Unter- und Seitenkanten zusammenstecken, heften und nähen. Die Ecken vorsichtig einschneiden *(siehe Seite 18)*. Anschließend das Ganze wenden und bügeln.

2 BAND ANSETZEN Rollo mit Futter nach oben glatt hinlegen. Oberkante 4 cm nach links umlegen und bügeln. Gardinenband anstecken, heften und nähen *(siehe Seite 54)*.

3 BAND AUFLEGEN Positionen für Bandstreifen auf Futter anzeichnen, die ersten 3 cm von den Seitenkanten. Zwischenräume festlegen. Hat der Stoff das Anderthalbfache der fertigen Rollobreite, sollte der Bandabstand das Anderthalbfache der Bogenbreite haben. Streifen auf Rollolänge minus Band schneiden, an den Enden 1,5 cm zum Umlegen zugeben.

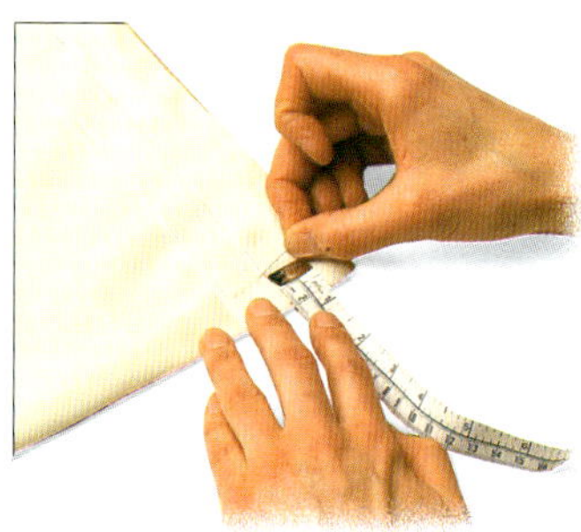

4 SCHLAUFEN AUSRICHTEN Ersten Bandstreifen aufstecken und an beiden Seiten anheften. Schnittkanten umlegen. Restliche Bandstreifen auflegen; die Schlaufen müssen jeweils in einer Waagerechten sitzen. Von Rollo-Unterkante ab Schlaufenpositionen markieren.

5 BAND ANNÄHEN Alle Bandstreifen annähen, dabei noch einmal kontrollieren, ob die Schlaufen eine waagerechte Linie bilden.

6 **BORTE ANSETZEN** Für Fransenkante Rollobreite messen, an jedem Ende 3 cm zugeben. Fransenborte auf diese Länge schneiden.

7 **ENDEN BEFESTIGEN** Die Enden der Fransenborte zweimal 1,5 cm nach links umlegen. Enden mit Saumstich sorgfältig festnähen; die Borte kann sich leicht aufriffeln. Die Fransen vorn an der Rollo-Unterkante ansäumen.

Umgelegte Bortenenden gut vernähen.

8 **SCHNÜRE ANBRINGEN** Für jeden Bandstreifen Schnur auf doppelte fertige Rollolänge plus Verlauf am Brett schneiden. Mit den Schnüren wird das Rollo hochgezogen und gerafft.

9 **DURCHZIEHEN** An jedem Bandstreifen ein Schnurende an die zweitunterste Schlaufe knoten. Dabei ein Ende lang hängen lassen – es wird zur Raffung der untersten Bogenreihe zwei oder sogar drei Schlaufen höher angebunden. Die Schnur durch alle Schlaufen im Bandstreifen bis nach oben ziehen.

Schnüre im Gardinenband zu gleichmäßigen Kräuseln anziehen.

10 **KÖPFCHEN KRÄUSELN** Gardinenband kräuseln und Schnüre auf Schnurhalter wickeln *(siehe Seite 54)*. Gardinenhaken ansetzen und Rollo an Schiene hängen oder an Gardinenbrett befestigen *(siehe Seite 89)*.

FERTIGES ROLLO

11 **ANBRINGUNG AN SCHIENE** Festlegen, an welcher Seite die Zugschnur hängen soll. Schnüre in der Verlängerung der Bandstreifen durch entsprechende Schlitze der Schiene ziehen. Schnüre zur Seite durchziehen. Schiene an Wandträgern befestigen *(siehe Seite 42)* und Krampenhaken anbringen *(siehe Seite 89)*. Rollo aufhängen. Für die Bogenkante loses Schnurende je nach gewünschter Bogenhöhe zwei oder drei Schlaufen höher an Bandstreifen binden.

Zugschnüre durch entsprechende Schienenschlitze fädeln und auf gewünschte Seite führen.

WOLKENROLLO MIT PASPEL UND RÜSCHE

Man braucht Stoff für Rollo, Rüsche und Paspel, Futterstoff, Paspelkordel, Spezialband, Zugschnüre, Krampenhaken und Nähzeug. Aufhängesystem anbringen *(siehe Seite 42)* und Maß nehmen wie für Raffrollo *(siehe Seite 92)*. Für die Bögen bei feinen Stoffen maximal das Dreifache, bei schwererem Material das Anderthalbfache der fertigen Länge berechnen. 4 cm für Gardinenband zugeben. Futter in derselben Größe wie Oberstoff zuschneiden. Für die Paspel Stofflänge ausmessen, mit zwei multiplizieren und Breite addieren. Schrägstreifen schneiden und Paspel anfertigen *(siehe Seite 24)*. Die Paspellänge mal zwei ergibt die Rüschenlänge. Stoff für Rüsche in dieser Länge zuschneiden; Breite: doppelte Rüschenbreite plus 3 cm. Stoff mit einfachen Nähten *(siehe Seite 18)* zusammensetzen. Nähte ausbügeln. Rüsche an Enden je 1,5 cm nach links umlegen. Bügeln, dann der Länge nach zusammenfalten. Enden 2 mm von Schnittkanten zusammennähen.

1 PASPEL ANSETZEN Oberstoff mit rechter Seite nach oben legen. Paspel an Unter- und Seitenkanten anstecken und heften.

2 RÜSCHE HEFTEN Rüsche an Schnittkanten kräuseln *(siehe Seite 26)*. Rüsche rechts auf rechts in Paspelnahtlinie auf Rollo stecken und heften. Die Rüschen enden 4 cm vor der Rollo-Oberkante.

Gekräuselte Rüsche an Paspelnahtlinie setzen.

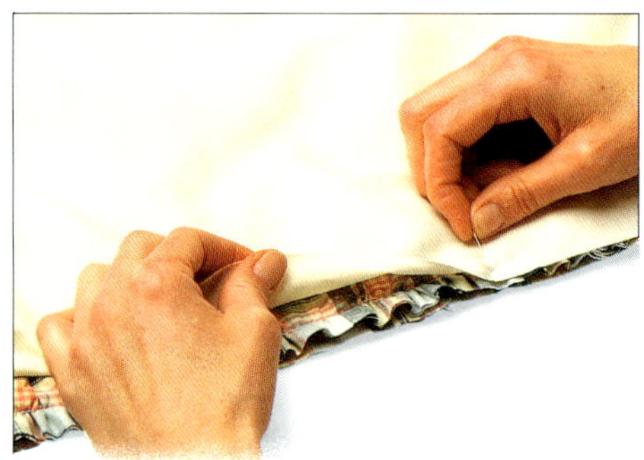

3 FUTTER FESTSTECKEN Das Futter und den Oberstoff rechts auf rechts legen. Stecken, heften und entlang der Paspel mit dem Reißverschlussfuß zusammennähen.

Vor Aufsetzen des Gardinenbandes Oberkante 4 cm nach links umlegen.

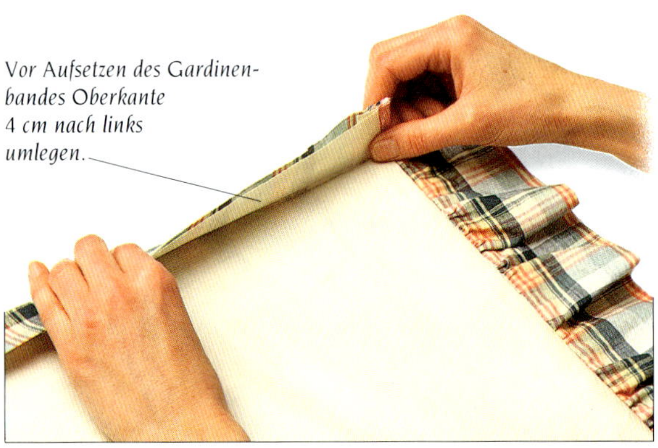

4 OBERKANTE UMLEGEN Nahtzugabe an Oberkante 4 cm umlegen und bügeln.

Gardinenband vor dem Annähen 2 cm einschlagen, Schnüre freilassen.

5 GARDINENBAND AUFSETZEN Gewünschtes Gardinenband von links auf Rollo-Oberkante setzen *(siehe Seite 54)*.

6 GARDINENBAND AUFLEGEN Das Rollo mit dem Futter nach oben glatt hinlegen. Die Positionen für die Bandstreifen markieren, die ersten 3 cm von Seitenkanten. Hat der Stoff die zweieinhalbfache Fensterbreite, müssen die Streifen in Abständen von zweieinhalbfacher Bogenbreite aufgesetzt werden. Die Streifen auf Rollolänge minus Gardinenband zuschneiden, an den Enden je 1,5 cm zum Umlegen zugeben.

7 BAND AUFSTECKEN

Bandstreifen aufstecken, heften und an beiden Seiten annähen, dabei Schnittkanten umlegen. Die Schlaufen (oder Ringe) müssen waagerechte Linien bilden: Schlaufenpositionen durch Abmessen ab Unterkante markieren.

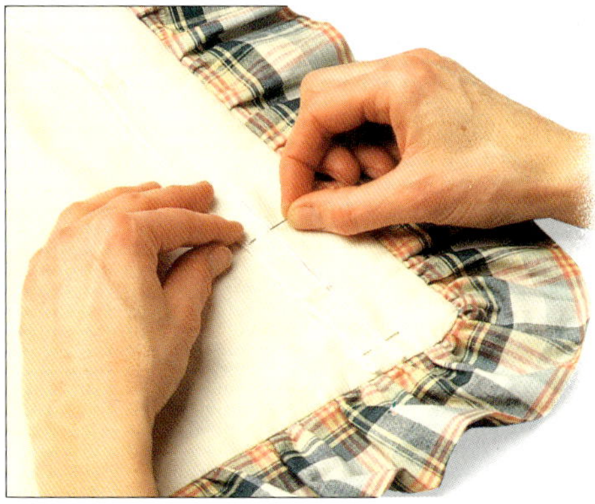

8 BANDENDEN BEFESTIGEN

Schnüre durch Nähen über untere Enden der Bandstreifen festhalten. Nach Annähen der Bandstreifen Schnüre anziehen, bis das Rollo die gewünschte Länge hat.

9 SCHNURENDEN BEFESTIGEN

Schnurenden verknoten und ordentlich aufwickeln. (Nicht abschneiden: Zum Reinigen werden die Kräusel glatt gezogen.) Zugschnüre für Bandstreifen auf das Doppelte der fertigen Rollolänge plus erforderliche Rollobreite schneiden.

10 SCHNÜRE ANBRINGEN

Enden der Zugschnüre gut an untersten Schlaufen der Bandstreifen verknoten. Zugschnüre durch senkrechte Schlaufenreihen fädeln.

Zugschnur durch Bandstreifen ziehen und an unterster Schiaufe festbinden.

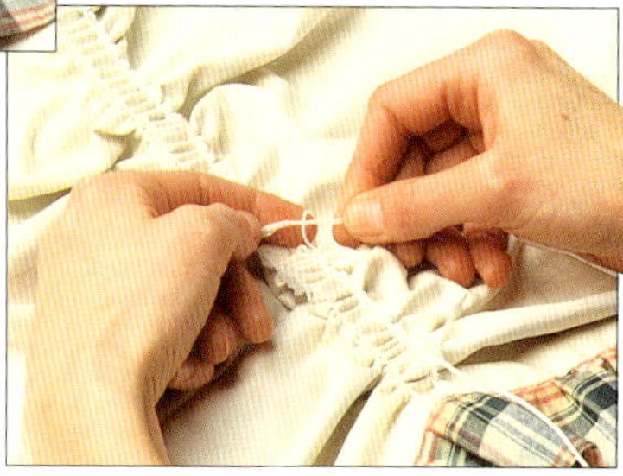

11 SCHNÜRE ANZIEHEN

Gardinenband kräuseln. Schnüre nicht abschneiden, sondern auf Schnurhalter wickeln. Gardinenhaken anbringen und Rollo an Schiene hängen.

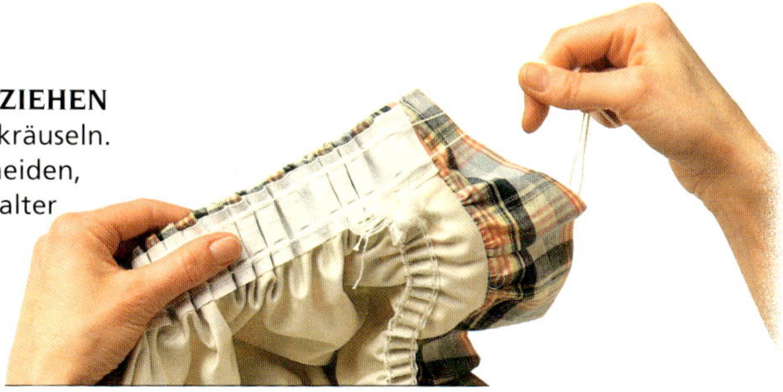

Fädeln Sie die Schnüre durch die entsprechenden Schlitze.

12 ANBRINGUNG AN SCHIENE

Festlegen, auf welcher Seite die Zugschnüre hängen sollen. Die Schlitze an der Schiene entsprechend der Gebrauchsanweisung genau nach den Bandstreifen ausrichten. Die Schnüre durch die Schlitze, dann zur gewünschten Seite ziehen. Die Schiene an den Trägern befestigen *(siehe Seite 42)* und anschließend Krampenhaken anbringen *(siehe Seite 89)*.

FERTIGES ROLLO

BETT-TEXTILIEN

DAS BETT MIT ALLEM, WAS DAZUGEHÖRT, IST DAS HERZSTÜCK DES PERSÖNLICHSTEN ZIMMERS IM HAUS. DESHALB SOLLTF JEDES DETAIL MIT GROSSER SORGFALT AUSGEWÄHLT SEIN UND DIE PERSÖNLICHEN VORLIEBEN WIDERSPIEGELN. FÜR SCHLICHTE LIEGEN ODER OPULENTE HIMMELBETTEN GIBT ES EINE REICHE AUSWAHL AN EINFARBIGEN ODER GEMUSTERTEN STOFFEN. IN DIESEM KAPITEL ERFAHREN SIE, WIE MAN KISSEN- UND BETTBEZÜGE, LAKEN, BETTÜBERZÜGE UND TAGESDECKEN ANFERTIGT, DIE EBENSO PRAKTISCH WIE DEKORATIV SIND.

KOPFKISSEN UND NACKENROLLEN
Kopfkissen erhalten durch handgemachte Bezüge ein neues Gesicht. Bogen- und Rüschenkanten sind leicht zu nähen und bringen einen Hauch von Luxus ins Zimmer.

GESTALTUNGSVORSCHLÄGE

IM SCHLAFZIMMER STEHT DAS BETT im Mittelpunkt. Betttextilien müssen daher zwei Anforderungen gerecht werden: Sie sollen das Bett zu einem warmen, gemütlichen Schlafplatz machen und zur Bettgröße und zum Einrichtungsstil des Zimmers passen. Mit einfarbigen oder dezent gemusterten Stoffen schafft man einen adretten Look. Üppiger wird es mit aufwändig gemusterten Stoffen und kontrastierenden Paspeln, Einfassungen oder Rüschen. Passende Bettüberzüge wirken dekorativ und verhüllen unschöne Bettgestelle. Damit das Bett ein einheitliches Bild bietet, sollte auch die Bettwäsche im Stil passen.

LEINEN UND SPITZE
(oben) Reines Leinen hält ein Leben lang und wird oft von einer Generation zur anderen vererbt. Laken mit abgenutzten Stellen kann man für Kissen- oder Nackenrollenbezüge weiterverwerten. Verschiedene Spitzen machen die Kissensammlung noch reizvoller – stellen Sie Ihre Schätze am Kopfende zur Schau.

QUILTEFFEKTE
(rechts) Mit simplem Geradstich lässt sich Fischgrätmuster leicht mit der Maschine quilten. Noch interessanter wirken Kissen und Decke, wenn man sie wie hier im Mittelteil mit einem maschinengenähten Gittermuster verziert.

SCHÖNE BETTWÄSCHE
(oben) Reinweiße Baumwolle wirkt frisch und adrett. Hier wird der Bettbezug durch quadratische Kissenbezüge mit Stehsaum ergänzt. Die fertigen Kissenbezüge werden schlicht belassen oder mit Baumwollspitze verziert. Besonders raffiniert wirkt der Saum, wenn man ihn per Hand oder mit der Maschine rundum doppelt absteppt. Auch Monogramme in Weißstickerei wirken auf Kissen oder Bettbezug elegant.

STREIFEN UND BLUMEN
(rechte Seite) Hier sind Streifen- und Blumenmuster farblich abgestimmt. So ist die Gesamtwirkung immer einheitlich, je nachdem, welches Muster dominiert. Mit gestreiften Kissen und geblümten Laken ergibt sich wieder ein anderes Bild.

Zwiebellook
(rechts) Eine Kombination von Laken, Steppdecken und Überwürfen ist die perfekte Lösung, um zur Schlafenszeit die richtige Temperatur zu finden. Hier beginnt man mit reinweißen oder cremefarbenen Baumwolllaken und wählt für Kissenbezüge und Steppdecke einen dunkleren Ton. Die Laken ergänzen farblich die Steppdecke; diese ist zurückgeschlagen, damit Details wie Vorstich und Knöpfe zur Geltung kommen. Der weiche Wollüberwurf trägt zum entspannten, gemütlichen Stil des Bettes bei.

Blumenmotiv
(links) Sind der schlichte Kissenbezug und der geknöpfte Bettbezug erst genäht, lassen sie sich relativ leicht mit Stickmotiven verzieren. Man fertigt eine Schablone an und überträgt das Muster auf den Stoff. Dann wird das Motiv mit der Maschine in abgestimmten Farben auf Kissen und Bezug gestickt. Schneller geht es, wenn man das Blumenmotiv mit Stofffarben aufmalt. Diese Farben bekommt man in Geschäften für Bastel- oder Künstlerbedarf.

KRÄFTIGE FARBEN
(links) Die spitzenbesetzten Leinenlaken und karierten Wolldecken harmonieren gut mit dem alten Eisenbettgestell und geben diesem Zimmer eine strenge, maskuline Note. Weitere Kissen in kräftigem Rubinrot auf den weißen Kissen nehmen den Rot-Ton auf. Den Nachttisch schmücken eine üppige Tischdecke und ein Lampenschirm, ebenfalls in Rot.

WÄRME DURCH FARBE
(unten) Leuchtende Farben machen einen Raum sofort wärmer. Hier bildet die warme Kiefertäfelung einen ruhigen Hintergrund zum Rot und Violett. Beim Bett an der Wand geben kräftige violette Farbflächen den Ton an, am Bett im Vordergrund dagegen wird Violett lediglich als Akzent eingesetzt. Die Betten sind zwar unterschiedlich dekoriert, wirken aber durch die breiten Streifen trotzdem als harmonische Einheit.

KOPFKISSENBEZÜGE

MIT FARBIGEN, SELBST GEMACHTEN KISSENBEZÜGEN lässt sich ein Bett einfach und preiswert dekorieren. Man benötigt dafür nur wenig Stoff, und die Auswahl an robusten, leicht waschbaren Materialien ist groß, vom eleganten Leinen bis zu bedruckten Kleiderstoffen. Kissenbezüge schließt man durch eine verdeckte, doppelte Stofflage oder mit schlichten bis fantasievollen Knopf- oder Bandverschlüssen. Sie können den dekorativen Verschluss durch Einfassungen wie Stehsaum oder Rüsche ergänzen und dem Kissen damit eine persönliche, zur Bettgestaltung passende Note verleihen.

EINFACHER KOPFKISSENBEZUG

Dieser schlichte Bezug besteht aus einem einzigen Stoffstück und ist daher schnell und leicht gemacht. Ein Stoffende wird nach innen umgefaltet und bildet eine verdeckte Tasche, die das Kissen festhält. Für diesen einfachen Kissenbezug braucht man einen geeigneten Stoff, der mehr als doppelt so lang wie das Kissen ist, sowie Nähzeug.

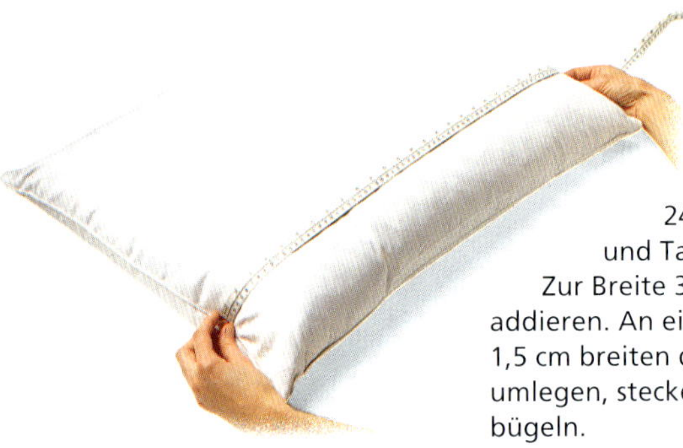

1 **AUSMESSEN** Kissenlänge und -breite messen. Stoff in doppelter Kissenlänge plus 24 cm für Nahtzugaben und Tasche zuschneiden. Zur Breite 3 cm für Nahtzugaben addieren. An einer kurzen Seite 1,5 cm breiten doppelten Saum umlegen, stecken, heften und bügeln.

2 **SÄUMEN** An anderer kurzer Seite 1 cm, dann noch einmal 5 cm auf linke Seite umlegen. Stecken, heften und nähen.

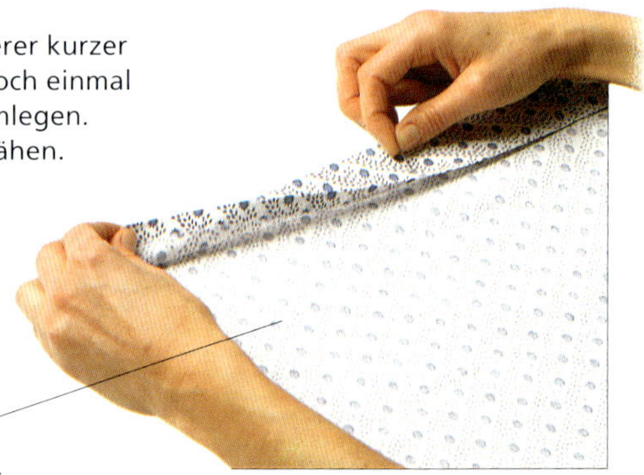

Kopfkissenstoff sollte haltbar und pflegeleicht sein.

3 **TASCHE ARBEITEN** An erster kurzer Seite Innentasche arbeiten: Stoff 15 cm nach innen umlegen. Stecken und bügeln. Stoff in der Breite links auf links auf die Hälfte zusammenfalten.

Die innere Stofftasche dient als Verschluss.

4 **NÄHTE SCHLIESSEN** Seiten bündig aufeinander legen, Kante mit breitem Saum auf Kante der Tasche. An beiden langen Stoffseiten 6 mm breite Naht stecken, heften und nähen – der erste Schritt für die französische Naht *(siehe Seite 19)*. Nahtzugaben beschneiden und alle Heftstiche entfernen.

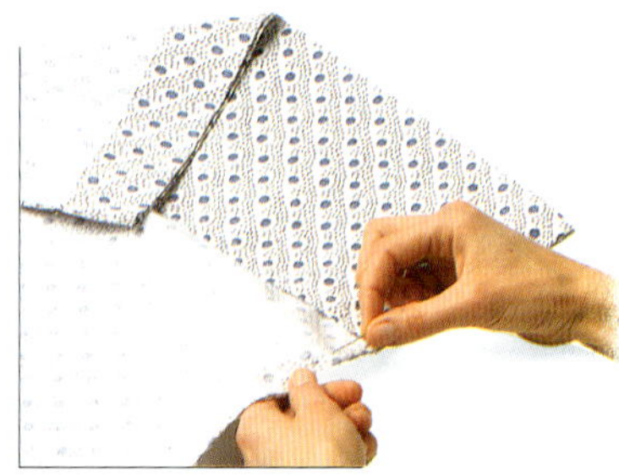

5 **KANTEN VERSÄUBERN** Den Bezug wenden, bügeln, dann lange Stoffseiten 1 cm neben der ersten Naht zusammenstecken und anschließend heften. Diese zweite Naht schließt die Schnittkanten ein.

6 **NÄHTE SCHLIESSEN** Französische Nähte durch Steppnähte an beiden langen Seiten fertig stellen, dabei wiederum 1 cm neben erster Naht steppen. Heftstiche entfernen. Fertigen Bezug wenden und bügeln.

FERTIGER KOPFKISSENBEZUG

KOPFKISSENBEZUG MIT STEHSAUM

Im Gegensatz zum einfachen Bezug auf der vorigen Seite besteht dieser aus separaten Stoffteilen und hat einen Verschluss aus Knöpfen und Schlaufen. Stoff aussuchen und Nähzeug bereitlegen. Kissen ausmessen und ein Stoffstück in dieser Größe zuschneiden, plus 1,5 cm Nahtzugaben rundum. Für den Belegstreifen, der die Öffnung verdeckt, 6 cm breiten Stoffstreifen in Breite des Kissens plus 1,5 cm zuschneiden.

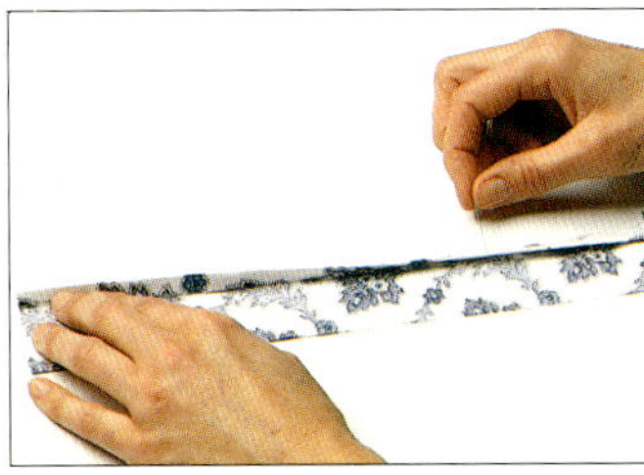

1 **STOFF AUSMESSEN** Stoff für Seite mit Stehsaum in Größe des Kissens plus 12,5 cm Zugaben rundum zuschneiden. 60 cm langen Stoffschlauch herstellen *(siehe Seite 29)*.

2 **BELEG SÄUMEN** An einer langen Seite an Belegstreifen 1 cm breiten doppelten Saum stecken. Kleineres Bezugteil von rechts an kurzer Seite in Abständen von 2 cm markieren.

3 **SCHLAUCH ANBRINGEN** Stoffschlauch an dieser Kante heften, dabei zwischen Markierungen Schlaufen legen. Belegstreifen rechts auf rechts über Schlauch, Schnittkanten bündig.

4 **BELEG STECKEN** Beleg über Schlaufen stecken, heften und 1,5 cm von Stoffkanten nähen.

5 **BELEG UMLEGEN** Den Beleg so umlegen, dass er linke Seite auf linke Seite genau auf dem Kissenstoff liegt. Die Schlaufenkante anschließend sorgfältig bügeln.

6 **KANTEN UMLEGEN** An dem größeren Stoffteil die Kanten 1,5 cm nach links umlegen und bügeln. Die Kanten noch einmal 5 cm nach links umlegen und anschließend bügeln.

Schnittkante des Kissenrückens unter Stehsaum schieben.

7 **BRIEFECKEN** An Ecken in umgelegten Kanten Briefecken arbeiten *(siehe Seite 23)*.

8 **ECKEN BESCHNEIDEN** Überschüssigen Stoff an Ecken wegschneiden *(siehe Seite 23)*. Nähte ausbügeln. Ecken wenden, bügeln.

9 **ZUSAMMENSETZEN** Bezug links auf links zusammenlegen, Schlaufen nach oben. Auf einer kurzen Seite Schlaufenkante an Innenkante des Stehsaums legen. Restliche drei Seiten des Kissenrückens unter Bruchkante des Stehsaums schieben. Anschließend anstecken und heften.

10 **KANTEN ABSTEPPEN** An drei Seiten dicht an innerer Bruchkante des Stehsaums absteppen; nicht an der Schlaufenkante. Zweite Steppnaht 6 mm neben erster machen.

Mit Knöpfen und Schlaufen

11 **KNÖPFE ANNÄHEN** Knöpfe entsprechend Schlaufen an Stehsaum nähen. Den fertigen Bezug bügeln.

Fertiger Kopfkissenbezug

RÜSCHENKISSEN MIT BINDEBÄNDERN

Für diesen Bezug mit Bändern braucht man einen geeigneten Stoff und das übliche Nähzeug. Zunächst zwei Stoffstücke in der gewünschten Kissengröße plus rundum 1,5 cm zuschneiden. Den Stoffstreifen für die Innentasche zuschneiden: Länge gleich Kissenbreite plus 1,5 cm, Breite 15 cm. Die Stoffstreifen für die Rüsche zuschneiden: Länge gleich doppelter Kissenumfang, die Breite entspricht der fertigen Rüschenbreite plus 3 cm. Die Rüsche wird am besten als fortlaufender Streifen gearbeitet *(siehe Seite 26)*. Anschließend die Rüsche zur Markierung für die gegenüberliegenden Ecken einschneiden, damit sich die Kräusel gleichmäßig um das ganze Kissen verteilen lassen.

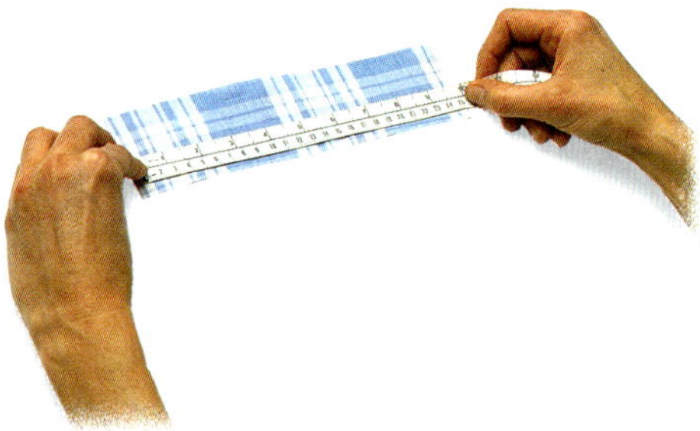

1 **BINDEBÄNDER AUSMESSEN** Aus dem Kissenstoff Bänder schneiden; die Anzahl richtet sich nach der Kissengröße. Hier sind es drei Bänderpaare, bestehend aus sechs Stoffstreifen von je 25 x 5 cm. Bänder in gewünschter Größe arbeiten *(siehe Seite 29)*.

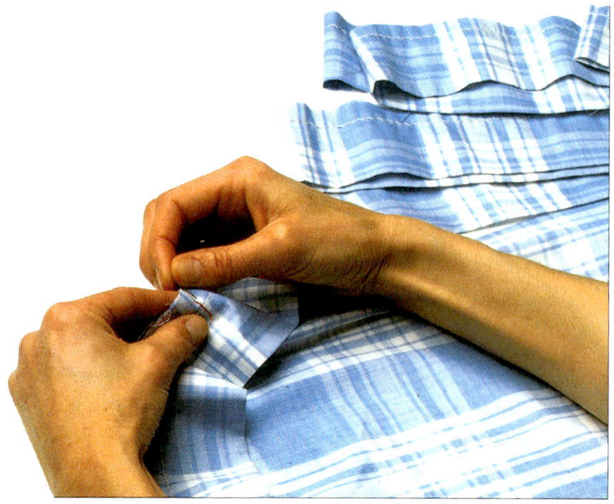

2 **RÜSCHE ANSTECKEN** An einem Stoffteil Rüsche von rechts mit Markierung auf eine Ecke legen, Rüsche dort rechts auf rechts feststecken. Markierung auf diagonal gegenüberliegender Ecke feststecken.

3 **RÜSCHE KRÄUSELN** Kräuselstiche von festgesteckter Ecke aus anziehen, bis die Rüschenlänge der von zwei aneinander grenzenden Kissenseiten entspricht. Kräusel gleichmäßig verteilen. Stecken und heften. Andere Rüschenhälfte an Ecken stecken, kräuseln und an anderen beiden Seiten stecken und heften.

4 **SAUM UMLEGEN** An Kissenrückseite an einer kurzen Seite erst 5 mm, dann 1 cm breiten Saum nach links umlegen. Bügeln, heften und nähen – dies wird die offene Seite. Heftstiche entfernen.

5 **TASCHE SÄUMEN** Stoffstreifen für Innentasche auslegen. An einer langen Seite Saum 5 mm, dann 1 cm nach links umlegen. Stecken, bügeln, heften und nähen.

6 **BÄNDER ANSETZEN** Drei Stoffbänder an gerüschte Seite des Verschlusses stecken und heften – eins in der Mitte, die anderen seitlich im gleichen Abstand.

7 **KISSEN ZUSAMMENSETZEN** Kissenrücken rechts auf rechts auf Vorderseite mit Rüsche legen, Saumkante auf Nahtlinie der Rüsche. An den drei ungesäumten Seiten stecken und heften.

Nahtlinien an drei Seiten aufeinander legen.

8 **TASCHE ANSETZEN** Taschenteil mit rechter Seite nach unten an offenem Ende auf Rüsche, Bänder und Saumkante des Kissenrückens legen. Stecken und heften, aber nicht durch Saumkante der Öffnung nähen. 1,5 cm von Kanten rund ums Kissen steppen. Heftstiche entfernen, Bezug wenden.

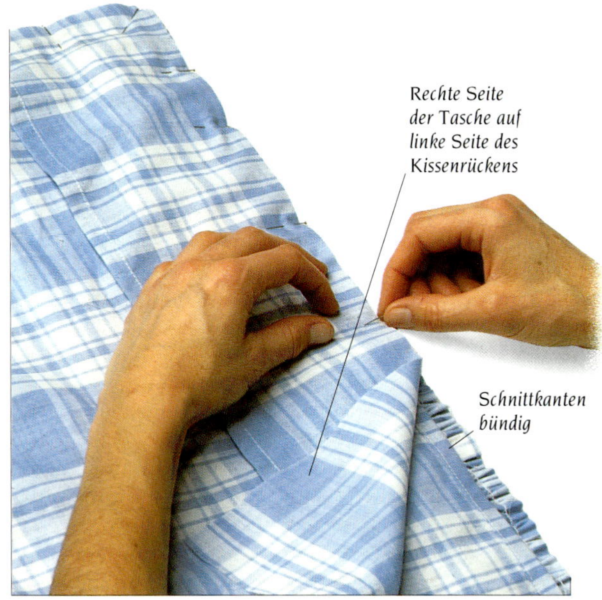

Rechte Seite der Tasche auf linke Seite des Kissenrückens

Schnittkanten bündig

9 **BÄNDER FERTIG STELLEN** Die restlichen drei Bänder gegenüber den ersten an Bezugöffnung stecken, heften und nähen. Den fertigen Bezug bügeln.

Bänder an Unterseite der offenen Seite stecken.

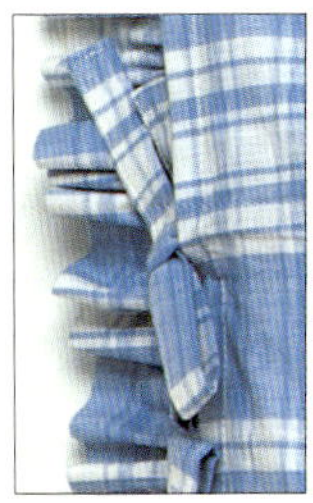

FERTIGER KOPFKISSENBEZUG

LOCHSTICKEREI

Anstatt einer selbst gemachten Rüsche kann man auch fertig gekauften Besatz wie Baumwoll-Wäschespitze verwenden. Sie muss nicht so stark gekräuselt werden wie eine Rüsche; das Anderthalbfache des Kissenumfangs genügt. Für diesen Bezug braucht man den entsprechenden Stoff und die passende Spitze, außerdem Nähzeug.

1 **SPITZE ANSETZEN** Enden rechts auf rechts zusammenheften.

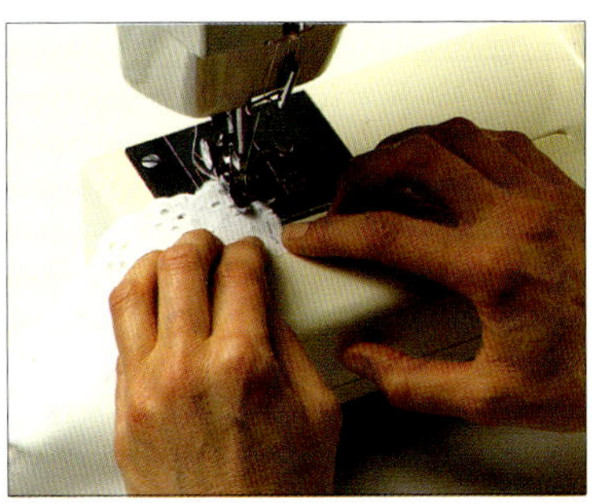

2 **FRANZÖSISCHE NAHT** Französische Naht 5 mm neben Kante nähen. Heftstiche entfernen, Naht beschneiden, bügeln.

FERTIGER KOPFKISSENBEZUG

KOPFKISSENBEZUG MIT PASSENDER BORDÜRE

Für diesen Bezug braucht man den gewünschten Stoff – plus passender Bordüre – und Nähzeug. Für die Vorderseite das Stoffteil in der Kissengröße plus rundum 1,5 cm zuschneiden. Den Kissenrücken in Kissengröße zuschneiden, an langen Seiten und einer kurzen Seite je 1,5 cm, an Verschlussseite noch 6 cm für den Saum zugeben. Für die Tasche einen 15 cm breiten Streifen zuschneiden, Länge gleich Kissenbreite. Für die Bordüre zwei Streifen in Länge und zwei in Breite der Vorderseite plus je 3 cm zuschneiden. Die Breite der Bordürenstreifen – sie richtet sich nach dem Bordürenstoff – entspricht der fertigen Bordürenbreite plus 3 cm.

Saum nach links umlegen.

1 BORDÜREN SÄUMEN An jedem Bordürenstreifen an einer langen Seite 1,5 cm breiten Saum umlegen, stecken und bügeln. Streifen rechts auf rechts auf Vorderseite legen, stecken.

Ecken schräg umlegen.

2 BRIEFECKEN UMLEGEN An Ecken Bordüren übereinander legen, Kanten im Winkel von 45 Grad umlegen. Ecken stecken, mit Leiterstich *(siehe Seite 17)* zusammenheften. Stecknadeln entfernen, Bordüre abnehmen.

3 ECKEN NÄHEN Bordürenstreifen rechts auf rechts zusammenlegen und diagonale Ecknähte dicht an Heftstichen nähen. Überschüssigen Stoff an Ecken wegschneiden und Nähte ausbügeln.

Bordüre an alle vier Innenkanten anstecken.

4 BORDÜRE AUFLEGEN Bordürenblende wieder auf rechte Seite der Vorderseite auflegen. Bordüre an allen Innenkanten feststecken und heften.

5 BORDÜRE AUFSETZEN Die Bordüre an allen vier Innenkanten knappkantig aufsteppen. Anschließend alle Heftstiche entfernen.

6 RÜCKEN SÄUMEN
Am Kissenrücken an einer kurzen Seite Saum erst 1 cm, dann 5 cm nach links umlegen.

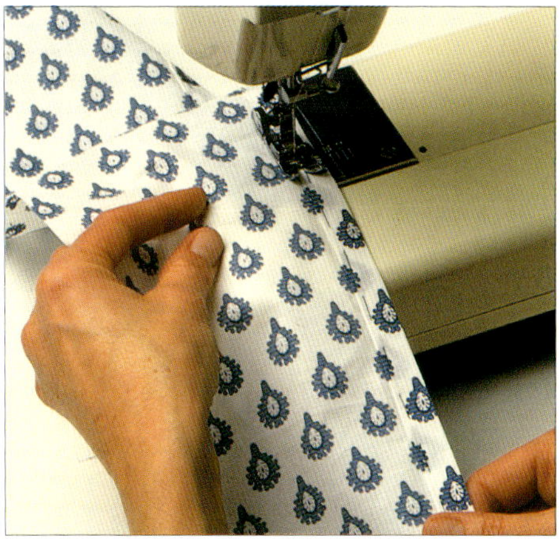

7 TASCHE SÄUMEN
Am Taschenteil an einer kurzen Seite 1,5 cm breiten doppelten Saum nach links umlegen, stecken, heften und nähen.

8 TEILE ZUSAMMENSETZEN
Vorder- und Rückseite rechts auf rechts zusammenlegen, Schnittkanten an drei Seiten bündig. Teile an drei Seiten zusammenstecken und heften, gesäumte Seite offen lassen.

An der Öffnung Saumkante auf Heftstiche an Bordüre legen.

9 TASCHE ANSETZEN Tasche mit rechter Seite auf linke Seite des Kissenrückens legen. An Seite mit Öffnung Schnittkanten von Tasche und Vorderteil aufeinander legen, stecken und heften, dann Taschenseiten mit Vorder- und Rückteil zusammenstecken und heften. Am offenen Ende nicht durch Tasche nähen!

Tasche mit rechter Seite auf linke Seite des Kissenrückens legen, Schnittkanten von Vorderteil und Tasche bündig.

10 KANTEN NÄHEN
Mit der Maschine alle vier Seiten steppen, dabei nicht durch die gesäumte Öffnung nähen. Heftstiche entfernen und alle vier Ecken beschneiden, damit sie nicht zu sperrig sind.

11 ECKEN RAUSDRÜCKEN
Bezug wenden und Tasche einschieben. Ecken mit dem Finger herausdrücken.

FERTIGER KOPFKISSENBEZUG

Skandinavischer Einfluss
Die rotweiß karierte Baumwoll-Patchworkdecke auf dem traditionellen Kojenbett bildet den Blickfang in diesem einfach möblierten Zimmer. Die weiße Bettwäsche mit Kreuzstichdekor trägt zum schlichten Charme bei. Eine handgemachte Patchworkdecke wirkt lockerer, wenn man statt gleich großer Stücke mal rechteckige, mal quadratische Teile zusammennäht.

BETTBEZÜGE

BETTBEZÜGE SIND EBENSO EINFACH zu nähen wie die schon gezeigten Kopfkissenbezüge. Im Fachgeschäft oder im Kaufhaus gibt es Material in verschiedenen Farben und Qualitäten. Man näht sie in der Regel aus extra breit liegendem Wäschestoff, kann aber, falls man kein passendes Material findet, auch Bahnen zusammensetzen. Vor allem für extra breite Bettdecken ist die Stoffauswahl jedoch begrenzt und leider nicht sehr fantasievoll; hier wird man sich fast immer mit zusammengesetzten Bahnen behelfen müssen.

GEKNÖPFTER BETTBEZUG

Dieser einfache Bettbezug besteht aus einer einzigen Stoffbahn und eignet sich für alle Deckentypen. Länge und Breite der Decke messen; sie sollte ca. 25 cm größer als das Bett sein. Stoff zuschneiden: Länge gleich doppelte Deckenlänge plus 15 cm, Breite gleich Deckenbreite plus 10 cm. Diese großzügigen Zugaben für Nähte und Verschluss lassen der Decke viel Spiel, das ist besonders bei Daunendecken wichtig. Außerdem braucht man Knöpfe und Nähzeug.

An beiden kurzen Seiten doppelten Saum umlegen.

1 SAUM STECKEN Stoff mit rechter Seite nach unten auslegen und an beiden kurzen Seiten 1 cm, dann 1,5 cm nach links umlegen. Säume bügeln, stecken, heften und nähen. Heftstiche entfernen.

2 NÄHTE SCHLIESSEN Stoff links auf links zusammenlegen, Saumkanten aufeinander. An den Seiten 5 mm neben Schnittkanten erste Naht für französische Naht *(siehe Seite 19)* stecken, heften und nähen. Nahtzugaben an Seiten auf 3 mm beschneiden. Wenden, Nähte bügeln. Zweite Naht 1 cm von Bruchkante nähen.

3 VERSCHLUSS MARKIEREN Mit Maßband, Winkel und Textilstift an Ober- und Unterseite des Bezugs 5 cm neben den Bruchkanten der gesäumten Öffnung auf linker Stoffseite parallele Linien anzeichnen.

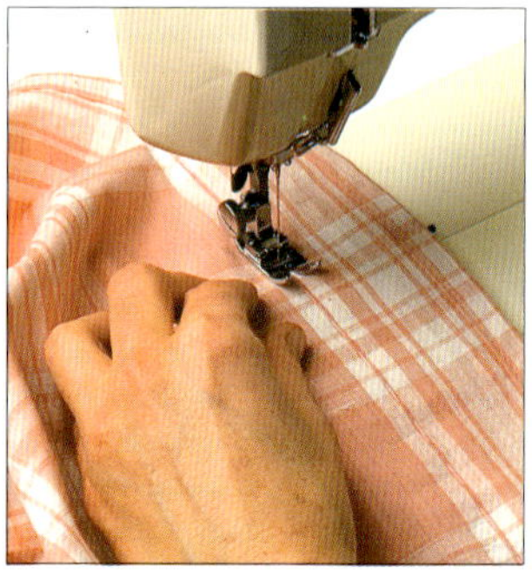

4 VERSCHLUSS NÄHEN Von den Seitennähten aus aufgezeichnete Linie 20 cm weit zustecken, heften und nähen. Durch diese Öffnung lässt sich die Decke leicht einziehen. Heftstiche entfernen.

5 ÖFFNUNG UMLEGEN Beide Bezugkanten an Verschlussseite in Markierungslinie nach links umlegen. Bruchkante bügeln. Bezug wenden und wieder bügeln. An einer Verschlusskante Knopflochpositionen anzeichnen. Die Knopflöcher in richtiger Größe arbeiten und anschließend vorsichtig aufschneiden *(siehe Seite 30)*.

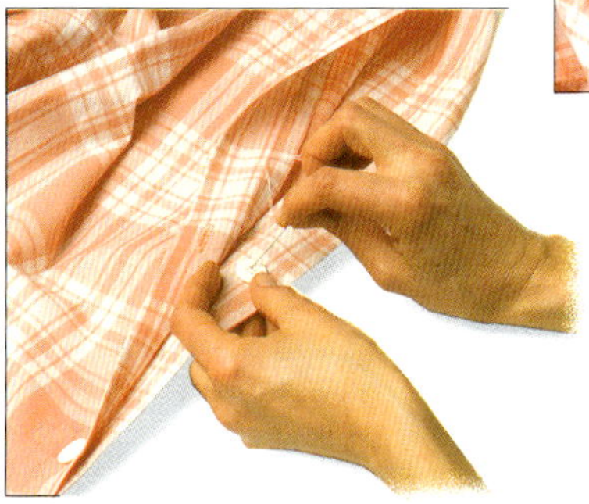

6 KNÖPFE ANNÄHEN Knopfpositionen entsprechend Knopflöchern anzeichnen, dann Knöpfe annähen. Bettdecke einziehen, zurechtschütteln und zuknöpfen.

FERTIGER BETTBEZUG

KNOPF-VERSCHLUSS

GEPASPELTER BEZUG MIT BINDEBÄNDERN

Dieser schöne Bettbezug mit Paspel besteht aus zwei Stoffteilen; der Verschluss aus einfachen Bindebändern sitzt an der Seite. Zwei Stoffteile in Größe der Decke zuschneiden, rundum 10 cm für die Nahtzugaben zugeben. Die Paspellänge entsprechend dem Bezugumfang an der Nahtlinie plus 10 cm zum Ansetzen *(siehe Seite 24)*. Man braucht Stoff in der geeigneten Qualität für den Bezug, Beleg und Paspel sowie Nähzeug.

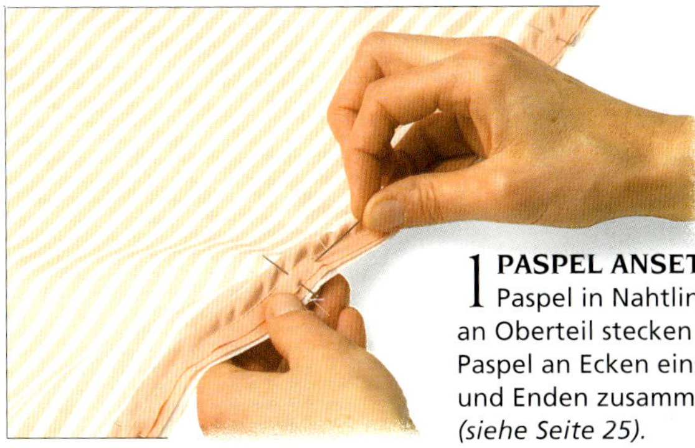

1 PASPEL ANSETZEN Paspel in Nahtlinie von rechts an Oberteil stecken und heften. Paspel an Ecken einschneiden und Enden zusammennähen *(siehe Seite 25)*.

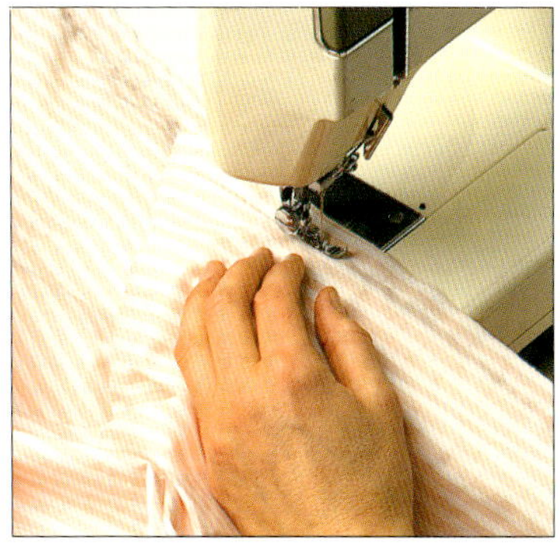

2 TEILE ZUSAMMENNÄHEN Stoffteile rechts auf rechts zusammenlegen. In Nahtlinie zusammenstecken, heften und nähen; eine Seitennaht in der Mitte ca. 100 cm offen lassen. An Ecken überschüssigen Stoff wegschneiden *(siehe Seite 18)*.

3 BELEG NÄHEN 19 cm breiten Stoffstreifen in doppelter Länge der Öffnung plus 3 cm zuschneiden. An einer langen Seite 1,5 cm langen doppelten Saum auf linker Seite nähen. Stoffstreifen 1,5 cm neben Schnittkanten an kurzen Seiten zusammennähen. Bindebänder aus acht je 36 x 5 cm großen Streifen arbeiten *(siehe Seite 29)*.

4 BÄNDER ANSETZEN Zu beiden Seiten der Öffnung je vier Punkte in gleichem Abstand anzeichnen. Bänder anstecken und heften; sie müssen sich paarweise gegenüberliegen.

Bänder vor dem Annähen paarweise anordnen.

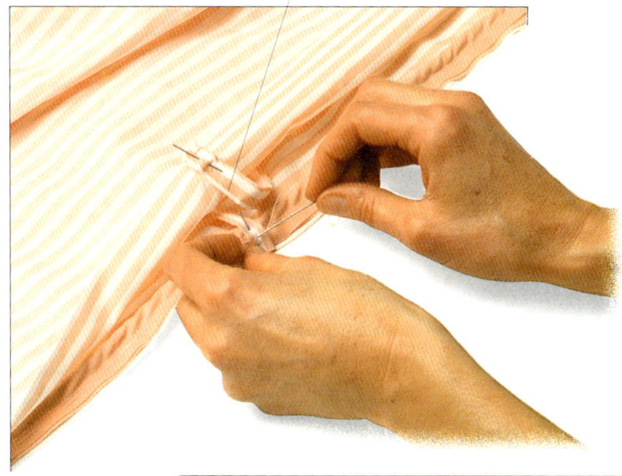

5 BELEG AUFLEGEN Beleg auf rechts wenden und in Öffnung stecken. Belegstreifen an einer Seite an Bezugöffnung stecken und heften, Schnittkanten exakt aufeinander.

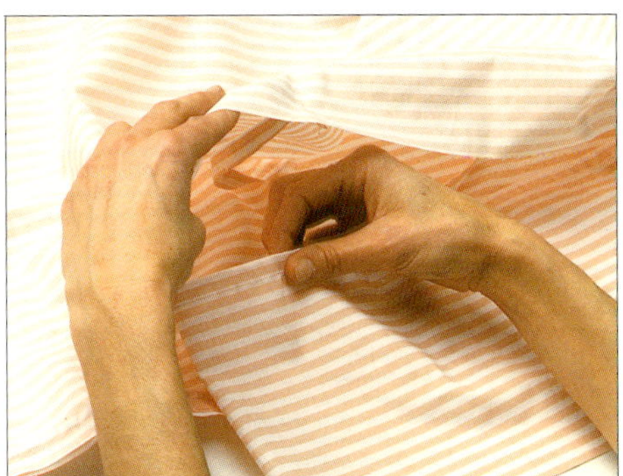

6 BELEG ANNÄHEN Belegstreifen mit der Maschine oder Hand annähen; die Schnittkanten müssen sauber aufeinander liegen. Die Heftstiche entfernen und den Bezug wenden.

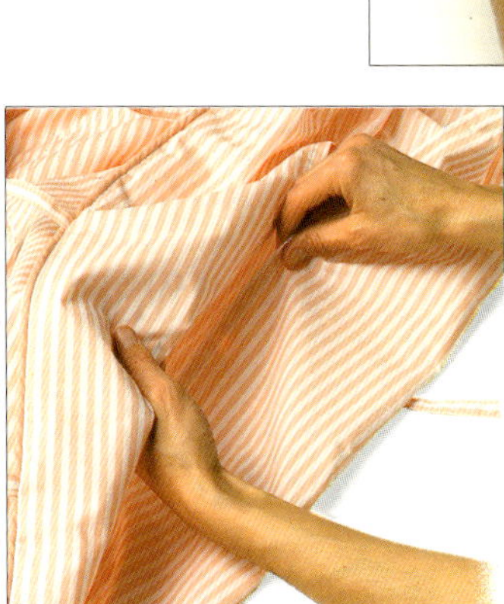

7 BELEG EINSCHIEBEN Beleg in Bezugöffnung stecken. Fertigen Bezug bügeln, Decke einziehen und bis in die Ecken schieben. Bänder zu festen, aber dekorativen Schleifen binden.

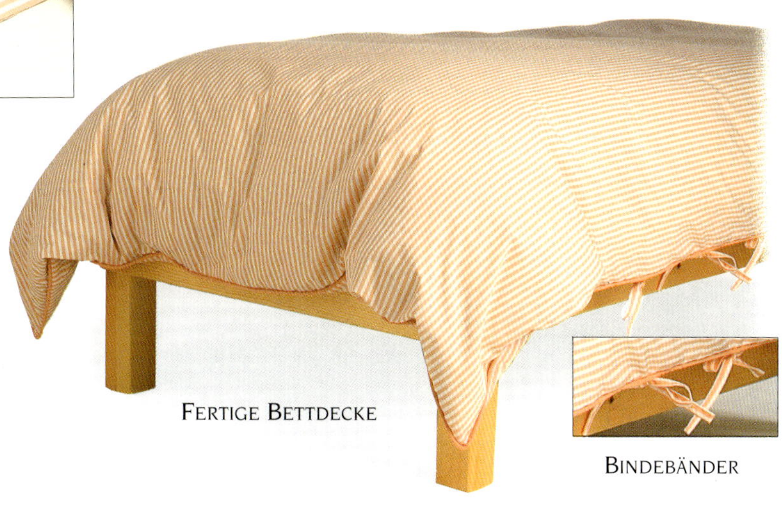

FERTIGE BETTDECKE

BINDEBÄNDER

LAKEN

LAKEN SELBST NÄHEN SPART GELD und macht Spaß. Dafür eignet sich jeder leichte, haltbare und pflegeleichte Stoff. Stoffe, die zu schmal für Ihre Matratze sind, setzen Sie der Länge nach zusammen. Damit die Nähte nicht stören, legt man eine komplette Bahn in die Mitte und setzt seitlich entsprechende Bahnen an. Es gibt aber auch extra breite, spezielle Wäschestoffe in verschiedenen Breiten. Die klassischen einfachen Laken sind am vielseitigsten, denn sie lassen sich auch als Überschlaglaken verwenden. Dafür geht mit Spannbetttüchern das Bettenmachen leichter.

LAKEN MIT ZIERNÄHTEN

Will man ein Laken auch als Überschlaglaken benutzen, kann man den Stoff am oberen Ende entweder Ton in Ton oder auch in Kontrastfarben mit einer schönen Plattstichnaht verzieren. Sie haben die Wahl zwischen Baumwolle, Leinen und verschiedenen Mischgeweben. Für dieses Laken braucht man Stoff und Nähzeug.

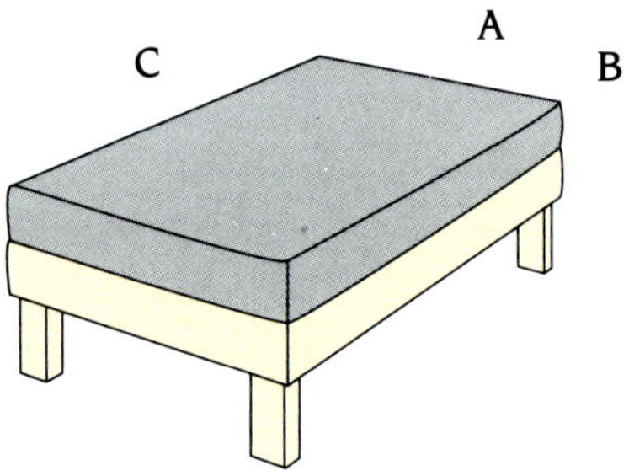

1 STOFFVERBRAUCH BERECHNEN Matratzenlänge und -breite ausmessen. Zur Breite (A) 40 cm plus doppelte Matratzenstärke (B), zur Länge (C) 50 cm plus doppelte Matratzenstärke (B) addieren. Bei Bedarf 2 cm für Seitensäume zugeben.

2 SÄUME NÄHEN An den langen Seiten 1 cm breite doppelte Säume nach links umlegen, bügeln, stecken, heften und nähen. An Unterkante 1,5 cm breiten doppelten Saum nach links umlegen. Bügeln, stecken, heften und nähen.

3 OBEREN SAUM UMLEGEN An Oberkante 5 cm breiten doppelten Saum nach links umlegen. Bügeln, stecken und heften.

4 OBEREN SAUM NÄHEN Breite Saumkante mit Maschinenplattstich, einem schmalen, dichten Zickzackstich, nähen *(siehe Seite 18)*. Heftstiche entfernen und fertiges Laken bügeln.

FERTIGES LAKEN

LAKEN MIT PASPELKANTE

Für dieses Laken braucht man einen schönen Wäschestoff, passende Paspelkordel (in Lakenbreite plus 5 cm), eine Durchziehnadel und Nähzeug. Laken nähen *(siehe oben)*. An der Oberkante 1 cm von Saumkante absteppen, dann noch einmal 12 mm neben der ersten Stichreihe, so dass ein schmaler Tunnel entsteht.

1 KORDEL EINZIEHEN Die Kordel mit der Durchziehnadel an oberer Nahtlinie durch den Tunnel ziehen.

2 KORDEL BESCHNEIDEN Nach dem Einziehen die beiden Kordelenden dicht an der Lakenkante abschneiden.

3 ENDEN BEFESTIGEN Die Kordelenden mit der Hand oder der Maschine festnähen. Das fertige Laken vor Gebrauch bügeln.

FERTIGES LAKEN

SPANNBETTLAKEN

Für Spannbettlaken braucht man etwas weniger Stoff, weil das Laken durch die Gummilitze an den Ecken straff gehalten wird. Spannbetttücher machen außerdem das Bettenmachen sehr viel einfacher. Man benötigt den richtigen Stoff (z. B. Baumwolle) für das Laken, 1 m Gummilitze, 6 mm breit, sowie Nähzeug.

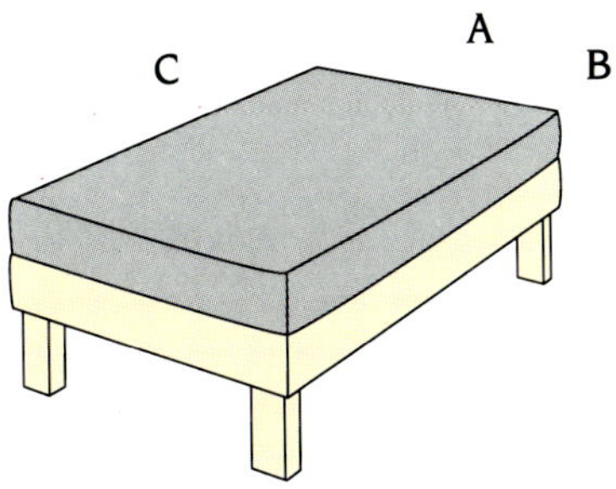

1 STOFF-VERBRAUCH Matratzenlänge und -breite ausmessen. Zur Breite (A) 20 cm plus doppelte Matratzenstärke (B), zur Länge (C) 20 cm plus doppelte Matratzenstärke (B) addieren. Stoff nach diesen Maßen zuschneiden.

2 ECKEN AUSSCHNEIDEN Stoff mit linker Seite nach oben legen. Von allen Ecken Matratzenstärke plus 10 cm abmessen und anzeichnen. Durch Linien zum Quadrat verbinden. Dann Linien 1,5 cm innerhalb der ersten ziehen. An den zweiten Linien ausschneiden.

3 ECKEN NÄHEN Die Schnittkanten an allen vier Ecken links auf links zusammenlegen, stecken, heften und den ersten Teil einer französischen Naht *(siehe Seite 19)* 5 mm von Kanten nähen. Anschließend wenden, bügeln und dann die zweite Naht nähen.

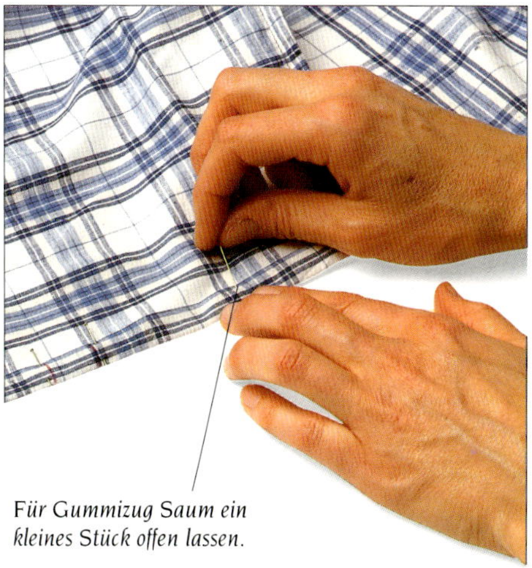

Für Gummizug Saum ein kleines Stück offen lassen.

4 SAUM STECKEN An allen Kanten Stoff 5 mm, dann 1 cm nach links umlegen. Saum stecken, heften und nähen. Jeweils 15 cm vor den Ecken Saum zum Einziehen der Gummilitze 1 cm offen lassen. Heftstiche entfernen.

5 GUMMILITZE EINZIEHEN Gummilitze in vier 25 cm lange Stücke schneiden und diese von Lücke zu Lücke durch Saum ziehen. Dazu ein Ende feststecken und Litze durch Ecke ziehen. Enden an Öffnungen festnähen. Öffnungen zunähen. Fertiges Laken bügeln.

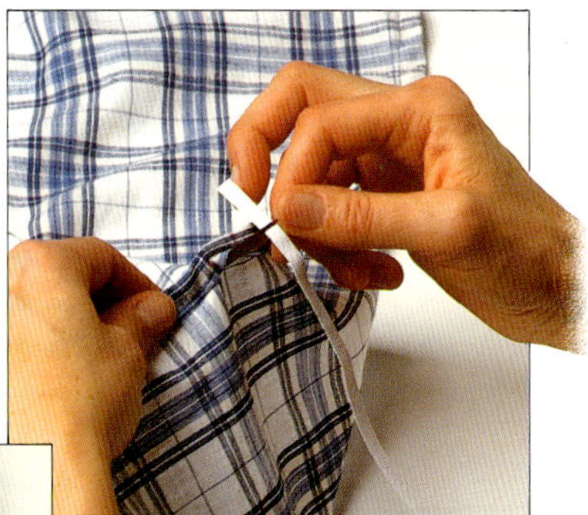

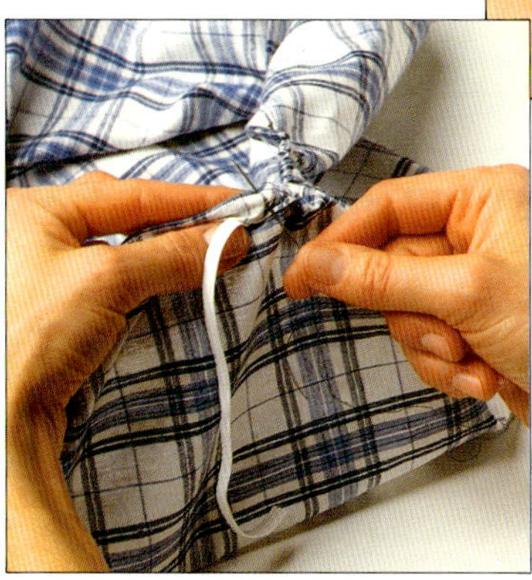

FERTIGES LAKEN

ÜBERSCHLAGLAKEN

Stoff auf Matratzenbreite plus doppelte Matratzenstärke plus 40 cm mal Matratzenlänge plus Matratzenstärke plus 20 cm zuschneiden. Am Fußende Ecken wie oben ausschneiden und nähen. 1 cm breiten doppelten Saum an langen Seiten und Fußende nähen, dabei wie oben Lücken für Gummizug lassen. Gummilitze einziehen und festnähen.

OBERKANTE SÄUMEN
Am Kopfende des Lakens 5 cm breiten doppelten Saum nach links umlegen. Den Saum ordentlich stecken, heften, gut bügeln und abschließend nähen.

BETTÜBERZÜGE

MIT EINEM BETTÜBERZUG VERDECKT MAN DEKORATIV Seiten und Fußende eines Bettes. Sie haben die Wahl zwischen Überzügen mit verspielt wirkendem, gekräuseltem Volant und solchen mit glatten Bahnen und Eckfalten. Für welche Art Sie sich entscheiden, hängt vom Stil Ihres Schlafzimmers ab. Der Volant wird immer auf drei Seiten an ein gepaspeltes Oberteil genäht; dieses liegt auf dem Bettgestell und unter der Matratze; der Volant verdeckt das Bettgestell und reicht bis auf den Boden.

GEKRÄUSELTER ÜBERZUG

Für den Volant wählt man einen dekorativen Stoff, für das nicht sichtbare Oberteil kann man aus Sparsamkeitsgründen einen einfachen Stoff nehmen und mit einer Blende aus dem Volantstoff einfassen. Außerdem braucht man vorgewaschene Paspelkordel, Paspelstoff und Nähzeug. Alle Stoffe vorwaschen, damit sie nicht unterschiedlich einlaufen. Bettlänge und -breite ausmessen und einfachen Stoff in dieser Größe minus rundum 20 cm zuschneiden. Für die Volantlänge vom Bettgestell bis zu dem Punkt messen, an dem der Volant enden soll.

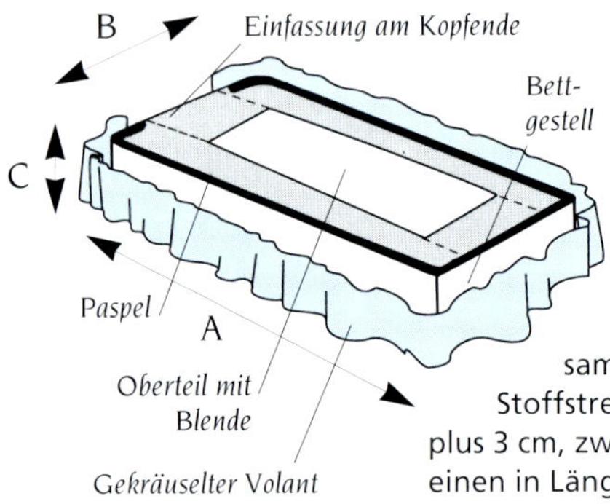

1 AUSMESSEN Stoffstreifen für Volant zuschneiden, Länge: dreifache Länge (A) plus anderthalbfache Breite (B) des Oberteils, Breite: Volantlänge (C). Stoff bei Bedarf mit französischen Nähten *(siehe Seite 19)* zusammensetzen. Fünf 12,5 cm breite Stoffstreifen schneiden: zwei in Länge A plus 3 cm, zwei in Länge B minus 23 cm, einen in Länge B plus 3 cm als Beleg.

2 ENDEN NÄHEN Kurze Blendenstreifen rechts auf rechts an Enden des Oberteils stecken, heften und 1,5 cm von Kante nähen. Nähte ausbügeln.

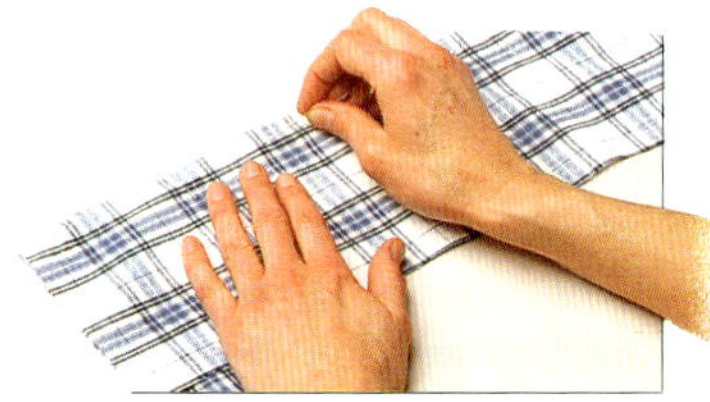

3 SEITENSTREIFEN ANSETZEN Lange Streifen ebenso an das Oberteil setzen. Anschließend die Nähte ausbügeln.

4 ECKEN MARKIEREN Ecken mit Untertasse oder Glas abrunden. Rundungen schneiden. Paspel in doppelter Länge von A plus B plus 24 cm für die beiden Ecken am Kopfende anfertigen *(siehe Seite 24)*. Paspelkordel an den Enden 2 cm kürzer als Schrägstreifen schneiden. Enden 2 cm nach links umlegen.

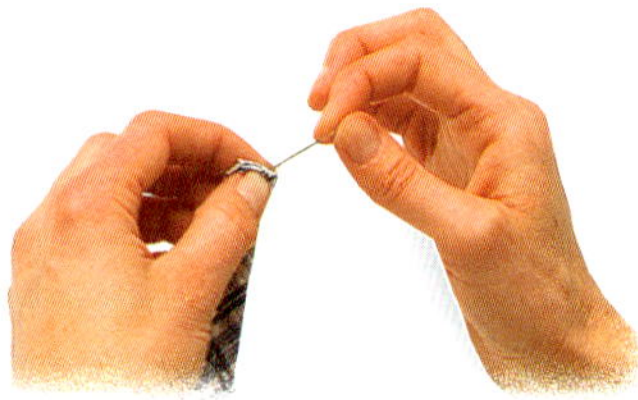

5 PASPEL NÄHEN Schrägstreifen an den Enden über Kordel legen und Kanten mit Saumstich aneinander nähen.

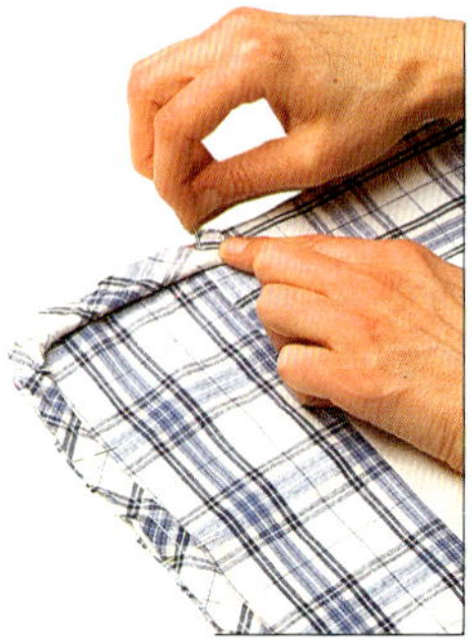

6 PASPEL ANSETZEN Paspel von rechts an Oberteil stecken und heften. Enden um Ecken am Kopfende führen. An Enden und Unterkante von Volant 1,5 cm breiten doppelten Saum umlegen. Säume nähen.

7 VOLANT MARKIEREN An Volantoberkante von einem gesäumten Ende aus anderthalbfache Länge von A plus 18 cm abmessen und markieren. Dieser Teil passt an eine Seite des Oberteils. Von diesem Punkt aus anderthalbfache Länge von B markieren, dort sitzt die nächste Ecke. Der restliche Teil wird an die andere lange Seite des Oberteils gesetzt.

8 KRÄUSELNAHT Zwischen diesen Markierungen jeweils 1,5 cm von Schnittkante Kräuselstiche nähen *(siehe Seite 26)*. An den Eckmarkierungen Stiche überlappen lassen, damit sich die Kräusel leichter anziehen lassen.

9 VOLANT STECKEN Ein Volantende rechts auf rechts auf Paspelende an Oberteil legen. 1,5 cm von Schnittkante stecken.

10 VOLANT ANSETZEN Erste Markierung an erste Ecke stecken. Kräusel anziehen und gleichmäßig verteilen. Andere Volantteile ebenso behandeln. Volant stecken und mit Reißverschlussfuß annähen.

An Beleg doppelten Saum nach links umlegen.

11 BELEG SÄUMEN An einer langen Seite des Belegs doppelten Saum von 5 mm plus anschließend 1 cm falten, stecken, heften und nähen.

Schnittkante von Beleg oben bündig auf Oberteil legen.

12 BELEG ANSETZEN Schnittkante des Belegstreifens über Einfassung und an Volantnähten oben an Oberteil stecken, heften und nähen.

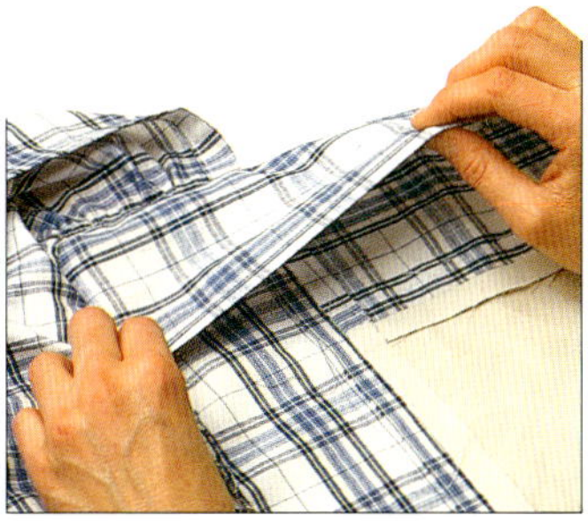

13 ÜBERZUG FERTIG STELLEN Wenden. Der Belegstreifen liegt glatt über dem Kopfende des Oberteils. Überzug bügeln und aufziehen.

FERTIGER ÜBERZUG

ÜBERZUG MIT ECKFALTEN

Bei diesem glatten Überzug sitzen an den Ecken Kellerfalten mit Einsätzen. Oberteil bis Schritt 6 wie links arbeiten, jedoch den ausgesuchten Volantstoff noch nicht zuschneiden. Dieser Volant besteht aus drei separaten Stoffteilen. Zwei Teile haben die Bettlänge plus 20 cm, das dritte die Länge von B (siehe Zeichnung links) plus 20 cm. Volantlänge (C) ausmessen, 4,5 cm addieren, ergibt die Breite der drei Stoffteile.

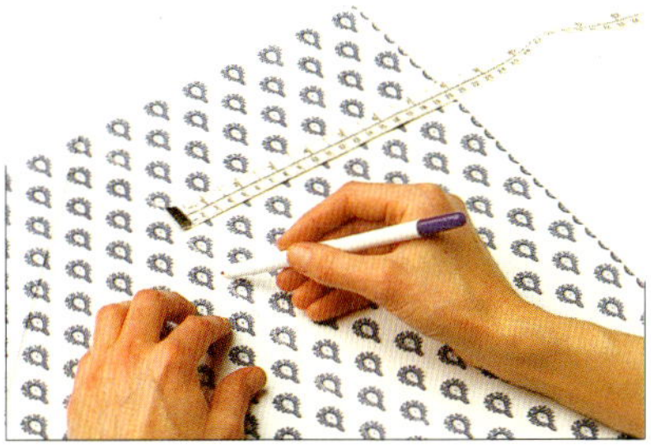

1 AUSMESSEN Für die Falteneinsätze vier Stücke in der Breite des Volantstoffs à 20 cm Länge zuschneiden. Für die Eckteile am Kopfende zwei Stücke in der Breite des Volantstoffs à 26,5 cm Länge zuschneiden.

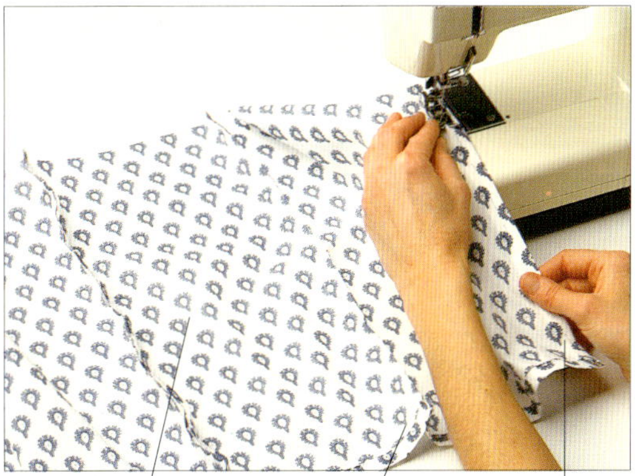

Einsätze an Volantteile setzen.

An allen Volantteilen an Unterkante 1,5 cm breite Säume nähen.

Auf linker Seite der Einsätze doppelte Säume nähen.

2 EINSÄTZE EINSETZEN Am Kopfende beginnend ein Eckteil rechts auf rechts 1,5 cm von Schnittkante an Einsatz stecken, heften und nähen. An diesen Einsatz eines der Seitenteile setzen. Am Fußende Einsatz an Seitenteil nähen. So ganzen Volant bis zum anderen Eckteil am Kopfende zusammensetzen. Alle Nahtzugaben beschneiden.

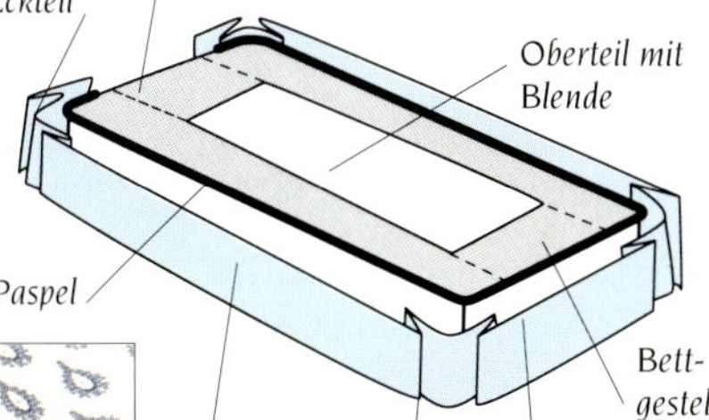

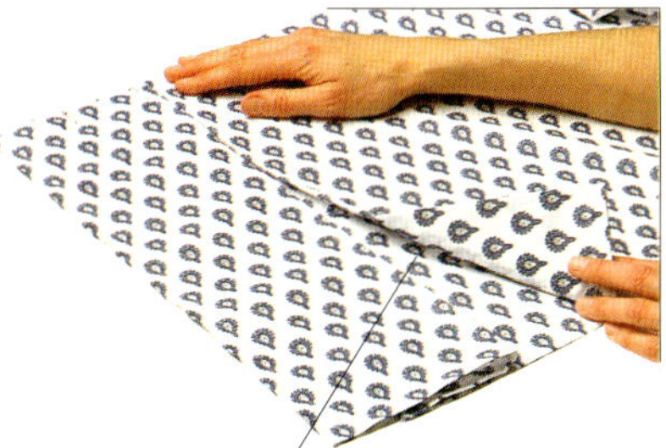

Enden der Seitenteile in Kellerfalten mittig auf Seitenteile legen, bügeln und Falten 1,5 cm von Oberkante an Oberteil stecken und heften.

3 FALTEN LEGEN An Ecken Seitenteile zu Kellerfalten legen, die sich mittig auf Einsatz treffen. Bügeln und 1,5 cm von Oberkante an Oberteil stecken und heften.

4 VOLANT ANSETZEN Volant mit Eckfalten rechts auf rechts an Paspelkante des Oberteils stecken, heften und nähen. Belegteil an einer langen Seite 5 mm, dann 1 cm umlegen und säumen. Belegteil am Kopfende rechts auf rechts an Oberkante und Volantnähten an Oberteil stecken, heften und nähen. Wenden und bügeln. Alle Nähte beschneiden, dann Überzug auf das Bett ziehen.

Falten sitzen an Ecken des gepaspelten Teils.

FERTIGER ÜBERZUG

TAGESDECKEN

TAGESDECKEN SOLLEN VOR ALLEM ein unbenutztes Bett schmücken. Ein Bettüberwurf ist einfach herzustellen und wirkt lässig und behaglich. Solche Überwürfe können aus schwerem Stoff bestehen und als zusätzliche Decke dienen. Mit einer genau für die Matratze maßgeschneiderten Decke hingegen wirkt das Bett adretter und lässt sich auch als Sitzgelegenheit oder Liege nutzen. Besonders streng wirkt eine maßgeschneiderte Decke mit glattem Volant und Eckfalten, lockerer mit gekräuseltem Volant und andersfarbiger Paspel.

WENDBARER BETTÜBERWURF

Für einen komplett wendbaren Bettüberwurf sucht man Ober- und Unterstoff Ton in Ton oder in Kontrastfarben aus. Soll der Bettüberwurf auch wärmen, wattiert man ihn *(siehe Seite 19)* oder nimmt mittelschweren bis dicken Stoff. Wie weit der Stoff auf den Boden fällt, bestimmen Sie. Außerdem brauchen Sie Stoff für die Einfassung sowie Nähzeug.

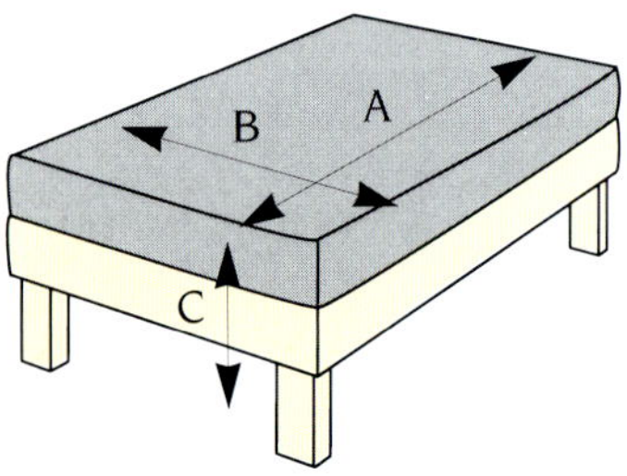

1 AUSMESSEN Länge (A) und Breite (B) des gemachten Bettes messen. Festlegen, wie weit die Decke übers Bett reichen soll (C). C zu A addieren; soll die Decke über ein Kopfkissen reichen, noch einmal 15 cm addieren. Zu B doppelte Länge von C addieren. Ober- und Unterstoff in diesen Maßen zuschneiden, bei Bedarf für Ansatzstellen *(siehe Seite 21)* und Musteranschlüsse Stoff zugeben.

2 ECKEN MARKIEREN Mit runder Schablone an beiden Stoffteilen von links Ecken abrunden. Rundungen schneiden. Beide Stoffteile auf Hälfte zusammenlegen, Kanten aufeinander legen und kontrollieren, ob alle Ecken gleich sind.

3 ZUSAMMENSETZEN Den Ober- und Unterstoff links auf links zusammenlegen. Die einzelnen Teile 1 cm von den Schnittkanten rundum zusammenstecken und heften.

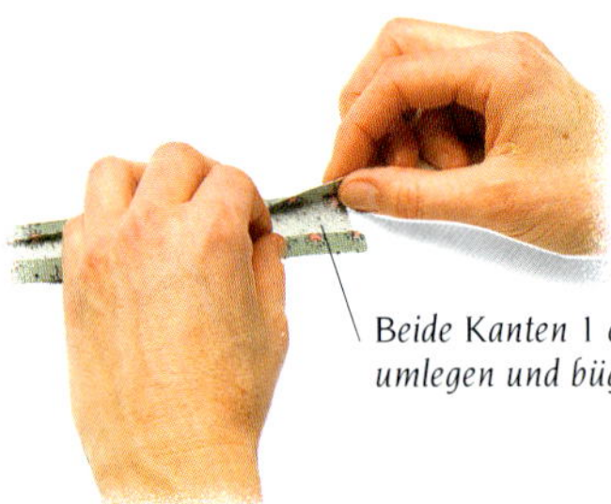

Beide Kanten 1 cm nach links umlegen und bügeln.

4 EINFASSUNG ARBEITEN Umfang des Überwurfs in Nahtlinie messen und Einfassungsstreifen in dieser Länge arbeiten *(siehe Seite 24)*, 10 cm für Ansatzstelle zugeben. Breite festlegen und 2 cm zum Umlegen zugeben.

5 EINFASSUNG ANSETZEN Einfassung mit einer Kante rechts auf rechts 1,5 cm von Kante in Bruchlinie an Oberstoff stecken, heften und nähen. Nahtzugabe auf 1 cm oder etwas weniger als Hälfte der fertigen Breite beschneiden.

6 EINFASSUNG FERTIG STELLEN Überwurf umdrehen. Einfassung über Kante legen. Bruchkante 1,5 cm von Kante an Unterstoff stecken, heften und ansäumen.

7 EINFASSUNG ABSTEPPEN Wer will, kann stattdessen die Einfassung mit der Maschine knappkantig absteppen. Diese Naht fällt jedoch mehr auf. Fertigen Überwurf bügeln.

FERTIGER ÜBERWURF

TAGESDECKE MIT GEKRÄUSELTEM VOLANT

Eine maßgeschneiderte Decke für eine Liege sollte aus haltbarem Material bestehen, das eine gewisse Belastung aushält. Außerdem braucht man vorgewaschene Paspelkordel, Stoff für die Paspel – hier einfarbiger, farblich passend zum Stoffmuster – sowie Nähzeug. Das gemachte Bett ausmessen, damit die Decke perfekt passt. Für das Oberteil Länge (A) und Breite (B) des Bettes messen, zur Länge 4,5 cm für Nähte und Saum, zur Breite 3 cm für Nähte zugeben.

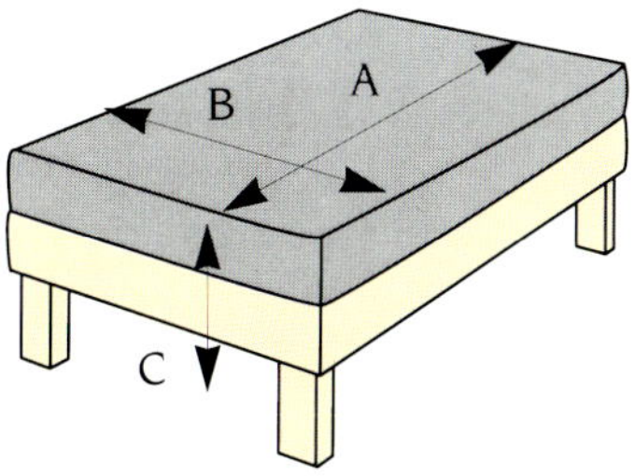

1 VOLANT AUSMESSEN Für die Breite des Volantstreifens Volanthöhe (C) messen und 4,5 cm für Nähte und Saum zugeben. Länge: dreifache Bettlänge (A) plus anderthalbfache Bettbreite (B) plus 6 cm für Säume. Gegebenenfalls beim Zusammensetzen von Bahnen 1,5 cm für Nähte zugeben.

Doppelten Saum an Oberkante des Oberteils umlegen.

2 OBERTEIL SÄUMEN Oberteil mit rechter Seite nach unten glatt auslegen und an Oberkante 1,5 cm breiten doppelten Saum umlegen und bügeln.

Enden 2 cm nach links umlegen und mit Saumstich zusammennähen.

3 PASPEL NÄHEN Schrägstreifen in doppelter Länge (A) plus (B) plus 4 cm. Paspel anfertigen *(siehe Seite 24)*, Enden 4 cm offen lassen.

4 PASPEL ANSETZEN Paspel von rechts an einer kurzen und beiden langen Seiten an Oberteil stecken und heften.

5 VOLANTKANTE SÄUMEN Volant mit französischen Nähten *(siehe Seite 19)* zusammensetzen. 1,5 cm breiten doppelten Saum nähen.

6 VOLANTENDEN SÄUMEN An beiden Volantenden 1,5 cm breiten doppelten Saum nach links umlegen, stecken, heften und nähen.

7 VOLANT MARKIEREN Volantoberkante markieren, damit sich die Kräusel gleichmäßig verteilen lassen: Von einem Ende aus anderthalbfache Länge (A) abmessen und markieren, von diesem Punkt anderthalbfache Länge von (B). Der restliche Teil entspricht der anderthalbfachen Matratzenlänge.

8 KRÄUSELSTICHE NÄHEN 1,5 cm neben ungesäumter Volantkante Kräuselstiche *(siehe Seite 26)* nähen. Drei einzelne Kräuselnähte an den drei markierten Seiten arbeiten, an den Eckenmarkierungen überlappen lassen, damit auch an den Ecken üppige Kräusel sitzen.

9 VOLANT KRÄUSELN Die Volantenden an die Enden des gepaspelten Oberteils stecken. Die Eckenmarkierungen des Volants an die Ecken des Oberteils stecken. Die Kräusel anziehen, dabei an einer langen Seite beginnen, auf gleichmäßige Verteilung achten und den Volant an der Paspelkante feststecken und heften. Alle anderen Seiten ebenso arbeiten.

10 VOLANT ANSETZEN Volant mit Reißverschlussfuß in Heftlinie an Oberteil setzen. Nahtzugaben beschneiden. Decke bügeln und aufs Bett legen.

FERTIGER ÜBERWURF

TAGESDECKE MIT KELLERFALTEN

Für diesen Überzug braucht man Stoff für Überzug und Paspel, Paspelkordel und Nähzeug. Oberteil zuschneiden: Matratzenbreite (A) plus 3 cm für Nahtzugaben, Matratzenlänge (B) plus 4,5 cm für Nähte und Säume. Ecken an Fußende von Oberteil mit Textilstift abrunden *(siehe Seite 114)*. Für die Seiten drei Stoffstreifen in Matratzenstärke plus 3 cm zuschneiden: zwei in Länge B plus 4,5 cm, einen in Länge A plus 3 cm.

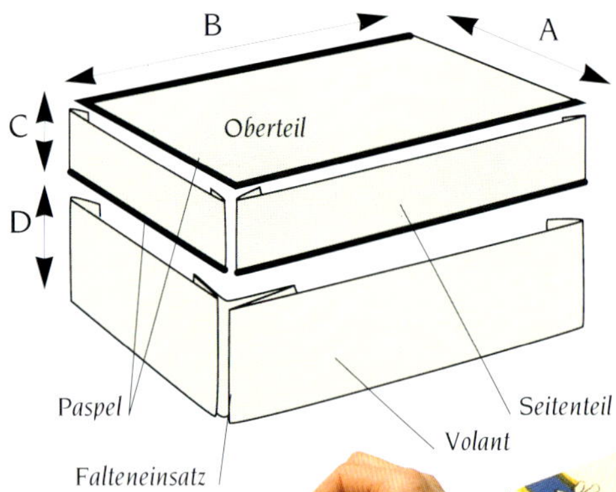

1 VOLANT ZUSCHNEIDEN Länge (D) von Unterkante Matratze bis Boden messen, 4,5 cm für Nähte und Säume zugeben. Dies ist die Breite der Volantteile. Zwei Teile in dieser Breite zuschneiden, Länge: B plus 3 cm für oberen Saum plus je 10 cm für Falten. Ein Teil in Breite D mal Länge A plus 20 cm zuschneiden. Für Einsätze der Eckfalten zwei Teile in D à 20 cm zuschneiden. Zwei Schrägstreifen für Paspel arbeiten *(siehe Seite 24)*, Länge zweimal B plus A plus 4,5 cm.

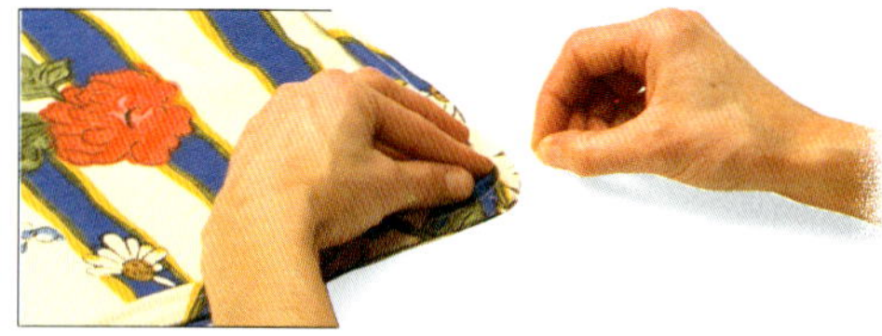

2 PASPEL ANSETZEN Einen Paspelstreifen von rechts an das Oberteil stecken und heften. Die Nahtzugaben der Paspel an den Ecken einschneiden *(siehe Seite 18)*.

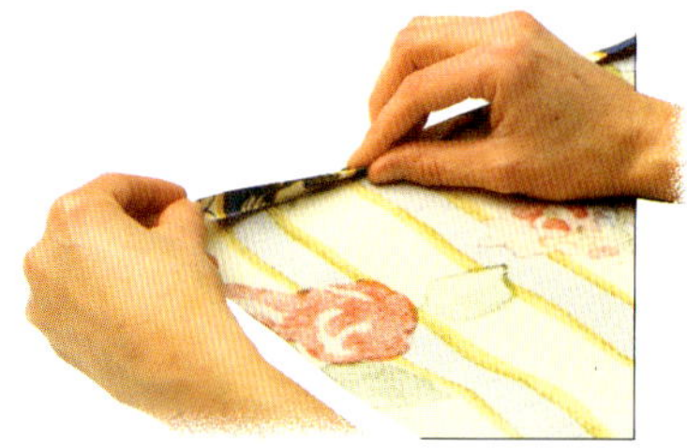

3 STREIFEN NÄHEN Langen und kurzen Seitenstreifen mit den kurzen Seiten rechts auf rechts zusammennähen, Nahtzugabe 1,5 cm. Anderen langen Streifen an kurzen Streifen nähen.

4 ZWEITE PASPEL STECKEN Zweite Paspel an Kanten der Matratzenseitenstreifen stecken und heften. In Schritt 9 wird dann das Volantteil an diese Kanten gesetzt.

5 ZUSAMMENSETZEN Ungepaspelte Seiten der Seitenstreifen und gepaspelte Kanten des Oberteils rechts auf rechts stecken, heften und mit 1,5 cm Nahtzugabe nähen.

6 SAUM UMLEGEN An den drei Volantteilen und den Einsätzen 1,5 cm breiten doppelten Saum nach links umlegen.

7 EINSÄTZE NÄHEN Einsätze mit 1,5 cm Nahtzugabe an Enden des kurzen Volantteils nähen. Lange Volantteile mit 1,5 cm Nahtzugabe an Einsätze setzen. Alle Nähte beschneiden.

8 FALTEN LEGEN An den Ecken Seitenteile zur Mitte der Einsätze hin in Kellerfalten legen. Bügeln, stecken und 1,5 cm von Oberkante heften.

9 VOLANT ANSETZEN Volant mit Oberkante rechts auf rechts an Paspelkante des Matratzenseitenteils stecken, heften und nähen. Falten mittig auf Ecknähte der Matratzenseitenteile bringen. Alle Nähte und Säume bügeln, Nähte eventuell beschneiden.

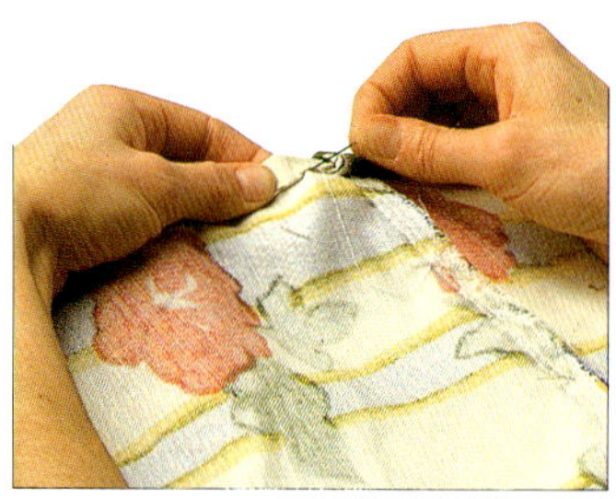

10 ENDE SCHLIESSEN Die Kante am Kopfende glatt beschneiden, um einen sauberen Rand zu erhalten. Einen 1,5 cm breiten doppelten Saum nach links umlegen, stecken, heften und anschließend mit der Hand säumen. Den Überzug bügeln und über Matratze und Bett ziehen.

FERTIGE TAGESDECKE

Patchworkmuster
Durch die warmen Pink- und Rottöne wird die handgequiltete Decke zum Blickfang. Die Farbakzente sind auf den Mittelteil konzentriert; die Baumwollstoffe, teils einfarbig, teils mit Blumenmuster, sind zu Rauten und Quadraten geschnitten.
Bis auf den Mittelteil ist dieser Quilt schlicht, erhält aber durch Hunderte winziger Handstiche eine Textur, die das Licht bricht und die Oberfläche strukturiert.

Ruhezone
Mehrere Kissen in unterschiedlichen Formen bilden einen Gegenpol zu den adretten weißen Kopfkissenbezügen und schaffen eine entspannte Atmosphäre. Unterschiedliche Stoffstrukturen lassen die Palette aus Grau, Schwarz und Weiß weniger streng erscheinen und lockern die geometrischen Linien auf.

PATCHWORK UND QUILTS

BEI PATCHWORKDECKEN KÖNNEN SIE MUSTER, Farben und Formen zu einem ganz persönlichen Stück kombinieren. Lassen Sie beim Entwurf Ihrer Phantasie freien Lauf und zeigen Sie Mut zu Formen und Farben. Denken Sie daran, dass man eine Patchworkdecke aus einfachen Formen wie Quadraten mit der Maschine nähen kann, komplizierteres Patchwork aber mit der Hand arbeiten muss. Durch Quilten wird die Decke dicker und wärmer. Bei dieser einfachen Technik bringt man zwischen zwei Stoffschichten eine Wattierung an *(siehe Seite 19)*.

PATCHWORKDECKE AUS QUADRATEN

Auch diese Decke ist einfach mit der Maschine herzustellen, es bedarf allerdings gründlicher Vorbereitung. Genaues Messen und Schneiden ist unerlässlich. Man braucht schönen Ober- und passenden Futterstoff und das übliche Nähzeug. Entscheiden Sie sich für die Größe der gesamten Decke sowie auch die der einzelnen Flicken. Dabei die Proportionen beachten und ausrechnen, wie viele Quadrate Sie insgesamt brauchen. Wenn Sie alle Stoffstücke ausgeschnitten haben, legen Sie sie auf eine glatte Oberfläche und entscheiden Sie über Muster und Anordnung der Teile.

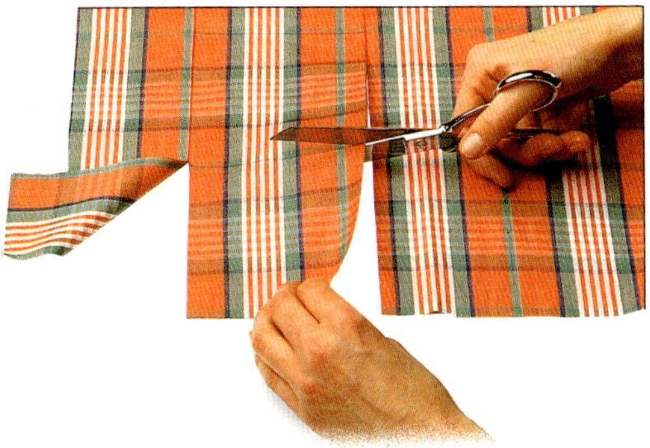

1 **QUADRATE ZUSCHNEIDEN** Zu der fertigen Quadratgröße rundum noch 1,5 cm zugeben. Die Quadrate auf dem Stoff sorgfältig ausmessen und aufzeichnen. Anschließend ganz genau ausschneiden.

2 **QUADRATE ZUSAMMENSETZEN** Patchwork reihenweise zusammensetzen. Quadrate rechts auf rechts mit 1,5 cm Nahtzugabe zusammenstecken, heften und nähen. Damit sich die Nähte nicht auseinander ziehen, am Anfang und Ende jeder Naht ein paar Stiche rückwärts nähen. Nähte ausbügeln.

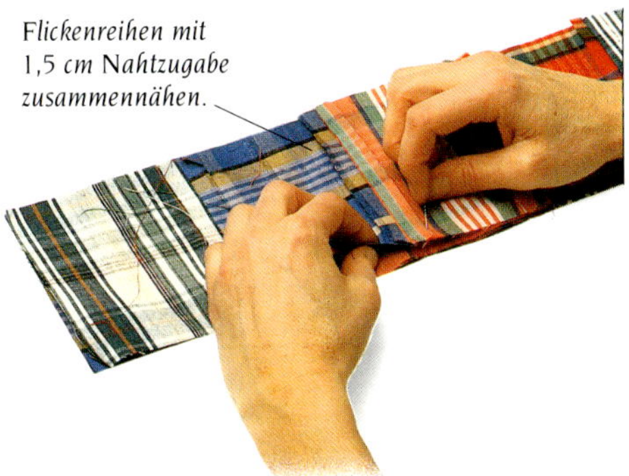

Flickenreihen mit 1,5 cm Nahtzugabe zusammennähen.

3 **REIHEN ZUSAMMENSETZEN** Die fertigen Reihen mit 1,5 cm Nahtzugabe rechts auf rechts zusammenstecken, heften und nähen. Nähte ausbügeln. Fertige Decke messen und Stoff für Futter im gleichen Maß zuschneiden.

4 **FUTTER ANNÄHEN** Futter und Oberteil rechts auf rechts legen. 1,5 cm von Kanten stecken, heften und nähen. Eine Naht zum Wenden 50 cm offen lassen.

Der Futterstoff sollte dekorativ sein und farblich zum Patchwork passen.

5 **WENDEN** Decke wenden und bügeln. An Öffnung Kanten 1,5 cm nach innen umlegen, dann stecken und mit Saumstich schließen.

FERTIGE DECKE

PATCHWORKDECKE AUS SECHSECKEN

Muster festlegen. Die Flicken können nach dem Zufallsprinzip zusammengesetzt, zu Farbfeldern arrangiert oder auch zu ganz raffinierten Formen komponiert werden. Maße der fertigen Bettdecke festlegen und passende Flickengröße wählen. Die Anzahl der benötigten Stoffteile schätzen. Da die Flicken keine gerade Kante ergeben, schneidet man entweder Sechseckteile zu oder setzt eine Blende an. Außer Stoff und dem üblichen Nähzeug braucht man Karton zum Herstellen der Schablone, Papier und einen Zirkel.

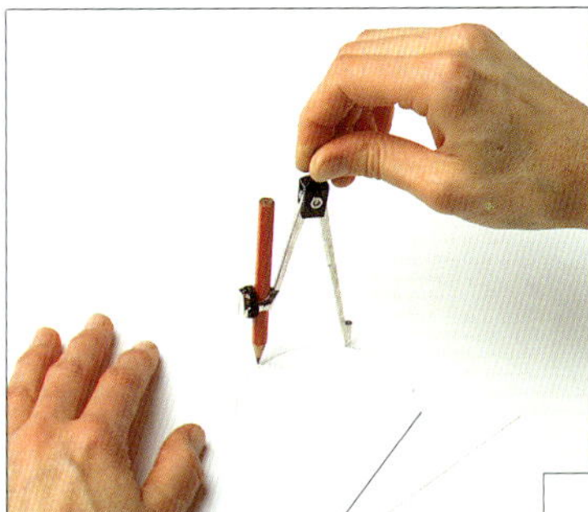

Mit Zirkel Kreis auf Karton zeichnen.

1 SCHABLONE ZEICHNEN Schablone in gewünschter Größe anfertigen. Kreis auf Karton zeichnen. Kreislinie mit dem Zirkel in sechs gleiche Abschnitte aufteilen. Punkte mit Linien zu Sechseck verbinden. Schablone ausschneiden. Damit Sechsecke für alle Flicken auf Papier zeichnen.

Sechs Punkte auf Kreislinie einzeichnen und durch Linien verbinden.

2 FLICKEN AUSSCHNEIDEN Papiersechsecke ausschneiden. Von links auf Stoffe stecken. Sechseckflicken mit rundum 1,5 cm Nahtzugabe zuschneiden.

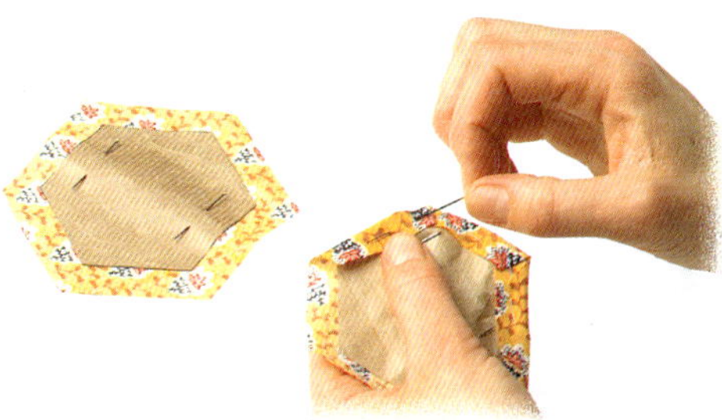

3 VORBEREITEN Papier nicht abnehmen. Nahtzugaben über Papierkanten umlegen, heften und bügeln. Kontrollieren, ob alle Sechsecke die gleiche Größe und Form haben.

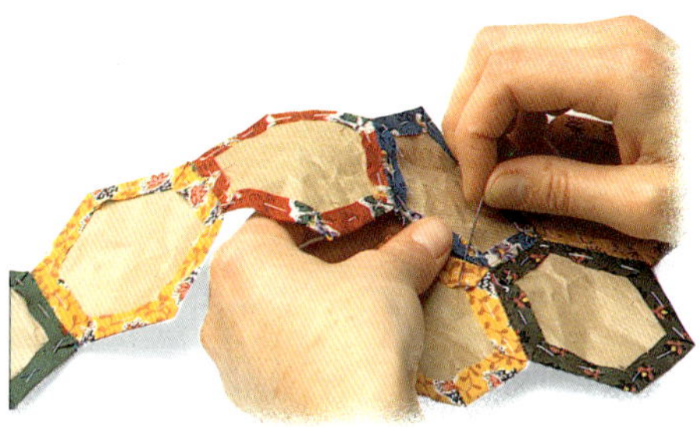

4 FLICKEN NÄHEN Flicken im gewünschten Muster auslegen. Kanten von links mit Saumstich zusammennähen. Lassen Sie sich Zeit und arbeiten Sie sorgfältig – es lohnt sich.

5 PAPIER ABNEHMEN Nach dem Zusammennähen bügeln, Heftstiche und Papier entfernen. Länge und Breite an breitesten Stellen messen. Futterstoff in dieser Größe zuschneiden, plus Durchmesser eines Sechsecks plus 3 cm rundum.

6 FUTTER MARKIEREN Patchwork und Futter links auf links legen. Äußerste Ecken der Flicken auf Futter markieren. An markierten Stellen Futter unter Patchwork nach links umlegen. Briefecken arbeiten *(siehe Seite 23)* und bügeln.

7 FUTTER NÄHEN Futter und Patchwork links auf links rundum zusammenstecken, heften und mit Saumstich zusammennähen.

FERTIGE PATCHWORKDECKE

WENDBARER QUILT

Die Größe dieser Decke richtet sich nach den Bettmaßen und danach, ob sie bis zum Boden reichen soll. Zur Berechnung des Stoffverbrauchs am gemachten Bett Länge und Breite messen. Festlegen, wie weit die Decke überhängen soll, und dieses Maß einmal zur Länge und zweimal zur Breite addieren. Zu Länge und Breite je 5 cm fürs Zusammenziehen beim Quilten addieren. Ober- und Unterstoff auf diese Maße zuschneiden. Stoff bei Bedarf mit einfachen Nähten *(siehe Seite 18)* zusammensetzen. Außerdem braucht man Stoff zum Einfassen, Wattierung, einen harten Blei- oder Buntstift und Nähzeug.

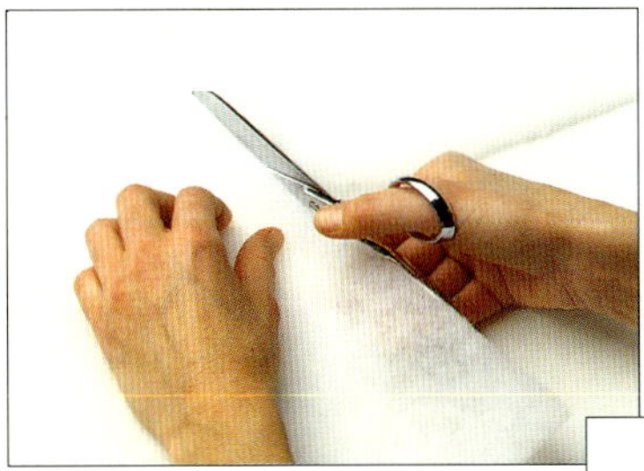

1 WATTIERUNG ZUSCHNEIDEN Wattierung so groß wie Stoff schneiden, falls nötig mit Saumstich zusammennähen *(siehe Seite 22)*.

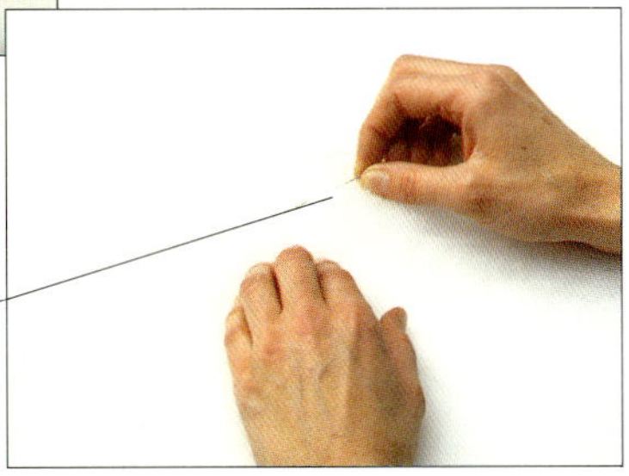

Wattierung knapp übereinander legen und mit großem Hexenstich zusammennähen.

2 WATTIERUNG HEFTEN Wattierung zwischen die links auf links liegenden Stofflagen legen. Alle Kanten exakt aufeinander legen, Stoffbahnen und Wattierung zusammenstecken und heften.

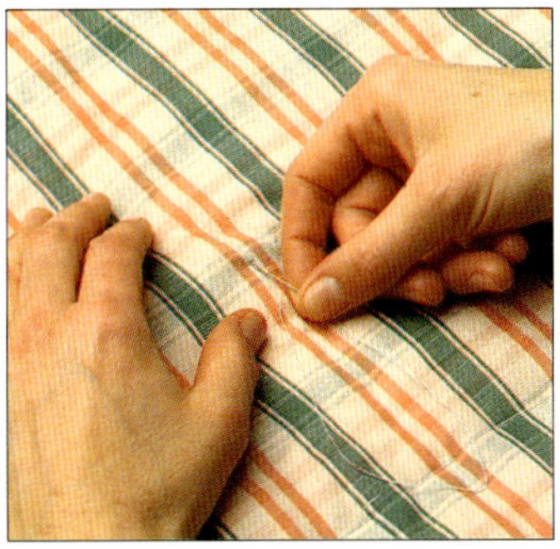

3 WEITERE HEFTLINIEN Den Quilt glatt hinlegen. Lange Heftstiche über beide Mittellinien arbeiten, dabei Heftgarn in gleicher Farbe wie das Nähgarn benutzen. Weitere Linien jeweils in der Mitte zwischen diesen Heftlinien und den Rändern des Quilts arbeiten. Diese Heftlinien verhindern, dass Ihnen der Stoff und die Wattierung während der Arbeit verrutschen.

4 QUILTLINIEN HEFTEN Art und Größe des Quiltmusters festlegen. Linien auf Oberstoff ausmessen und mit Stift markieren. An diesen Markierungslinien durch alle Lagen heften.

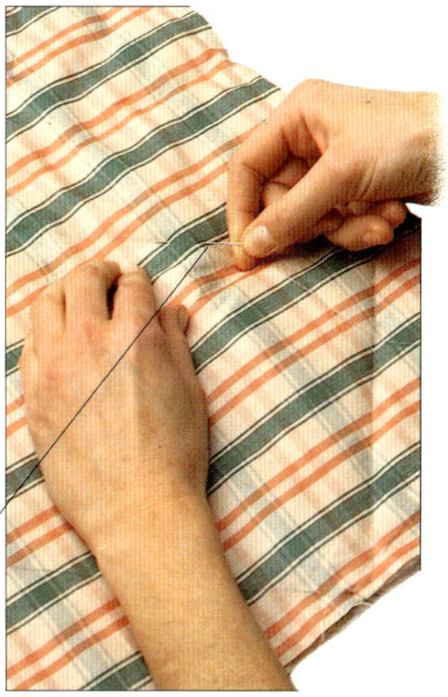

Entlang der Quiltlinien durch alle Stoff- und Wattierungslagen heften.

5 QUILT NÄHEN Entlang der Heftlinien nähen. Heftstiche entfernen. Umfang des Quilts ausmessen. Schrägstreifen für Einfassung auf diese Länge plus 10 cm für Ansatzstelle zuschneiden. Die Breite des Schrägstreifens sollte der doppelten fertigen Länge plus 3 cm entsprechen.

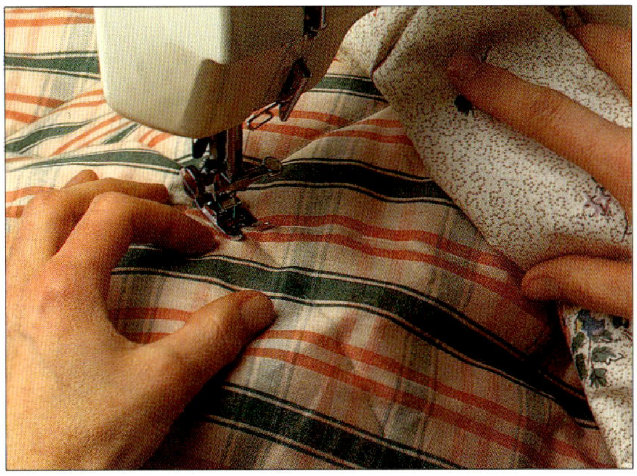

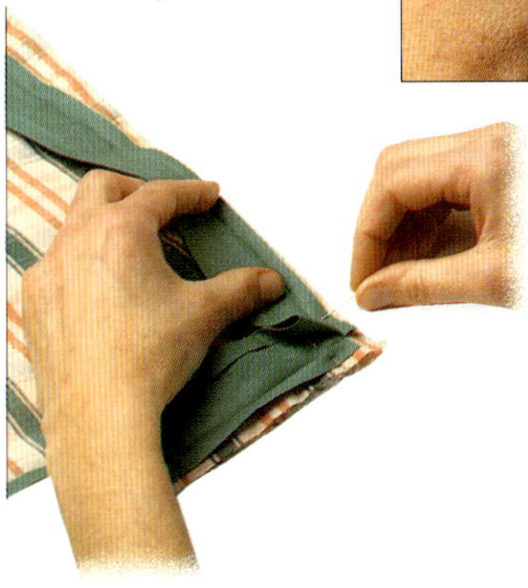

6 EINFASSUNG HEFTEN Schrägstreifenkanten 1,5 cm nach links umlegen und bügeln. Schrägstreifen rechts auf rechts auf Oberstoff des Quilts stecken und heften. Schrägstreifen an den Ecken einschneiden und Briefecken arbeiten, Enden zusammensetzen *(siehe Seite 23)*. Nahtkanten auf 1 cm beschneiden. Schrägstreifen um Kanten der Decke legen. Stecken und ansäumen.

FERTIGE DECKE

KISSEN

KISSEN SIND TRANSPORTABEL UND VIELSEITIG UND GEHÖREN DESHALB ZU DEN PRAKTISCHSTEN WOHNACCESSOIRES. SIE SORGEN FÜR BEQUEMERES SITZEN AUF SOFA, STUHL UND BODEN UND SETZEN DURCH FARBEN, STRUKTUREN UND MUSTER DEKORATIVE AKZENTE IM ZIMMER. MAN UNTERSCHEIDET ZWEI GRUNDTYPEN: GEFORMTE KISSEN – WIE ETWA POLSTERSITZE – BENUTZT MAN, WO ES AUF GENAUE PASSFORM ANKOMMT, ZUM BEISPIEL BEI KORBSESSELN. LOSE KISSEN DAGEGEN SIND NICHT MASSGESCHNEIDERT UND PASSEN ÜBERALLHIN. LETZTERE SIND BESONDERS VIELSEITIG UND BELIEBT.

KISSENKOLLEKTION
Lose Kissen kann man schon aus kleinen Stoffresten machen. Reicht das Stoffstück nur für eine Seite, sucht man für den Rücken einen passenden einfarbigen Stoff aus.

GESTALTUNGSVORSCHLÄGE

MIT EIN PAAR KISSEN LÄSST SICH DER CHARAKTER eines Zimmers sofort verändern. Als Gruppe auf Sofa oder Bett setzen sie leuchtende Farb- und Strukturakzente; sie nehmen Elemente aus einem darüber hängenden Bild auf oder passen sich der neutralen Farbgestaltung eines Raumes an. Kissen lassen sich ohne großen finanziellen Aufwand aus jedem Stoff arbeiten. Mit luxuriösen Materialien wie Rohseide schafft man ein raffiniertes modernes Interieur; Webpelz, moderne Blumendrucke und handgestickte Motive auf Leinen ergänzen den lässigen Einrichtungsstil oder glänzen als auffällige Einzelstücke.

FENSTERPLATZ
(oben) Für das nach Maß gearbeitete Polster, für Kissen und Vorhänge wurde hier rosaroter Toile de Jouy in Positiv- und Negativmuster verarbeitet. Das Sitzpolster besteht aus schwer entflammbarem Schaumstoff und ist mit dem gleichen Stoff gepaspelt.

FRUCHTIGE PASTELLTÖNE
(links) Leinenkissen in verschiedenen Pastelltönen machen diese Bank bequemer. Stehsäume, Stickerei und Knöpfe setzen interessante Akzente, ein in der Naht versteckter Reißverschluss erleichtert das Abziehen.

BLUMEN UND STREIFEN
(rechte Seite) Der Sesselbezug mit Blumenmotiven passt gut zum Baumwoll-Streifendruck. Die Bezüge haben Reißverschlüsse und lassen sich gut waschen.

KLEIDERSTOFFE
(linke Seite) Ein Kissen aus ungewöhnlichem Material, etwa einem perlen-, strass- oder nietenbesetzten Kleiderstoffrest, kommt in einem klassischen Sessel als Hintergrund besonders gut zur Geltung. Form und Verarbeitung sollten schlicht sein, damit die Glanzeffekte im Vordergrund stehen. Verwenden Sie aber keine Stoffe, die an Polsterstoff oder Kleidung Fäden ziehen könnten.

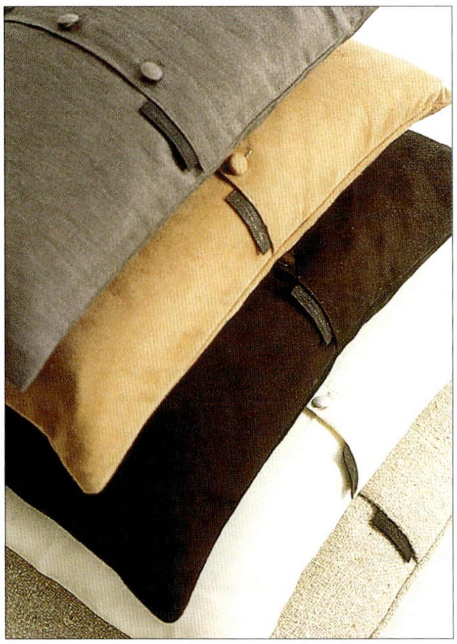

KNOPFVERSCHLUSS
(oben) Stoffbezogene Knöpfe sind ideal für die zurückhaltende Einrichtung; sie lassen schlichte Kissen modern und streng wirken. Was das Praktische angeht, sind Knopfverschlüsse ideal für schwere oder elastische Stoffe, bei denen ein Reißverschluss das Material verziehen würde. Hier wurden für die Leinenbezüge appetitliche Schokoladen-, Karamell-, Creme- und Toffeetöne gewählt. Die leinenbezogenen Knöpfe und nerzfarbenen Laschen wirken schlicht, bestimmen aber das Gesamtbild.

KUHKISSEN
(oben) Diese auffallend gemusterten Webpelzkissen ziehen auf einem reinweißen Sofa alle Blicke auf sich. Durch Einfassung mit demselben Stoff wirkt die Verarbeitung besonders professionell. Überlegen Sie bei der Auswahl eines Kissenstoffes, wie stark er strapaziert wird: Dieser Synthetikpelz muss chemisch gereinigt werden.

FENSTERSITZ MIT NACKENROLLE
(links) Einfache Nackenrollen und Polster – siehe Arbeitsanleitungen – ergeben zusammen einen gemütlichen Fenstersitz. Paspel und stoffbezogene Knöpfe setzen bei der Nackenrolle Akzente, das Polster wirkt durch eine Lage gestepptes Polyestervlies dick und weich.

KISSENFÜLLUNGEN

HEUTE FINDET MAN MÜHELOS FERTIGE KISSENFÜLLUNGEN. Wollen Sie jedoch selbst welche herstellen, müssen Sie überlegen, welche Füllung sich jeweils am besten eignet. Dabei sollte man sich Gedanken über die beabsichtigte dekorative Wirkung und den jeweiligen Kissentyp machen. Früher wurden Kissen und Polstermöbel ausschließlich mit Federn und Daunen, Tierhaar und Pflanzenfasern wie Baumwolle und Kapok gefüllt. Heute gibt es eine große Auswahl an Synthetikmaterialien, z. B. Polyester und Polyacryl, außerdem Schaumstoffblöcke und -flocken.

FÜLLUNGEN

Füllmaterial gibt es lose, es wird meist nach Gewicht verkauft. Am behaglichsten und haltbarsten sind Naturfasern wie Kapok. Federn und Daunen sind äußerst luxuriös, aber unangenehm zu verarbeiten. Synthetikfüllungen sind weniger weich als Naturmaterialien und verlieren mit der Zeit die Form. Sie lassen sich leicht verarbeiten und sind für Allergiker geeignet.

STYROPORKUGELN
Die winzigen Kügelchen ergeben eine leichte, aber feste Kissenfüllung. Sie eignen sich besonders als Füllung für ungewöhnliche Kissenformen oder für große Bodenkissen, z. B. Sitzsäcke.

LOSE WATTIERUNG
Diese Polyacryl- oder Polyesterwatte ist im Bezug voll waschbar. Man muss sie jedoch fest stopfen, damit sie nicht klumpt. Besonders beliebt ist sie für Polsterfüllungen, vor allem solche in ungewöhnlichen Formen.

FEDERN UND DAUNEN
Daunen sind kleine, flaumige Vogelfedern, sie ergeben die weichste, leichteste und unverwüstlichste Füllung. Feder-Daunen-Mischungen sind preiswerter als reine Daunen. Außerdem sind sie weniger weich, verleihen festeren Kissen aber mehr Stabilität. Man verwendet einen daunendichten Inlettstoff, den man mit französischen Nähten verarbeitet.

KAPOK
Diese Füllung aus Pflanzenfaser wurde lange Zeit für Quilts, Polstermöbel und Sitzkissen verarbeitet. Kapok ist nicht waschbar und klumpt nach einiger Zeit.

SCHAUMSTOFF
Schaumstoff gibt es als Meterware, Block oder Flocken und in unterschiedlichen Qualitäten. Schaumstoffblöcke lassen sich leicht schneiden, daher sind sie ideal für Sitzpolster. Schaumstoff sollte immer in einem Inlett sitzen, da er mit der Zeit brüchig wird. Verarbeiten Sie nur schwer entflammbares Material.

ZUPFEN

Bei Polyester- oder Polyacrylwatte muss man die Fasern bisweilen vor dem Verarbeiten zurechtzupfen, um sie zu trennen und Knoten und Klumpen aufzulösen. Man hält dazu ein Stück Watte in einer Hand und zupft die Faserklumpen vorsichtig zwischen Fingern und Handballen der anderen Hand auseinander.

QUADRATISCHE FÜLLUNG

Kissenfüllungen kann man in allen Formen und Größen herstellen, man ist also nicht auf die Formen fertiger Füllungen angewiesen. Füllung rundum 1,5 cm größer als Kissenhülle arbeiten, damit das Kissen praller wirkt. Für das Inlett hat man die Wahl zwischen verschiedenen Stoffen, z. B. Kambrik für Federn, Nessel, Futterstoff oder sogar alte Laken *(siehe Seite 10)*. Für die Kissenfüllung braucht man passendes Füllmaterial, Inlettstoff und Nähzeug.

1 MUSTER ANFERTIGEN Den Papierschnitt mit Hilfe von Maßband, Bleistift und Winkel in gewünschter Größe plus rundum 1,5 cm Nahtzugabe aufzeichnen. Das Schnittmuster im exakt geraden Fadenlauf auf den Stoff für das Inlett stecken.

ZUSCHNEIDEN OHNE SCHNITTMUSTER Sie können die Maße auch mit Maßband, Winkel und Textilstift oder Schneiderkreide direkt auf den Inlettstoff zeichnen. Wiederum rundum 1,5 cm zugeben und Schnittlinien fadengerade zeichnen. Ein Winkel leistet in beiden Fällen gute Dienste.

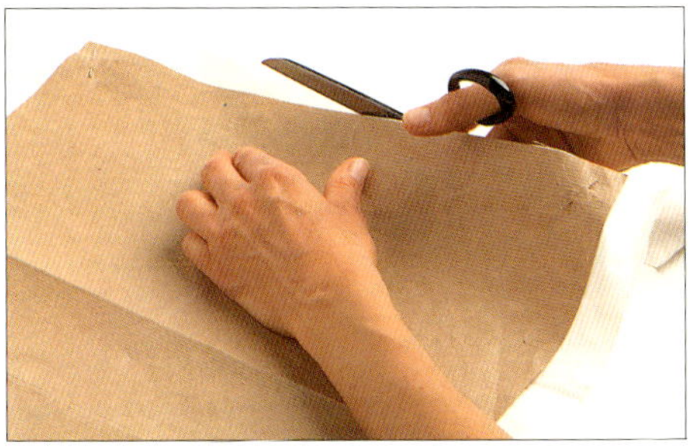

2 ZUSCHNEIDEN Stoff mit scharfer Zuschneideschere nach aufgestecktem Papierschnitt oder aufgezeichneten Konturen zuschneiden. Zwei gleiche Stoffstücke für Vorder- und Rückseite des Inletts zuschneiden.

3 ZUSAMMEN-NÄHEN Stoffteile rechts auf rechts legen. Teile an drei Seiten zusammenstecken, heften und 1,5 cm von Schnittkanten nähen. An der vierten Seite Nähte nur bis jeweils 5 cm ab Ecke schließen.

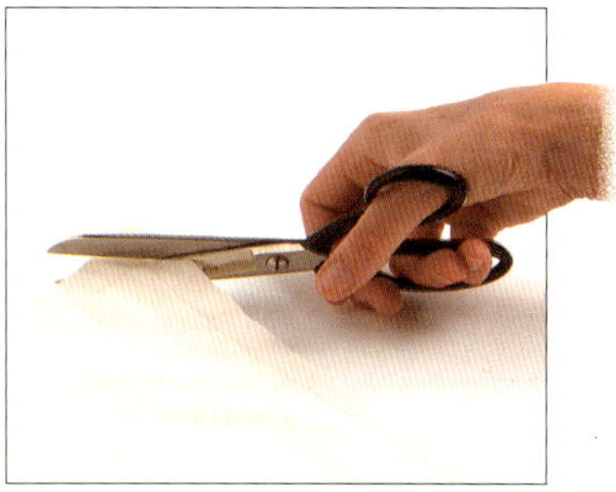

4 ECKEN EINSCHNEIDEN Nahtzugaben an Ecken 6 mm von Naht schräg abschneiden. Bei runden Füllungen Nahtzugaben nach Bedarf einknipsen *(siehe Seite 18)*.

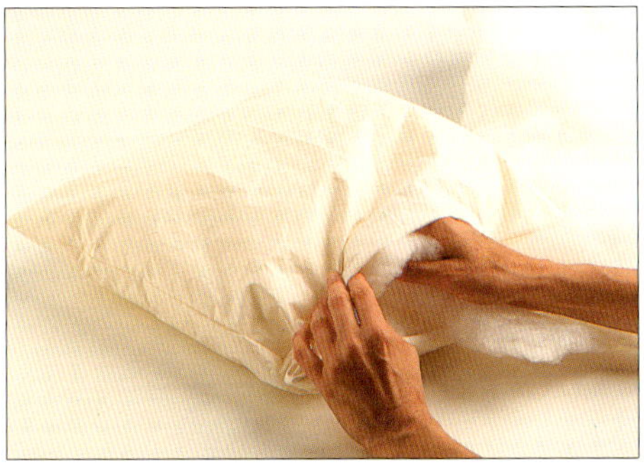

5 KISSEN FÜLLEN Inlett wenden und glatt hinlegen. Durch Öffnung in vierter Naht mit Füllung stopfen. Füllung ganz bis in die Ecken stopfen und gleichmäßig im Kissen verteilen.

FERTIGE FÜLLUNG

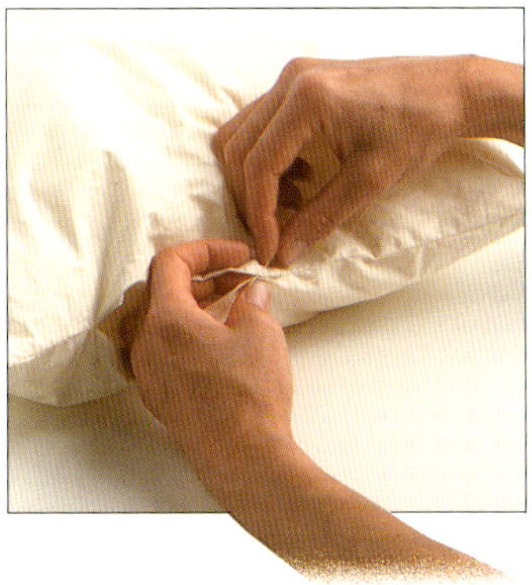

6 FERTIG STELLEN Öffnung am fertig gefüllten Inlett mit Saumstich schließen. Will man später die Füllung ergänzen oder erneuern, trennt man diese Handnaht auf und schließt sie nach der Korrektur wieder.

ANDERE KISSENFORMEN

Nach der Arbeitsanleitung für quadratische Kissenfüllungen lassen sich auch anders geformte Kissen arbeiten, etwa Nackenrollen oder runde Kissen.

NACKENROLLE

RUNDES KISSEN

QUADRATISCHE KISSEN

QUADRATISCHE KISSEN SIND VIELLEICHT die praktischsten und vielseitigsten Wohnaccessoires; sie schaffen Bequemlichkeit und setzen auf Sofa und Sessel elegante Akzente. Eine Gruppe quadratischer Kissen in verschiedenen Größen, bezogen mit gemustertem Stoff in leuchtenden Farben, setzt lebhafte Kontraste zu einfarbigen Polsterstoffen. Mit unterschiedlichen Kanten wie Paspeln, Stehsaum und Rüschen schafft man besonders bei einfacheren Stoffmustern interessante Details und Strukturen. Beim Verschluss hat man die Wahl: sichtbar und dekorativ mit kleinen Knöpfen oder Bindebändern oder unsichtbar mit Reißverschluss, Druckknöpfen oder Saumstich.

VERSCHLUSS MIT SAUMSTICH

Ein schlichtes quadratisches Kissen kann man fast überall gebrauchen. Fertige quadratische Kissenfüllungen sind in verschiedenen Größen erhältlich. Sie lassen sich aber auch mit diversen Füllmaterialien leicht selbst herstellen *(siehe Seite 130)*. Wenn der Bezug nicht häufig gewaschen wird, schließt man ihn am einfachsten mit Saumstich. Für ein einfaches, mit Saumstich zugenähtes Sofakissen braucht man Kissenstoff, Füllung und Nähzeug.

Bezug kleiner als Füllung arbeiten, damit er straff sitzt.

1 TEILE ZUSCHNEIDEN Mit Maßband und Winkel Schnitt in Größe der Füllung anfertigen. Schnitt auf doppelte Lage Kissenstoff legen. Bei gemusterten oder Florstoffen auf gleiche Musterrichtung bzw. gleichen Strich achten. Schnitt aufstecken und Stoffteile zuschneiden.

An drei Seiten 1,5 cm von der Kante heften.

2 TEILE HEFTEN Stoffteile rechts auf rechts legen. Kontrollieren, ob Fadenlauf übereinstimmt. An allen vier Seiten zusammenstecken. An drei Seiten 1,5 cm von Kante heften, auf vierter Seite nur bis 5 cm von Ecken; Mitte offen lassen.

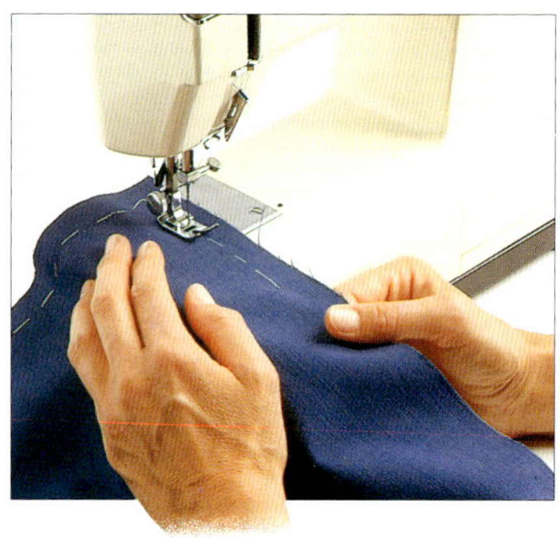

3 ZUSAMMENNÄHEN An den Heftlinien mit der Maschine nähen. Nicht die Öffnung zunähen! Nahtenden gut befestigen und Heftstiche entfernen.

Ecken schräg abschneiden, damit der Stoff nach dem Wenden weniger sperrig ist.

4 ECKEN EINSCHNEIDEN Die Nahtzugaben an den Ecken einschneiden, damit sie nach dem Wenden glatt und spitz sitzen. Nahtzugabe bis auf 6 mm an Nahtlinie abschneiden. So wird die Naht weniger sperrig und wirft keine Falten.

Ist der Bezug etwas kleiner als die Füllung, sitzt er straff.

5 ZUNÄHEN Bezug wenden. Ecken mit den Fingern herausdrücken. Bezug sorgfältig glatt bügeln. Füllung durch Bezugöffnung einschieben und bis ganz in die Ecken drücken. Seiten der Öffnung mit Saumstich schließen *(siehe Seite 16)*.

FERTIGES KISSEN

SEITENVERSCHLUSS MIT DRUCKKNÖPFEN

Bei Kissen ohne Zierkanten wie beispielsweise Paspel oder Kordel wirkt ein Seitenreißverschluss oft zu sperrig, bei kleineren Druckknöpfen oder einer einfach mit Saumstich geschlossenen Naht hingegen ist die Öffnung kaum zu sehen. Mit Druckknöpfen an der Öffnung lässt sich der Bezug leichter zum Waschen abnehmen. Für diesen Kissenbezug braucht man schönen Kissenstoff, Füllung, Druckknöpfe und Nähzeug.

1 ZUSCHNEIDEN Papierschnitt machen *(siehe vorherige Seite)*. Beim Zuschneiden des Stoffes bei beiden Teilen an einer Seite zusätzlich 3 cm für Seitenverschluss zugeben.

2 KANTEN UMLEGEN An beiden Teilen Kante mit breiter Nahtzugabe zweimal 1,5 cm nach links umlegen und bügeln. Stecken, heften und mit Saumstich umnähen, dann Heftstiche entfernen.

3 ZUSAMMENNÄHEN Teile rechts auf rechts legen, gesäumte Seiten aufeinander. Diese Seiten an beiden Enden 5 cm zusammenstecken, heften und nähen. Heftstiche entfernen. Andere Seiten mit 1,5 cm Nahtzugabe stecken und nähen.

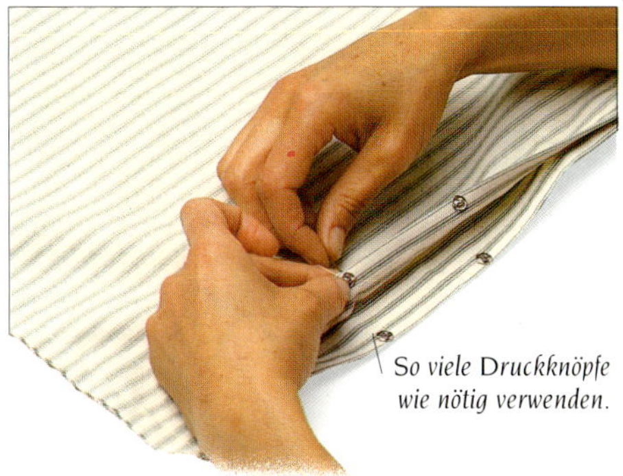

4 DRUCKKNÖPFE ANBRINGEN Druckknöpfe paarweise von rechts in Abständen an Öffnung nähen *(siehe Seite 28)*. Ecken und Nahtzugaben beschneiden. Bezug wenden. Bügeln, dann Füllung einschieben und ganz in die Ecken drücken.

FERTIGES KISSEN

KNOPFVERSCHLUSS

Ein Mittelverschluss im Kissenrücken hält besonders gut. Man hat die Wahl zwischen verschiedensten Verschlüssen, z. B. Reißverschluss, Klettband oder Knöpfe. Alle Verschlüsse lassen sich gut verdeckt hinter einer Stofffalte anbringen; schlichte, elegante Knöpfe im Kissenrücken wirken aber auch sichtbar sehr attraktiv. Für dieses robustere Modell braucht man Kissenstoff und Füllung, passende Knöpfe und Nähzeug.

1 ZUSCHNEIDEN Kissenplatte mit Schnittmuster zuschneiden. Schnitt halbieren. Auf doppelte Stofflage stecken. 5 cm für Mittelverschluss zugeben und zwei Rückenteile zuschneiden.

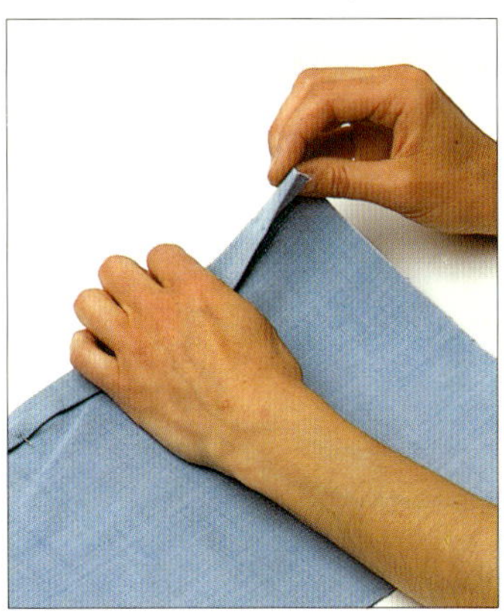

2 KANTEN UMLEGEN Mittelkanten an Kissenrücken 1 cm, dann 2,5 cm umlegen. Kanten stecken, heften und nähen. An einer Seite Knopflöcher *(siehe Seite 30)* arbeiten.

3 ZUSAMMENNÄHEN Teile rechts auf rechts legen. Rückenteile 2,5 cm übereinander legen, das mit den Knopflöchern zuunterst. Nähen, dann Knöpfe annähen *(siehe Seite 30)*.

KNÖPFE AM KISSENRÜCKEN

VORDERANSICHT

Gebunden und geschnürt
Lauter unterschiedliche Kissenformen aus Segeltuch, Leinen und ungebleichter Baumwolle mit einfachen dekorativen Details wie Bindebändern und Zugschnüren. Solche Verschlüsse sind leichter zu arbeiten als Reißverschlüsse oder Knöpfe – also eine Überlegung wert, wenn man schnell schöne Ergebnisse erzielen will.

RUNDE KISSEN

RUNDE KISSEN SIND VIELLEICHT eher dekorative Accessoires als ihre quadratischen Gegenstücke und bieten sich mit ihrer Kreisform für alle möglichen phantasievollen und kreativen Einfassungen an. Kleine, runde Kissen, vielleicht mit Rüschen oder Stehsaum am Rand, machen sich gut in Gruppen aus anderen Kissenformen, besonders auf großen Sofas oder am Kopf des Bettes. Diese runden Kissen und Füllungen sind leicht herzustellen; beim Zuschneiden kann man einen runden Papierschnitt zu Hilfe nehmen. Fertige runde Kissenfüllungen in verschiedenen Größen und Stärken gibt es fast überall.

EINFACHES RUNDES KISSEN

Einen kreisförmigen Schnitt für ein rundes Kissen fertigt man entweder mit einem Teller in entsprechender Größe an oder, wie hier, mit einem simplen Zirkel aus Schnur, Bleistift und Reißzwecke. Für das Kissen braucht man Stoff, Füllung und Nähzeug. Da sich ein seitlich angebrachter Reißverschluss schwer verdecken lässt und womöglich den Stoff verzieht, schließt man entweder eine seitliche Öffnung mit Saumstich oder bringt einen Verschluss in der Mitte des Kissenrückens an.

1 **SCHNITT ANFERTIGEN** Ein Stück Papier, das größer als das Kissen ist, zweimal zusammenfalten. Schnur auf Länge des halben Kissendurchmessers schneiden, in ein Ende einen Knoten machen. Geknotetes Ende an innere Ecke des gefalteten Papiers halten oder feststecken, Bleistift ans andere Ende binden. Viertelkreis auf Papier zeichen. Entlang dieser Linie sorgfältig ausschneiden, dann auffalten.

Ein simpler Zirkel leistet bei vielen Dekorationsarbeiten gute Dienste.

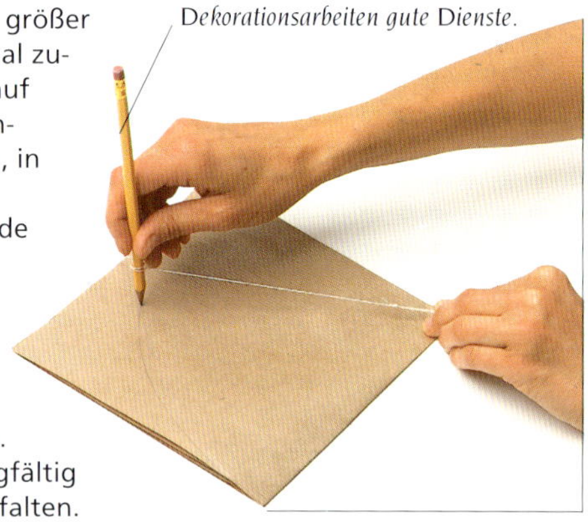

2 **STOFF ZUSCHNEIDEN** Schnitt auf Stoff stecken, gegebenenfalls Musterverlauf überprüfen. Kissenplatte und -rücken zuschneiden, Teile rechts auf rechts legen, auf Fadenlauf und Musteranschlüsse achten. Teile 1,5 cm von Kante zusammenstecken und heften. Zum Einschieben der Füllung ausreichend große Öffnung in der Naht lassen.

3 **ZUSAMMENNÄHEN** In Nahtlinie entlang der Heftstiche nähen. Nicht die Öffnung zunähen! Heftstiche entfernen.

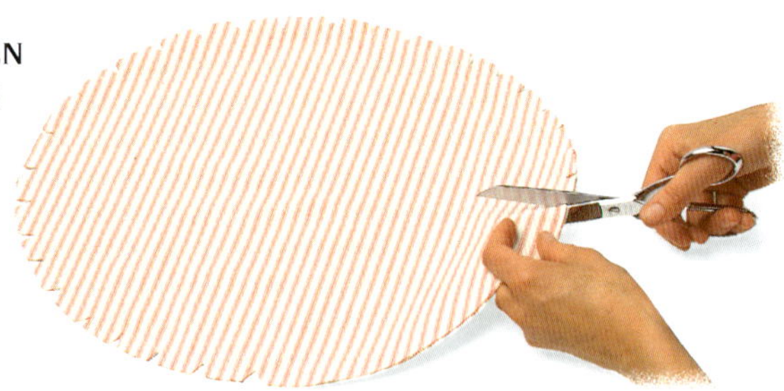

4 **EINKNIPSEN** Nahtzugabe einschneiden (*siehe Seite 18*). Bezug wenden und bügeln. Füllung durch Öffnung einschieben und gut bis in den Rand drücken.

Öffnung mit Saumstich schließen – lässt sich vor der Wäsche leicht auftrennen.

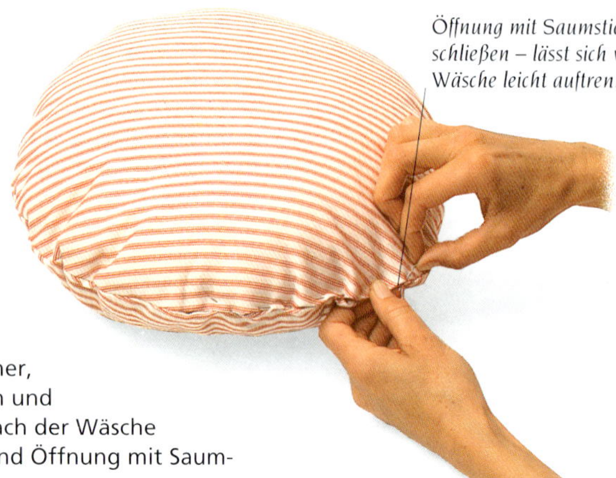

5 **ZUNÄHEN** Öffnung mit Saumstich schließen (*siehe Seite 16*). Zum Waschen Stiche vorsichtig mit Nahttrenner oder kleiner, scharfer Schere auftrennen und Füllung herausnehmen. Nach der Wäsche Füllung wieder einlegen und Öffnung mit Saumstich schließen.

FERTIGES KISSEN

REISSVERSCHLUSS IM KISSENRÜCKEN

Bei runden Kissen darf man Reißverschlüsse nicht in die Seitennaht setzen, weil sie zu unflexibel sind und die Konturen verzerren. Man kann sie jedoch als stabilen, flachen Verschluss in den Kissenrücken setzen. Der Reißverschluss sollte 13 cm kürzer als der Kissendurchmesser und auf die Stoffstärke abgestimmt sein.

1 **MARKIEREN** Mit Papierschnitt *(siehe vorherige Seite)* Kissenplatte zuschneiden. Schnitt abnehmen und halbieren. Schnitthälfte auf eckiges Stoffstück legen, gerade Seite im Fadenlauf. Schnittkante 1,5 cm von gerader Schnittseite aufzeichnen.

2 **RÜCKTEILE ZUSCHNEIDEN** Zwei Rückteile zuschneiden. An geraden Kanten Mittelnaht mit Reißverschlussöffnung nähen *(siehe Seite 31)*. Reißverschluss öffnen, Kissenplatte und fertigen Rücken rechts auf rechts legen.

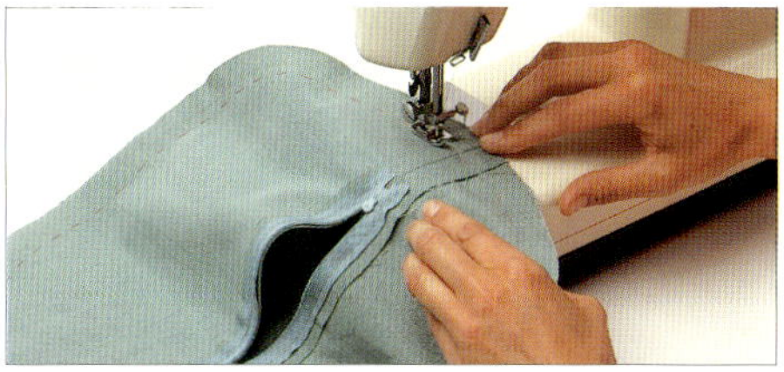

3 **ZUSAMMENNÄHEN** Stoffteile 1,5 cm von Kante stecken, heften und nähen. Heftstiche entfernen und Nahtzugabe einschneiden *(siehe vorherige Seite)*. Bezug durch Reißverschlussöffnung wenden. Bügeln, Füllung einschieben.

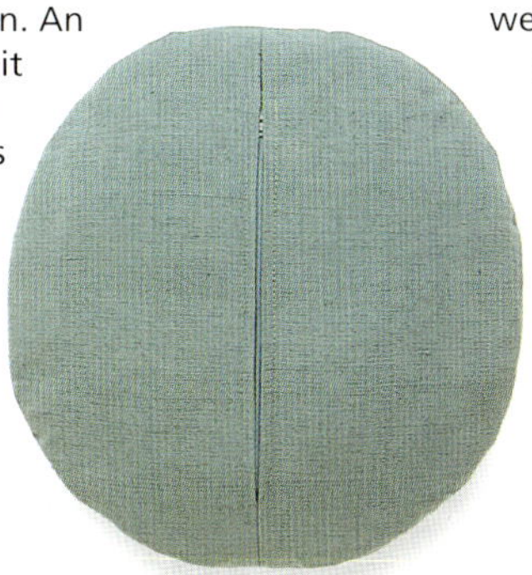

FERTIGES KISSEN

VORDERANSICHT

KISSEN MIT KLETTBANDSCHEIBEN

Klettband ist ideal für rückwärtige Kissenverschlüsse, allerdings nicht bei leichten Stoffen. Die Scheiben sind weniger starr als Klettbandstreifen. Diese Methode eignet sich auch für Knöpfe und Druckknöpfe.

1 **MARKIEREN** Zwei Rückteile zuschneiden *(siehe oben)*, aber an gerader Seite je 5 cm zugeben. Schnitt abnehmen, Schnittkanten 1 cm, dann 2,5 cm umlegen und bügeln.

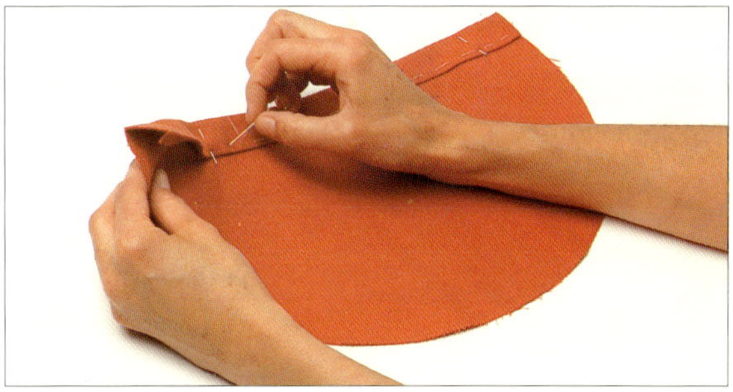

2 **LEISTE NÄHEN** Leiste feststecken. Innere Kante mit Maschine oder Saumstich nähen. Bei Knopfverschluss jetzt in eine Leiste Knopflöcher arbeiten *(siehe Seite 30)*. Teile mit rechter Seite nach oben legen und Leisten um 2,5 cm übereinander legen. Seite mit Knopflöchern zuoberst legen.

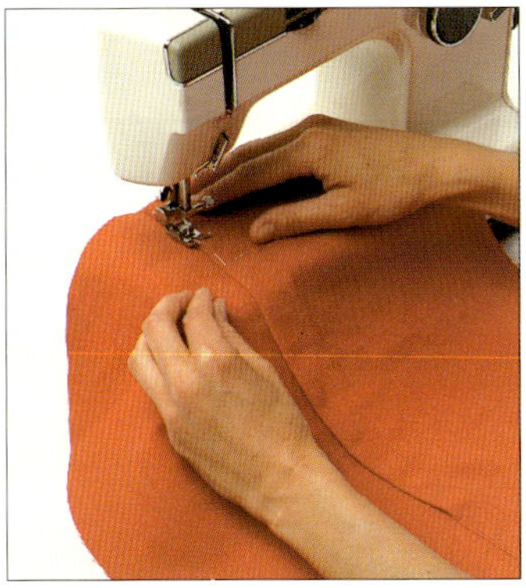

3 **VERSCHLUSS NÄHEN** Rückteile an übereinander liegenden geraden Kanten ein Stück zusammenstecken, heften und nähen; Öffnung für Füllung lassen.

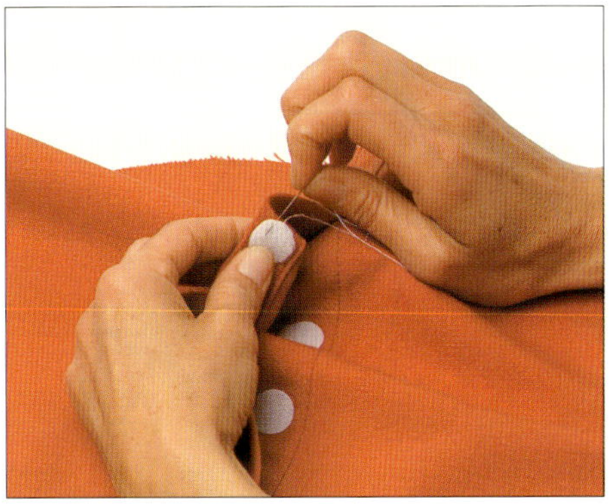

4 **SCHEIBEN** Klettbandscheiben, Knöpfe oder Druckknöpfe anbringen *(siehe Seite 28)*. Kissenplatte und -rücken rechts auf rechts legen. 1,5 cm von Schnittkante stecken, heften und nähen; Nahtzugabe einschneiden. Heft-stiche entfernen. Wenden und bügeln.

FERTIGES KISSEN

VORDERANSICHT

NACKENROLLEN

NACKENROLLEN FINDET MAN SELTENER als quadratische und runde Kissen; mit diesen Wohnaccessoires wirken Sofas, Fenstersitze und vor allem Chaiselongues elegant und behaglich. Auf dem Bett kann eine lange, dünne Nackenrolle das Kopfkissen ersetzen. Eine dünne Rolle vor der Tür hält Zugluft ab. Nackenrollen passen zu jedem Wohnstil, man muss nur die reichen Dekorationsmöglichkeiten ausschöpfen – von klassischen Paspeln und Knöpfen bis zu extravaganten Rüschen und Troddeln.

EINFACHE NACKENROLLE

Für Nackenrollen lässt sich fast jeder Stoff verwenden. Schlichte Nackenrollen wirken jedoch aus einfarbigem oder gestreiftem Stoff am besten. Nackenrollen mit Rüschen dagegen steht ein gemusterter Stoff gut, etwa ein Blumendruck.

Füllungen für Nackenrollen gibt es fertig zu kaufen, man kann sie aber auch selbst machen *(siehe Seite 131)*. Für eine einfache Nackenrolle braucht man Kissenstoff, Füllung, einen simplen Zirkel *(siehe Seite 136)* und Nähzeug.

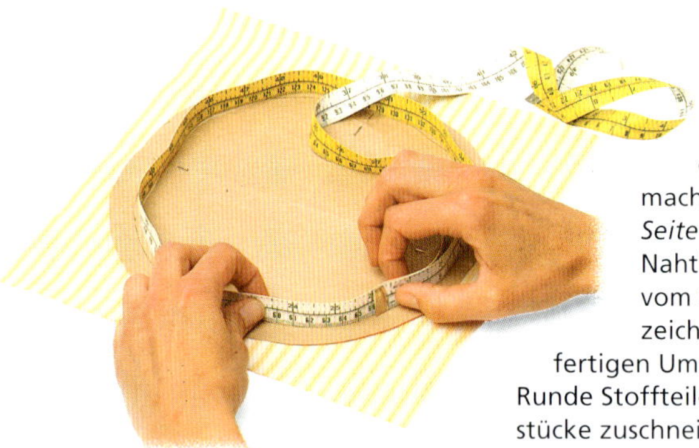

1 END-STÜCKE ZUSCHNEIDEN Schnitt für die Endstücke machen *(siehe Seite 136)*. Die Nahtlinie 1,5 cm vom Rand aufzeichnen und den fertigen Umfang messen. Runde Stoffteile für die Endstücke zuschneiden.

2 MITTELTEIL Die Breite des Mittelteils entspricht dem Umfang der Endstücke. Diese Breite und die Länge der Nackenrolle plus 1,5 cm Nahtzugaben auf Papier zeichnen. Ecken mit Winkel zeichnen, dann Papierschnitt ausschneiden.

3 MITTELTEIL NÄHEN Schnitt auf Stoff stecken, Musterverteilung überprüfen. Mittelteil zuschneiden. Rechts auf rechts zusammenlegen, Nahtkanten aufeinander. Naht stecken, heften und nähen; Öffnung für Füllung lassen. Naht ausbügeln.

4 ENDSTÜCKE ANSETZEN Die Endstücke müssen sorgfältig angesetzt werden, damit der Stoff glatt sitzt. Deshalb an Endstücken und Mittelteil durch Einknipsen vier gleiche Abschnitte markieren *(siehe Seite 16)*. Markierungen aufeinander legen, Endstücke rechts auf rechts an Mittelteil stecken.

Nahtzugabe an Enden einknipsen, damit die Naht glatt sitzt.

5 EINKNIPSEN Endstücke an Mittelteil heften – Nahtzugabe 1 cm tief einknipsen, damit die Naht glatt sitzt. Endstücke an Mittelteil nähen. Heftstiche entfernen und Nahtzugaben an Endstücken einknipsen, damit die Naht weniger sperrig wird *(siehe Seite 18)*.

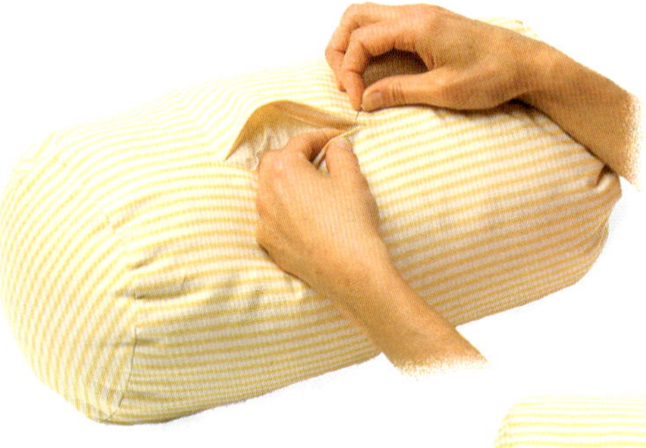

6 ZUNÄHEN Stoff durch Öffnung in Mittelteil wenden. Bügeln und Füllung einschieben. Öffnung mit Saumstich schließen.

FERTIGE NACKENROLLE

NACKENROLLE MIT PASPEL UND RÜSCHE

Einfache Rüschen, Paspeln, gekräuselte Endstücke sowie gleich- oder kontrastfarbige Knöpfe und Troddeln sind nur einige der dekorativen Besätze und Verzierungen, die schlichte Nackenrollen in ungewöhnliche, attraktive Wohnaccessoires verwandeln. Für diese Nackenrolle braucht man ausreichend Stoff für Bezug und Besatz (für die gekräuselten Endstücke braucht man natürlich mehr Stoff als für glatte), Füllung, simplen Zirkel *(siehe Seite 136)* und Nähzeug.

1 BREITE AUSMESSEN Papierschnitte für Endstück und Mittelteil machen *(siehe vorherige Seite)*. Radius des Endstücks messen, um Stoffbreite für gekräuseltes Ende zu ermitteln. Breite auf Papier aufzeichnen, 3 cm für Nahtzugaben zugeben. Maße dieses Teils mit Schnitt für Endstück vergleichen.

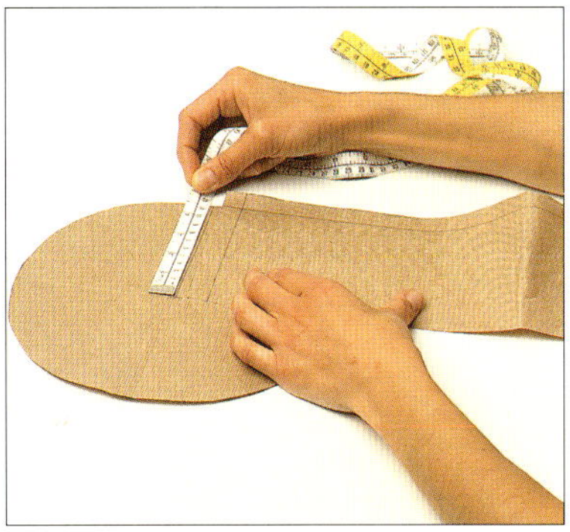

2 LÄNGE AUSMESSEN Umfang von Endstück messen wie in Schritt 1 auf vorheriger Seite. 3 cm für Nahtzugaben zugeben und auf Papier aufzeichnen. Dieses Schnittteil ausschneiden, auf Kissenstoff stecken und zwei Endstücke zuschneiden.

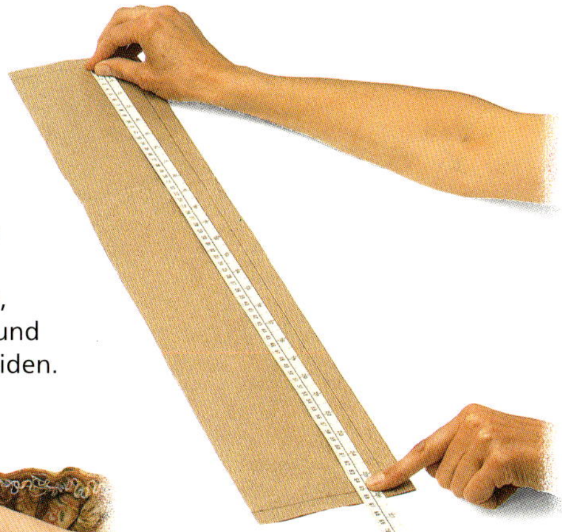

3 ENDSTÜCK NÄHEN Teil für gekräuseltes Endstück an einer langen Seite 1,5 cm nach links umlegen und bügeln. Kurze Seiten rechts auf rechts zusammenlegen. Kurze Seiten mit 1,5 cm Nahtzugabe stecken, heften und zusammennähen. Heftstiche entfernen. Anderes Endstück ebenso arbeiten.

Rüsche an Nahtzugabe von Mittelteil nähen.

4 RÜSCHE UND PASPEL Mittelteil arbeiten *(siehe vorherige Seite)*. Paspel und Rüsche *(siehe Seite 24 und 26)* haben die gleiche Länge wie das Stoffteil fürs gekräuselte Endstück. Rüsche und Mittelteil durch Einknipsen in Viertel einteilen. Rüschen an Enden des Mittelteils heften, dann Paspel an Nahtlinie der Rüschen heften.

5 ENDSTÜCKE ANSETZEN Endstücke mit nicht umgelegten Kanten an mit Rüsche und Paspel besetzte Enden des Mittelteils stecken, heften und nähen. Nahtzugaben einknipsen *(siehe vorherige Seite)*. Durch Öffnung wenden und bügeln.

6 ENDEN VERBINDEN Mit kräftigem Garn per Hand gleichmäßige Kräuselstiche *(siehe Seite 26)* dicht an umgelegten Kanten der Enden arbeiten. Kräuselfaden anziehen und Kräusel gleichmäßig verteilen. Fadenenden befestigen.

SEITENANSICHT

7 KNOPF ANNÄHEN Die gekräuselten Enden so fest zuziehen, dass ein Knopf das Loch verdeckt. Knöpfe mitten auf gekräuselte Enden nähen *(siehe Seite 30)*. Füllung durch Nahtöffnung einschieben und diese mit Saumstich schließen.

Knopf an gekräuseltes Ende nähen.

FERTIGE NACKENROLLE

Üppige Seidenpracht
Bei der niedrigen Rückenlehne und tiefen Sitzfläche dieses fernöstlichen Sofas ist ein bequemes Zurücklehnen nur mit zahlreichen Kissen möglich. Gemeinsames verbindendes Element bei den Nackenrollen aus elfenbeinfarbener Rohseide, den länglichen Kissen mit Satinenden in Gold und Altrosa und den quadratischen Kissen aus grauem Flanell ist ein klassischer Streifen; er sorgt für ein einheitliches Gesamtbild und setzt moderne Kontraste.

EINFASSUNGEN

EINFASSUNGEN RAHMEN UND BETONEN Kissen und verleihen Ihrer Einrichtung lässige Eleganz. Alle Kisseneinfassungen sind einfach selbst zu machen oder fertig zu kaufen und lassen sich an schlichten Kissen jeder Form ganz leicht anbringen. Kordel ist am simpelsten anzusetzen, sie wird lediglich von außen auf den fertigen Bezug genäht. Andere Einfassungen wie Paspeln und Rüschen fasst man beim Zusammensetzen zwischen den Kissenteilen mit ein. Mancher Besatz, wie etwa Paspeln, sieht nicht nur dekorativ aus, sondern verstärkt auch die Kissenränder und macht das Kissen haltbarer.

EINFACHE PASPEL MIT REISSVERSCHLUSS

Eine Paspel am Kissenrand, entweder aus dem Kissenstoff oder in anderer Farbe, Musterung oder Struktur, wirkt klassischer als andere Besätze. Die hier beschriebene Technik eignet sich für eckige und runde Kissen. Man braucht die zugeschnittenen Kissenteile, Füllung, für die Paspel vorgewaschene Paspelkordel und Schrägstreifen, einen Reißverschluss (10 cm kürzer als eine Kissenseite) sowie Nähzeug.

1 **PASPEL ANBRINGEN** In Nahtlinie um Kissenplatte herum messen und 5 cm zum Ansetzen zugeben. Paspel in dieser Länge arbeiten *(siehe Seite 24)*. Paspel in Nahtlinie von rechts an alle vier Seiten der Kissenplatte stecken und heften.

2 **PASPELENDEN ANSETZEN** Überlappende Paspelenden hängen lassen. Paspelkordel durch Ausdünnen und Umwickeln verbinden, Schrägstreifen gerade oder schräg ansetzen *(siehe Seite 25)*. Paspel in Ansatzstelle an Kissenplatte heften.

3 **REISSVERSCHLUSS PLATZIEREN** Kissenplatte und -rücken rechts auf rechts legen, Schnittkanten aufeinander, Musteranschlüsse beachten. An einer Seite des Kissenrückens Reißverschlusslänge durch Stecknadeln markieren. Von den Ecken bis zu diesen Markierungen stecken, heften und nähen.

4 **REISSVERSCHLUSS EINSETZEN** Nahtzugaben ausbügeln. Reißverschluss öffnen und mit einer Seite, rechte Seite nach unten, über Paspel auf gepaspelte Nahtzugabe legen. Reißverschluss an diese Nahtzugabe stecken, heften und mit Reißverschlussfuß annähen *(siehe Seite 31)*.

5 **SEITEN NÄHEN** Teile mit rechter Seite nach oben glatt hinlegen und Reißverschluss schließen. Andere Reißverschlussseite an zweites Teil nähen. Reißverschluss öffnen. Teile rechts auf rechts legen und andere drei Seiten nähen. Nahtzugabe an Ecken beschneiden, wenden und bügeln.

FERTIGES KISSEN

DICKE PASPELN

Dicke Paspeln werden wattiert und ergeben auf diese Weise eine besonders gemütliche Einfassung für Sofakissen. Eine dicke Paspel wirkt oftmals weicher und lässiger; sie kann aus dem Kissenstoff oder auch aus einem kontrastierenden Material bestehen. Man braucht zugeschnittene Kissenteile, mittelstarke Wattierung, 9 cm breiten Schrägstreifen für die Paspel *(siehe Seite 24)*, einen Kissenverschluss, Kissenfüllung und Nähzeug.

1 **PASPEL SCHNEIDEN** Für die Paspellänge in Nahtlinie Umfang eines Kissenteils messen und 5 cm für Ansatzstelle zugeben. Für Wattierung 8 cm breiten Streifen in Länge des Schrägstreifens ohne Zugabe für Ansatzstelle schneiden. Wattierung eng zusammenrollen und von links auf Schrägstreifen legen.

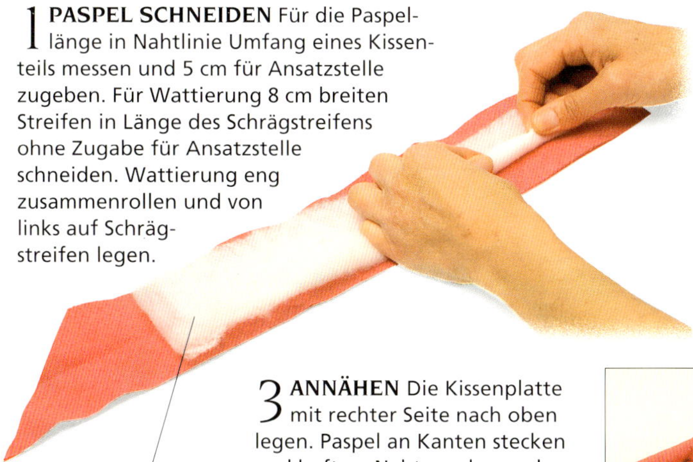

Wattierung hat Länge des Schrägstreifens minus abgeschrägte Enden.

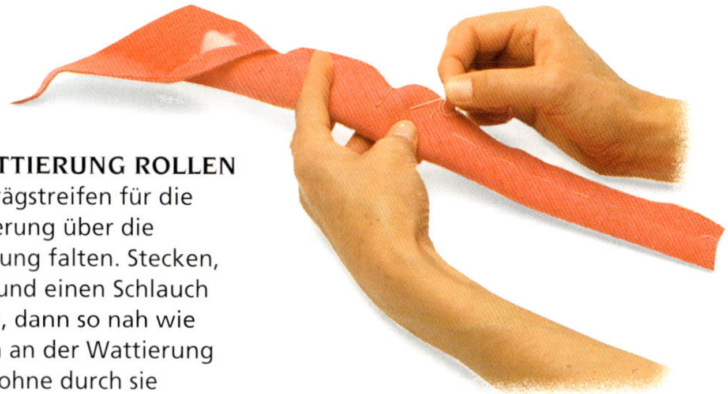

2 **WATTIERUNG ROLLEN** Schrägstreifen für die Paspelierung über die Wattierung falten. Stecken, heften und einen Schlauch machen, dann so nah wie möglich an der Wattierung nähen, ohne durch sie durchzustechen.

3 **ANNÄHEN** Die Kissenplatte mit rechter Seite nach oben legen. Paspel an Kanten stecken und heften, Nahtzugabe an den Ecken einschneiden. Die Nahtzugaben an den Paspelenden bis auf 2 mm vor der Wattierung beschneiden. Die Paspelenden zusammensetzen *(siehe Seite 25)*. Anschließend das Kissen entsprechend der Verschlussart nähen.

FERTIGES KISSEN

KORDELKANTE

Eine Kordelkante ist leicht anzubringen; sie ist steif und verstärkt deshalb die Kissenränder. Die Enden verschwinden in der Öffnung des fertigen Kissens; diese Technik eignet sich daher besonders für mit Saumstich zugenähte Kissen. Bei anderen Verschlüssen trennt man an einer Seite eine Naht mit dem Nahttrenner 2 cm weit auf. Für diese Technik braucht man einen fertigen Kissenbezug, Kordel oder ähnlichen Besatz, Füllung und Nähzeug.

1 **KORDEL ANNÄHEN** Für die Kordellänge Kissenumfang messen, 5 cm zum Befestigen, nach Wunsch Zugaben für Eckschlaufen. Füllung einlegen und eine Naht 2 cm offen lassen. Kordelende 2,5 cm in Öffnung stecken und festnähen. Kordel mit Saumstich an Kissenrand nähen.

2 **ECKEN** Für die dekorativen Ecken mit der Kordel einfache Schlaufen legen und mit mehreren Stichen befestigen, dabei Kordel um Bleistift wickeln, damit alle Schlaufen gleich groß ausfallen.

3 **FERTIGSTELLUNG** Ende der komplett angenähten Kordel so in Öffnung stecken, dass die umgelegten Enden aneinander stoßen. Fest zusammennähen und Öffnung mit Saumstich schließen.

FERTIGES KISSEN

EINFACHE RÜSCHE

Mit Rüschen hebt man eine Farbe oder ein Muster im Kissenstoff hervor oder gibt dem Kissen eine besondere Struktur; sie wirken von allen Einfassungen am verspieltesten. Für dieses Kissen braucht man zwei zugeschnittene Kissenteile, Stoff für die Rüsche, Reißverschluss nach Wunsch, Kissenfüllung und Nähzeug.

1 RÜSCHE MARKIEREN Die Rüschenlänge sollte dem doppelten Kissenumfang an der Nahtlinie entsprechen, plus 1,5 cm zum Ansetzen. Breite für einfache oder doppelte Rüsche festlegen *(siehe Seite 26)* und Streifen zuschneiden. Enden mit französischer Naht zusammensetzen, einfache Rüsche säumen. An Stoffstreifen durch Einknipsen vier gleiche Teile markieren.

2 RÜSCHE KRÄUSELN Streifen in Nahtlinie an Schnittkante kräuseln *(siehe Seite 26)*. Faden zwischen Daumen und Zeigefinger halten und Stoff zusammenziehen. Kräusel gleichmäßig verteilen; kontrollieren, ob alle markierten Viertel gleich lang sind. Rüsche in Nahtlinie von rechts auf Kissenplatte stecken und heften, an Ecken Kräusel dichter setzen.

3 RÜSCHE ANSETZEN Rüsche in Nahtlinie an Kissenplatte nähen und Heftstiche entfernen. Kissenteile rechts auf rechts legen. Teile je nach Art des Verschlusses zusammenstecken, heften und nähen. Ecken beschneiden und Heftstiche entfernen. Bezug wenden und bügeln.

FERTIGES KISSEN

EINGEFASSTE RÜSCHE

Raffinierter als eine einfache wirkt eine einfarbige Rüsche, die mit einem Schrägstreifen aus dem gleichen oder einem in Farbe und Muster kontrastierenden Stoff eingefasst wird. Besteht die Rüsche nicht aus dem Kissenstoff, könnte man sie mit dem Kissenstoff einfassen. Für ein Kissen mit eingefasster Rüsche braucht man zwei zugeschnittene Kissenteile, einen Stoffstreifen für die Rüsche *(siehe oben)* und einen für die Einfassung, Verschluss nach Wunsch, Füllung sowie Nähzeug.

1 ANNÄHEN Rüsche und Schrägstreifen auf gleiche Länge schneiden, die Rüsche mit 1 cm, den Schrägstreifen mit 6 mm Nahtzugabe. Rüschenenden zusammennähen. Lange Seiten des Schrägstreifens zur Mitte umbügeln. Schrägstreifen an Rüsche nähen.

2 RÜSCHE EINFASSEN Schrägstreifen über Rüschenkante umlegen. Feststecken und heften, dann an Rüschenstreifen ansäumen. Heftstiche entfernen. Rüsche kräuseln und Kissen arbeiten wie Kissen mit einfacher Rüsche *(siehe oben)*.

FERTIGES KISSEN

GEPASPELTE FALTENRÜSCHE

Auf ganz klassische Weise wirken Paspeln an einer Faltenrüsche, besonders an runden Kissen. Für dieses Kissen braucht man bereits zugeschnittene Kissenteile, das vordere mit gepaspelter Kante *(siehe Seite 142)*, Stoff für die Faltenrüsche, Verschluss nach Wunsch, Füllung und Nähzeug.

Kissenrücken mit rechter Seite nach unten auf Kissenplatte und Rüsche legen.

Rüsche mit Vorderseite nach unten auf rechte Seite der Kissenplatte legen.

RÜSCHE ANSETZEN
Der Stoffstreifen sollte doppelt so breit wie die fertige Rüsche plus 3 cm sein. Für die benötigte Länge Kissenumfang in Nahtlinie messen und berechnen wie auf Seite 24 beschrieben, bei Bedarf mit Zugaben für Ansatzstellen. Enden zusammennähen, Streifen der Länge nach links auf links zusammenlegen, bügeln und in Falten legen. Kissenplatte und Streifen durch Einknipsen in vier gleiche Abschnitte unterteilen. Rüsche an Kissenplatte stecken und heften, Bezug mit gewünschtem Verschluss arbeiten.

Prägnantes Motiv möglichst mittig auf Kissen platzieren.

FERTIGES KISSEN

RUNDUNGEN UND BÄNDER

Bei dieser Methode werden an einem quadratischen Kissen die Ecken sanft abgerundet; es wirkt dadurch weicher und weniger streng. Eine Paspel und Bindebänder aus kontrastierendem Stoff passen gut zu solch einem Bezug, es eignen sich aber auch fast alle anderen hier beschriebenen Einfassungen und Verschlüsse wie dicke Paspeln oder Rüschen. Für dieses Kissen braucht man zugeschnittene Kissenteile wie beim einfachen quadratischen Kissen, Schrägstreifen für die Bindebänder, Paspelkordel und Schrägstreifen für die Paspelkante sowie Füllung und Nähzeug.

1 **RUNDUNGEN** Auf der linken Stoffseite Viertelkreise auf die Ecken zeichnen; einen runden Gegenstand oder einen Zirkel benutzen. Je größer der Viertelkreis, desto runder werden anschließend die Ecken. Ecken abschneiden.

2 **ECKEN KRÄUSELN** An den Ecken mit der Hand Kräuselfaden 1,5 cm von Schnittlinie einziehen. Fäden anziehen und Enden befestigen. Durch Ausmessen entlang der Nahtlinie Paspellänge ermitteln, 5 cm zum Ansetzen zugeben. Paspel an Kissenteil stecken, heften und nähen *(siehe Seite 25)*.

3 **ÖFFNUNG** An einer Seite des Kissenrückens Öffnung ausmessen und markieren. Kante nach links umlegen und ansäumen. Teile rechts auf rechts legen, Kanten aufeinander. Seiten stecken, heften und nähen, dabei Lücke lassen.

4 **BÄNDER ANNÄHEN** Die Bindebänder oder Schläuche *(siehe Seite 29)* arbeiten und beiderseits der Öffnung annähen. Den Bezug durch die Öffnung wenden und bügeln, bevor Sie die Füllung einschieben.

FERTIGES KISSEN

STEHSAUM

Stehsäume findet man meist als dekorative Einfassung an Kopfkissenbezügen, sie passen aber genauso gut als elegante Blende an Zierkissen. Bei dieser einfachsten Methode ist der Stehsaum an ein Kissenteil angeschnitten; das vereinfacht die Arbeit sehr. Beim Stehsaum kann man den Verschluss nicht in der Seitennaht unterbringen, also muss er im Kissenrücken sitzen; man hat die Wahl zwischen Knöpfen *(siehe Seite 133)*, Reißverschluss oder Klettband *(siehe Seite 28 und 137)*. Für dieses Kissen braucht man Kissenstoff, Verschluss nach Wunsch, Füllung und Nähzeug.

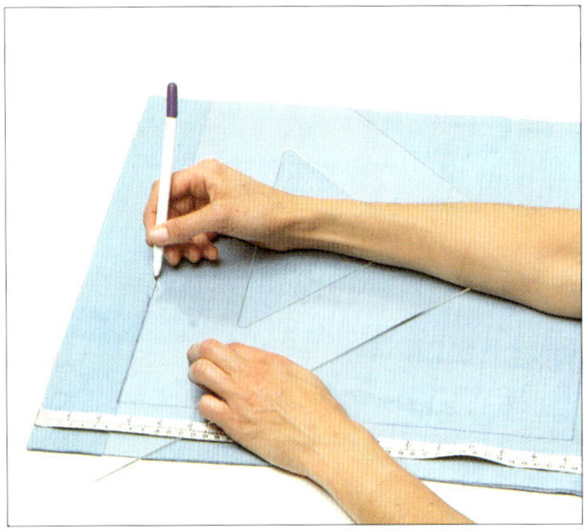

1 **STOFF MARKIEREN** Teile zuschneiden, für Stehsaum 6 cm und für Nahtzugaben 1,5 cm rundum zugeben. Teile zusammensetzen wie bei quadratischem Kissen mit Mittelverschluss. Bezug wenden. Auf Vorderseite rundum 6 cm vom Rand mit Schneiderkreide Linie zeichnen und Heftstiche arbeiten.

2 **TEILE ZUSAMMENSETZEN** Zwillingsnadel in Nähmaschine einsetzen und in Heftlinie nähen oder beiderseits der Heftstiche zwei parallele Linien im Abstand von 3–5 mm steppen. Heftstiche entfernen. Den Bezug bügeln, bevor Sie anschließend die Füllung einschieben.

FERTIGES KISSEN

STEHSAUM MIT BOGENKANTE

Der Stehsaum lässt sich durch Bogen-, Zacken- oder Zinnenkanten zusätzlich verzieren. Bei dieser Methode wird die Einfassung aus separaten Stoffteilen gearbeitet und an die Kissenteile gesetzt, könnte also auch aus einem kontrastierenden Stoff bestehen. Für dieses Kissen braucht man Stoff für Kissenplatte und -rücken sowie Einfassung, Füllung, Verschluss, einen simplen Zirkel *(siehe Seite 136)* oder ein Glas für die Bogenkante sowie Nähzeug.

1 **ANZEICHNEN** Papierschnitt für Kissenplatte von links auf Stoff für Einfassung auflegen. Auf dem Stoff um den Schnitt herum eine Linie entsprechend der Einfassungsbreite plus 1 cm Nahtzugabe ziehen. An dieser Linie Stoff ausschneiden. Linie um Schnitt ziehen, Schnitt abnehmen, zweites Einfassungsteil ebenso zuschneiden.

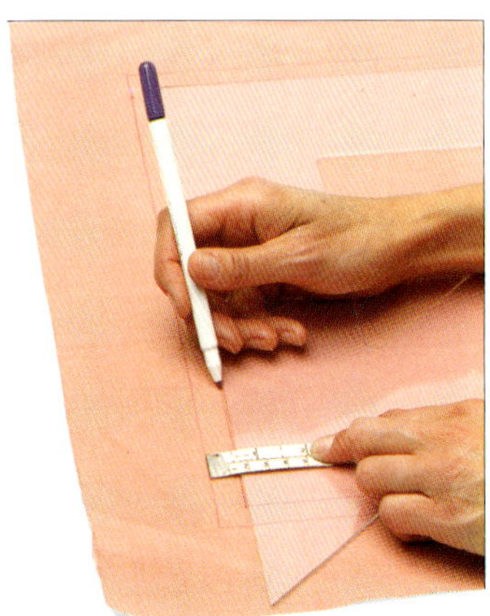

2 **EINFASSUNGSNAHT MARKIEREN** Mit dem Maßband und dem Winkel an den Einfassungsteilen innerhalb der inneren Linie parallel mit 1,5 cm Abstand eine zweite Linie ziehen, und zwar auf beiden Stoffteilen an allen vier Seiten.

3 **EINFASSUNG AUSSCHNEIDEN** Stoff entlang innerer Linie ausschneiden; er lässt sich zu einem kleineren Kissen verarbeiten. Das ausgeschnittene Stück muss rundum 1,5 cm kleiner sein als die Nahtlinie eines Kissenteils. Wenn der Stoff knapp ist und Nähte im Stehsaum Sie nicht stören, können Sie das Kissen auch mit an den Ecken zusammengesetzten Stoffstreifen *(siehe Ecken in Spitze, Seite 27)* einfassen.

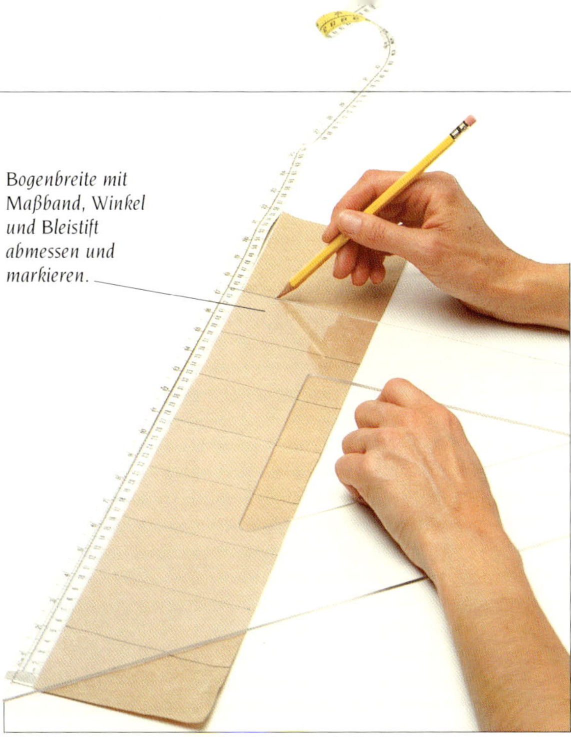

Bogenbreite mit Maßband, Winkel und Bleistift abmessen und markieren.

4 **KANTE MARKIEREN** Papierstreifen auf Länge und Breite einer Einfassungsseite schneiden. In gleiche Abschnitte in Breite eines Bogens aufteilen. An den Enden sollte jeweils ein ganzer Bogen sitzen – Breite gegebenenfalls verändern.

5 **BÖGEN ZEICHNEN** An einer Seite des Papierschnitts zwischen den Trennlinien mit Glas oder Zirkel Bögen zeichnen. Die Bögen nicht zu steil machen: Nur um etwa ein Drittel des Glases zeichnen. Schnitt sorgfältig entlang der Bögen ausschneiden.

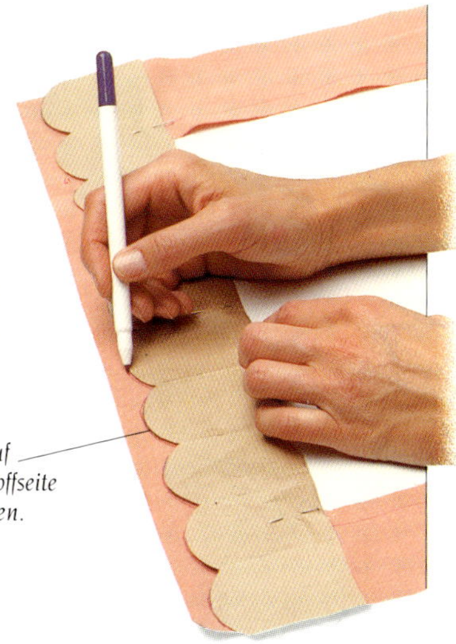

Bögen auf linker Stoffseite anzeichnen.

6 **STOFF MARKIEREN** Stoff für Einfassung mit linker Seite nach oben legen. Gerade Schnittseite an innere Kante anlegen und feststecken. Bogenkante anzeichnen. An allen Seiten und beiden Teilen wiederholen.

7 **KANTE NÄHEN** Einfassungsteile rechte Seite auf rechte Seite mit den Kanten aufeinander legen. Alle vier Seiten stecken, heften und in 5 mm Abstand parallel zu der aufgezeichneten Bogenkante nähen. Anschließend die Heftstiche entfernen.

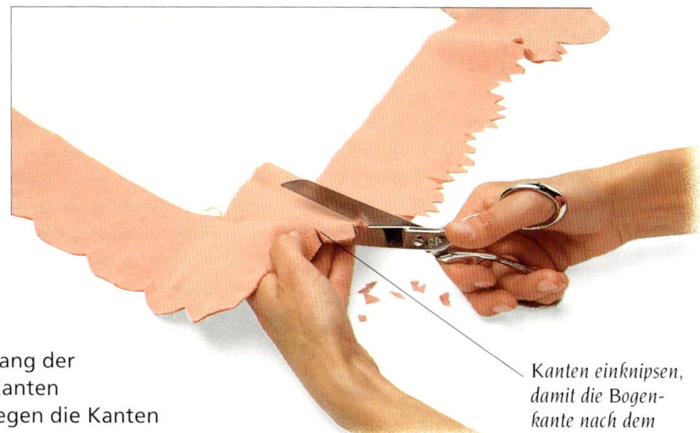

Kanten einknipsen, damit die Bogenkante nach dem Wenden glatt liegt.

8 **NAHTZUGABE EINKNIPSEN** Entlang der Bögen ausschneiden, Kanten einknipsen. Dadurch liegen die Kanten nach dem Wenden glatt.

9 **KANTEN ABSTEPPEN** Einfassung wenden und bügeln. Damit die Kante glatt liegt, Bogenkante mit drei parallelen Nähten in je 6 mm Abstand absteppen *(siehe Seite 19)*, die erste 6 mm neben Bogenkante.

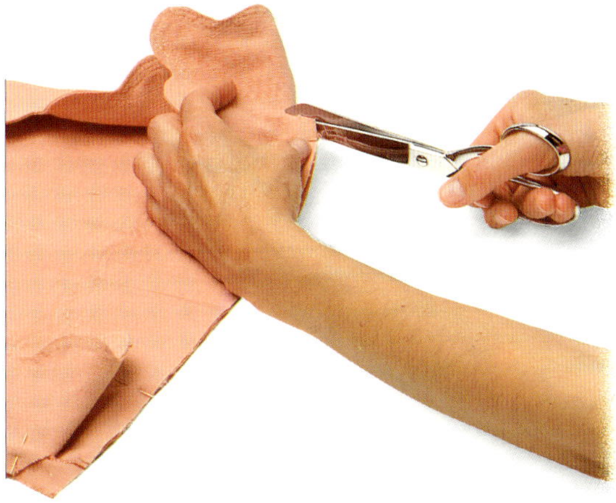

10 **EINFASSUNG ANSETZEN** Einfassung auf rechte Seite der Kissenplatte legen, stecken, heften und annähen. Die Heftstiche entfernen und alle Ecken einschneiden. Das Kissen nähen.

FERTIGES KISSEN

AUSGEFALLENE STOFFE

EIN KISSENBEZUG IST IDEAL, wenn man ein kleines Stück alten oder ungewöhnlichen Stoff verwerten möchte. Die Auswahl reicht dabei von relativ bekannten Materialien wie alter Spitze oder Gobelinstickerei bis zum Ausgefallenen wie afrikanischen Gewändern oder Kelimstücken. Solche Stoffe sind oft – wegen ihrer Machart oder auf Grund ihres Alters – empfindlich, und man sollte sie durch einen kräftigen Hintergrundstoff verstärken. Außerdem empfiehlt es sich, das Kissen so zu arbeiten, dass es sich später ohne Schaden auftrennen lässt: Wertvolle Textilien sollte man zum Einrahmen oder zur Weiterverwertung intakt lassen.

KISSEN MIT BÄNDERN UND SPITZEN

Spitze findet man an Kleidungsstücken, Tischdecken, Servietten, Tagesdecken, Kopfkissen und Laken. Als Zierkante verwandeln Spitze oder feines Leinen einen schlichten Kissenbezug in ein kostbares antikes Stück. Die Kissengröße richtet sich nach der Menge des vorhandenen Materials.

Das Kissen unten ist zusätzlich mit Bändern und Knöpfen verziert. Außer Spitze und Verzierungen braucht man für dieses Kissen Stoff, Füllung und Nähzeug. Bei Spitzenkanten sollte man nach Möglichkeit auf Seitenreißverschlüsse verzichten.

1 **STOFF MARKIEREN** Kissenplatte *(siehe Seite 132)* mit rechter Seite nach oben legen, Nahtlinie 1,5 cm von Schnittkante heften und Position für äußeres Band parallel dazu anzeichnen. Anheften. Positionen für innere Bänder, Zierschleifen und Knöpfe mit Winkel und Textilstift oder Schneiderkreide markieren.

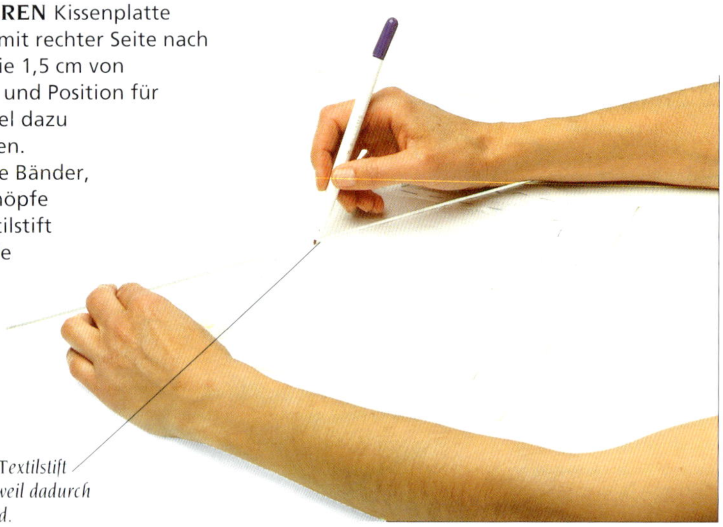

Beim Arbeiten mit Textilstift Stoff nicht bügeln, weil dadurch die Farbe fixiert wird.

2 **BAND AUFSETZEN** Das Band an der markierten Linie auf die Kissenplatte stecken und heften. Das Band an den Kanten ansäumen, Briefecken arbeiten und die Ansatzstellen sorgfältig verdecken *(siehe Seite 27)*. Heftstiche entfernen.

3 **VERZIERUNGEN ANBRINGEN** Knöpfe und Schleifen annähen und Bezug nähen *(siehe Seite 132)*. Spitze an Rand legen und Ecken anzeichnen. Briefecken arbeiten und in einer Ecke ansetzen *(siehe Seite 27)*.

4 **SPITZE ANSETZEN** Spitze per Hand mit kleinen, gleichmäßigen Saumstichen an Kissenrand nähen. Schlecht genähte Stiche sind instabil. Falls man Textilstift benutzt hat, Bezug waschen, dann vorsichtig bügeln und Füllung einschieben.

FERTIGES KISSEN

GOBELINKISSEN

Dicht und mit vielen Fäden gewebte Textilien – etwa Kelims und Gobelins – ergeben farbenfroh gemusterte Kissenbezüge. Solche empfindlichen Textilien müssen jedoch durch Hinterfüttern verstärkt werden. Eine Hinterfütterung verhindert außerdem, dass an lose gewebten Stellen die Füllung durchscheint. Neben Stoff für Kissenplatte, -rücken und Hinterfütterung braucht man für dieses Kissen Füllung, Verschluss nach Wahl und Nähzeug.

1 **TEILE ZUSCHNEIDEN** Alte Textilien wie dieser schwedische Gobelin sind selten quadratisch, daher sollte man sich an das Original halten und dieses als Schnittmuster benutzen. Gobelin auf Hinterfütterung legen und feststecken. Stoff vorsichtig entlang der Gobelinkante ausschneiden. Kissenrücken ebenso zuschneiden.

2 **HINTERFÜTTERN** Gobelin mit rechter Seite nach oben auf rechte Seite der Hinterfütterung legen. Stecken, heften. Gobelin und Kissenrücken rechts auf rechts legen. Kanten mit 1,5 cm Nahtzugabe heften.

3 **ZUSAMMENSETZEN** Kissenplatte und -rücken entsprechend der Verschlussart in Heftlinie zusammennähen. Heftstiche entfernen, Nahtzugabe an Ecken einknipsen, aber nicht in den alten Stoff schneiden. Bezug wenden, bügeln und Füllung einschieben.

FERTIGES KISSEN

STOFFAUSWAHL

Kissenbezüge lassen sich aus den verschiedensten Materialien nähen, der Stoff muss lediglich zum dekorativen oder funktionalen Zweck des Kissens passen. Farbenfroh und zart wirken feine Kleiderstoffe wie Musselin, die man eventuell mit kräftigerem Stoff hinterfüttern muss. Seide ist leicht und dennoch stabil und deshalb ideal für Kissenbezüge, muss allerdings, wenn sie sehr fein ist, gefüttert werden. Exotischer wirken die üppigen handgewebten und bedruckten oder bestickten Folklorestoffe aus Afrika und Indien; mit ihren Muster- und Strukturkontrasten bilden sie eine ideale Ergänzung zu herkömmlichen Dekostoffen. Soll das Material robuster sein, sucht man sich dicht gewebte Stücke aus abgenutzten Orientteppichen, Kelims oder alten Gobelinstickereien.

KLEIDERSTOFF, SEIDE — DOUPIONSEIDE

INDISCHE STICKEREI — AFRIKANISCHES GEWAND — BAUMWOLLZWILLICH

PERSISCHER KELIM — MODERNE STICKEREI

HANDNÄHTE BEI LEICHTEM STOFF

Verwendet man für eine Kissenplatte hauchdünnes Material, z. B. ein altes, mürbes Stoffstück oder einen leichten, exotischen Kleiderstoff, sollte man für die Hinterfütterung ein Material aussuchen, das nicht nur in Stärke und Dichte, sondern auch farblich zum Oberstoff passt. Hier wurde beispielsweise ein batikgemusterter Rockstoff aus Westafrika vorbereitet und sorgfältig per Hand auf einen gleichfarbigen Stoff gesetzt. Für dieses Kissen braucht man außerdem Stoff für Kissenrücken und Hinterfütterung, Füllung, Verschluss nach Wahl und Nähzeug.

1 **MARKIEREN** Kissenplatte mit rechter Seite nach oben legen. An allen Seiten mit Schneiderkreide Linien 1 cm neben Kanten zeichnen. Mit Winkel möglichst regelmäßige Form zeichnen – bei Bedarf weiter entfernt von Kanten zeichnen, damit ein Quadrat oder Rechteck entsteht.

2 **UMDREHEN UND HEFTEN** Stoff mit linker Seite nach oben legen. Stoffkante in Markierung umlegen und bügeln. Alle Seiten heften und bügeln. So entsteht auch an unregelmäßig geformten Teilen eine gerade, gut zu verarbeitende Kante.

An schmalen Kanten in dünnen Stoffen sind Briefecken nicht nötig.

3 **ZUSCHNEIDEN** Kissenplatte mit rechter Seite nach oben auf rechte Seite des Unterstoffs legen. Platte als Schnitt benutzen und rundum in 1,5–2 cm Abstand Linie aufzeichnen. Hinterfütterung in dieser Größe zuschneiden. Kissenrücken in gleicher Größe mit Zugaben je nach gewünschtem Verschluss zuschneiden.

Kissenplatte eventuell an Hinterfütterung heften, damit sie beim Anzeichnen nicht verrutscht.

4 **AUF DAS KISSEN NÄHEN** Den Kissenbezug mit einem Verschluss arbeiten. Die Kissenplatte aufstecken und heften. Mit kleinen, gleichmäßigen Saumstichen rundum annähen. Vorsichtig die Heftstiche entfernen und die Füllung einschieben.

FERTIGES KISSEN

HINTERFÜTTERN UND EINFASSEN

Die kleinen Unregelmäßigkeiten an alten oder ungewöhnlichen Textilien, die man verschwinden lassen möchte, lassen sich gut durch eine Blende verdecken. Durch unterschiedlich breite Blenden macht man jedes Stoffstück für einen quadratischen Kissenbezug passend. Neben dem entsprechenden Material für die Kissenplatte braucht man eine passende Hinterfütterung, genügend Stoff für den Kissenrücken, Füllung, Verschluss – zu diesem Kissen passt wirklich kein Seitenverschluss – sowie das übliche Nähzeug.

1 HINTERFÜTTERUNG ZUSCHNEIDEN Kissenplatte auf Hintergrundstoff legen und Blendenbreite festlegen – bei ungleichmäßigen Rändern muss sie breiter sein. Rundum 1 cm zugeben. Korrekte Größe mit Winkel aufzeichnen und Hinterfütterung zuschneiden.

2 EINFASSEN Platte mit rechter Seite nach oben auf linke Seite der Hinterfütterung legen. Stoffkanten an Hinterfütterung 1 cm nach links umlegen, dann in gewünschter Breite über Kissenplatte umlegen. Briefecken arbeiten *(siehe Seite 23)*, bügeln. Stecken, heften, mit Saumstich oder Maschine annähen.

3 KISSENRÜCKEN ZUSCHNEIDEN Für mit Saumstich zugenähtes Kissen Kissenplatte als Schnittmuster für Kissenrücken nehmen und rundum 1,5 cm zugeben. Für rückwärtigen Verschluss entsprechend zuschneiden *(siehe Seite 133 und 137)*.

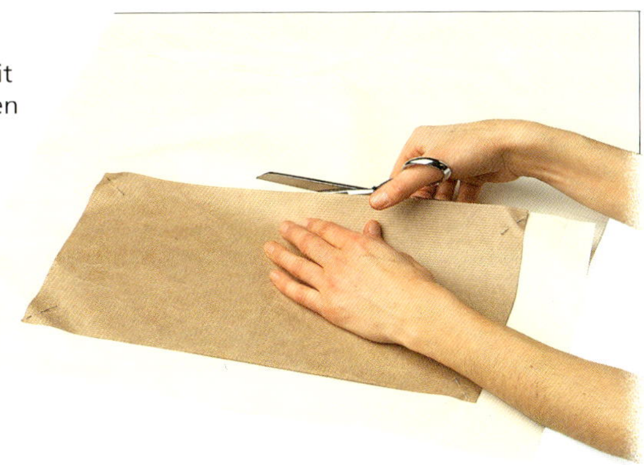

4 UMLEGEN Kissenplatte und -rücken links auf links legen. Umrisse von Platte auf Rücken anzeichnen. Rücken umdrehen und Kanten in diesen Linien nach links umlegen. Ecken einknipsen, bügeln und anheften.

5 ZUSAMMENSETZEN Kissenplatte und -rücken links auf links legen. Teile zusammenstecken und heften, dann rundum knappkantig absteppen. So werden nur Rücken und Blende, nicht aber die Kissenplatte belastet. Heftstiche entfernen, fertigen Bezug bügeln und Füllung einschieben.

Die Blende kaschiert Unregelmäßigkeiten und schafft eine gerade Kante.

FERTIGES KISSEN

Prägesamt und Brokat
Einen geradezu dekadenten Look schafft man mit feudalen Kissenstoffen und Besatz aus theatralischen Kordeln, Fransen und Troddeln. Chenille, Bouclé, Samt und Brokat sind hier genau richtig, und je höher man die Kissen türmt, desto opulenter ist die Wirkung.

EINFACHE STUHLKISSEN

IN DEN MEISTEN HAUSHALTEN FINDET SICH eine Vielzahl von hölzernen Sitzgelegenheiten – in Küche, Esszimmer, Arbeits- und Spielzimmer –, eine härter und unbequemer als die andere. Für solche Stühle lassen sich leicht schlichte, abnehmbare Kissen anfertigen. Damit macht man den Stuhl nicht nur bequemer, sondern bringt auch Muster und Farbe ins Zimmer und bindet ein Möbelstück in den Einrichtungsstil ein. Sie haben die Wahl zwischen unterschiedlichen Befestigungsmöglichkeiten, von einfachen Bindebändern bis zu Gummizügen oder Klettband, je nach gewünschter Wirkung. Als Verzierung bieten sich Knöpfe oder Noppen an.

STUHLKISSEN MIT BÄNDERN

Bei Stuhlbezügen sollte man den Verwendungszweck bedenken: Für viel benutzte Bereiche etwa nimmt man einen leicht waschbaren Bezugsstoff. Stoffverbrauch durch Ausmessen der Sitzfläche berechnen und genügend für Bänder und Paspel einkalkulieren. Für die Paspellänge Umfang der Sitzfläche messen. Für das Schnittmuster braucht man Transparentpapier und Filzstift, für die Füllung 4 cm dicken Schaumstoff. Außerdem: Nähzeug.

Transparentpapier für den Papierschnitt erleichtert die Arbeit.

1 SCHNITT ABNEHMEN Schnitt auf Transparentpapier zeichnen. Zunächst Papier etwas größer als Sitzfläche schneiden. Papier auf Sitz legen und an Kanten einkniffen. Sitzkonturen mit Bleistift nachzeichnen. An der Rückenlehne Papier sorgfältig knicken, markieren und ausschneiden.

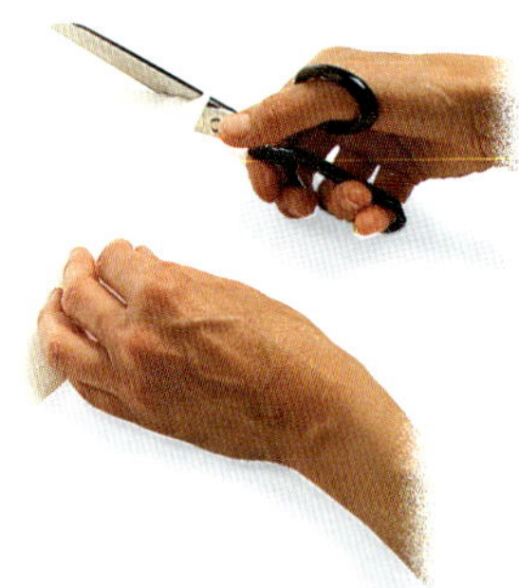

Beim Ausschneiden sorgfältig den markierten Linien folgen.

2 SCHNITTMUSTER AUSSCHNEIDEN Schnitt vom Stuhl nehmen und längs in Mittelachse falten. Kontrollieren, ob Schnitt symmetrisch ist, eventuell korrigieren, dann ausschneiden. Passform am Stuhl überprüfen, vor allem an der Lehne, bei Bedarf korrigieren.

3 SCHAUMSTOFF ZUSCHNEIDEN Schnitt auf Schaumstoff legen. Form mit Filzstift aufzeichnen und mit großer Haushaltsschere ausschneiden. Schnitt auf Stoff legen und mit rundum 1,5 cm Nahtzugabe zuschneiden. Nahtlinie des Bezugs messen und Paspel in dieser Länge plus 5 cm zum Ansetzen zuschneiden.

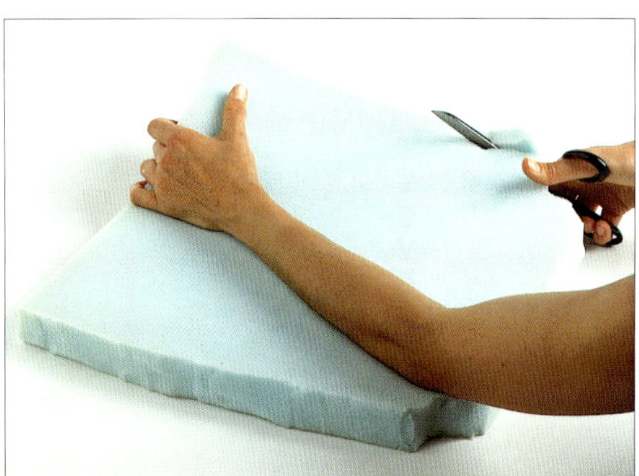

4 ZUSAMMENSETZEN Paspel anfertigen *(siehe Seite 24)*. Paspel von rechts an Kissenplatte setzen. Kissenplatte und -rücken rechts auf rechts legen, stecken, heften und nähen, hinten Öffnung für Füllung lassen. Nahtzugaben und Ecken beschneiden und einschneiden. Bezug durch Öffnung wenden.

5 BINDEBÄNDER ANSETZEN Kissenbezug auf Stuhl legen und Positionen für Bänder anzeichnen. Für Bänder zwei 60 x 3 cm große Stoffstücke zuschneiden *(siehe Seite 29)*. Bänder zusammenlegen, anstecken und von innen an Paspel am Kissenrücken nähen. Dekorativer wirken breitere Bänder, die man zu größeren Schleifen bindet.

6 ÖFFNUNG SCHLIESSEN Bezug bügeln und Füllung durch Öffnung einschieben; die Ränder müssen glatt sitzen. An Öffnung Nahtzugaben nach innen umlegen und mit Saumstich schließen. Zum Waschen Saumstiche einfach aufschneiden und Füllung herausnehmen.

FERTIGES KISSEN

Durch die Bänder lässt sich das Kissen leicht abnehmen.

KISSEN MIT KNÖPFEN

Mit schönen Knöpfen lassen sich selbst gemachte Möbelbezüge sehr schnell und ganz einfach verzieren; besonders gut wirken sie an schlichten Teilen wie einem abnehmbaren Stuhlkissen oder Polster *(siehe Seite 160)*. Am besten arbeitet man mit stoffbezogenen Knöpfen. Sollen sie sich in Farbe und Muster vom Kissen abheben, kann man auch mit fertig gekauften Knöpfen vorlieb nehmen, sollen sie jedoch zum Kissenstoff passen, muss man sie selbst beziehen *(siehe Seite 30)*. Außer Nähzeug braucht man eine große Polsternadel und kräftiges Garn oder Bindfaden.

1 KNÖPFE ANNÄHEN Knopfpositionen auf Bezug anzeichnen. Nadel einfädeln und an einer Markierung durch das Kissen stechen, dabei an Oberseite 10–15 cm langes Fadenende hängen lassen. Knopf auf Nadel stecken. Nadel durch dasselbe Loch wieder auf Oberseite stechen.

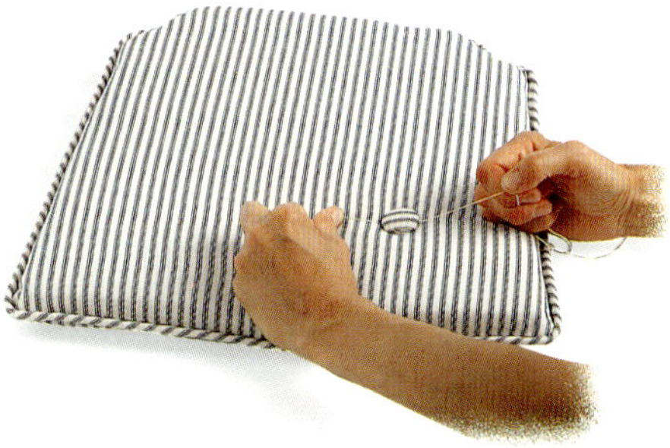

2 KNÖPFE BEFESTIGEN Zweiten Knopf des ersten Knopfpaares auf Nadel stecken, Nadel abziehen und Fadenenden gut verknoten. Enden fest anziehen, bis die Knöpfe tief ins Kissen sinken. Fadenenden fest um Knopfstiel verknoten und Enden abschneiden.

FERTIGES KISSEN

STUHLKISSEN MIT GUMMIZUG

Ein Gummizug um die Rückenlehne bewahrt das Stuhlkissen vor dem Hinunterfallen; außerdem wirkt der Stuhl damit auch eleganter. Ein solcher Gummizug lässt sich schnell selbst nähen und überziehen. Will man das Kissen waschen oder auswechseln, zieht man einfach den Stoffstreifen mit dem Gummizug über die Stuhllehne. Neben passendem Material für den Streifen braucht man 3 cm breite Gummilitze und Nähzeug.

1 BANDLÄNGE ERMITTELN Breite der Rückenlehne und Seiten der Streben messen. Gummilitze auf diese Länge schneiden. 9 cm breiten Stoffstreifen auf Länge der voll gedehnten Gummilitze schneiden.

2 BAND MARKIEREN Stoffstreifen der Länge nach rechts auf rechts zusammenlegen. Mit Hand oder Maschine an Schnittkante zum schmalen Schlauch zusammennähen. Schlauch wenden. Naht so verschieben, dass sie mitten auf einer Seite, nicht an der Kante liegt. Glatt bügeln.

3 GUMMILITZE EINZIEHEN Gummilitze an einem Schlauchende festnähen. In anderes Ende der Litze Sicherheitsnadel stecken, durch Schlauch ziehen. Am anderen Ende festnähen. Kissen auf den Stuhl legen, Positionen für die Bänder anzeichnen. Schnittkanten am Schlauch nach innen umlegen und Band an Kissen nähen.

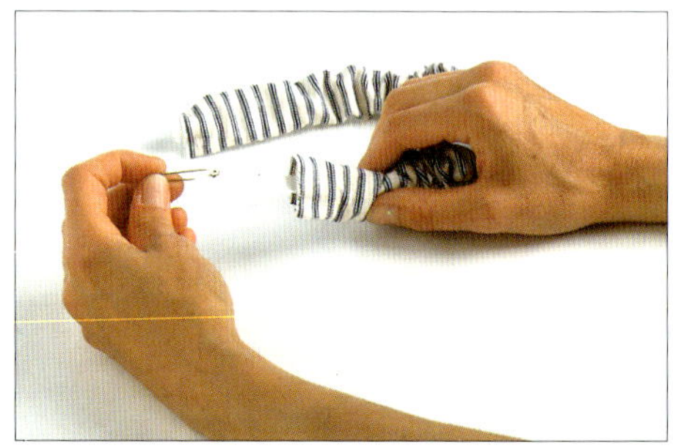

BÄNDER MIT KLETTVERSCHLUSS

Besonders unauffällig und ohne großen Aufwand lässt sich ein Kissen mit einfachen Stoffbändern und Klettband am Stuhl befestigen. (Klettband bekommen Sie in jedem Kurzwarengeschäft oder Kaufhaus.) Umfang der Stuhlstreben messen, 2,5 cm zugeben und zwei 9 cm breite Stoffstreifen auf diese Länge schneiden. Für die Bänder braucht man entsprechendes Material, Klettband und das übliche Nähzeug.

BÄNDER MIT KLETTBAND

Stoffstreifen rechte Seite auf rechte Seite der Länge nach zusammenlegen. 1,5 cm von der Schnittkante zusammennähen. Die Schläuche wenden und die Naht zur Mitte bügeln. Enden nach innen umlegen und mit Saumstich schließen. Streifen wie bei Bindebändern an Kissen nähen, auf Stuhl legen und an Enden Positionen für Klettband markieren. Streifen annähen.

FERTIGES KISSEN

FERTIGES KISSEN

STUHLKISSEN MIT NOPPEN

Noppen sind zwar weniger verbreitet als Knöpfe, aber ebenfalls eine traditionelle Möbelverzierung. Sie wirken weicher als Knöpfe und werden entweder gleich- oder kontrastfarbig gearbeitet, als dichte Fläche oder lockeres Büschel. Man verziert damit das fertige Kissen, hier ein schlichtes Stuhlkissen mit Bindebändern aus dem gleichen Stoff. Außer dem Stuhlkissen braucht man dickes Baumwollgarn, Bindfaden oder kräftiges Garn, eine große Polsternadel und Nähzeug.

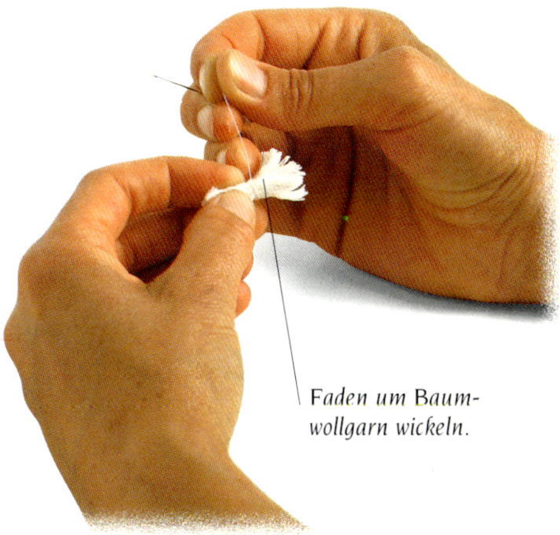

Faden um Baumwollgarn wickeln.

1 NOPPEN WICKELN Noppenpositionen auf Kissen markieren. Für Noppen dicke Baumwolle in gleich lange Stücke schneiden. Stücke zusammendrehen und in der Mitte mit Nadel und Faden umwickeln.

In fest umwickeltes Baumwollgarn einstechen.

2 BEFESTIGEN Dann die Nadel mitten durch die Umwicklung stechen. Bei Bedarf so lange wiederholen, bis die Noppe fest zusammenhält.

Enden mit Fingerspitzen ausfransen.

3 ENDE AUSFRANSEN An der gut befestigten Noppe mit den Fingerspitzen Fadenenden ausfransen, damit die Noppe fülliger wirkt.

4 NOPPE ANBRINGEN In die Polsternadel den Bindfaden oder ein kräftiges Garn einfädeln. Die Nadel durch die Mitte der Noppe stechen, Fadenende 10–15 cm hängen lassen. Noppe auf Kissen legen und Nadel senkrecht in Markierung durch Polster stechen.

FERTIGES KISSEN

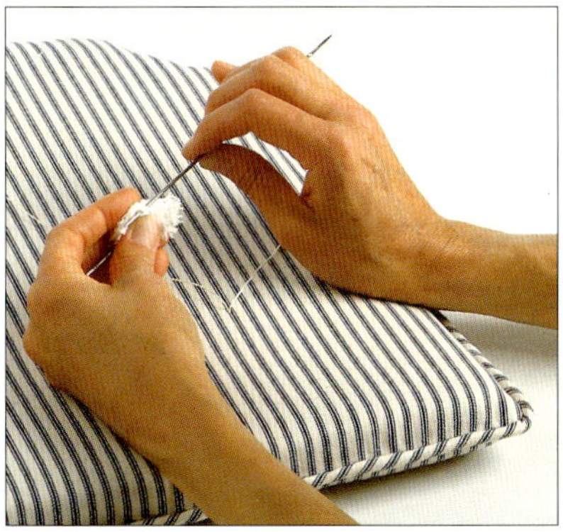

5 GEGENNOPPE ANBRINGEN Die Noppe auf die Unterseite des Stuhlbezugs legen und mit Garn befestigen. Mit der Nadel durch dasselbe Loch wieder auf die Oberseite stechen.

6 NOPPEN BEFESTIGEN Nadel abziehen und Fadenenden gut verknoten. Fadenenden anziehen, bis die Noppen tief ins Kissen sinken, dann um Noppe verknoten und Enden abschneiden.

Seide und Co.
Zusammengesetzte Musterproben verleihen diesem braunen Seidenkissen einen Hauch von Luxus. Die Kanten der grünen und gelben Musterstücke wurden ausgefranst, um weichere Übergänge zu schaffen. Ein zweites, schlichtes Kissen hebt die Schönheit der gewebten Muster noch hervor. Das Kissen im Hintergrund wirkt neben der glatten Seide eher kuschelig.

SITZPOLSTER

SITZPOLSTER MIT DICKER SCHAUMSTOFFFÜLLUNG sind bequeme und pflegeleichte Accessoires für Korb-, Metall- oder Holzsessel sowie für Bänke und Gartenmöbel, die draußen oder im Wintergarten stehen. Nehmen Sie für den Bezug ein stabileres Material, etwa Baumwollmöbelstoff; er behält die Form und lässt sich waschen. Damit sich der Bezug zum Waschen leicht abnehmen lässt, setzt man an einer Seite einen Reißverschluss ins Seitenteil.

EINFACHES SITZPOLSTER

Bei Sitzpolstern sollte man die Kanten an der Naht mit Paspeln *(siehe Seite 24)* verstärken und verzieren. Je nach Stuhlart kann es ratsam sein, das Kissen eventuell mit Bindebändern zu befestigen *(siehe Seite 29)*. Beim Ausmessen muss man den genauen Stoffverbrauch für Ober- und Unterseite, breites Seitenteil, Paspeln und Bindebänder kalkulieren. Außerdem braucht man Paspelkordel, Reißverschluss, Transparentpapier, Filzstift, ein scharfes Küchenmesser mit langer Klinge zum Zuschneiden des Schaumstoffs sowie Nähzeug.

1 **SCHNITT ABNEHMEN** Schnitt von der Sitzfläche abnehmen *(siehe Seite 154)*. Durchgezeichneten Schnitt auf weißes Papier übertragen.

2 **SEITEN AUSMESSEN** Schnitt auf Stoff stecken und Ober- und Unterteile mit 1,5 cm Nahtzugabe zuschneiden. Umfang des Schnittmusters messen; entspricht Länge von Paspel und Seitenteil. Zwei Paspelstreifen arbeiten *(siehe Seite 24)*, 5 cm zum Ansetzen zugeben.

3 **SCHAUMSTOFF ZUSCHNEIDEN** Schnitt auflegen, Konturen mit Filzstift aufzeichnen. Schaumstoff mit Küchenmesser oder elektrischem Tranchiermesser ausschneiden.

4 **SEITENTEIL** Stoff zuschneiden, Länge: drei Kissenseiten plus 3 cm, Breite: Kissenhöhe plus 3 cm. Für die vierte Seite mit dem Reißverschluss zwei Streifen zuschneiden, Länge: Seitenlänge plus 3 cm, Breite: halbe Kissenhöhe plus 3 cm. Zwischen diese Teile einen Reißverschluss setzen *(siehe Seite 31)*. Noch leichter geht das Abziehen, wenn man einen langen Reißverschluss in ein Seitenteil setzt, das ein Stück um die Ecken herum reicht. Seitenteile zusammenstecken. Ausprobieren, ob das Seitenteil glatt ums Polster passt.

5 **SEITENTEIL AN OBERTEIL SETZEN** Paspel an Ober- und Unterteil setzen *(siehe Seite 25)*. Seiten- und Oberteil rechts auf rechts legen. Seitenteil an Oberteil stecken, heften und nähen. Heftstiche entfernen.

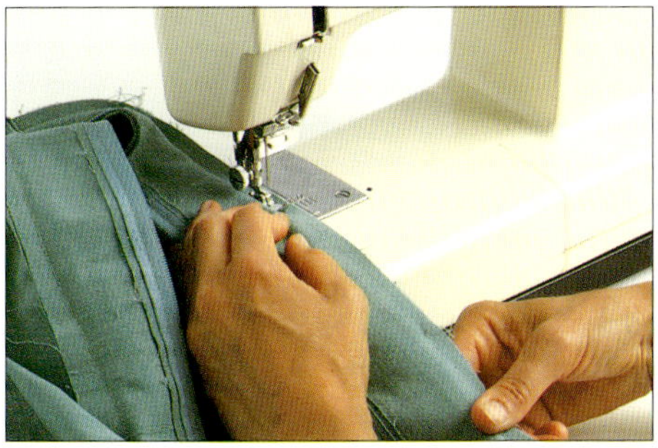

6 UNTERTEIL ANSETZEN
Reißverschluss öffnen, Seiten- und Unterteil rechts auf rechts zusammenstecken, heften und nähen. Heftstiche entfernen, Ecken einknipsen. Bezug wenden und bügeln. Füllung einschieben und gut in die Ecken drücken.

FERTIGES KISSEN

ANDERE FÜLLUNGEN

Bei Sitzpolstern, die ausschließlich im Haus benutzt werden, zum Beispiel auf Sofa oder Fenstersitz, ist eine Polyester- oder Federfüllung bequemer als Schaumstoff. Für Federfüllungen braucht man ein Inlett aus daunendichtem Stoff *(siehe Seite 10)*. Sitzpolster lassen sich mit Knöpfen oder Noppen auf Ober- und Unterseite oder einem gesteppten Seitenteil hübsch verzieren.

POLSTER MIT FEDERFÜLLUNG

GESTEPPTES SEITENTEIL

Ein dickes Sitzpolster wirkt mit gestepptem Seitenteil noch dekorativer. Für die gesteppten Seiten braucht man Stoff, Wattiermaterial und Musselin zum Hinterfüttern; außerdem Nähzeug. Für die Kissenfüllung stehen Schaumstoff, Federn oder Polyester zur Wahl. Das Sitzpolster wird gearbeitet wie links beschrieben, das Seitenteil jedoch wie folgt.

1 SEITENTEILE STECKEN
Wattierung und Musselin wie Stoff für Seitenteile zuschneiden – werden dadurch die Nähte zu dick, Wattierung wie hier ohne Nahtzugabe zuschneiden. Stoff und Musselin rechts auf rechts legen, die Wattierung dazwischen.

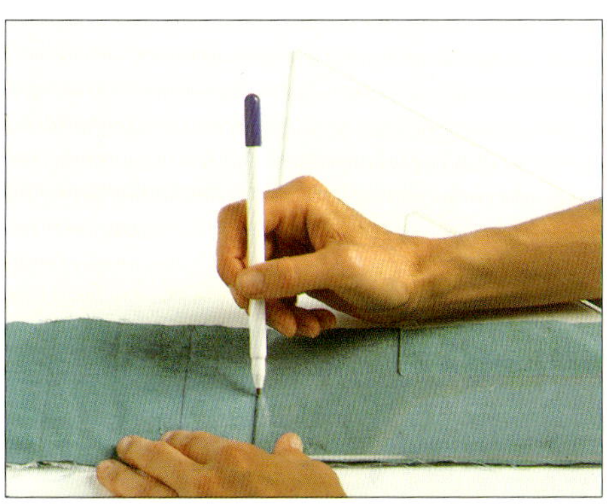

2 STEPPLINIEN MARKIEREN
Wattiertes Seitenteil an den Kanten stecken und heften, eventuell auch quer, damit der Stoff nicht verrutscht. Mit Winkel und Schneiderkreide oder Textilstift Stepplinien aufzeichnen.

3 LINIEN STEPPEN Entlang dieser Linien heften, dann mit der Maschine in den Heftlinien steppen. Heftstiche entfernen. Anschließend das Kissen – wie auf der linken Seite und oben beschrieben – zu Ende arbeiten.

FERTIGES KISSEN

POLSTER-ARBEITEN

SO WIE VORHÄNGE UND ROLLOS FENSTER VERSCHÖNERN, GIBT EIN STOFFBEZUG ALTEN ODER NEUEN STÜHLEN UND SESSELN EIN ANDERES GESICHT. IM GEGENSATZ ZU FESTEN BEZÜGEN, DIE DAUERHAFT MIT DER HOLZKONSTRUKTION VERBUNDEN SIND, LASSEN SICH LOSE ÜBERZÜGE MÜHELOS ZUM REINIGEN ABNEHMEN ODER GANZ NACH LUST UND LAUNE AUSWECHSELN. OB IHNEN DER SINN NACH DEKORATIVEM ODER PRAKTISCHEM STEHT – IN DIESEM KAPITEL FINDEN SIE ALLE NOTWENDIGEN ANLEITUNGEN FÜR LOSE UND FESTE BEZÜGE, AUSSERDEM EINE EINFACHE ANLEITUNG ZUM POLSTERN VON HOCKERN ODER LIEGEN.

ROBUSTES GEWEBE
Ein Hocker lädt müde Beine zum Ausruhen ein und dient als Ablagefläche für Zeitschriften. Damit er der täglichen Belastung standhält, bezieht man ihn am besten mit einem strapazierfähigen Baumwollgewebe.

GESTALTUNGSVORSCHLÄGE

MIT EINFACHEN STOFFBEZÜGEN LÄSST SICH fast jede Sitzgelegenheit durch Farbe, Muster und Struktur verwandeln. Am besten und wirkungsvollsten machen sich neue Bezüge für Sofas und Sessel im Wohnzimmer. Ein loser Überzug erweckt alte, abgewetzte Sessel oder Sofas zu neuem Leben, und selbst ganz schlichte, funktionale Möbelstücke sind mit einem ausgefallenen Bezug wie verwandelt. Suchen Sie robuste Stoffe aus, die das Möbelstück schützen und im Zusammenspiel mit anderen Stoffen und Möbeln zur übrigen Einrichtung passen.

ZENTRALES MOTIV
(oben) Der Esszimmerstuhl ist mit einem Baumwollstoff im Toile-de-Jouy-Druck bezogen. Das Motiv sitzt mittig auf Rückenlehne und Sitzfläche, und die Schabracke liegt durch Kellerfalten glatt über den Stuhlbeinen.

BODENLANGE HUSSE
(links) Unterschiedliche Esszimmerstühle verschwinden unter bodenlangen losen Überzügen. Hier zieren Paspelkanten und großzügige Kellerfalten die Hussen aus ungebleichter Baumwolle.

HUSSEN
(rechte Seite) Hussen mit stoffbezogenen Knöpfen sind die richtige Lösung für abgewetzte Sessel. Damit die Bezüge nicht zu unruhig wirken, wurden teilweise einfarbige Stoffe und Kissen verwendet.

NADELSTREIFEN
(linke Seite) Wolle ist von Natur aus schwer entflammbar, haltbar und antistatisch; ein Nadelstreifenstoff aus reiner Wolle eignet sich daher sehr gut für Sesselbezüge. Außerdem lässt er sich gut verarbeiten und relativ leicht mit der Maschine nähen. Die straff sitzenden Bezüge wirken gepflegt, die modern geformten Buchenbeine bilden einen Kontrast zum dunklen Polsterstoff. Anthrazitgraue Accessoires wie der karierte Teppich und der Hocker in grauem Flanell sorgen bei dieser Einrichtung für eine harmonische Einheit.

MIT AUSSCHNITT
(oben) Diese Stuhlbezüge sind wie ein ärmelloses Kleid oben ausgeschnitten und geben den Blick auf das gusseiserne Gestell frei. Das hat auch einen praktischen Vorteil: Am freiliegenden Gestell lassen sich die Stühle leichter anheben. Seidenstoffe in Fuchsienrot, Mandarin-Orange und Lindgrün mit Pomponborte geben der ansonsten eher steif wirkenden Sitzgruppe einen witzigen, koketten Anstrich.

TRUHENTISCH
(links) Eine Truhe oder Kiste hat die ideale Größe und Form für einen Couchtisch. Die Oberfläche schützt man mit einem schlichten Überzug. Durch die Kellerfalten an den Ecken lässt er sich einfach zum Waschen abnehmen.

EINFACHER MÖBELBEZUG

EIN SCHLICHTER SESSELBEZUG IST LEICHT ZU MACHEN, man muss nur sorgfältig Maß nehmen. Vor dem Zuschneiden zeichnet man einen maßstabgerechten Plan auf Millimeterpapier. Jedes Teil beim Zuschneiden beschriften. Teile auf den Sessel stecken, anpassen und zurechtschneiden, dann zusammennähen. Verarbeiten Sie robuste, haltbare Polsterstoffe wie schwere Baumwolle, Jacquards oder Baumwoll-Leinen-Mischungen und vergewissern Sie sich, ob diese schwer entflammbar sind – falls nicht, müssen sie mit feuerhemmendem Material unterfüttert werden. Der Stoff sollte Handwäsche oder chemische Reinigung vertragen.

AUSMESSEN

Die Paspel sitzt bei diesem schlichten Bezug an den Nahtlinien um das Rückenteil und an den vorderen Armlehnteilen sowie oben an der Schabracke. Diese Nahtlinien ausmessen und dafür Schrägstreifen und Paspelkordel zuschneiden, bei Bedarf für Ansatzstellen 1,5 cm zugeben *(siehe Seite 24)*. Sitzkissen abnehmen, Maß nehmen und Bezug arbeiten *(siehe Seite 160)*.

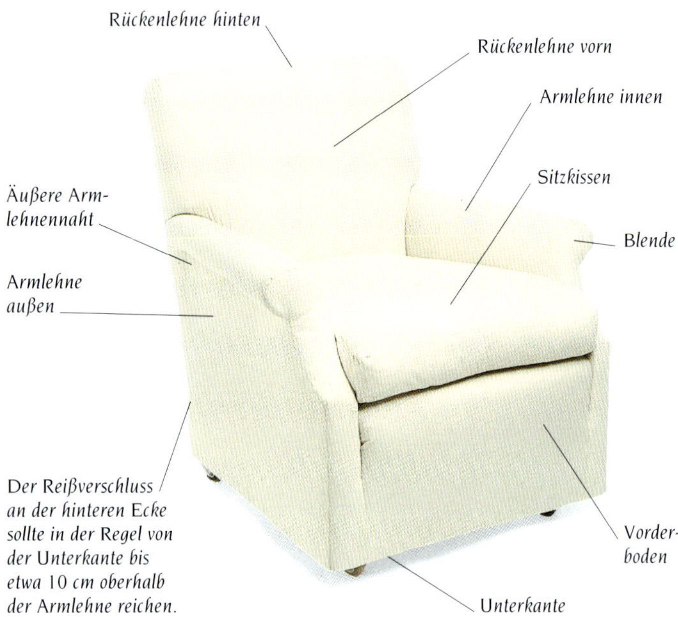

1 RÜCKENLEHNE HINTEN Breite an breitester Stelle messen. An beiden Seiten 2,5 cm Nahtzugaben, für Verschluss an Rückenlehne hinten und Armlehne außen 6 cm zugeben. Von unten bis oben messen. Unten 15 cm zum Umschlagen, oben für Naht 2,5 cm zugeben.

2 RÜCKENLEHNE VORN Von Oberkante bis Sitzfläche messen. Oben für Naht 2,5 cm, unten 15 cm zum Einstecken zugeben. Breite an breitester Stelle bis zu Nähten an hinterer Rückenlehne messen. Für eine Seitennaht 2,5 cm zugeben, für Reißverschlussöffnung 6 cm.

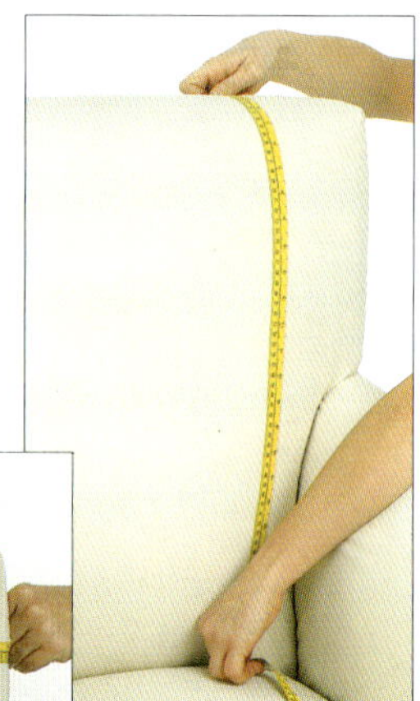

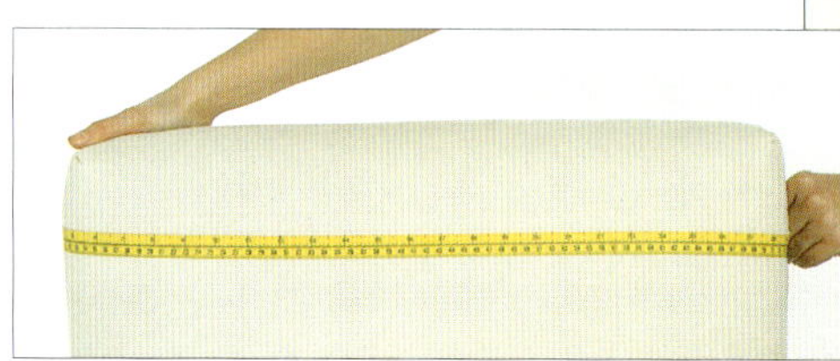

3 SITZFLÄCHE Sitzfläche von Rückenlehne bis Vorderkante messen. Vorn 2,5 cm für Nahtzugabe, hinten 15 cm zum Einstecken zugeben. Sitzbreite zwischen Armlehnen messen, zum Einstecken seitlich je 30 cm zugeben.

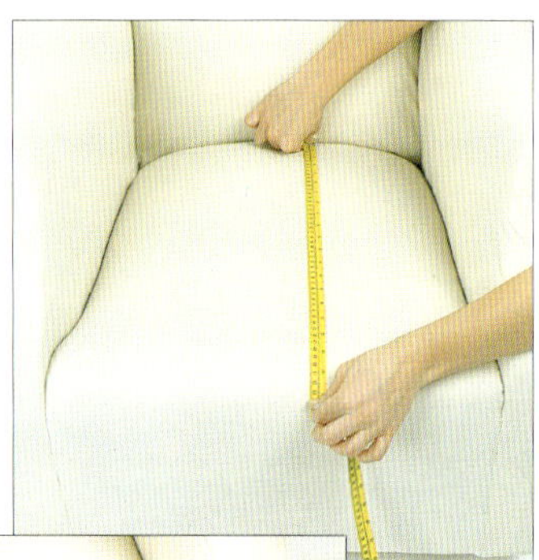

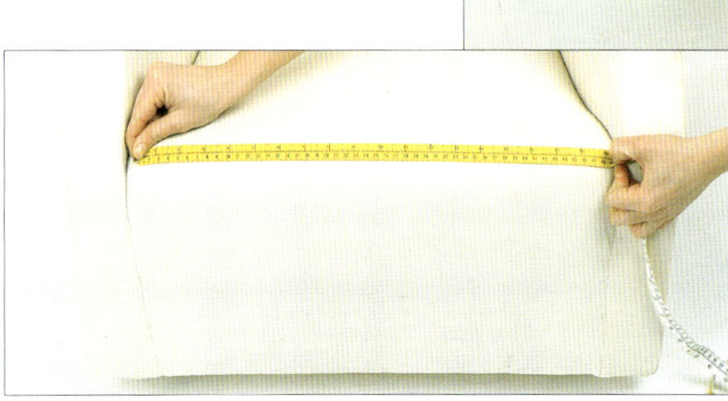

4 VORDERBODEN Vorderboden von Ober- bis Unterkante messen. An Oberkante 2,5 cm Nahtzugabe, an Unterkante 15 cm zum Umschlagen zugeben. Breite vorn zwischen Armlehnen messen und je 2,5 cm für Seitennähte zugeben.

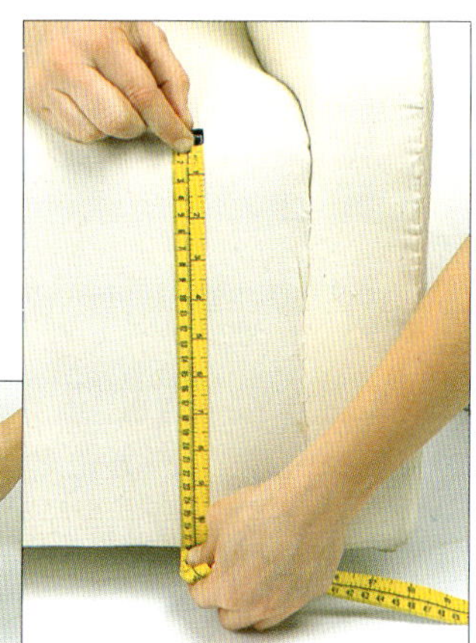

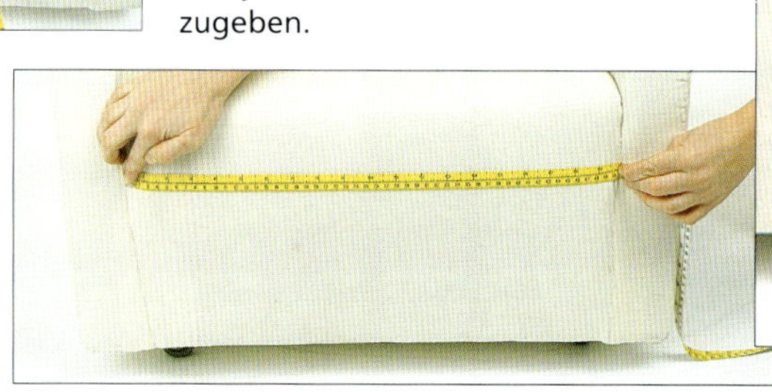

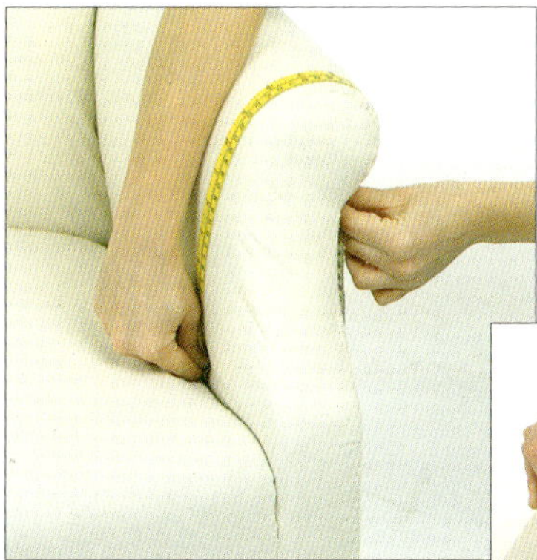

5 ARMLEHNE INNEN Armlehne von Sitzfläche über Oberteil bis zur äußeren Armlehnennaht messen. 18 cm zum Einschlagen innen und für äußere Naht zugeben. Armlehne an längster Stelle von vorne nach hinten messen. Für Nähte je 5 cm zugeben.

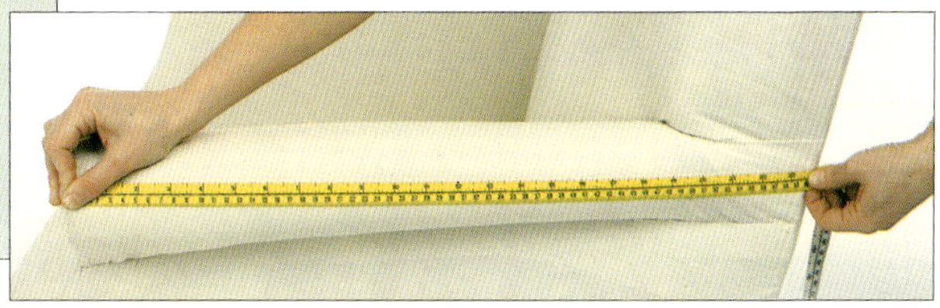

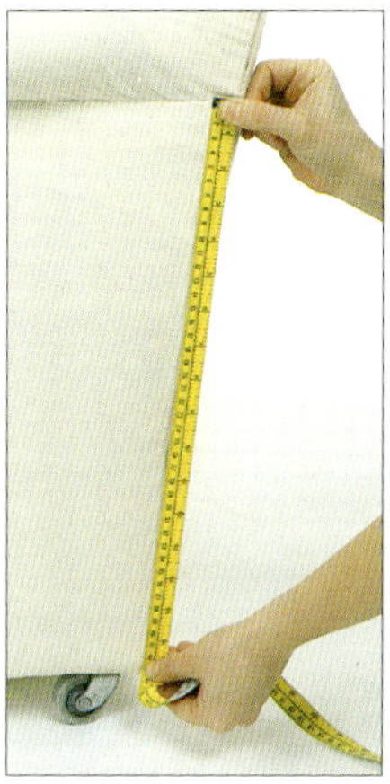

6 ARMLEHNE AUSSEN Länge an längster Stelle von vorn nach hinten messen. Für Nähte je 5 cm zugeben. Von äußerer Armlehnennaht bis Unterkante messen. Für innere Armlehnennaht 2,5 cm, unten zum Umschlagen 15 cm zugeben.

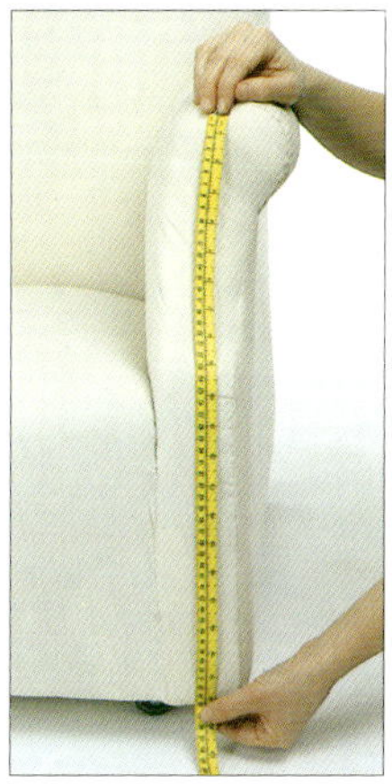

7 BLENDE Messen Sie die Blende an ihrer breitesten und längsten Stelle. 5 cm zu jedem Maß für den Vorderboden, die Armlehnen außen und innen addieren. Außerdem 15 cm Länge zum Einschlagen an der Unterseite hinzufügen.

Schabracke

Wenn Sie Schabracken mit Eckfalten haben möchten, so sollten Sie daran denken, dass Sie sie füttern müssen. Die Stoffbahnen auf die gewünschten Längen zusammensetzen und die Ansatzstellen in Ecken oder Falten verstecken.

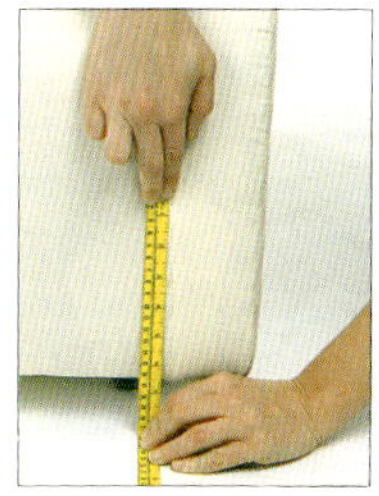

1 AUSMESSEN Schabrackenlänge ausmessen und 3 cm für Nahtzugaben zugeben. Futter im gleichen Maß wie Schabracke zuschneiden.

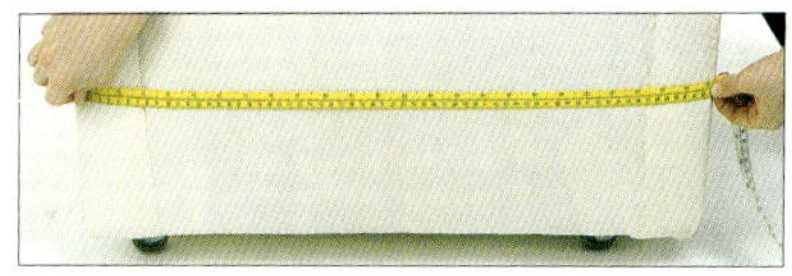

2 SCHABRACKENNAHT Seiten in Höhe der Schabrackennaht 18 cm über Boden messen. Für Falten am Ende jeder Seite 12,5 cm zugeben, für Reißverschlussöffnung je 6 cm.

Zuschnittskizze

Einfarbige und klein gemusterte Stoffe sind leicht zu verarbeiten, bei großen Mustern braucht man wegen der Musteranschlüsse mehr Stoff. Motive mittig platzieren. Zuschnittskizze zeichnen. Im Plan für den losen Bezug *(Arbeitsanleitung siehe Seite 174)* ist der Fadenlauf mit Pfeilen markiert. Zur Einschätzung des Stoffverbrauchs und als Zuschneidehilfe Schnittteile maßstabgerecht aufzeichnen. Stoff zunächst in Rechtecke schneiden und Teile nach Anprobe auf Sessel zurechtschneiden. Zuschnittliste nach folgendem Schema aufstellen: Rückenlehne hinten: 1, Armlehne außen: 2, Blende: 2, Rückenlehne vorn: 1, Sitzfläche: 1, Schabracke: nach Wunsch zuschneiden, Vorderboden: 1, Sitzkissen: nach Bedarf, Armlehne innen: 2, Schrägstreifen für Paspel: nach Bedarf. Beim Zuschneiden zur besseren Orientierung jedes Teil mit aufgestecktem Zettel kennzeichnen.

Zuschnittskizze für einfachen Bezug

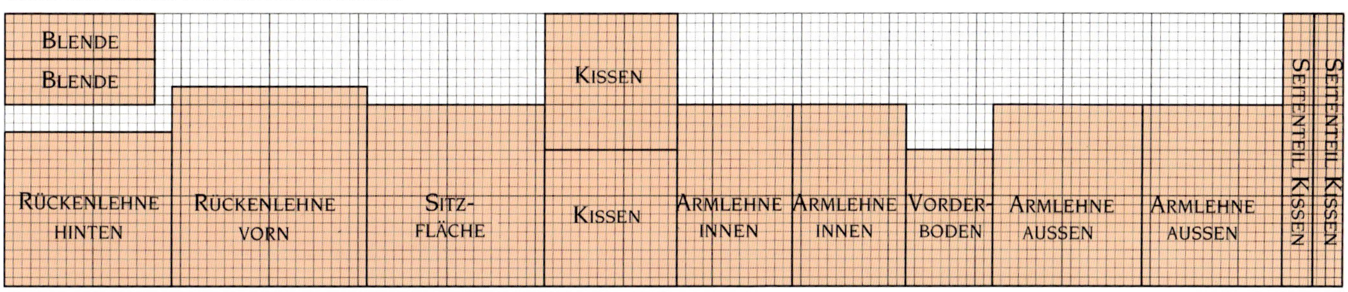

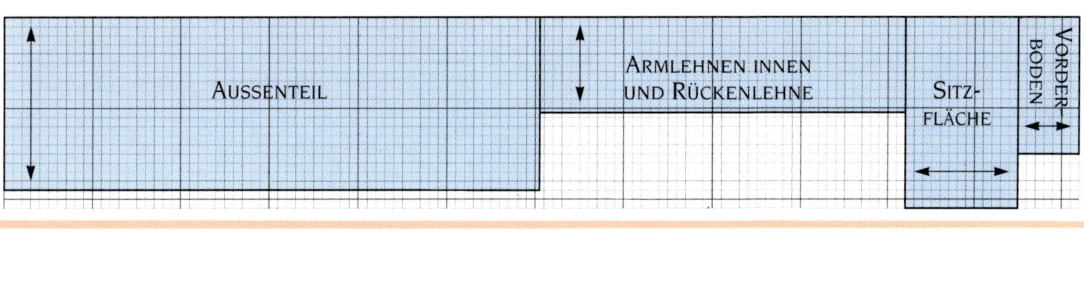

Zuschnittskizze für losen Bezug *(Seite 174)*

BEZUG ANPASSEN

Vor dem Anpassen entscheidet man, ob man den Bezug mit der rechten oder linken Seite nach außen aufsteckt. Hier wird mit der rechten Seite nach außen gearbeitet; das erleichtert die Musterverteilung. Liegt die linke Seite außen, lassen sich Nähte leichter markieren. Gekennzeichnete Stoffteile *(siehe Seite 169)* aufstecken und zurechtschneiden. Nähzeug bereitlegen.

1 VORDERE RÜCKENLEHNE MARKIEREN
Mitte markieren. Mit Stecknadeln oder Schneiderkreide an Sessel senkrechte Mittellinie markieren.

2 STOFF AUFSTECKEN
Stoff auflegen, gegebenenfalls Motive mittig platzieren. Mittellinie auf Stoff markieren, auf Mittellinie Sessel bringen und Stoff in Mitte feststecken.

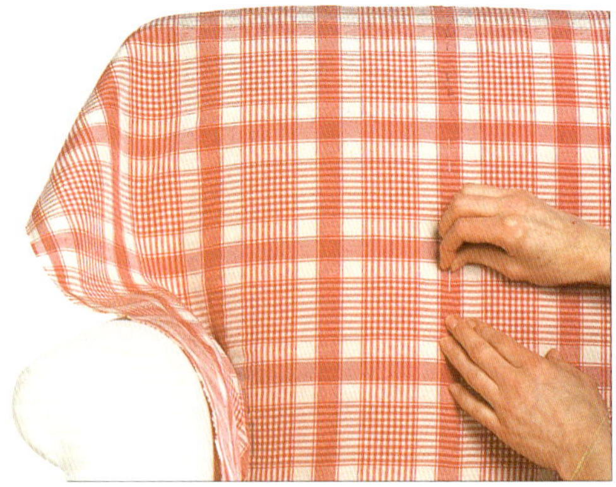

Stoff straff um Sessel ziehen und stecken.

3 OBEN UND SEITLICH STECKEN Vorderes Rückenlehnenteil glatt streichen und oben und seitlich an Sessel stecken. Überschüssigen Stoff an Ecken wegschneiden.

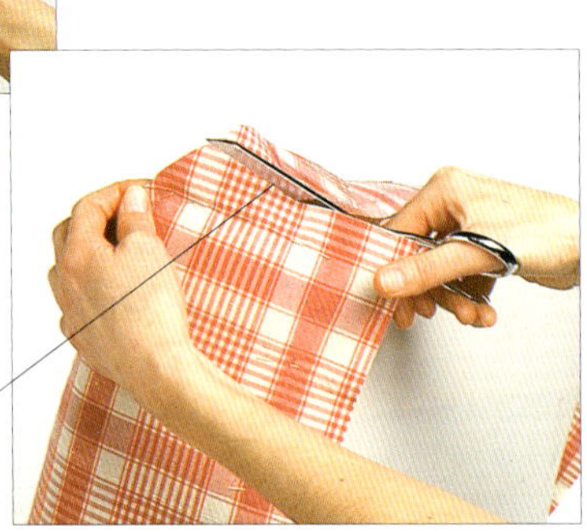

Stoffüberstand an Ecken wegschneiden.

4 ARMLEHNEN Stoff an Armlehnen glatt streichen und feststecken, dann Stoff auf 2,5 cm Nahtzugabe beschneiden und einknipsen. Hinten an Sitzfläche 15 cm zum Einstecken übrig lassen, überschüssigen Stoff gegebenenfalls abschneiden.

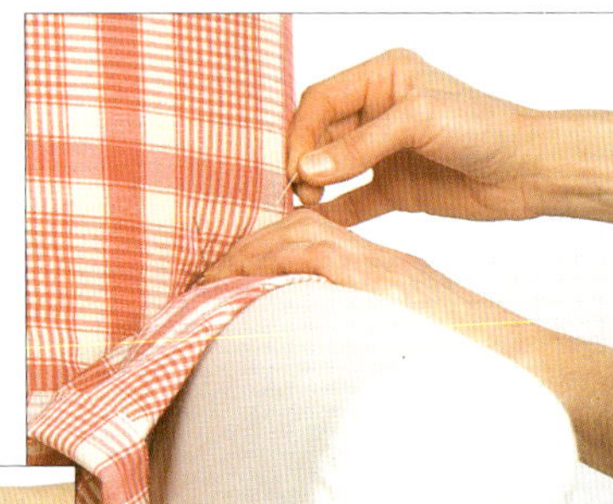

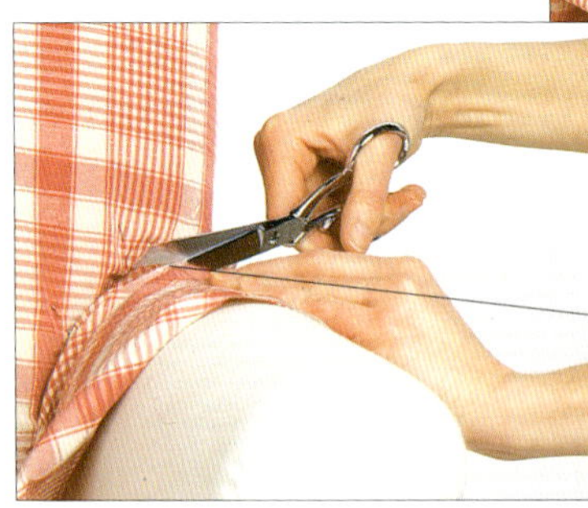

An Rundungen einschneiden, immer 2,5 cm Nahtzugaben stehen lassen.

5 SITZFLÄCHE MARKIEREN Mitte markieren. Senkrechte Mittellinie auf Sessel und Stoffteil markieren. Stoff auf Sitzfläche legen, Linien aufeinander legen.

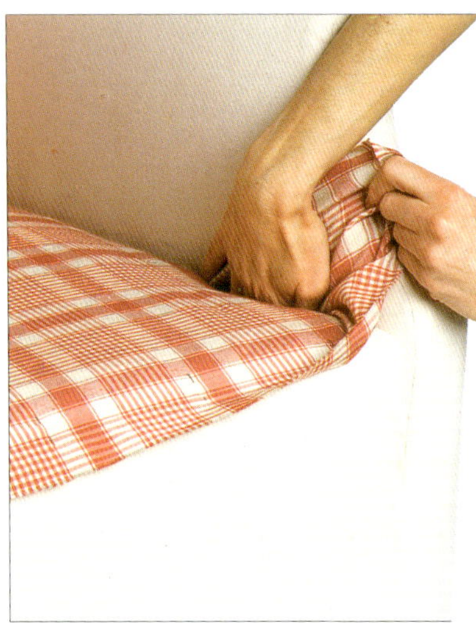

6 STOFF EINSTECKEN Stoff für Sitzfläche an Vorderkante mittig auf Sessel stecken, hinten überlappen lassen. 15 cm Stoffüberstände hinten und seitlich glatt einstecken. Seitlich feststecken.

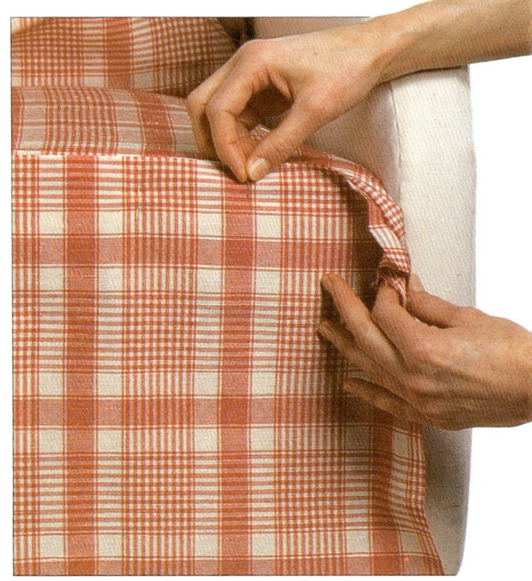

7 VORDERBODEN ANLEGEN Stoffteil an Oberkante mittig feststecken. Kontrollieren, ob oben und seitlich 2,5 cm Nahtzugaben übrig bleiben.

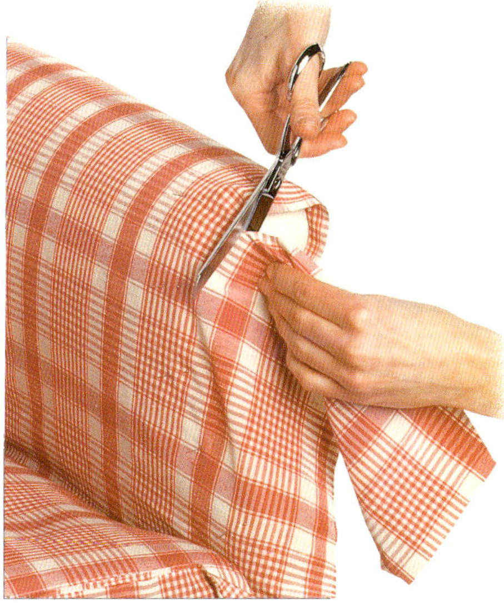

8 **ARMLEHNEN INNEN** Innere Armlehnteile anstecken. Zurechtschneiden, 2,5 cm Nahtzugaben stehen lassen. Stoff zwischen Armlehne und Sitzfläche glatt einstecken.

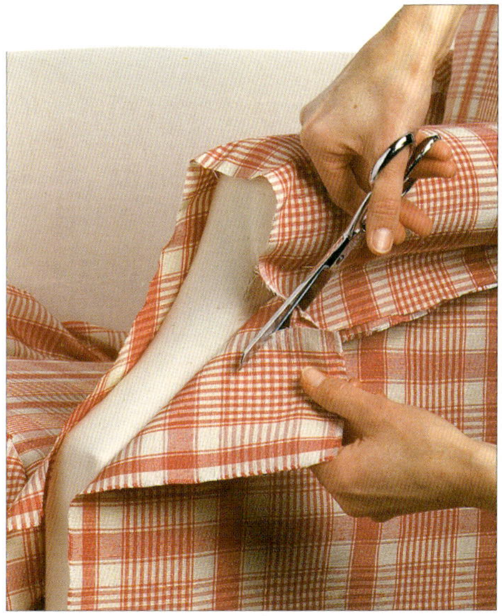

9 **ARMLEHNEN AUSSEN** Stoffteile aufstecken. Passend zurechtschneiden, dabei rundum 2,5 cm Nahtzugaben belassen.

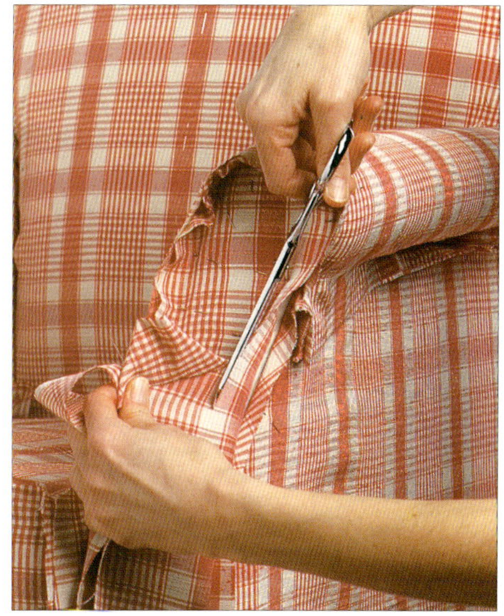

10 **BLENDEN** Die Stoffteile aufstecken und den Stoff passend zurechtschneiden, anschließend die Nahtzugaben vorsichtig einschneiden.

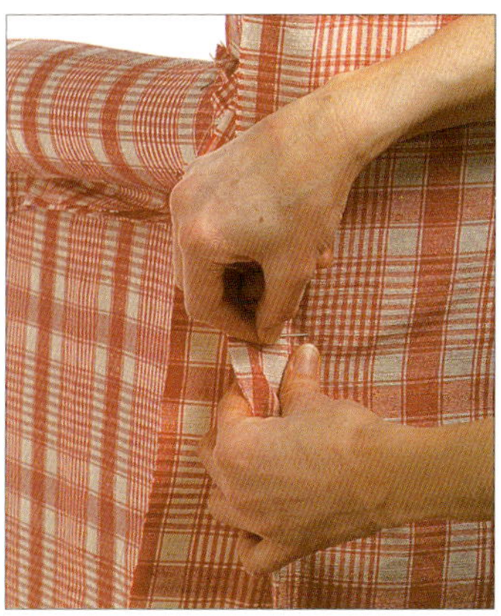

11 **RÜCKENLEHNE HINTEN** An Sessel Mittellinie markieren. Stoffteil auflegen, Mittellinie markieren. Für Reißverschlussöffnung 6 cm Zugabe berechnen. Stoff dicht an Nahtlinie stecken, dann zurechtschneiden. Für alle Nähte 2,5 cm, für Reißverschluss 6 cm zugeben.

Dicht an Nahtlinien stecken.

12 **NÄHTE STECKEN** Sämtliche Stoffteile an allen Nähten zusammenstecken. Keine Nahtlinie vergessen!

MARKIEREN VON LINKS

Hat man den Bezug mit der linken Stoffseite nach außen aufgesteckt, kann man wie abgebildet die Nahtlinien von links mit einem Textilstift oder mit Schneiderkreide anzeichnen. Auch Ansatzpunkte an nebeneinander liegenden Schnittteilen zu markieren, kann hilfreich sein.

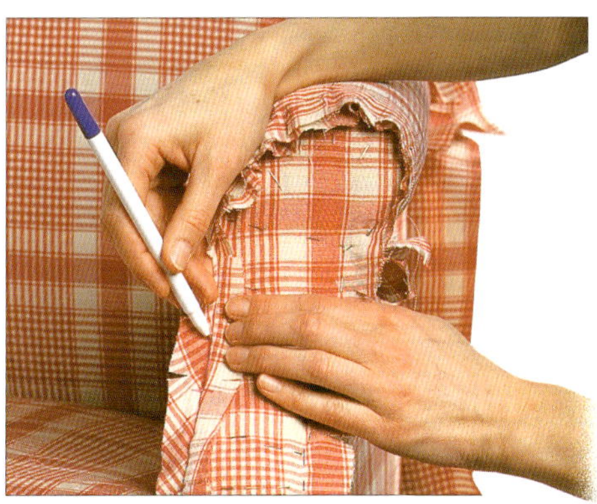

13 **NAHTLINIEN ANZEICHNEN** Die Nahtzugaben abschnittweise aufklappen und auf der linken Stoffseite mit Textilstift oder Schneiderkreide die Nahtlinien ganz genau aufzeichnen. Ansatzpunkte für die Nähte durch kleine Striche über den Nahtzugaben markieren. Bei geraden Nähten sollten diese Punkte ungefähr 15–20 cm, bei gebogenen 5 cm auseinander liegen, damit der Bezug exakt sitzt.

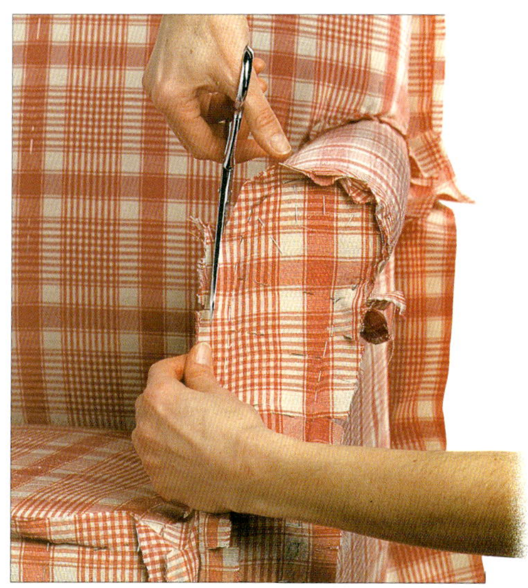

14 **NÄHTE BESCHNEIDEN** Alle Nahtzugaben auf 1,5 cm beschneiden, nur am Reißverschluss 6 cm stehen lassen. Alle Stecknadeln und Stoffteile vom Sessel abnehmen, bei Bedarf neu beschriften.

BEZUG NÄHEN

Bevor man die Teile rechts auf rechts zusammensteckt, heftet und näht, zunächst die Paspel *(siehe Seite 24)* mit mittelstarker Paspelkordel in der erforderlichen Länge arbeiten *(siehe Seite 168)*. Kordel für den Durchzug bereitlegen, der die Bezugecken unter dem Sessel festhält, und Verschluss, z. B. Reißverschluss, passend für die hintere Naht aussuchen. Zum Zusammennähen braucht man nur das übliche Nähzeug. Während der Arbeit immer wieder Passform überprüfen und eventuell korrigieren. Nähte jeweils versäubern und ausbügeln.

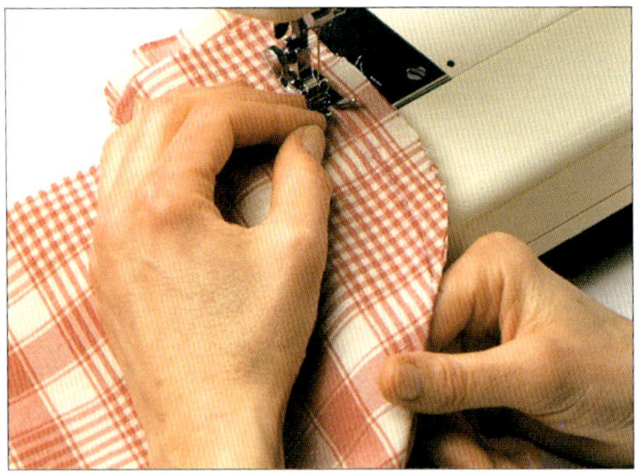

1 **ECKEN NÄHEN** Ecken an vorderem und hinterem Rückenlehnteil zusammenstecken, heften und nähen.

2 **SITZFLÄCHE UND VORDERBODEN** Vorderkante Sitzfläche an Oberkante Vorderboden stecken, heften und nähen.

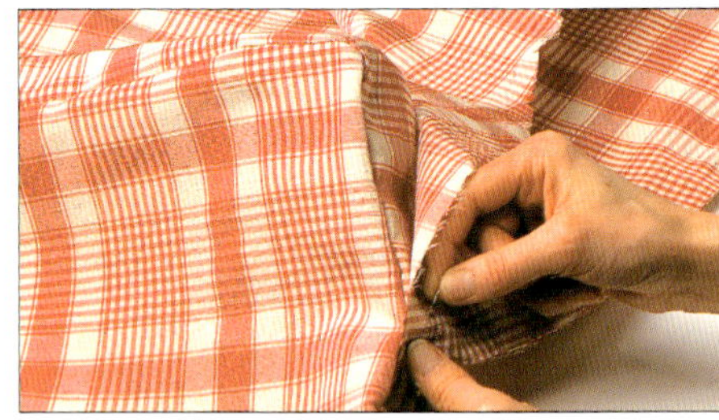

3 **ARMLEHNEN INNEN AN RÜCKENLEHNE UND SITZFLÄCHE** Sitzfläche seitlich an inneres Armlehnteil nähen, dann Unterkante Rückenlehne an Sitzfläche setzen, gefolgt von zweitem inneren Armlehnteil. Innere Armlehnteile an vorderes Rückenteil nähen.

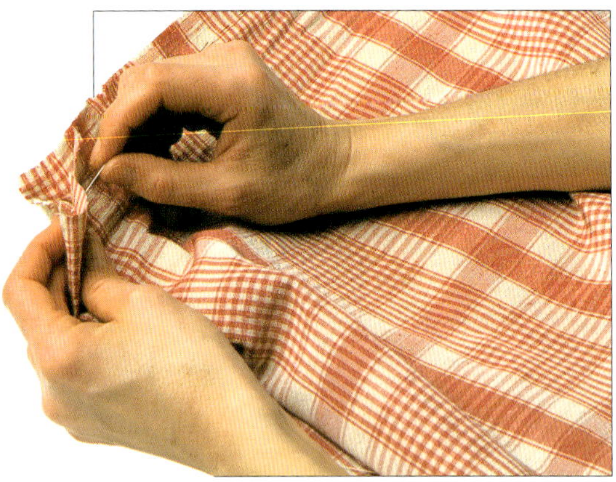

4 **EINSCHLAGTEILE STECKEN** Sesselflächen sind selten vollkommene Rechtecke, daher passen die Einschlagteile häufig nicht perfekt. Überschüssigen Stoff an längerem Teil dicht an innerer hinterer Ecke über kürzerem Teil umlegen. Dann äußere an innere Armlehnteile stecken, heften und nähen.

Paspel in Nahtlinie an Blende nähen.

5 **PASPEL AN BLENDEN SETZEN** Paspel an Nahtlinie auf Blenden stecken, heften und nähen. Gut aufpassen, dass Sie die Paspel in den Rundungen nicht dehnen.

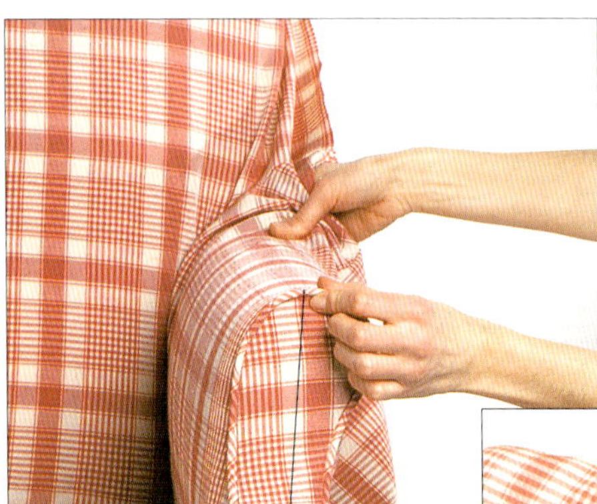

Vor dem Nähen Passform am Sessel überprüfen.

6 **PASSFORM KONTROLLIEREN** Äußere und innere Armlehnteile sowie Vorderboden in Nahtlinie an Kante der Blenden stecken und heften. Vor dem Nähen zur Kontrolle auf Sessel legen. Mit Reißverschlussfuß annähen.

Mit Reißverschlussfuß dicht an Paspel nähen.

Heften Sie den Saumlinien folgend.

7 **HINTERES RÜCKENLEHNTEIL ANSETZEN** Paspel in Nahtlinie an hinteres Rückenlehnteil nähen. Restlichen Bezug an hinteres Rückenlehnteil nähen. Unten zwischen hinterem Rückenlehnteil und äußerem Armlehnteil für Öffnung 6 cm Nahtzugabe stehen lassen.

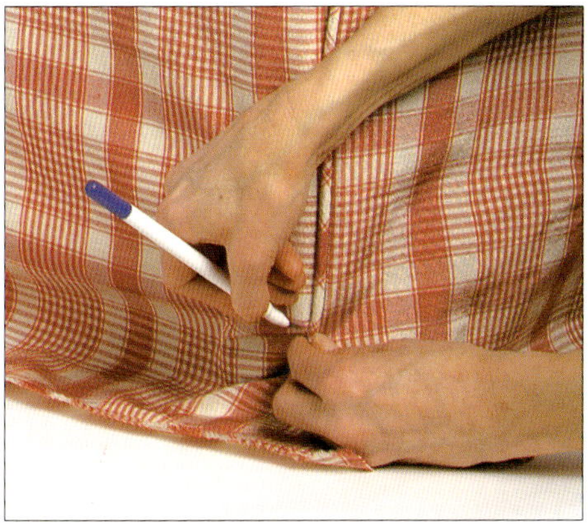

8 VERSCHLUSS MARKIEREN Bezug auf Sessel legen und Sesselunterkante auf Stoff markieren. Dies ist das untere Ende des Verschlusses. Bezug abnehmen und Reißverschluss *(siehe Seite 31)* in Öffnung setzen.

9 BESCHNEIDEN Bezug wieder überziehen. Kontrollieren, ob Stoff unten rundum gleichmäßig übersteht; bei Bedarf beschneiden.

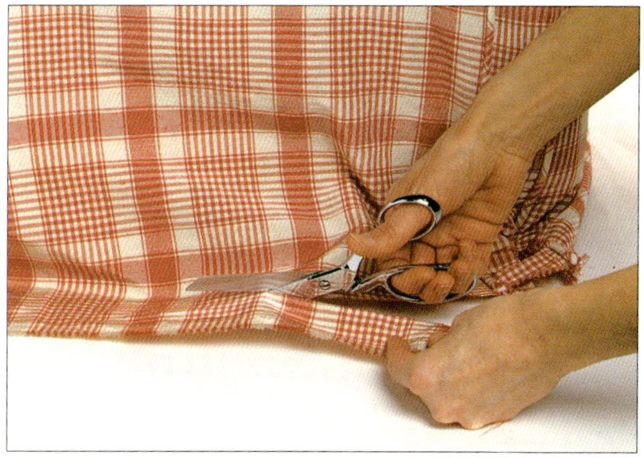

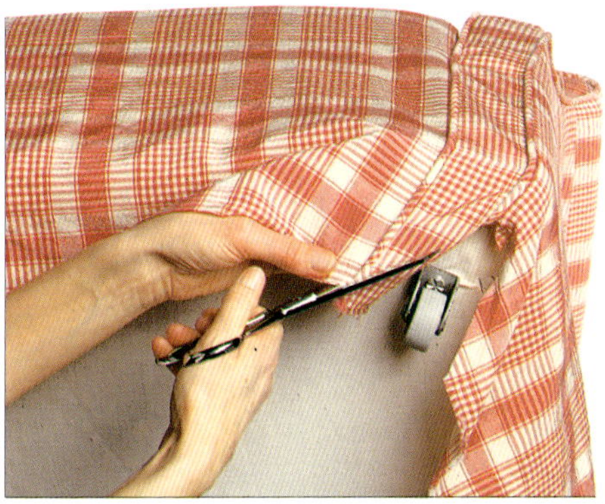

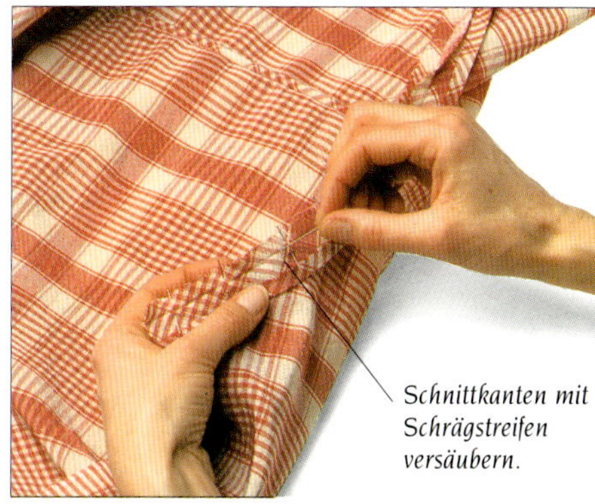

10 BESCHNEIDEN AN BEINEN Sessel auf Rückenlehne legen und Ecknähte bis zur Sesselunterkante auftrennen. Stoff an Beinen passend zurechtschneiden, 1 cm zum Umlegen stehen lassen.

11 KORDEL KÜRZEN Durch Paspelkordel lässt sich nicht gut nähen, daher am besten Enden aus Schrägstreifen herausziehen und 2 cm abschneiden.

12 SCHRÄGSTREIFEN ANSETZEN Stoff an Beinen mit Schrägstreifen *(siehe Seite 24)* oder 5 mm breitem doppelten Saum versäubern.

13 TUNNELDURCHZUG NÄHEN Die Schnittkanten unten am Bezug zuerst 1 cm, dann 2 cm nach links umlegen, stecken, heften und nähen.

14 KORDEL EINZIEHEN Bezug überziehen, Kordel durch Tunnel ziehen und Enden mit Schleifen festbinden. Bezug glatt streichen, Stoffenden einstecken und kontrollieren, ob die Paspeln gerade sitzen.

BEZOGENER SESSEL

Schabracke nähen und ansetzen

Oberkante Schabracke rundum am Bezug mit Stecknadellinie markieren. Hier liegt die Oberkante 18 cm über dem Boden. Geraden Verlauf kontrollieren, dann Bezug abnehmen. Stoff auf korrekte Länge und Breite zuschneiden *(siehe Seite 169)*. Stoffteile mit einfachen Nähten *(siehe Seite 18)* zusammensetzen. Futter in gleicher Größe zuschneiden. Bei Bedarf mit einfachen Nähten zusammensetzen. Nähte ausbügeln. Schabracke und Futterteile rechts auf rechts legen. Einfache Naht 1,5 cm von Unterkante nähen. Teile wenden und bügeln. Die Naht zwischen Futter und Schabracke sollte 3–5 mm von der Unterkante auf der Futterseite liegen.

1 PASPEL ANSETZEN Paspel an der Stecknadellinie auf den Bezug stecken; die Schnittkanten weisen dann zur Unterkante. An der Bezugöffnung Paspelenden je um 2 cm kürzen. Die Schrägstreifenenden je 2 cm nach links umlegen und mit Saumstich zunähen, so dass das Ganze sauber aussieht.

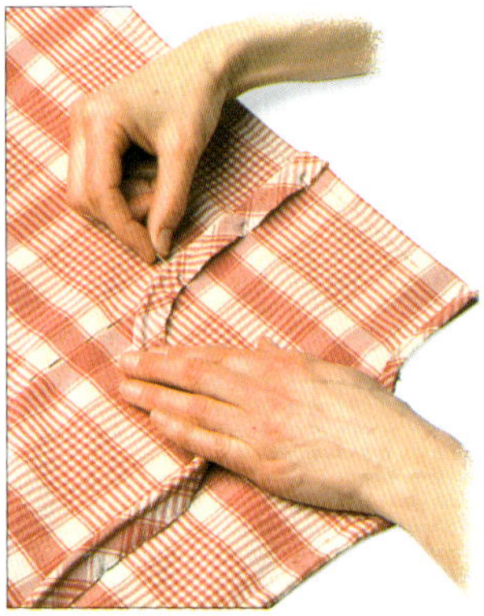

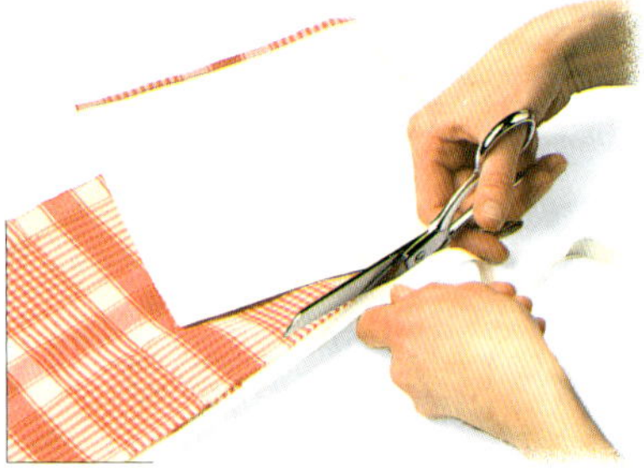

2 FUTTER BESCHNEIDEN Futter an Oberkante entsprechend Schabrackenstoff beschneiden. Stoffe 1,5 cm neben Oberkante zusammenheften. Seitliche Schnittkanten der Schabracke mit Zickzackstich versäubern.

3 SCHABRACKE AN BEZUG Schabrackenteile an gepaspelte Nahtlinie des Bezugs heften. Falten so legen, dass die Bruchkanten an den Ecken zusammenstoßen. Seiten der Öffnung je 6 cm umlegen. Unterkanten auf Gleichmäßigkeit überprüfen. An gepaspelter Nahtlinie annähen.

FERTIGE SCHABRACKE

LOSER BEZUG

EIN LOSER BEZUG FÜR SOFAS oder Sessel mit glatten Formen ist leicht zu nähen; man braucht dafür nur wenige Schnittteile. Zwar sitzt er nie so glatt wie ein maßgeschneiderter Bezug, ist dafür aber sehr viel schneller fertig. Verschaffen Sie sich vor dem Ausmessen anhand der Zuschnittskizze auf Seite 169 einen Überblick über die Schnittteile.

BEZUG ARBEITEN

Ein loser Bezug wird entweder mit Bindebändern unter dem Sessel gehalten oder ohne Bänder gearbeitet; in diesem Fall reicht der Stoff bis zum Boden. Für Bindebänder braucht man mehr Stoff: Die Unterkanten werden nach innen umgeschlagen und an den Ecken um die Beine festgebunden. Möchte man keine Bindebänder, gibt man lediglich 5 cm Saumzugabe zu. Man braucht Bezugsstoff und Nähzeug.

ABMESSUNGEN

Außen: Sesselumfang an breitester Stelle von Mitte zu Mitte der Blenden über Seiten und Rückenlehne messen. Je 2,5 cm Nahtzugaben zugeben. Vom Boden bis Oberkante Armlehne messen. Oben 2,5 cm für Naht, unten 12,5 cm zum Umschlagen zugeben.

Armlehnen innen, Rückenlehne vorn: Sesselumfang an breitester Stelle von Mitte zu Mitte der Blenden über Seiten und Rückenlehne messen. Je 2,5 cm Nahtzugaben zugeben. Vom Boden bis Oberkante Armlehne messen. Oben 2,5 cm für Naht, unten 15 cm zum Umschlagen zugeben.

Sitzfläche: Sitzfläche von Hinter- bis Vorderkante messen; hinten 15 cm zum Einstecken, vorn 2,5 cm für Naht zugeben. Sitzbreite an breitester Stelle zwischen Armlehnen messen und seitlich je 15 cm zum Einstecken zugeben.

Vorderboden: Breite: Sitzbreite plus 5 cm, Länge: Vorderkante Sitz bis Boden plus oben 2,5 cm für Naht, unten 5 cm für Saumzugabe bzw. 12,5 cm zum Umschlagen bei Bindebändern. Länge und Breite der Bindebänder festlegen und zuschneiden.

Zuschneiden: Zuschnittskizze zeichnen *(siehe Seite 169)*. Beim Zuschneiden von innerem und äußerem Rückenlehnteil Musterverteilung und Nahtpositionen berücksichtigen. Stoff im geraden Fadenlauf zuschneiden.

1 MITTE MARKIEREN An hinterer Kante von Sitzfläche und vorderem Rückenlehnteil mit Textilstift Mittelpunkte markieren.

Alle Nähte 2,5 cm neben Schnittkanten arbeiten.

2 ANEINANDER SETZEN Diese Teile rechts auf rechts zusammenlegen, Mittelpunkte aufeinander.

3 SITZFLÄCHE AN RÜCKENLEHNE Sitzfläche an inneres Rückenlehnteil nähen. Nahtzugabe von Rückenlehnteil an Ecken beschneiden, Nahtkanten einzeln mit Zickzackstich versäubern. Mittelpunkte an Vorderkante Sitzfläche und Oberkante Vorderboden markieren.

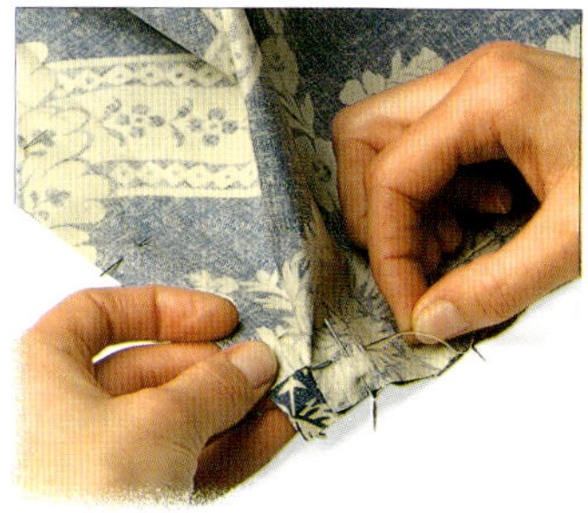

4 SITZFLÄCHE AN VORDERBODEN Vorderkante Sitzfläche rechts auf rechts an Oberkante Vorderboden nähen, Mittelpunkte aufeinander. Bis Nahtlinie nähen, Nahtzugabe an Sitzfläche einschneiden und Ecke nähen.

5 AUSSENSEITE AN INNENSEITE Äußeres Rückenlehnteil rechts auf rechts an inneres Rückenlehnteil stecken, heften und 2,5 cm neben Schnittkante nähen. Armlehnen noch nicht nähen.

6 ARMLEHNEN NÄHEN An Vorderkanten äußeres und inneres Armlehnteil rechts auf rechts zusammenstecken, heften und nähen. An der Naht zur Sitzfläche enden.

Nahtzugabe an Naht zur Sitzfläche darf nicht in die Naht geraten.

7 AUSSENTEIL AN VORDERBODEN Hinteres Außenteil rechts auf rechts an Vorderboden stecken, heften und nähen. Nicht durch Naht zur Sitzfläche nähen.

8 LÄNGE MARKIEREN Bezug überstreifen und Länge überprüfen. Bezug bei Bedarf kürzen, aber 5 cm Saumzugabe belassen. Gewünschte Länge mit Schneiderkreide oder Stecknadeln markieren. Bezug abnehmen und 2,5 cm breiten doppelten Saum umlegen und nähen. Bezug bügeln und überziehen.

FERTIGER SESSEL

BINDEBÄNDER

Sessel auf die Rückenlehne legen und Stoff an den Ecken entsprechend den Beinen beschneiden. Für die Kanten 2,5 cm Saumzugabe belassen. An den Umschlägen Seitenkanten und lange Seiten zu 1 cm breiten doppelten Säumen umlegen. Acht Bindebänder *(siehe Seite 29)* arbeiten, diese an die Umschlagecken nähen. An den Sesselbeinen festbinden.

HOCKER

EIN GLATTER BEZUG FÜR EINEN HOCKER ist die einfachste aller Polsterarbeiten; es sind nur wenige Werkzeuge und keine komplizierte Näharbeit erforderlich. Bei großen Hockern lässt sich die Sitzfläche mit Knöpfen verzieren – die Knöpfe werden mit dem Polsterstoff oder anderem Material bezogen. Soll ein alter Hocker aufgemöbelt werden, lässt man den Sitz eventuell von einem Profi neu mit schwer entflammbarem Material polstern, bevor man den neuen Bezug arbeitet.

KLEINER HOCKER

Einfache Stoffe oder Nessel für Weißpolster findet man im Kaufhaus oder im Fachhandel. Bei gemusterten Stoffen zunächst den Stoff auflegen und überprüfen, ob das Muster für den Zweck geeignet ist. Alten Bezug ausmessen, beim Zuschneiden 15 cm zugeben. Für den Bezug braucht man Stoff, Borte zum Verdecken der Ansatzstellen, Anstecknadeln, Stoffkleber, Tacker oder Polsternägel, einen kleinen Hammer und Nähzeug.

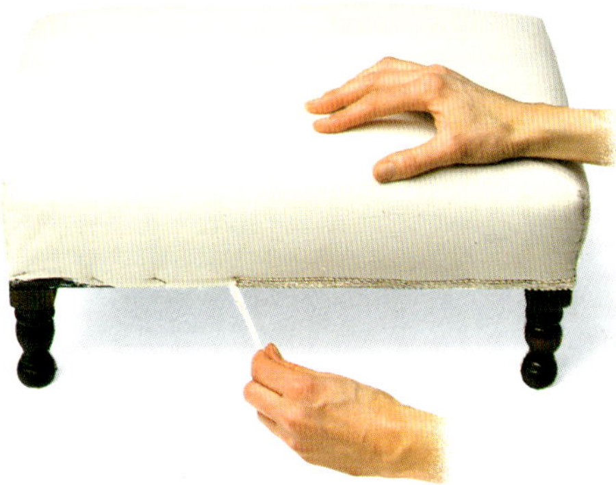

1 ALTE BORTE ENTFERNEN Hocker auf glatte, erhöhte Arbeitsfläche wie Küchentisch oder Werkbank stellen und alte Borte von Weißpolster oder altem Bezug entfernen. Ist der alte Bezug beschädigt oder abgewetzt, muss man ihn komplett entfernen.

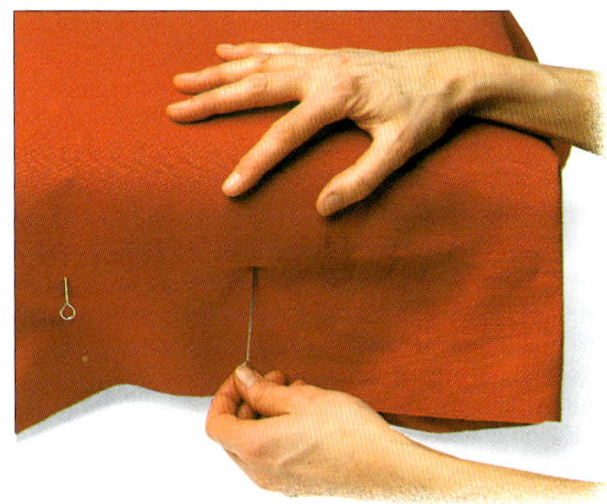

2 STOFF ANPASSEN Stoff auf den Hocker legen. Mit Anstecknadeln auf dem Weißpolster oder dem alten Bezug feststecken. Das Material straff nach unten ziehen. Stoff rundum glatt ziehen und feststecken, an Ecken sauber in Falten legen.

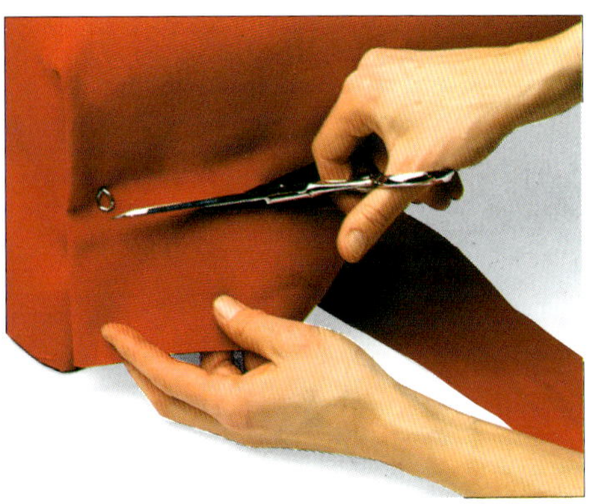

3 MATERIAL BESCHNEIDEN Den exakten Sitz des Stoffs überprüfen. Das überschüssige Material vorsichtig rundum abschneiden.

4 STOFF BEFESTIGEN Hocker auf die Seite legen und Stoff mit Tacker oder kleinen Polsternägeln an Holzrahmen befestigen, dann die anderen Seiten bearbeiten. Anstecknadeln herausnehmen.

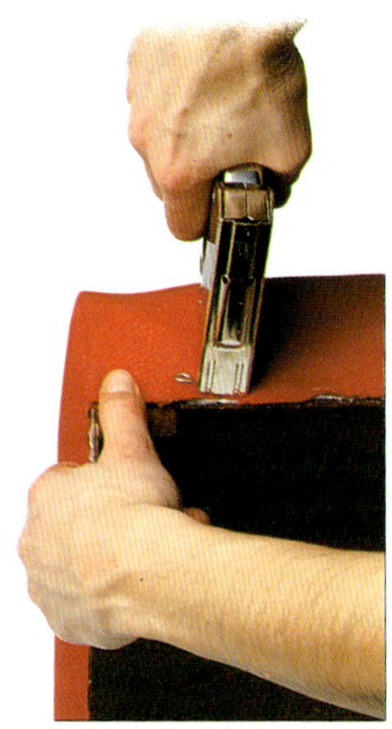

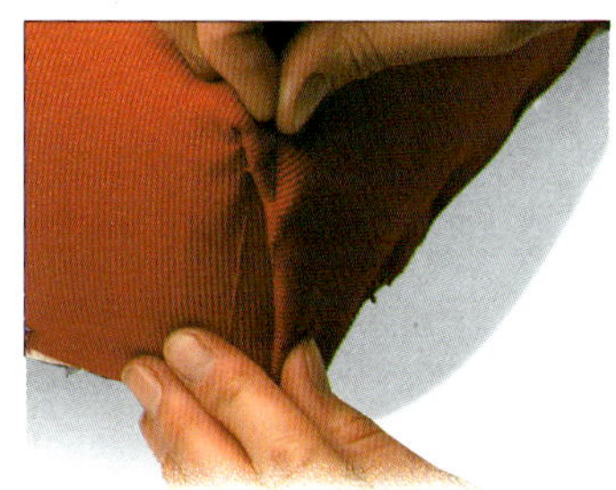

5 ECKEN VERSÄUBERN Überlappenden Stoff an Ecken per Hand mit Leiterstich *(siehe Seite 17)* sauber festnähen. Zum Stoff passendes Garn benutzen.

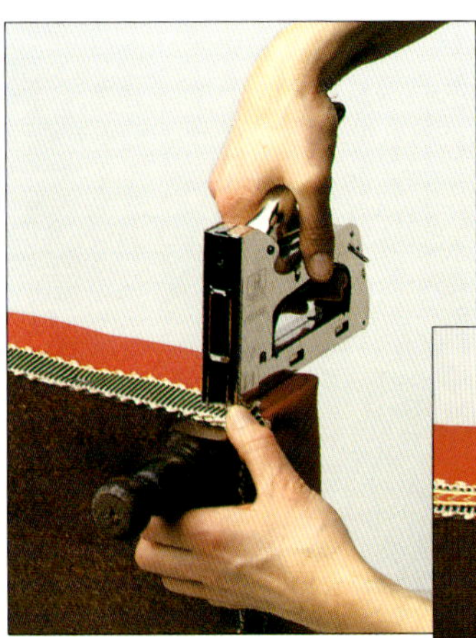

6 BORTE ANBRINGEN Bei mehr als einer Lage Borte die erste Lage mit Tacker oder Reißzwecken befestigen, die zweite mit Klebstoff. Einzelne Borte über Heftklammern oder Polsternägel kleben. Enden übereinander kleben.

FERTIGER HOCKER

GROSSER HOCKER MIT KNÖPFEN

Alten Bezug ausmessen, in Länge und Breite je 40 cm zugeben. Bezugsstoff auf den Hocker legen, Muster mittig setzen, Fadenlauf beachten. Stoff in richtiger Größe zuschneiden. Man braucht Bezugsstoff, überziehbare Knöpfe, Anstecknadeln, Stoffkleber, Borte, Reißzwecken, Hammer oder Tacker, Polsterschnur, Nesselreste und Nähzeug.

1 **KNOPFPOSITIONEN** Zugeschnittenen Stoff auflegen. Hat der Hocker Knöpfe, Vertiefungen eindrücken und Positionen anzeichnen. Wenn nicht, in gleichmäßigem Abstand parallel zu Sitzkanten Positionen auf Stoff und Weißpolster markieren. An Knopfpositionen durch Weißpolster schneiden. So viel Polstermaterial entfernen, dass man mit dem Finger ans Gestell reicht.

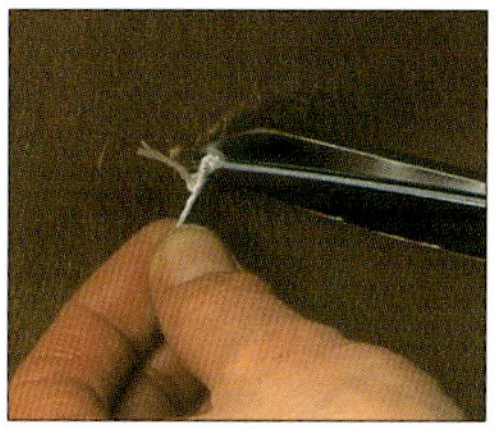

2 **ALTE SCHNUR ENTFERNEN** Alte Knöpfe entfernen, dazu an Hockerunterseite Schnur durchschneiden.

3 **KNÖPFE BEZIEHEN** Knöpfe mit Stoff beziehen *(siehe Seite 30)*. Stoff auf Hocker legen, Knopfpositionen übereinander. Stoff mit dem Finger an mittlerer Knopfposition andrücken. Stoff mit Anstecknadeln locker an Hocker feststecken.

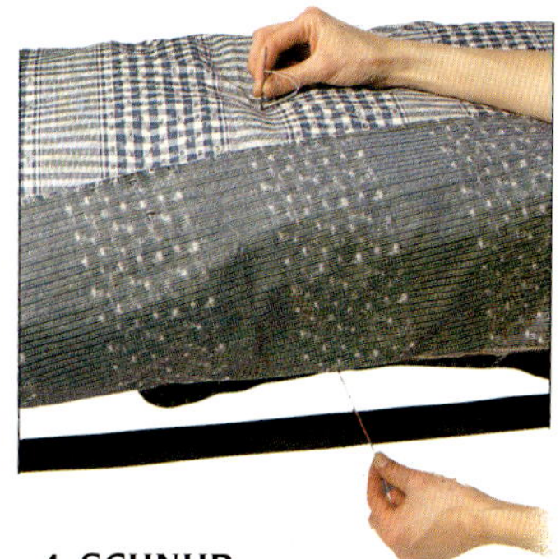

4 **SCHNUR DURCHZIEHEN** Kräftige Schnur in eine Polsternadel fädeln. In der Mitte beginnen und die Nadel mit Öhr voran an der gewünschten Knopfposition von Hockerunterseite nach oben durchschieben.

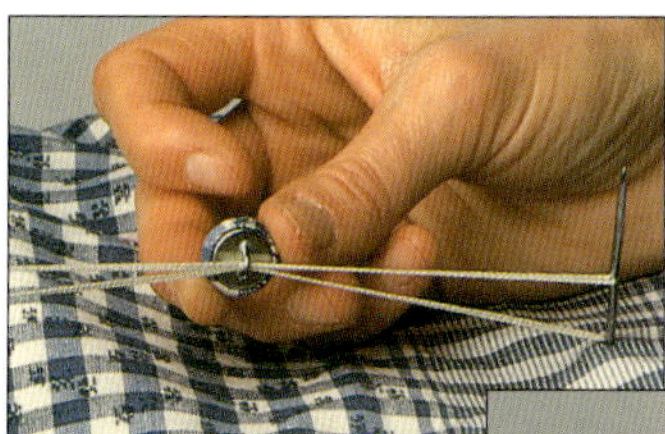

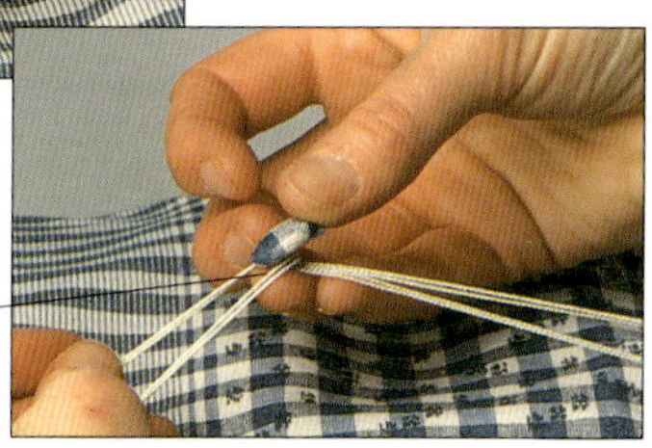

Fadenschlinge durch und um Knopföse ziehen.

5 **KNOPF AUFFÄDELN** Schnur auf Stoffoberseite durchziehen, aber Fadenende und Nadel im Polster lassen. Knopf auf Fadenschlinge ziehen, diese um Knopf legen. Nadel durch dasselbe Loch auf der Unterseite stechen.

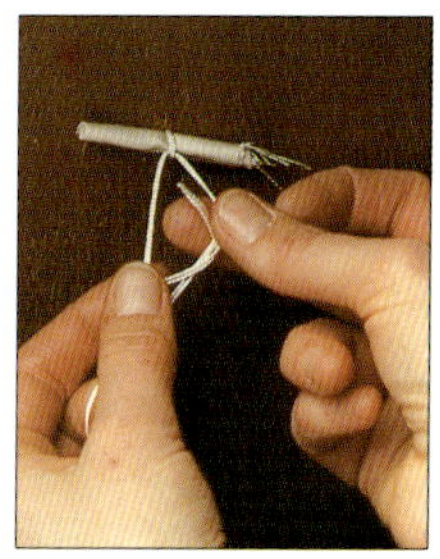

6 **KNOPF BEFESTIGEN** 4 x 4 cm großes Nesselquadrat zusammenrollen. Unter die Schnur auf Hockerunterseite schieben. Schnüre um Nesselstück verknoten. Mittelknopf fest anziehen, an Unterseite verknoten. Auf der Sitzfläche legt sich der Stoff um den Mittelknopf in Falten.

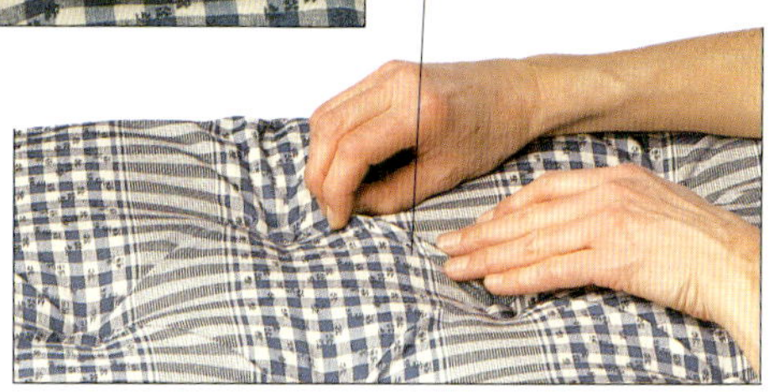

Falten vor dem Befestigen der Knöpfe zurechtzupfen.

7 **FALTEN KORRIGIEREN** Andere Knöpfe ebenso anbringen. Von der Mitte aus Anstecknadeln entfernen und Stoff so zurechtziehen, dass er sich zwischen den Knöpfen in Falten legt. Bei Bedarf korrigieren.

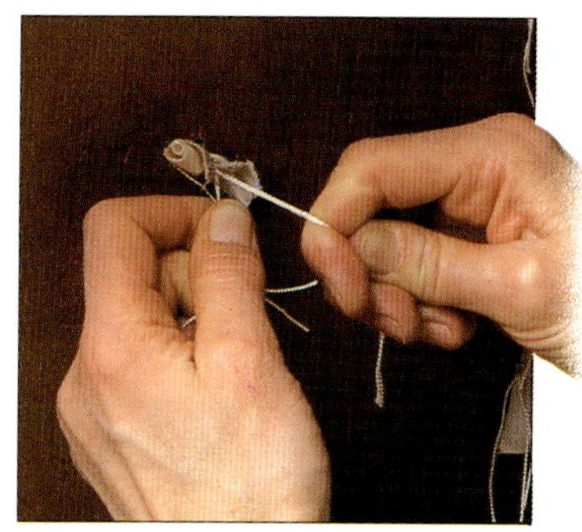

8 **KNÖPFE KONTROLLIEREN** Liegen die Falten gleichmäßig, Hocker auf die Seite legen. Festigkeit der Knoten überprüfen. Man kann die Schnüre auch auf der Unterseite festtackern. Enden abschneiden.

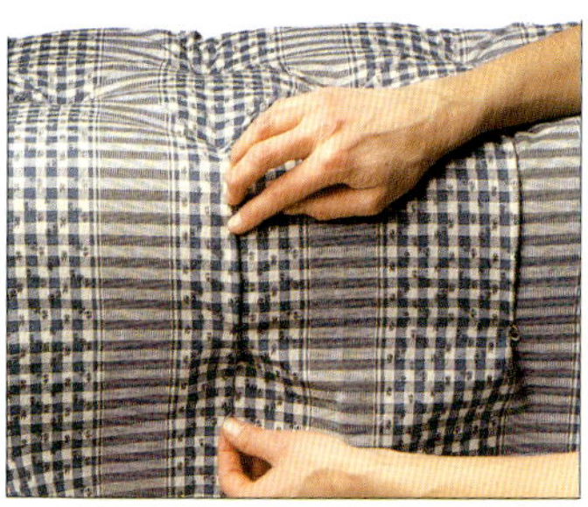

9 **BEZUG BEFESTIGEN** Bezug über Sitz straff ziehen, Falten um Knöpfe mit Anstecknadeln festhalten. Nach unten ziehen und zwischen Falten feststecken. Ecken sauber einfalten. Stoff rundum glatt ziehen, einfalten und feststecken.

10 **STOFF BESCHNEIDEN** Überschüssigen Stoff bis zur Sitzkante abschneiden. Mit Tacker oder Reißzwecken befestigen. Anstecknadeln entfernen. Ecken mit Leiterstich festnähen. Borte zuschneiden und so annähen oder -kleben, dass sie Heftklammern oder Reißzwecken und Schnittkanten verdeckt.

BEZOGENER HOCKER

Neues Gesicht
Wenn die Bezüge abgewetzt, die Möbel aber noch in gutem Zustand sind, lohnt es sich, Lieblingsstücken neue Bezüge zu geben. Bringen Sie mit anderen Farben oder zwei aufeinander abgestimmten Stoffen Abwechslung ins Haus und verarbeiten Sie Reste zu Kissen.

TISCHWÄSCHE

TISCHWÄSCHE SCHÜTZT NICHT NUR DIE TISCHPLATTE, SONDERN IST AUCH EIN EINFACHES MITTEL, UM FARBEN, MUSTER UND STRUKTUREN IN EINEN RAUM ZU BRINGEN. STOFFBAHNEN DIENEN ABER SCHON SEIT LANGER ZEIT NICHT NUR ZUM SCHUTZ EDLER HÖLZER, SONDERN AUCH ZUM VERSCHÖNERN VON GEBRAUCHSMÖBELN. TISCHDECKEN UND SERVIETTEN SIND GANZ LEICHT MIT DEN ALLEREINFACHSTEN STICHEN HERZUSTELLEN. DAFÜR EIGNET SICH FAST JEDER STOFF, VON ZARTEM TÜLL UND SEIDE BIS ZU SCHWEREM SAMT. IN DIESEM KAPITEL ERFAHREN SIE, WIE MAN SCHLICHTE UND DEKORATIVE TISCHTÜCHER UND SERVIETTEN IN DEN UNTERSCHIEDLICHSTEN FORMEN ANFERTIGT.

EINFARBIGE BLENDE
Eine breite Blende macht dieses karierte Tischtuch ausdrucksvoller. Besonders professionell wirken die Briefecken, die zu adretten, sauberen Spitzen fallen.

GESTALTUNGSVORSCHLÄGE

TISCHTÜCHER HABEN IHREN PLATZ nicht nur im Esszimmer, sondern verwandeln jeden Tisch. Einfarbige Leinen- oder Baumwolltischdecken sind praktisch und elegant und lassen sich mit Besatz verzieren, gemusterte Stoffe sucht man passend zum jeweiligen Einrichtungsstil aus. Die Form des Tischtuchs ist eine Frage des persönlichen Geschmacks. In Küche und Esszimmer empfiehlt sich allerdings eine Länge, bei der der Stoff auf den Knien der Essenden endet. Frisiertische lassen sich besonders wirkungsvoll mit üppiger Fülle drapieren, Beistelltische kann man mit Lagen unterschiedlicher Materialien in verschiedenen Längen dekorieren.

Struktur und Kontrast
(oben) Strategisch über das violette Tischtuch verteilte applizierte Kreise ziehen den Blick auf die einzelnen Gedecke. Der größere Kreis betont die Tischmitte, den besten Platz für Blumen oder das Essen.

Servietten im Landhausstil
(rechts) Ursprünglich waren handbestickte Servietten und Tischdecken der Teestunde vorbehalten. Bei diesen robusten bedruckten Baumwollservietten in lebhaftem Pink und Grün ist ein ländlicher Karostoff mit einem Rosenmotiv im Stil der fünfziger Jahre kombiniert. Die Servietten wurden aus Stoffresten mit gesäumten Kanten und Briefecken gearbeitet.

Mit Schleifen
(oben) Das Falten von Servietten ist zeitraubend und bei zwanglosen Anlässen unnötig. Ganz normale Servietten wirken stilvoller, wenn man sie lose mit Schleifen zusammenbindet. Hauchdünne Schleifen in blassem Blau und eine frische Blume sind ein zarter Schmuck für schlichte weiße Leinen- oder Seersuckerservietten.

Lochstickerei
(rechte Seite) Eine weiße Decke mit herzförmiger Lochstickerei verhüllt die Tischbeine. Durch Falten am oberen Rand passt sie sich der Form des runden Tisches an, zu Schleifen gebundene Baumwollbänder sind eine schmucke Ergänzung.

WEISSE TISCHWÄSCHE

(linke Seite) Unabhängig von Einrichtungsstil und Farbgestaltung eines Zimmers wirkt weiße Tischwäsche stets zeitlos und passt zu jeder Gelegenheit. Bei feierlichen Anlässen rollt man weiße Leinenservietten zusammen und steckt sie in silberne Serviettenringe, bei ungezwungeneren Familientreffen faltet man sie einfach. Hier schmückt sich das weiße Tischtuch statt mit dem üblichen einfachen Saum mit einer geknoteten Fransenkante; ein Blumenarrangement betont den lässigen Stil. Für Fransenkanten nimmt man am besten einen lose gewebten Baumwollstoff, bei dem sich die einzelnen Fäden gut mit der Nadel herausziehen und trennen lassen.

BOGENKANTE

(oben) Vichy-Karo eignet sich besonders gut für Tischwäsche: Es ist überall erhältlich, preiswert und leicht in der Maschine zu waschen. Interessanter wirkt es mit einer Zinnen-, Zacken- oder Bogenkante. Kontrollieren Sie anhand des Karomusters, ob alle ausgeschnittenen Formen gleich lang und breit sind, denn Akkuratesse ist für eine saubere Verarbeitung unerlässlich. Hier sitzt als Dekoration auf jedem Bogen ein Perlmuttknopf.

TISCHDECKENLAGEN

(links) Rechteckige Decken verhüllen einen runden Tisch oft nur unvollständig. Übereinander ergeben sie jedoch einen dekorativen Schichtenlook. Hier liegt ein klassisches weißes Damasttischtuch auf einem grau-cremefarbenen gemusterten Stoff und bringt Licht in das Zimmer. Die beiden großzügig bemessenen Decken fallen üppig auf den Boden und verleihen dem Esszimmer eine luxuriöse Note.

TISCHDECKEN

TISCHDECKENSTOFFE SOLLTEN HALTBAR und leicht zu reinigen sein. Für welche Form und Machart Sie sich entscheiden, hängt vom Verwendungszweck ab. Bodenlange Tischtücher eignen sich besonders für Beistelltische, beim Küchen- oder Esszimmertisch sollte die Decke dagegen höchstens bis auf die Sitzfläche der Stühle fallen. Stoffverbrauch nach exakten Tischmaßen berechnen. Bei großen Tischen Nähte nicht auf der Tischplatte verlaufen lassen, sondern eine ganze Stoffbahn in die Mitte nehmen und seitlich Stoff ansetzen. Bahnen mit Kappnähten zusammensetzen *(siehe Seite 19)*.

AUSMESSEN

Bei allen Tischdecken vor dem Zuschneiden Abmessungen der Tischplatte und die gewünschte Länge ermitteln. Bei Küchen- oder Esszimmertisch die Höhe von der Tischplatte bis zur Sitzfläche eines Stuhls messen. Für bodenlange, dekorative Tischtücher Höhe von der Tischplatte bis zum Boden messen. Zum Ausmessen und Zuschneiden runder Tischdecken für runde Tischplatten siehe Anleitung unten, Schritt 1–3.

RUNDE UND OVALE TISCHE

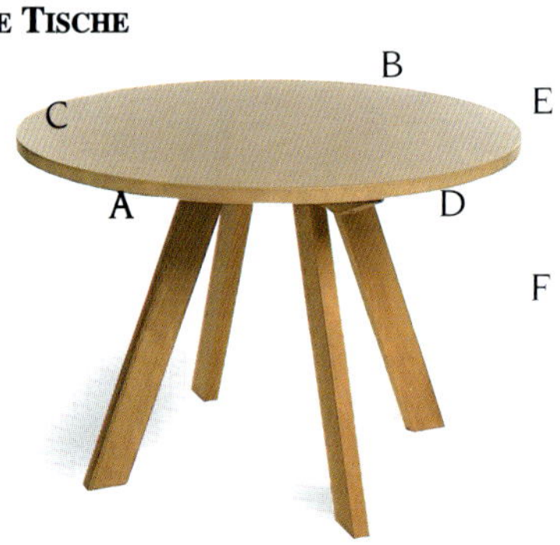

Quadratische Decke für runden Tisch: Zu Tischdurchmesser (A–B) doppelte Höhe (E–F) plus 2,5 cm Saumzugabe addieren; alle vier Seiten haben diese Länge. Rechteckige Decke für ovalen Tisch: Tischlänge plus doppelte Höhe plus 2,5 cm Saumzugabe. Breite entsprechend berechnen. Ovale Decke für ovalen Tisch: Papierschnitt von Tischplatte auf Stoff stecken und Höhe (E–F) plus 2,5 cm Saumzugabe zugeben.

QUADRATISCHE UND RECHTECKIGE TISCHE

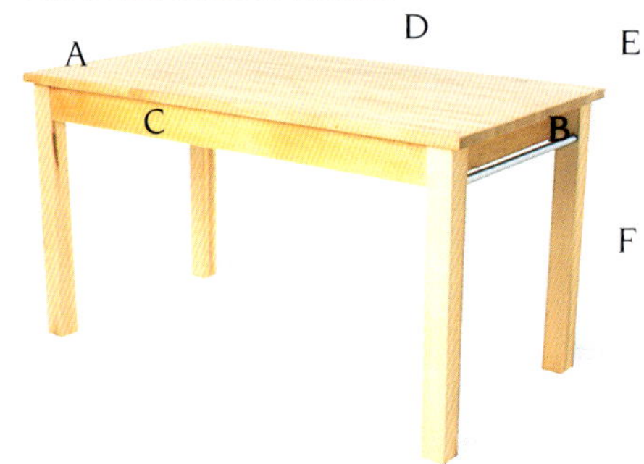

Quadratische Decke für quadratischen Tisch oder rechteckige Decke für rechteckigen Tisch: Tischbreite (C–D) messen, doppelte gewünschte Höhe (E–F) plus 2,5 cm Saumzugabe addieren. Tischlänge (A–B) messen, doppelte gewünschte Höhe (E–F) plus 2,5 cm Saumzugabe addieren.

RUNDE TISCHDECKE ZUSCHNEIDEN

Eine runde Tischdecke muss rundum gleichmäßig lang sein. Einen bogenförmigen Schnitt anfertigen und damit den Stoff auf die richtige Form zuschneiden. Für diese Methode braucht man einen Stift, Schnur und Nähzeug. Für einen einfachen Zirkel das Schnurende an eine Reißzwecke knoten, ans andere Ende den Stift binden. Die Schnurlänge entsprechend der gewünschten Deckengröße regulieren.

1 **STOFF ZUSAMMENLEGEN** Stoffquadrat zuschneiden, Seitenlänge entspricht Durchmesser der Decke. Diese Länge ergibt sich aus Tischdurchmesser plus doppelter Höhe. Stoff zweimal zusammenfalten.

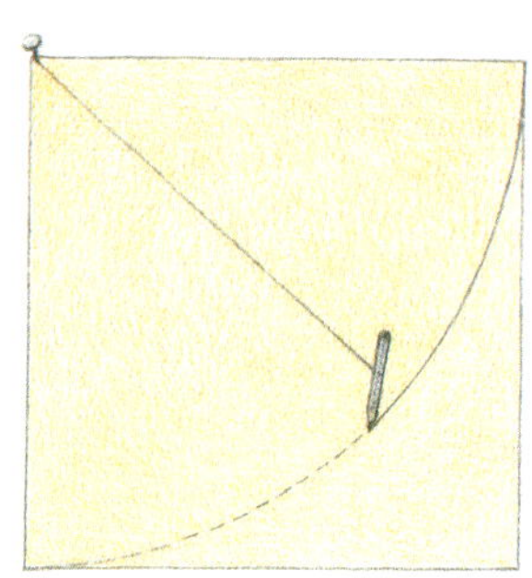

2 **SCHNITT ZEICHNEN** Papierquadrat in Größe des zusammengelegten Stoffs ausschneiden. Reißzwecke an eine Ecke stecken. Bogen auf Papier zeichnen. Schnitt an gezeichneter Linie ausschneiden.

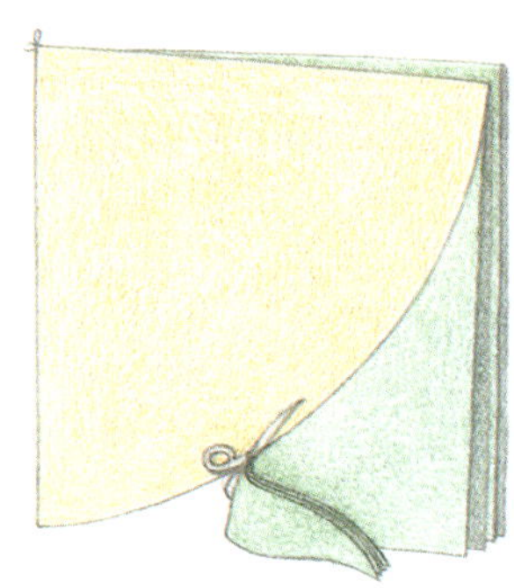

3 **STOFF ZUSCHNEIDEN** Schnitt auf zusammengelegten Stoff stecken. Bogen auf Stoff übertragen. Stoff in Bogenlinie ausschneiden. Vor dem Zuschneiden bei Bedarf Saumzugabe zugeben.

WACHSTUCHDECKE MIT EINGEFASSTER KANTE

Ein Tischtuch für den täglichen Gebrauch sollte aus Stoff bestehen, der nicht nur robust, sondern auch leicht sauber zu halten ist. Baumwollstoff ist leicht zu waschen, bekommt aber schnell Flecken. PVC-beschichtete Stoffe und Wachstuch lassen sich leicht abwischen und sind unempfindlich. Sie benötigen Wachstuch und Nähzeug.

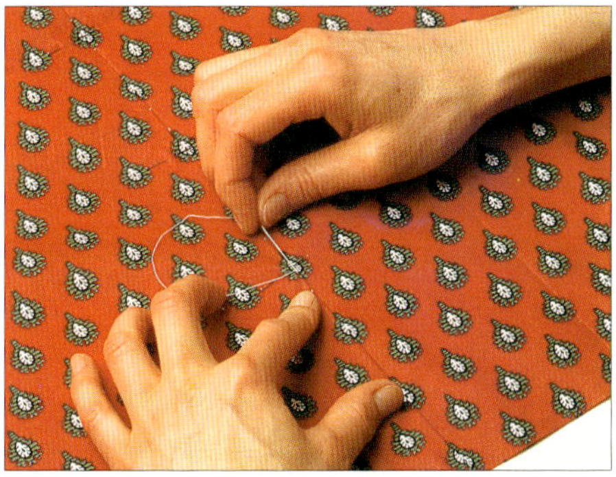

1 **BAHNEN ZUSAMMENSETZEN** Tisch ausmessen und Stoffverbrauch berechnen. Stoffbahnen mit Kappnähten zusammensetzen *(siehe Seite 19)*. Zunächst Musteranschlüsse abstimmen und Ansatzstellen provisorisch mit Leiterstich zusammenhalten *(siehe Seite 17)*.

2 **BAHNEN NÄHEN** Stoffbahnen rechts auf rechts legen. 1,5 cm neben Schnittkanten stecken, heften und nähen. Eine Nahtzugabe auf 6 mm beschneiden. Andere Ansatzstellen ebenso arbeiten.

3 **NAHT FERTIG STELLEN** Breitere Nahtzugabe um schmalere legen. Dämpfen. Dicht an Bruchkante stecken und heften. Stoff mit rechter Seite nach oben legen und in Heftlinie steppen. Naht dämpfen.

4 **EINFASSUNG HERSTELLEN** Einen Schrägstreifen von der Kantenlänge der Tischdecke schneiden, gewünschte Breite mal zwei nehmen plus 2 cm. Kanten 1 cm nach rechts umfalten und bügeln.

5 **EINFASSUNG ANSETZEN** Schrägstreifen auffalten. Schrägstreifen und Stoff rechts auf rechts legen. In Bruchkante des Schrägstreifens stecken, heften und nähen.

6 **ECKEN LEGEN** An den Ecken Schrägstreifen zusammendrücken und bis an, aber nicht über Bruchkante nähen. Stoff drehen und weiternähen.

7 **BRIEFECKEN** In Schrägstreifen Briefecken arbeiten *(siehe Seite 23)*. Schrägstreifen um Stoffkante legen und mit Bruchkante von links auf Stoff stecken, heften und nähen *(siehe Seite 18)*. Fertige Decke dämpfen.

FERTIGE DECKE

TISCHDECKE MIT GEKNOTETER FRANSENKANTE

Für diese quadratische Decke braucht man einen lose gewebten, auf die Zimmereinrichtung abgestimmten Stoff sowie Nähzeug. Anders als bei Drucken haben Kett- und Schussfäden bei gewebten Mustern unter Umständen unterschiedliche Farben, so dass die Fransen nicht an allen Seiten gleichfarbig sind.

1 FÄDEN TRENNEN Tisch ausmessen und Stoffquadrat zuschneiden *(siehe Seite 186)*. Stoff glatt auslegen. Mit langer Nadel an einer Schnittkante Fäden abziehen. Vorsichtig immer nur einen Faden auf einmal lösen und entfernen.

Querfäden mit langer Nadel lösen.

2 FÄDEN ABZIEHEN Fäden vom Stoff abziehen. Rundum Fäden abspalten und abziehen, bis die gewünschte Fransenlänge erreicht ist. Die Fransenkante sollte so lang sein, dass man sie knoten kann, hier 7,5 cm.

Querfäden vom Stoff ablösen, so dass Fransen entstehen.

3 FRANSEN ABTEILEN An allen Seiten Fäden zu gleich großen Büscheln abteilen. Jedes Büschel zweiteilen.

4 FRANSEN KNOTEN Jeweils zwei kleine Fransenbüschel verknoten. Knoten an Stoffkante schieben, damit sich der Stoff nicht auflöst. So alle Seiten arbeiten.

FERTIGE TISCHDECKE

LEINENDECKE MIT SPITZENKANTE

Eine Leinendecke mit Spitze wirkt sehr traditionell. Wer ein altes Tischtuch mit Spitzenkante besitzt, kann die Spitze abtrennen und an eine neue Decke setzen. Für diese Methode braucht man Leinenstoff, Spitze von einer alten Decke sowie Nähzeug. Alte Spitze waschen und mit feuchtem Tuch bügeln. Stoff passend zur Spitzenkante zuschneiden, rundum 10 cm Saumzugabe zugeben. Bahnen mit Kappnähten zusammensetzen *(siehe Seite 19)*.

1 ECKEN AUFEINANDER Den Leinenstoff glatt auslegen und die Spitze herumlegen. Mit Winkel kontrollieren, ob die Ecken möglichst exakte rechte Winkel bilden. Anschließend ausmessen, ob die Kanten gleich lang sind.

2 SPITZE MARKIEREN Mit Textilstift, Schneiderkreide oder Reißzwecken Innenkante der Spitze auf Leinenstoff anzeichnen. Spitze abnehmen.

Zur professionellen Verarbeitung beim Markieren Winkel benutzen.

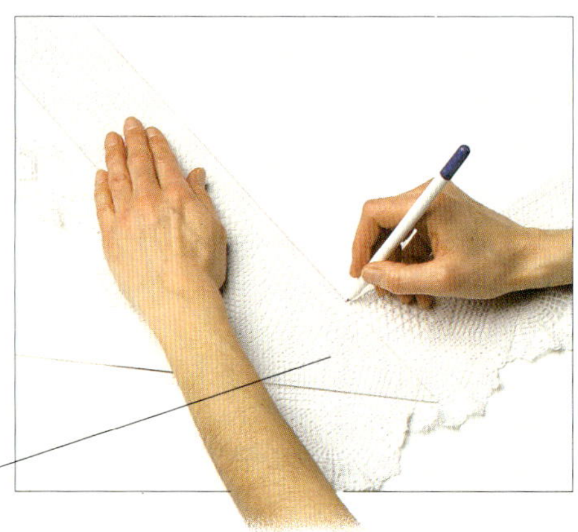

3 STOFF MARKIEREN Alte Spitze bekommt durch einen breiten doppelten Saum Halt; hier ist er 5 cm breit. Eine Linie 10 cm – doppelte Saumbreite – neben erster Linie zeichnen. Stoff entlang dieser äußeren Linie ausschneiden.

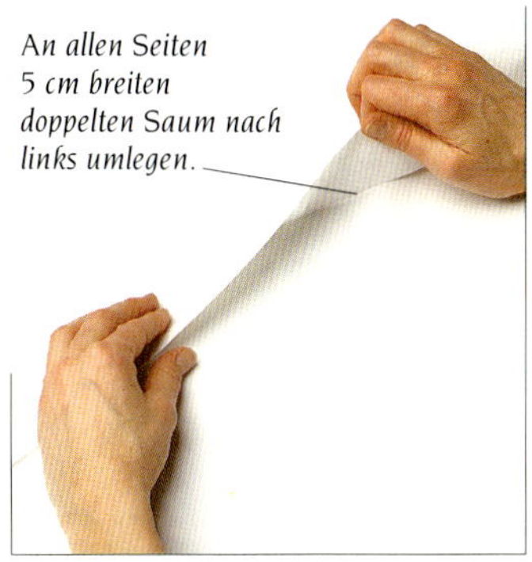

4 SAUM UMLEGEN Nacheinander an allen vier Seiten 5 cm breiten doppelten Saum umlegen und bügeln.

5 ECKE BESCHNEIDEN Stoff an Ecken auffalten, Briefecken falten *(siehe Seite 23)* und bügeln. Ecke auffalten und entlang Bruchlinie beschneiden. Wieder doppelten Saum legen und Briefecken arbeiten.

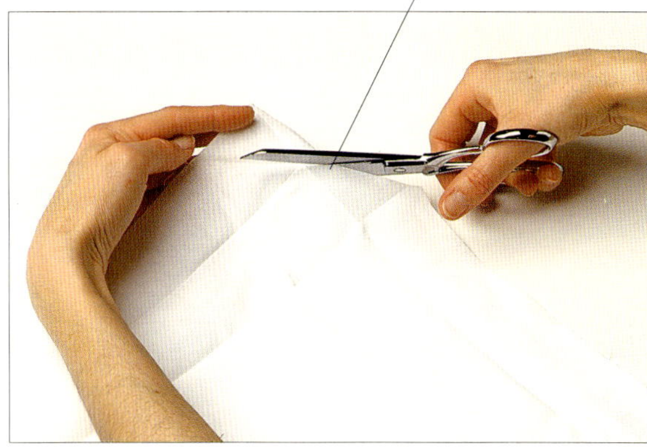

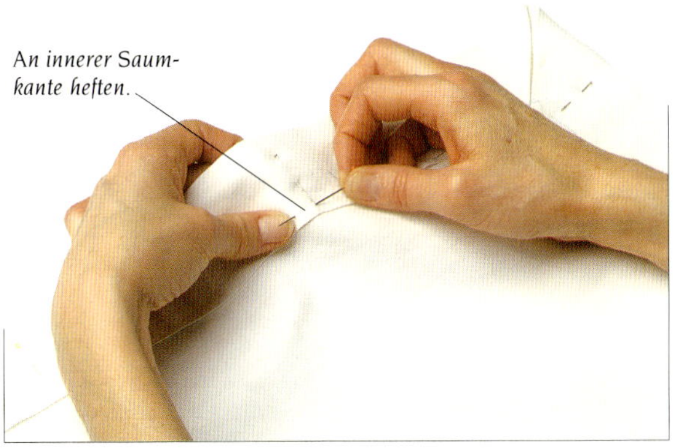

6 SAUM HEFTEN 1 cm neben innerer Saumkante stecken und heften. Durch Saumstich oder Absteppen befestigen.

7 ECKE NÄHEN An allen vier Briefecken die schrägen Bruchlinien sorgfältig mit Saumstich schließen.

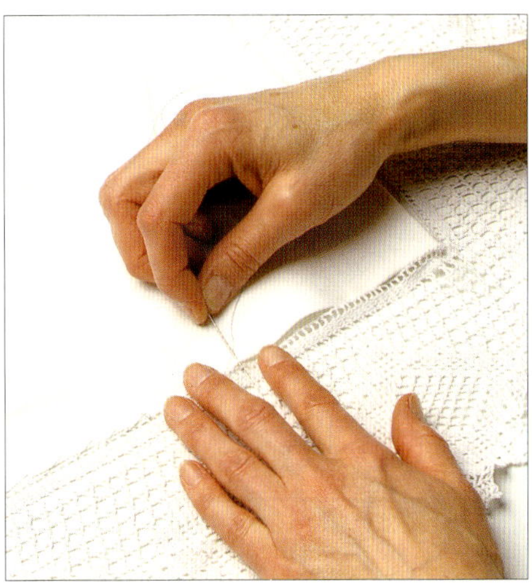

8 SPITZE ANSETZEN Stoff glatt auslegen und Spitze sorgfältig anlegen. Spitze mit großen Saumstichen an Stoff heften – keine Stecknadeln benutzen, sie könnten die empfindliche Spitze beschädigen.

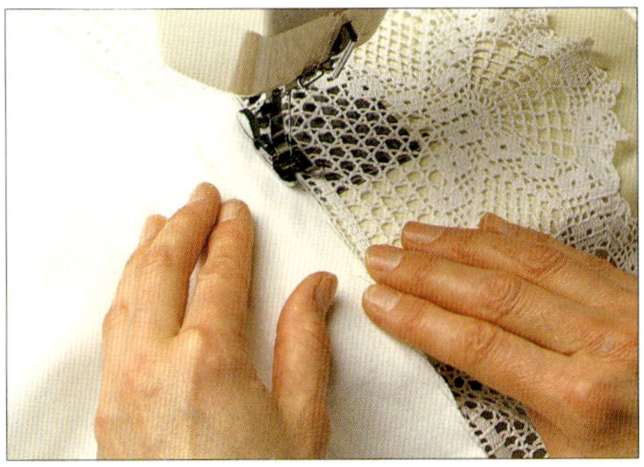

9 SPITZE ANNÄHEN Spitze vorsichtig mit Saumstich oder flachem Zickzackstich *(siehe Seite 18)* an Stoff nähen. Fertige Decke bügeln.

FERTIGE TISCHDECKE

TISCHTUCH MIT FRANSEN

Denken Sie bei der Materialauswahl für diese Decke daran, dass sich lose gewebter, mittelschwerer Stoff am besten für Fransenkanten eignet. Für dieses Modell braucht man Stoff und Nähzeug. Tisch ausmessen *(siehe Seite 186)*, dann Stoff auf gewünschte Größe plus Zugaben für die Fransen und für eventuelle Ansatzstellen schneiden.

1 **KANTE AUSFRANSEN** Stoff glatt auslegen. Mit langer Nadel an einer Stoffkante einen Faden nach dem anderen lösen und abziehen, bis die Fransen die gewünschte Länge haben. Andere Seiten auf die gleiche Länge ausfransen.

2 **KANTE VERSÄUBERN** Damit der Stoff nicht weiter ausfranst, Stoffkante mit Zickzackstich *(siehe Seite 18)* versäubern. Decke vor Gebrauch bügeln.

FERTIGE TISCHDECKE

TISCHDECKE MIT BOGENKANTE UND FRANSEN

Tischdecken kann man auch mit fertig gekauftem Besatz verzieren und ihnen so eine persönliche Note verleihen. Für welchen Stoff man sich entscheidet, hängt vom Verwendungszweck ab; PVC-beschichtetes Material ist ideal für den Küchentisch. Die Kanten kann man bogenförmig ausschneiden – das ist ganz einfach, da der Stoff nicht ausfranst und deshalb nicht gesäumt werden muss. Für diese Methode braucht man PVC-beschichteten Stoff, Fransen, Untertasse und Nähzeug.

1 **STOFF MARKIEREN** Den Tisch ausmessen und danach die gewünschte Höhe addieren *(siehe Seite 186)*. Diese Maße mit Winkel, Maßband und Textilstift oder Schneiderkreide sorgfältig von links aufzeichnen.

2 **BÖGEN EINTEILEN** Von links auf dieser Linie Bogenpositionen anzeichnen. Möglichst auf jede Seite gleiche Bogenanzahl setzen, an die Ecken ganze Bögen. Das gelingt meist erst nach längerem Ausprobieren!

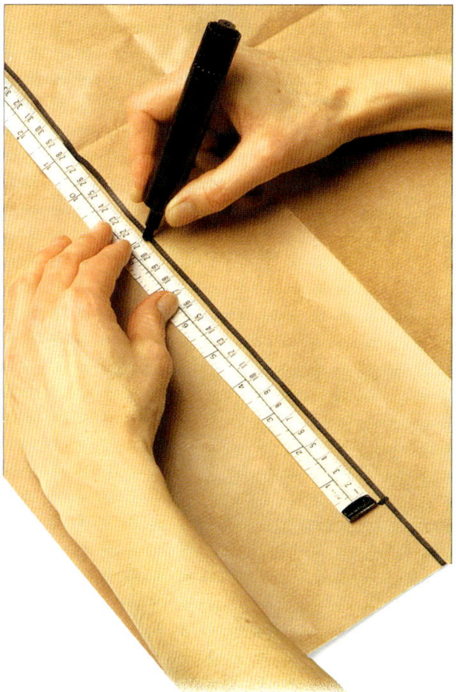

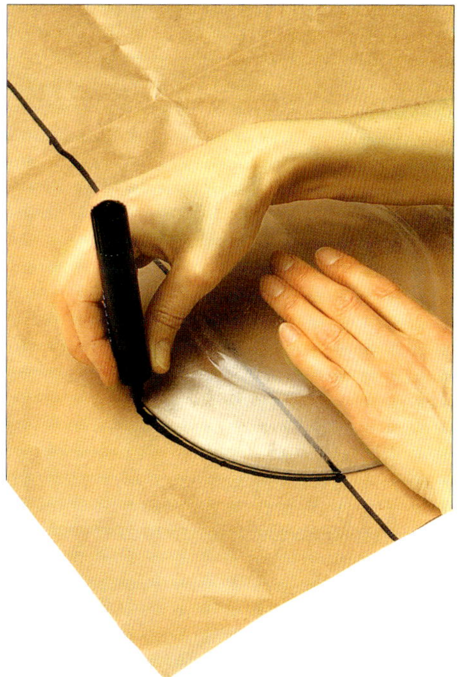

Mit Textilstift Konturen übertragen.

3 **SCHABLONE MARKIEREN** Auf Papier eine Linie ziehen, die länger als die Bogenbreite ist. Auf dieser Linie exakte Länge eines Bogens ausmessen und markieren.

4 **BOGEN ZEICHNEN** Mit Untertasse oder anderem runden Gegenstand passenden Bogen zwischen die Markierungen zeichnen.

5 **MUSTER ÜBERTRAGEN** Schablone ausschneiden und gerade Seite auf linker Stoffseite an Markierungslinie legen. Konturen nachzeichnen.

6 **BÖGEN AUSSCHNEIDEN** Bögen entlang der aufgezeichneten Linie sorgfältig ausschneiden.

Beschichteter Stoff muss nicht durch Säume versäubert werden.

Durch die Fransenborte wirkt das steife, PVC-beschichtete Material weicher.

7 **FRANSEN ANSETZEN** PVC-beschichtetes Material franst nicht aus und muss deshalb nicht gesäumt werden. Fertig gekaufte Fransenborte rundum an Bogenkante heften, dann mit der Maschine annähen.

FERTIGE TISCHDECKE

BODENLANGE TISCHDECKE MIT TRODDELBORTE

Ein bodenlanges Tischtuch ist ideal für kleine Tische. Außerdem lässt es sich als Unterdecke verwenden, wenn man einen Tisch in mehreren Lagen eindeckt, und es dient quasi als Unterrock für kleinere Decken. Für diese bodenlange Decke mit Borte braucht man schweren Stoff, Borte, Schnur, Filzstift und Nähzeug.

1 **BAHNEN ZUSAMMENSETZEN** Tisch und Deckenlänge minus Breite der Borte messen *(siehe Seite 186)*. Die Bahnen bei Bedarf mit Kappnähten *(siehe Seite 19)* zu einem ausreichend großen Quadrat zusammensetzen. Stoff rechts auf rechts zweimal falten.

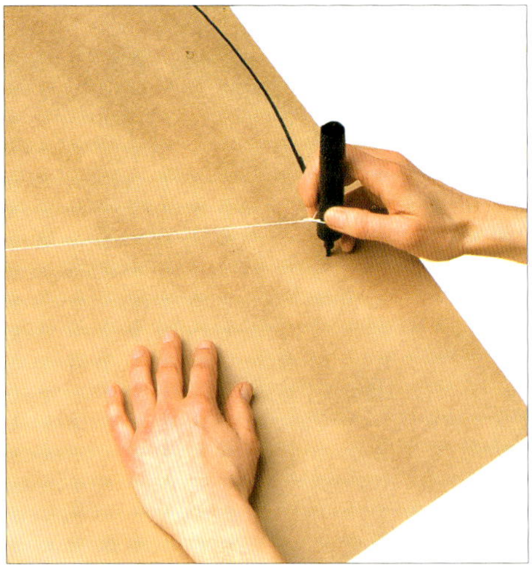

2 **SCHNITT ANFERTIGEN** Quadratischen Papierschnitt in Größe des zusammengefalteten Stoffs machen. Simplen Zirkel an eine Ecke des Schnitts stecken und von einer Ecke zur anderen einen Bogen auf das Papier zeichnen *(siehe Seite 186)*.

3 **STOFF MARKIEREN** Papier an Bogenlinie ausschneiden. Schnitt auf zusammengefalteten Stoff legen; Bogenlinie zeigt zu den offenen Stoffkanten. Bogen auf linke Stoffseite übertragen, 2 cm für einfachen Saum zugeben. Stoff in Bogenlinie ausschneiden.

4 **SAUM NÄHEN** Stoff auseinander falten. Schnittkante rundum mit 2 cm breitem einfachen Saum versäubern. Saum stecken, heften und nähen, dann Heftstiche entfernen.

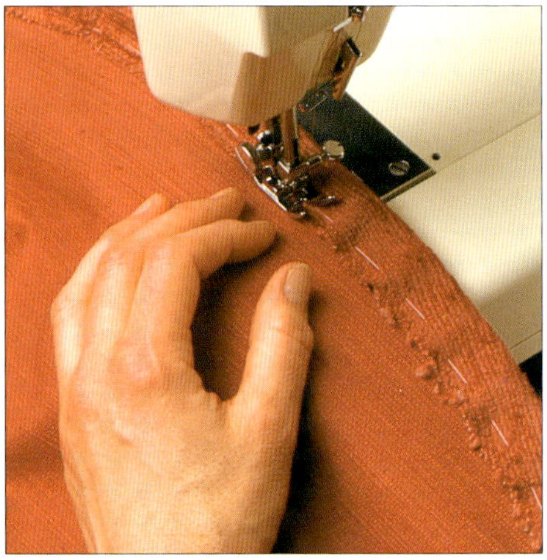

Borte zum Heften und Nähen am Saum feststecken.

5 **BORTE ANSTECKEN** Den genauen Deckenumfang messen. Die Borte dann exakt auf diese Länge schneiden. Die Borte sorgfältig und gerade an den Saum stecken.

6 **ENDEN ZUSAMMENSETZEN** Die Borte an die Decke heften und sauber annähen. Enden genau zusammennähen. Decke vor Gebrauch sorgfältig bügeln.

FERTIGE TISCHDECKE

TISCHDECKE MIT GEKRÄUSELTEM VOLANT

Für diese zweiteilige Decke braucht man Stoff für Decke und Paspel, Paspelkordel, stabile Schnur und Nähzeug. Tischplatte ausmessen *(siehe Seite 186)*. Stoffquadrat mit diesen Maßen schneiden, bei Bedarf mit Kappnähten *(siehe Seite 19)* zusammensetzen. Stoff rechts auf rechts zweimal zusammenlegen.

1 STOFF MARKIEREN Papierschnitt machen. Viertelkreis ausschneiden *(siehe Seite 186)*. Schnitt auf linke Stoffseite stecken. Konturen übertragen, 2 cm für Naht zugeben. Stoff an dieser Linie ausschneiden. Paspel in Länge des Tischumfangs herstellen. 10 cm für Ansatzstelle zugeben *(siehe Seite 24)*. Stoffbahnen für Volant zuschneiden, Breite: gewünschte Höhe plus 5 cm für Nähte und Säume, Länge: andertthalbfache Paspellänge.

Paspel von rechts auf Oberteil setzen.

2 PASPEL ANSETZEN Paspel von rechts auf Oberteil stecken, heften und nähen, Nahtzugabe nach außen. Paspelenden zusammensetzen.

3 VOLANT NÄHEN Stoffbahnen unter Berücksichtigung der Musteranschlüsse mit Kappnähten *(siehe Seite 18)* zum fortlaufenden Volant zusammensetzen.

4 VOLANT SÄUMEN Volant an Unterkante mit Zickzackstich *(siehe Seite 18)* versäubern. Unterkante 2 cm nach links umlegen und Saum mit Hexenstich oder Maschine nähen.

5 SCHNUR AUFSETZEN Schnur auf Tischumfang schneiden. 2 cm von Volantoberkante auflegen. Mit Zickzackstich festnähen *(siehe Seite 26)*. Oberteil an Außenkante durch Markierungen in Viertel einteilen. Oberkante Volant entsprechend markieren.

Stoffteile zusammenlegen, Viertelmarkierungen aufeinander.

6 ZUSAMMENSETZEN Oberteil und Volant rechts auf rechts legen, Viertelmarkierungen aufeinander. Volant in Markierungen an Paspelkante des Oberteils stecken.

7 VOLANT ANNÄHEN Volant durch Anziehen der Schnur kräuseln, dabei erst vom einen, dann vom anderen Ende arbeiten, so dass jeweils der halbe Volant gekräuselt wird. Kräusel gleichmäßig verteilen. Volant 1,5 cm neben Schnittkanten an Oberteil stecken, heften und nähen. Decke von rechts bügeln.

FERTIGE TISCHDECKE

SERVIETTEN

SERVIETTEN SIND WOHL DIE AM HÄUFIGSTEN benutzte Tischwäsche und sollten daher aus haltbarem, leicht waschbarem Stoff bestehen. Zwar gibt es keine feststehenden Regeln, die Größe einer Serviette sollte jedoch dem Zweck entsprechen – eine kleine Serviette passt zu ungezwungenem Beisammensein und leichten Mahlzeiten, eine große eher zu aufwendigem Essen und festlichen Anlässen. Die Auswahl an robusten, farbenfrohen Stoffen ist reichlich. Sie können die Servietten aus dem gleichen Stoff wie die übrige Tischwäsche fertigen oder sich für Kontraste entscheiden; auch Verzierungen wie Einfassung oder Bogenkante sind möglich.

EINFACHE SERVIETTE

Für kleine Servietten lassen sich auch Reste von anderen Wohntextilien verwerten. Servietten kann man in beliebiger Größe arbeiten, sie sollten aber mindestens 30 cm Seitenlänge haben. Beim Zuschneiden auf geraden Fadenlauf und exakt rechtwinklige Ecken achten. Für diese einfache Serviette braucht man einen geeigneten Stoff und Nähzeug.

1 **STOFF MARKIEREN** Stoff in gewünschter Größe markieren, an jeder Seite 3 cm für doppelte Säume zugeben. Daraus ein exaktes Quadrat zuschneiden.

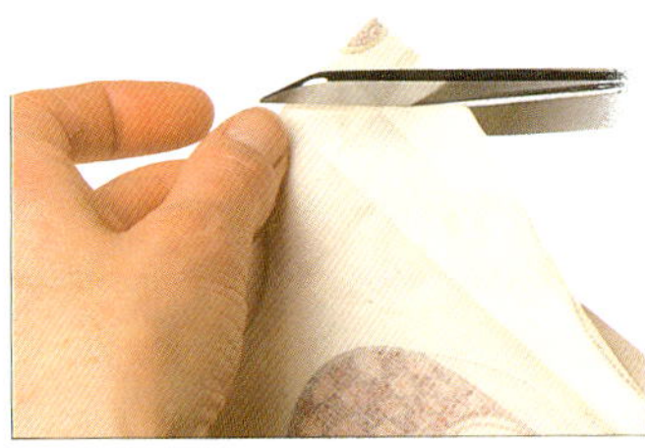

2 **ECKEN BESCHNEIDEN** 1,5 cm breiten doppelten Saum umlegen, bügeln. Kanten auffalten. Briefecken an erster Bruchlinie vorbereiten, bügeln. Ecken öffnen. Schräg abschneiden.

3 **BRIEFECKE UMLEGEN** Kanten wieder umlegen, Briefecken fertig stellen. Säume und Ecken mit Saumstich nähen oder mit Maschine steppen *(siehe Seite 19)*.

FERTIGE SERVIETTE

SERVIETTE MIT EINGEFASSTER KANTE

Für dieses Modell braucht man geeigneten Serviettenstoff, Stoff zum Einfassen und Nähzeug. Quadratisches Stoffstück in gewünschter Größe zuschneiden. Zwei Stoffstreifen schneiden, Länge: Seitenlänge Serviette plus 2 cm, Breite: doppelte fertige Breite; dann zwei weitere Streifen, Länge: Serviettenlänge plus 4 cm, Breite: doppelte fertige Breite. Lange Seiten der Streifen 1 cm nach links umlegen und bügeln.

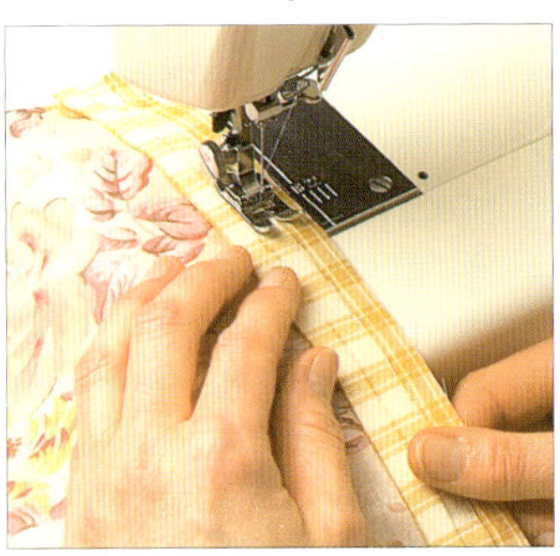

1 **EINFASSUNG ANSETZEN** Streifen auffalten. Kürzere Streifen rechts auf rechts an zwei gegenüberliegende Serviettenseiten legen. In Bruchlinie von Nahtzugabe der Streifen stecken, heften und nähen. Nähte ausbügeln.

2 **ENDEN BESCHNEIDEN** Lange Streifen an Enden innen zu stumpfen Spitzen beschneiden.

3 **EINFASSUNG STECKEN** Längere Streifen rechts auf rechts an die beiden anderen gegenüberliegenden Serviettenseiten stecken. In Bruchkante des Streifens nähen. Ecken nach innen umlegen und Nahtzugaben beschneiden.
Alle Streifen über Schnittkanten der Serviette umlegen. Feststecken und heften. Streifen in Bruchkante an Stoff ansäumen.

FERTIGE SERVIETTE

SERVIETTE MIT BOGENKANTE

Hier entsteht die Bogenkante durch eine einfache Handnähtechnik. Am besten geht das mit leichtem und hauchdünnem Stoff. Außer Stoff braucht man Nähzeug. Stoff auf gewünschte Größe schneiden, für Bogenkanten rundum 1,5 cm zugeben.

1 **SAUMLINIE HEFTEN** Mit Textilstift von links Saumlinien 1,5 cm von Kanten aufzeichnen. An dieser Linie heften. Kanten zweimal bis zur Heftlinie umlegen und bügeln.

2 **ECKE BEFESTIGEN** Erste Ecke von links mit vier bis fünf Stichen umstechen *(siehe Seite 18).*

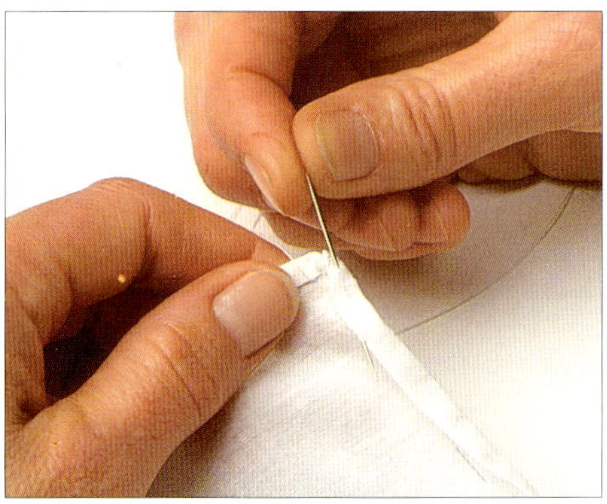

3 **BOGEN BEGINNEN** Nadel neben Ecke an äußerer Saumkante einstechen. Nadel diagonal zur inneren Saumkante stechen – je größer der Stich, desto größer wird der Bogen.

4 **SAUM NÄHEN** Saum umstechen und Nadel senkrecht zur Kante einstechen. Nadel zur inneren Saumkante durchstechen und am selben Ausstichpunkt wie in Schritt 3 ausstechen.

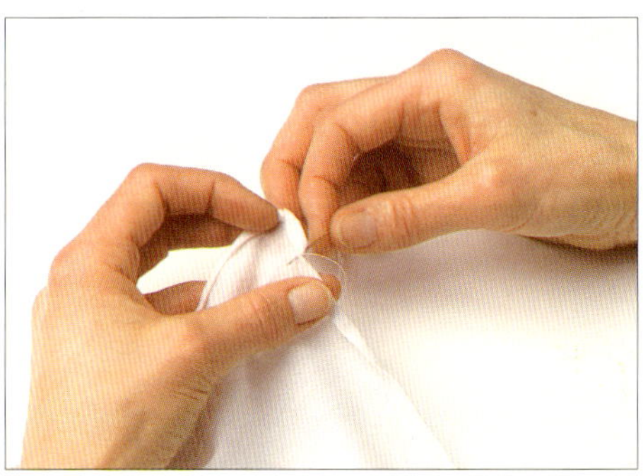

5 **BOGEN FERTIG STELLEN** Saum noch einmal vom selben inneren Punkt aus umstechen, so dass ein Bogen entsteht. Faden mit einem Langettenstich *(siehe Seite 17)* festhalten. Fortlaufend an allen vier Kanten Bögen arbeiten, Ecken jeweils mit vier bis fünf Stichen umstechen.

FERTIGE SERVIETTE

VERSÄUBERTE BÖGEN

Man braucht mittelschweren Stoff und Nähzeug. Stoff zuschneiden, jeweils 2 cm Zugabe für Kanten berechnen. 5 cm breiten Papierstreifen auf Serviettenlänge schneiden. Papier entsprechend Bogenbreite in Abschnitte falten *(siehe Seite 190).* Bogen auf Papier zeichnen. Den Bogen ausschneiden und das Papier auseinander falten. Den Schnitt auf eine Stoffkante stecken. Die Bogenkonturen exakt übertragen. Die restlichen drei Kanten ebenso markieren.

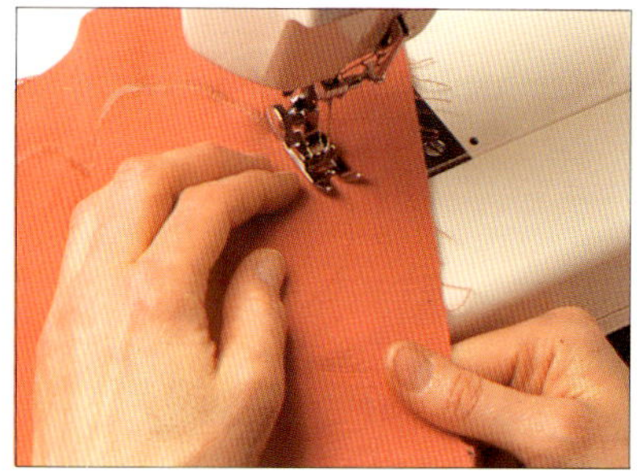

1 **BÖGEN NÄHEN** Zunächst entlang der Bogenlinien steppen, damit sich der Stoff nicht verzieht *(siehe Seite 19).* Dann an markierten Bogenlinien dichten Zickzackstich *(siehe Seite 18)* arbeiten.

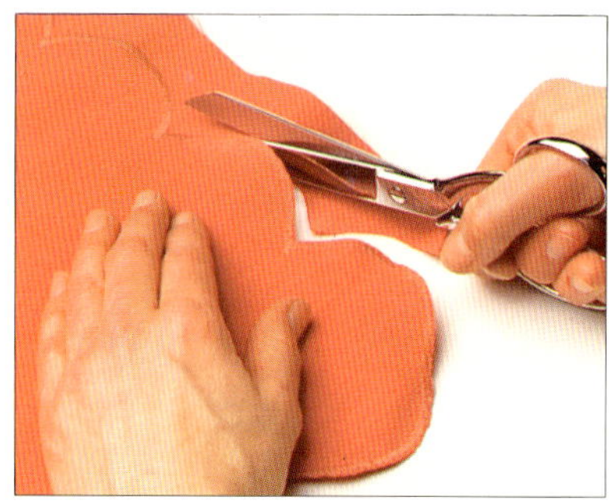

2 **KANTEN BESCHNEIDEN** Überstehenden Stoff sorgfältig dicht an Zickzackstichen wegschneiden. Serviette vor Gebrauch bügeln.

FERTIGE SERVIETTE

Spiegelstickerei
Überall auf der cremefarbenen, bestickten Baumwolltischdecke glitzern kleine Spiegel im Kerzenlicht. Durch Kissen aus dem gleichen Stoff wirken die schlichten Nesselüberzüge lebhafter. Bei dieser besonderen Gelegenheit verleihen Papierservietten in zarten Perl- und Grautönen, schimmernde Gläser und Teelichter dem Tisch festlichen Glanz.

LAMPEN-SCHIRME

LAMPENSCHIRME SIND WICHTIG: SIE MILDERN NICHT NUR DEN SCHEIN DES KUNSTLICHTS, SONDERN BÜNDELN UND TÖNEN AUCH DAS RAUMLICHT. BEI LAMPENSCHIRMEN LOHNT SICH DAS SELBERMACHEN, DENN SO KANN MAN SIE PERFEKT AUF DAS DEKOR ABSTIMMEN. STOFFLAMPENSCHIRME LASSEN SICH AUS DEN UNTERSCHIEDLICHSTEN MATERIALIEN ARBEITEN, AUCH AUS STOFFRESTEN DER IM ZIMMER VERWENDETEN DEKOSTOFFE. PAPIERSCHIRME GEBEN EINE MODERNE NOTE. PLISSIERTE PAPIERSCHIRME KANN MAN AUS TAPETENRESTEN ARBEITEN, GLATTE KARTONSCHIRME EIGNEN SICH FÜR VIELE LAMPENTYPEN.

PAPIER UND HOLZ
Auch handgeschöpftes Papier und Holzfurnier eignen sich für Lampenschirme. Sie werden mit Klebeband auf dem Gestell befestigt oder mit Leder, Schnur oder Kordel angenäht.

GESTALTUNGSVORSCHLÄGE

LAMPENSCHIRMEN WIRD HÄUFIG NUR EINE Nebenrolle zugestanden, dabei können sie die Einrichtung entscheidend mitbestimmen. Größe und Form sollten sorgfältig bedacht werden: Am besten kommt der Schirm zur Geltung, wenn er in den Proportionen zum Fuß und im Stil zum Raum passt. Farbe und Struktur des Schirmmaterials haben direkten Einfluss auf die Wirkung des Lampenschirms und die Qualität des Lichts. Ein lichtdurchlässiger Bezug aus Seide, Baumwolle oder Papier sorgt für weiches Licht, dunkler Karton oder völlig undurchsichtiger Stoff hingegen lassen seitlich kein Licht durch; es fällt dann nur nach oben und unten.

KONISCHE FORM
(oben) Ein schlanker konischer Schirm in Graubraun bündelt das Licht nach oben und unten. Dieses Licht macht Tisch und Sessel zum idealen Leseplatz. Der hohe, bleistiftdünne Fuß bildet ein Gegengewicht zum Schirm, die dunkle, matte Oberfläche passt sich der Farbgestaltung an.

SCHWARZER LACK
(oben) Der weiße Fuß und der schwarze Lackschirm machen die ansonsten tote Ecke interessanter. Der Fuß bildet einen Kontrast zur rotbraunen Täfelung, im schwarzen Schirm wiederholt sich die Farbe der Eisenbeschläge an den Fensterläden.

GEWEBTE STREIFEN
(rechts) Aus Kunststoffstreifen gewebte Schirme lassen sich gut auf glatte oder zylindrische Gestelle arbeiten. Hier wurden Plastikstreifen verwendet, die der Lampe bei angeschaltetem Licht eine interessante Struktur geben.

TROMMELSCHIRM
(rechte Seite) Zylindrische Schirme werfen einen breiten Lichtstrahl nach oben und unten und sind deshalb besonders für Hänge- und Tischlampen geeignet. Bei diesem Schirm filtert Pergamentpapier das Licht und lässt das Blattmuster in Silhouetten hervortreten. Der schwarze Eschenfuß bildet ein Gegengewicht zur breiten Trommelform des Lampenschirms.

ZIERKANTE
(linke Seite) Bei der Auswahl an fertigem Besatz ist auch für Ihren Lampenschirm das Richtige dabei. Der eckige Schirm wiederholt die quadratische Fußform des Ständers. Bogenkante und schmale Bordüre bilden einen eleganten und dennoch zurückhaltenden Abschluss.

GROSSFORMATIG
(rechts) Ein solch großer Hängelampenschirm passt nur in geräumige Zimmer, in denen er die Bewegungsfreiheit nicht einschränkt. Die Lampe hängt zentral über dem Tisch, so dass das Licht auf die Tischplatte, nicht aber den Sitzenden in die Augen scheint. Der helle Farbton verschmilzt mit der Einrichtung und hebt sich kaum von der Umgebung ab.

INDISCHER EINFLUSS
(unten) Die plissierten cremefarbenen Seidenschirme wirken kühl und schlicht in einem Raum, in dem üppige Wohnaccessoires aus Indien dominieren. Die eingeschalteten Lampen werfen ein weiches Streulicht, beleuchten die Zimmerecken und hüllen Sofa und Chaiselongue sanft ein.

LAMPENSCHIRMGESTELLE

FÜR VIELE LAMPENSCHIRMTYPEN braucht man starre Gestelle aus leichtem Metall, die dem Schirm Halt, Struktur und Form geben. Die Gestelle sind im Spezialhandel in den verschiedensten Formen und Größen erhältlich. Lampenschirme aus steifem Papier oder leichtem Karton oder aus mit Tapete oder Stoff beklebter Kunststofffolie kann man oben und unten an speziellen Ringen befestigen, die es in verschiedenen Größen zu kaufen gibt. Bei der Gestellauswahl muss man zunächst die Größe und Form des fertigen Lampenschirms festlegen und auch das Material für den Bezug bedenken.

GESTELLE

Die endgültige Form eines Lampenschirms wird von Größe und Art des Gestells oder – bei an Ringen befestigten Schirmen – vom Durchmesser des oberen und unteren Rings und deren Abstand bestimmt. Stofflampenschirme benötigen grundsätzlich ein festes Gestell; Karton und Papier befestigt man am besten an speziellen Ringen.

GESTELLE
Lampenschirmgestelle gibt es in großer Auswahl in diversen Formen und Größen, passend zu jedem Dekorationsstil. Sie passen auf Lampenfüße, Aufhängevorrichtungen und sogar auf Kerzen. Kerzenschirme dienen als Halterung für sehr kleine Schirme. Die Metallrahmen werden unbehandelt oder weiß beschichtet angeboten.

DOPPELSCHIRM

HALBRUNDER SCHIRM

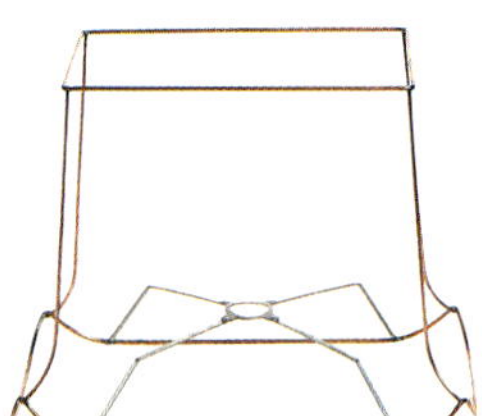
QUADRATISCHER SCHIRM

KERZENSCHIRME

GESTELLE MIT SOCKELHALTERUNG
Vielseitig sind Gestelle mit verstellbarer Sockelhalterung, denn damit passt die Lampe auf Füße und Hängevorrichtungen.

GESCHWUNGENER OVALER SCHIRM

KASTENSCHIRM

TROMMELSCHIRM

KONISCHER SCHIRM

LAMPENRINGE
Bei plissierten und kleinen Schirmen aus steifem Papier oder Karton braucht man nur einen oberen Ring mit Sockelhalterung. Schirme aus leichtem Papier benötigen unten einen zusätzlichen Ring. Überprüfen Sie, ob die Ringe exakt kreisförmig sind und die Streben richtig sitzen.

UNTERE RINGE

GESTELL MIT SOCKELHALTERUNG

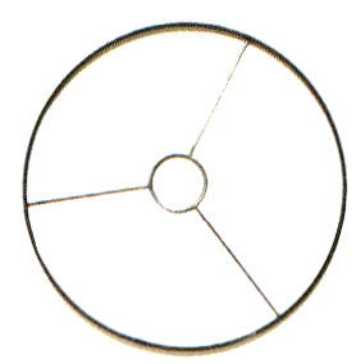
SOCKELHALTERUNG FÜR HÄNGELAMPE

KERZENSCHIRM MIT SOCKELHALTERUNG

GESTELL STREICHEN

Unbehandelte Metallgestelle und Ringe sollte man streichen, damit der Bezug keine Rostflecken bekommt und das Wickelband bei der Arbeit nicht abrutscht. Man braucht Schleifpapier mittlerer Körnung, einen kleinen Malerpinsel, Lackfarbe und Lösungsmittel zum Verdünnen.

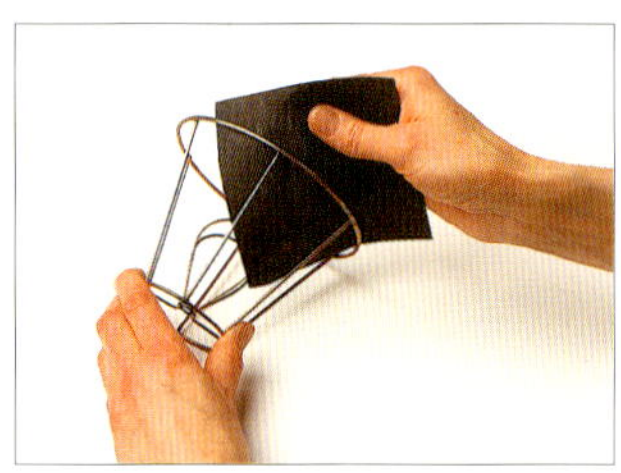

1 **OBERFLÄCHE AUFRAUEN** Oberfläche durch glattes, gleichmäßiges Anschleifen mit einem Stück Schleifpapier in mittlerer Körnung aufrauen.

2 **ANSTREICHEN** Mit kleinem Pinsel Gestell oder Ring sorgfältig streichen. Stellen, die direkt mit der Glühbirne in Kontakt kommen, aussparen.

Werkzeug und Zubehör

Für Lampenschirme ist kein Spezialwerkzeug erforderlich; da es beim Zuschneiden und Zusammensetzen aber auf Akkuratesse ankommt, muss das Werkzeug einwandfrei funktionieren. Für Stoff- und Papierlampenschirme benötigt man im Prinzip, von wenigen, unten aufgeführten Ausnahmen abgesehen, das gleiche Werkzeug. Außerdem braucht man einiges aus dem Werkzeugkasten, Nähzeug und Lampenschirmgestell bzw. Ring.

Stoff- und Papierschirme
Man benötigt Schleifpapier mittlerer Körnung, Lackfarbe, Lösungsmittel und einen kleinen Pinsel. Zum Umwickeln benötigt man Wickelband und farblosen Klebstoff, der keine Flecken auf Papier oder Stoff hinterlässt. Schirm mit sauberen Wäscheklammern am Gestell befestigen, bis der Klebstoff trocken ist.

Wickelband

Klebstoff

Wäscheklammern

Schleifpapier

Lackfarbe

Kleiner Malerpinsel

Papierlampenschirme
Zuschneiden mit Papierschere. Klebestellen beim Trocknen beschweren. Zum Ausmessen Kartonstreifen als Zirkel benutzen: Mit Reißzwecke auf Schneidebrett festhalten. Bezug mit Kreppband an Ringen festkleben. Bei glatten Tapeten- oder Stoffschirmen mit Klebefolie arbeiten. Falten mit Messerschneide falzen. Plissierte Schirme mit Lochzange perforieren.

Messer

Reisszwecken

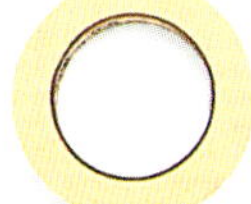
Kreppband

Papierschere

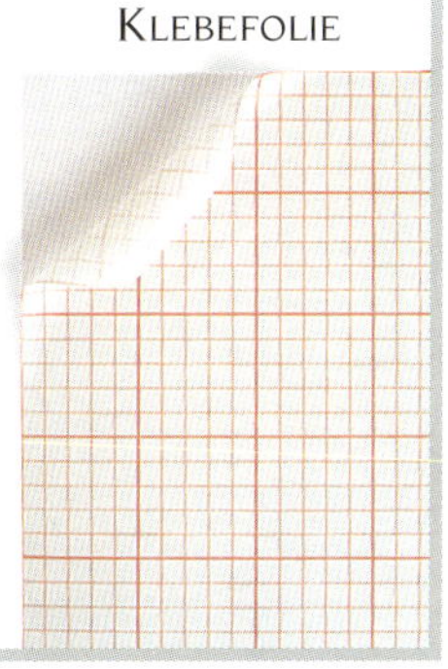
Klebefolie

Schneidebrett

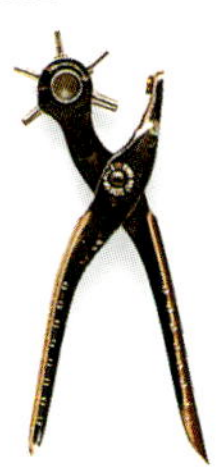
Lochzange

Gestell umwickeln

Schirm oder Ringe nach dem Anstreichen mit Wickelband umwickeln. Man benutzt dazu ein lose gewebtes Spezialband; es entsteht eine Oberfläche, auf der man Stoffschirme festnähen oder Papierschirme festkleben kann. Zum Abschätzen des Bandverbrauchs Umfang der Ringe und Länge der senkrechten Streben messen und dieses Maß verdoppeln. Nicht die inneren Drähte umwickeln, die den Schirm an der Fassung halten. Außerdem braucht man Nähzeug.

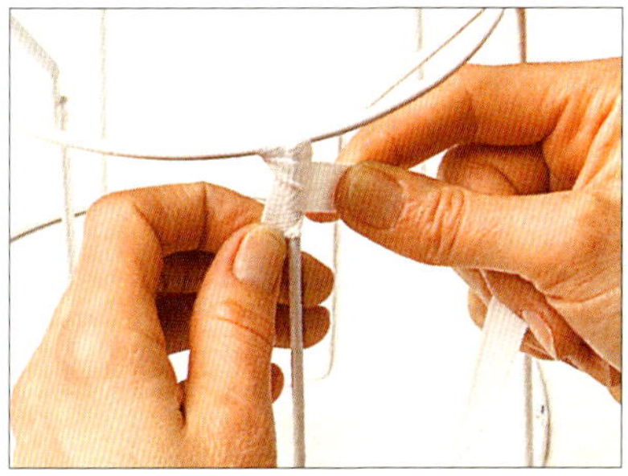

1 **WICKELBAND BEFESTIGEN** Senkrechte Streben umwickeln, dabei jeweils am oberen oder unteren Ring beginnen. Zum Befestigen Bandende um oberen Ring legen und außen ca. 2,5 cm an Strebe abwärts führen.

2 **STREBE UMWICKELN** Band spiralförmig um Streben wickeln, dabei Ende verdecken und Band ca. 3 mm überlappen lassen. So dicht und glatt wie möglich wickeln, damit keine hässlichen Wülste entstehen und das Band nicht verrutscht.

3 **ENDE VERKNOTEN** Am anderen Strebenende Band über Außenseite des unteren Rings nach hinten führen und Ende in halbem Knoten durch Schlaufe ziehen. Knoten festziehen und Band abschneiden. Alle Streben bis auf eine so umwickeln.

4 **OBEREN RING UMWICKELN** Am oberen Ende der nicht umwickelten Strebe beginnen. Bandende an Ringaußenseite legen. Bandende durch Umwickeln von Ring und Strebe festhalten. Ring umwickeln, an oberen Streben Band in Form einer 8 legen.

5 **STREBE UMWICKELN** Band um letzte Strebe und unteren Ring wickeln, dabei an Streben wiederum in Form einer 8 legen.

6 **ENDE FESTNÄHEN** Zum Schluss Bandende ca. 6 mm umlegen und sauber außen an umwickeltem Ring festnähen. Korrekten Sitz überprüfen. Hat sich das Band verdreht, muss man es abwickeln und das Gestell noch einmal umwickeln.

STOFFLAMPENSCHIRME

BEI STOFFLAMPENSCHIRMEN WIRD DER BEZUG auf dem Gestell gekräuselt, gespannt oder gefältelt. So können Sie originelle, ganz persönliche Einrichtungsaccessoires schaffen. Für den äußeren Bezug wählt man einen relativ dehnbaren Deko- oder Kleiderstoff. Das ist besonders wichtig, weil der Stoff straff über den Schirm gespannt wird. Sie können auch geeignete Stoffreste von anderen Möbelstücken verarbeiten. Außerdem braucht man einen Futterstoff, der das Gestell verdeckt; dieser sollte hell sein, damit er das Licht nach außen reflektiert.

GEKRÄUSELTER LAMPENSCHIRM

Gestell aussuchen, gegebenenfalls streichen. Oberen und unteren Ring, an denen der Stoff befestigt wird, mit Wickelband umwickeln *(siehe Seite 205)*. Stoffverbrauch für Einfassung und gekräuselte Rüsche berechnen. Außerdem braucht man Futterstoff, farblosen Stoffkleber und Nähzeug. Stoff und Futter fadengerade zuschneiden, Länge: doppelter Umfang des unteren Rings, Breite: Gestellhöhe, plus rundum 5 cm Nahtzugaben.

1 **ZUSAMMENNÄHEN** Kurze Enden des Oberstoffs 1,5 cm von Schnittkanten rechts auf rechts zum Ring zusammennähen. Wenden. Futter ebenso nähen.

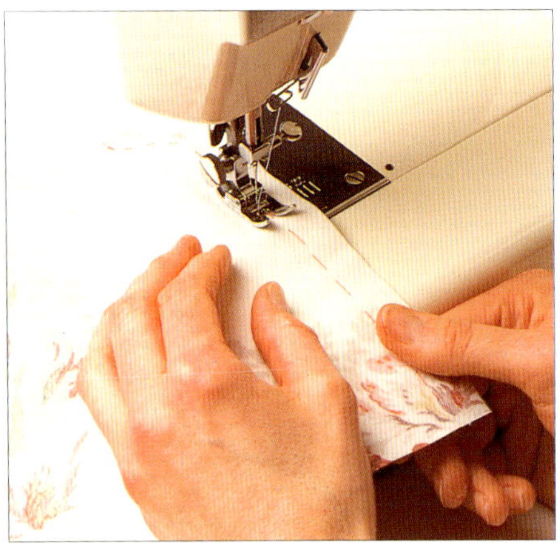

2 **KRÄUSELSTICHE ARBEITEN** Zum Kräuseln 1,5 cm neben Ober- und Unterkante eine Reihe Kräuselstiche *(siehe Seite 26)* arbeiten.

Kräuselstiche 1,5 cm von Kante arbeiten.

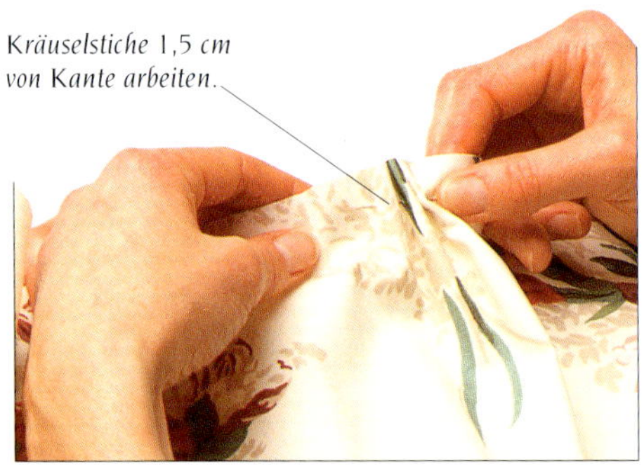

3 **STOFF KRÄUSELN** Den Stoff über das Gestell ziehen und die Kräuselstiche am oberen Ende passend anziehen. Die Kräusel sauber zurechtzupfen und gleichmäßig verteilen und anschließend den Stoff an den umwickelten oberen Ring stecken.

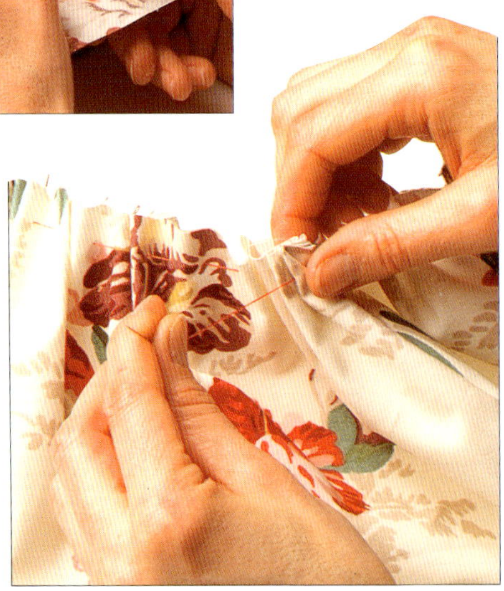

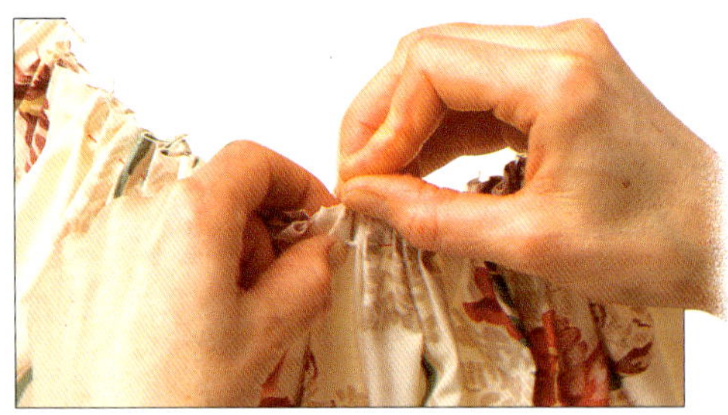

4 **STOFF STECKEN** Kräusel am unteren Ring zusammenziehen. Stoff an Umwicklung des unteren Rings stecken. Die Kräusel sitzen am oberen Ring dichter als am unteren. Stecknadeln entfernen und Kräusel korrigieren. Stoff zwischen Ringen spannen, Kräusel zu Falten legen und Stoff wieder an Band um Ringe stecken. Überschüssigen Stoff abschneiden.

Futter an Wickelband stecken, dabei Kräusel verteilen.

5 **FUTTER STECKEN** Gekräuselten Oberstoff an umwickelte Ringe ansäumen. Am Futter 1,5 cm von Ober- und Unterkante Kräuselstiche arbeiten. Futter wie oben an umwickelte Ringe stecken und Kräusel verteilen.

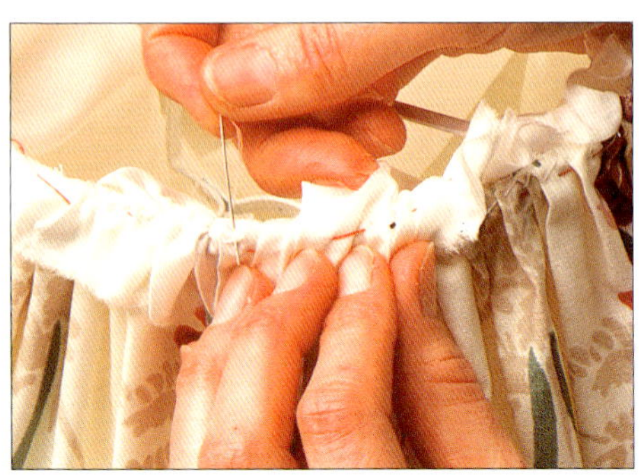

6 **FUTTER NÄHEN** Gekräuseltes Futter mit Saumstich an Umwicklung des oberen Rings nähen.

7 FUTTER ANPASSEN Beim Annähen des Futters trifft man auf die inneren Streben des Gestells. Hier Futter mit Schere passend zurechtschneiden.

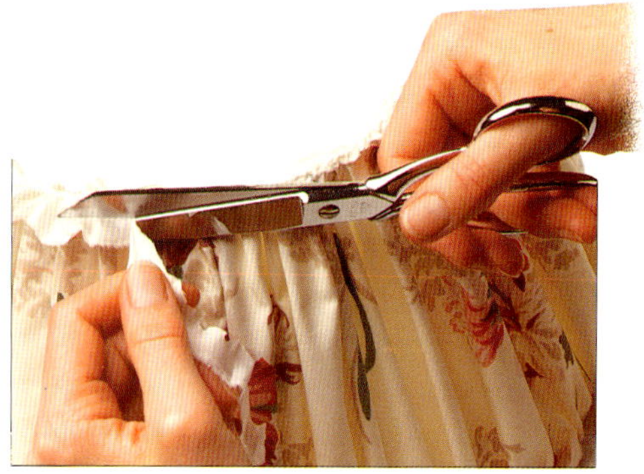

8 FUTTER BESCHNEIDEN Überschüssigen Futterstoff am oberen Ring wegschneiden, dabei so dicht wie möglich an der Naht schneiden, damit Stoff möglichst glatt liegt.

9 EINFASSUNG Schrägstreifen *(siehe Seite 24)* aus Oberstoff anfertigen, mit dem die Oberkante des Schirms eingefasst wird, um Schnittkanten und Naht zu verdecken. Einfassung mit Stoffkleber befestigen. Futter am unteren Ring annähen. Überschüssigen Stoff wegschneiden.

Schrägstreifen anbringen

Zum sauberen Ansetzen die umgelegten Schrägstreifenenden bügeln, übereinander legen und Schrägstreifen mit Stoffkleber an dem Ring befestigen. Zum Trocknen Schrägstreifen mit sauberen Wäscheklammern am Ring fixieren.

10 RÜSCHE ANSETZEN Streifen aus Oberstoff schneiden, Länge: doppelter Umfang des unteren Rings, Breite: zweieinhalbfache Breite der fertigen Rüsche. Streifen der Länge nach rechts auf rechts zusammenlegen. Bügeln, dann 5 mm neben Schnittkanten Kräuselstiche arbeiten. Kräusel passend zum unteren Ring zusammenziehen. Rüsche durch Oberstoffkante an unteren Ring stecken und ansäumen.

11 UNTEREN SCHRÄGSTREIFEN ANBRINGEN Zum Schluss zweiten Schrägstreifen im Umfang des unteren Rings arbeiten. Streifen oben so auf die Rüsche kleben, dass Schnittkanten und Naht verdeckt sind.

Fertiger Lampenschirm

GLATTER LAMPENSCHIRM

Für die meisten Gestelle kann man auch einen glatten Stoffschirm arbeiten. Das Gestell aussuchen, gegebenenfalls streichen; oberen und unteren Ring sowie ein gegenüberliegendes Strebenpaar umwickeln *(siehe Seite 205)*. Einen passenden Ober- und Futterstoff aussuchen. Weißes Seidenfutter reflektiert das Licht von innen nach außen. Schirmumfang an breitester Stelle messen und 15 cm addieren. Höhe messen und 7,5 cm addieren. Oberstoff im schrägen Fadenlauf nach diesen Maßen zuschneiden. Außerdem braucht man Nähzeug und farblosen Stoffkleber.

1 STOFF AN STREBEN STECKEN Den Oberstoff zunächst halbieren. Ein Stoffteil an das Gestell stecken, erst an die umwickelten Streben, dabei Stoff um das Gestell spannen, anschließend an die umwickelten Ringe.

2 STOFF AN RINGE STECKEN Stoff rundum zwischen umwickelten Streben an oberen und unteren Ring stecken. Straff spannen, damit keine Falten entstehen, und Stecknadeln von innen anbringen.

3 STOFF MARKIEREN Auf dem straff gespannten Stoff zeichnet sich das halbe Gestell deutlich ab. Diese Konturen mit Textilstift oder Schneiderkreide auf Stoff übertragen. Zwischen den Stecknadeln Linien der Ringe und der beiden Streben nachziehen.

4 STOFF ZUSCHNEIDEN Stoff vom Gestell nehmen. Entlang der aufgezeichneten Linien ausschneiden, rundum 2 cm zugeben. Identisches Teil im schrägen Fadenlauf zuschneiden. Als Muster für zwei Futterteile nehmen.

5 OBERSTOFF NÄHEN Oberstoffteile rechts auf rechts zusammenlegen und an beiden kurzen Seiten zum Schlauch zusammenstecken, heften und nähen. Futter ebenso arbeiten. Stoffe bügeln und Außenteil wenden.

Beim Überziehen Stoffnaht auf Strebe platzieren.

6 OBERSTOFF ÜBERZIEHEN Wickelband von Streben entfernen und Außenteil über Gestell ziehen. Kontrollieren, ob die Nähte exakt auf zwei gegenüberliegenden Streben sitzen.

7 STOFF STECKEN Stoff an oberen und unteren Ring stecken. Dabei überstehenden Stoff dehnen und einknipsen, damit keine Falten entstehen. Seitennähte auf den Streben dürfen nicht verrutschen.

Lampenschirm an Umwicklung des unteren Rings stecken.

8 STOFF ANNÄHEN Den Stoff mit doppeltem Baumwollgarn an die umwickelten Ringe ansäumen, dabei kleine Stiche durch den Stoff an den Außenrand des Bandes arbeiten.

9 STOFF BESCHNEIDEN Überschüssigen Stoff am Ring möglichst dicht an Naht mit scharfer Schere abschneiden.

10 FUTTER STECKEN Futter mit rechter Seite nach innen in Gestell stecken. Nähte auf Nähte im Außenstoff legen, dann Futter spannen und an oberen und unteren Ring stecken.

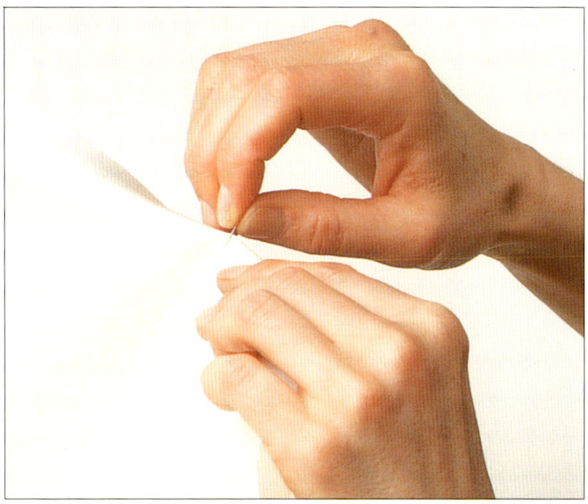

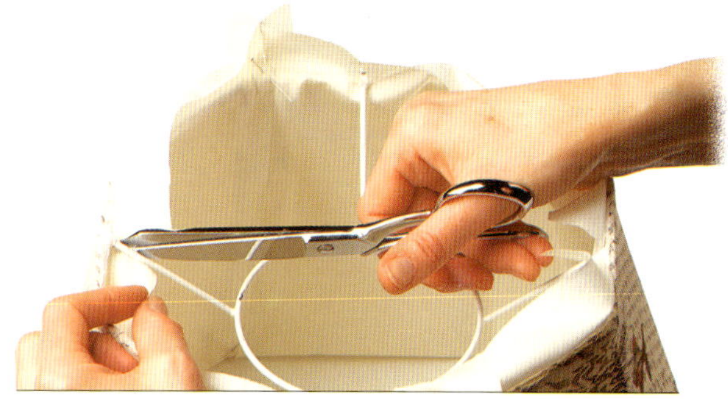

11 EINKNIPSEN Futter an den oberen Streben knapp einknipsen, damit es glatt sitzt. Futter zurechtzupfen und stecken, dabei straff gespannt halten. Futter rundum ansäumen. Die Stiche müssen an der Außenkante des Schirms sitzen, damit sie von der Einfassung verdeckt werden.

12 STOFF BESCHNEIDEN Überschüssigen Futterstoff an oberem und unterem Ring abschneiden. Die Stellen, an denen die oberen Streben auf den oberen Ring treffen, werden mit Stoffstreifen verdeckt. Dazu aus Futterstoff im schrägen Fadenlauf 5 x 3 cm große Streifen zuschneiden. Lange Seiten 6 mm umlegen und bügeln.

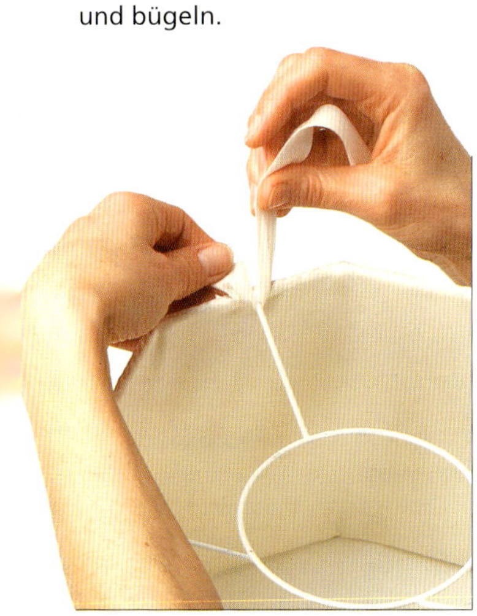

13 STREIFEN ANBRINGEN Futterstreifen um und über obere Streben und oberen Ring wickeln und festkleben. Nach dem Trocknen entsprechend Außenkante des Schirms beschneiden. Für Einfassung zwei 4,5 cm breite Schrägstreifen entsprechend Ringumfang zuschneiden. Lange Seiten 1 cm umlegen und bügeln. Einfassung abschnittweise an oberen und unteren Ring kleben, immer nur 15 cm auf einmal bearbeiten. Enden 6 mm umlegen und 2 cm weit überlappen lassen. Streifen während des Trocknens mit Wäscheklammern fixieren.

Weißes Seidenfutter reflektiert das Licht nach außen.

FERTIGER LAMPENSCHIRM

PAPIERLAMPENSCHIRME

ES GIBT KAUM EIN WOHNACCESSOIRE, bei dem sich das Selbermachen mehr lohnt und mehr Spaß macht als bei Papier- oder Kartonlampenschirmen. Aus einfarbigem oder gemustertem Papier lassen sich die unterschiedlichsten Modelle für Hänge- oder Tischlampen konstruieren. Die Seiten, die von einem Lampenring mit Sockelhalterung gehalten werden, können glatt oder plissiert sein. Ein plissierter Papierschirm erhält durch die Falten Stand und kann aus Papier ganz unterschiedlichen Gewichts bestehen. Glatte Schirme muss man jedoch aus stabilem Karton arbeiten; Papier verstärkt man mit einer Klebefolie.

PLISSIERTER PAPIERLAMPENSCHIRM

Das Papier oder den Karton auswählen und die gewünschte Höhe des fertigen Lampenschirms festlegen. Einen passenden Ring für die obere Halterung aussuchen, dazu ein Stück Schleifenband. Außerdem werden Lochzange, Lineal, Winkel, Teppichmesser, Bleistift, Schere, Messer und Klebstoff gebraucht. Unteren Umfang des fertigen Schirms genau berechnen. Anschließend die Faltentiefe festlegen – hier sind es 2 cm. Je nach Faltentiefe zur Berechnung der gesamten benötigten Papierlänge den Umfang ungefähr verdoppeln.

1 AUSMESSEN Umfang durch Breite einer Falte – in diesem Fall 4 cm – teilen und Faltenanzahl auf glatte Zahl aufrunden. Papier mit Lineal, Winkel und scharfem Teppichmesser in einem oder mehreren Teilen auf berechnete Gesamtlänge mal Höhe des fertigen Schirms schneiden.

2 FALTEN MARKIEREN Auf Papierinnenseite an Ober- und Unterkante der langen Seiten Abschnitte entsprechend Faltentiefe anzeichnen. Braucht man mehr als eine Papierbahn, Papier für Klebestellen zugeben und Markierungen auf Innenseite fortlaufend über Ansatzstellen wiederholen.

3 FALTEN LEGEN Zwischen den Markierungen mit Metalllineal und Messerrücken oder stumpfer Seite einer Zuschneideschere Falzlinien ziehen. Falzlinien über Tischkante knicken. Falls beim Ansetzen Klebestellen entstanden sind, sollten Sie diese am besten in einer Falte verstecken.

4 SCHABLONE ANFERTIGEN Ein 5 x 2 cm großes Kartonstück ausschneiden. Darauf der Länge nach eine Mittellinie ziehen und mit der Lochzange zwei Löcher ausstanzen, eins für das Band 2,5 cm von der Oberkante, ein zweites für den Ring knapp 3 cm darunter. Die Schablone auf eine Seite der Falte legen und die Stanzlöcher akkurat mit Bleistift anzeichnen.

5 LÖCHER STANZEN Doppelfalten an Markierung zwischen die Zange nehmen und durch Papier stanzen. In alle Falten Lochpaare stanzen. Am Papierende letzte Falte nicht stanzen; dort wird geklebt.

6 **LÖCHER EINSCHNEIDEN** Die untere Lochreihe jeweils an der Innenseite der Falte mit einer scharfen Schere einschneiden; dort wird der Ring eingesetzt. Die Schere beim Schneiden am besten leicht schräg halten.

7 **ENDEN KLEBEN** An Papierenden auf jeweils letzte Falte Klebstoff auftragen. Enden zu einer kompletten Falte zusammenkleben. Klebstoff gut durchtrocknen lassen.

8 **ENDEN BEFESTIGEN** Enden festhalten, bis der Klebstoff trocken ist. Mit Schablone Lochpaar auf Ansatzstelle anzeichnen. Löcher stanzen. Untere Löcher innen mit Schere einschneiden.

Zwei Löcher in die geklebte Falte stanzen.

9 **BAND DURCHZIEHEN** Band für die obere Loch-reihe schneiden – hier ca. 1 m lang. An einem Ende mit Klebeband umwickeln und durch die Löcher ziehen.

FADENENDEN

Um die Kordelenden nach dem Durchfädeln am Aufriffeln zu hindern, das Band am Ende mit Klebestreifen umwickeln. Das andere Ende der Kordel knoten, so dass es nicht herausrutschen kann.

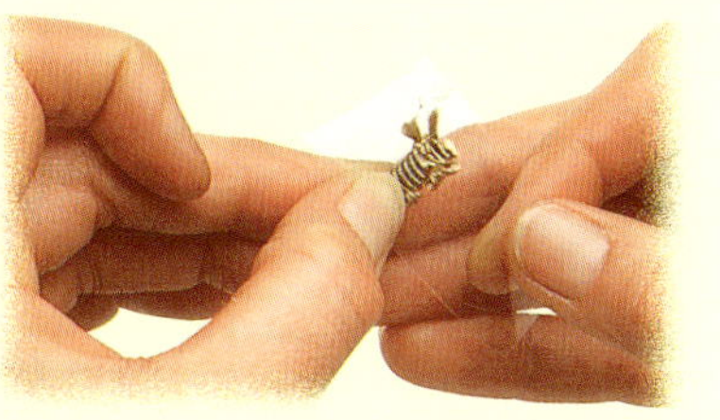

10 **RING EINSETZEN**

Ring in die untere Lochreihe einsetzen.

Das Band hält den plissierten Lampenschirm in Form.

11 **BAND VERKNOTEN** Schirm in endgültige Form bringen. Dazu Bandenden zusammenziehen und gleichzeitig unteren Rand auf gewünschten Umfang dehnen. Band verknoten und eventuell abschneiden. Hat der Schirm die gewünschte Form, wenden, damit der Bandknoten versteckt wird.

FERTIGER LAMPENSCHIRM

GLATTER KONISCHER SCHIRM

Einen starren Papierschirm konstruiert man entweder aus Papier mit einer Versteifung aus Klebefolie oder aus schwerem Karton mit zwei Ringen, einer davon mit Sockelhalterung. Schirmmaße festlegen, Ringe aussuchen und gegebenenfalls streichen. Außerdem braucht man Maßband, Winkel, Lineal, Bleistift, Lochzange, Schere, Teppichmesser, Wäscheklammern, Klebstoff, Kreppband und einen Gegenstand zum Beschweren. Ringe zum Bekleben mit Wickelband umwickeln.

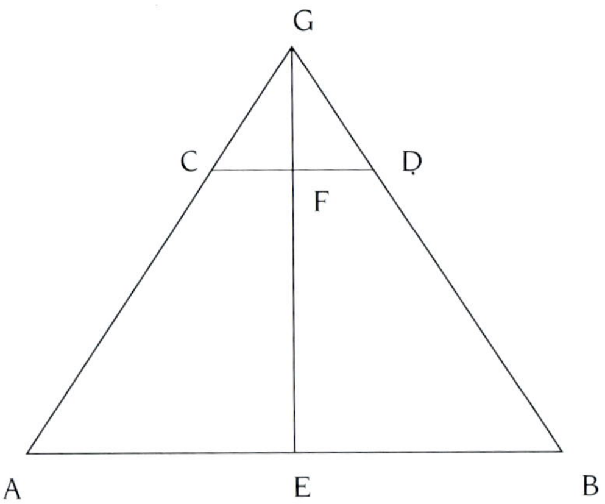

1 AUSMESSEN Mit Winkel, Lineal und Bleistift Querschnitt des Schirms zeichnen. Ringdurchmesser (von A nach B und von C nach D) sowie Schirmhöhe von unterem zu oberem Ringmittelpunkt (von E nach F) messen. Beim Messen, Zeichnen und Ausschneiden akkurat arbeiten, damit der Schirm perfekt sitzt.

2 ZIRKEL ANFERTIGEN Simplen Zirkel aus 2 cm breitem Pappstreifen machen, etwas länger als Abstand von G nach B. Mittellinie ziehen, auf Zeichnung legen und Punkte G, D und B anzeichnen.

Entsprechend der Ringpositionen Punkte auf Kartonstreifen anzeichnen.

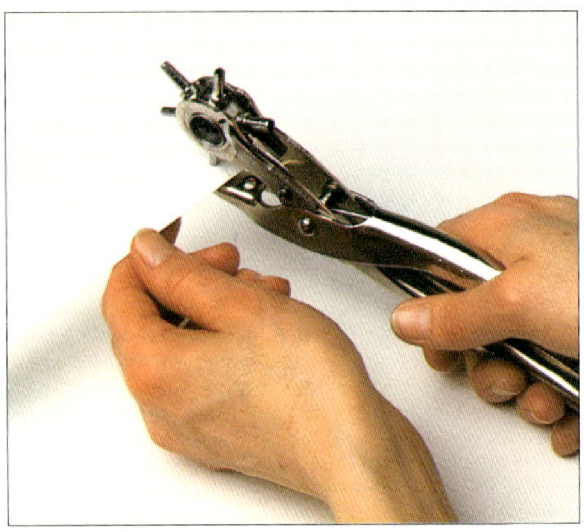

3 LÖCHER STANZEN Auf Mittellinie zwei Löcher kleinster Größe knapp über Punkt B und D in Kartonstreifen stanzen. Unterkante der Löcher an Bleistiftmarkierungen für B und D setzen.

4 BÖGEN ZEICHNEN Lampenschirmkarton mit Außenseite nach unten auf Brett kleben. Kartonstreifen mit Reißzwecke in Punkt G auf Brett stecken. Mit Bleistift in Loch D Bogen zeichnen, dann einen zweiten mit Bleistift in Loch B. Diese Bögen ergeben die Schnittlinien für den Karton.

5 UNTEREN RING AUSMESSEN Mit Maßband unteren Ringumfang messen. Dazu 5 cm für Ansatzstelle addieren. Dieses Maß mit auf die Kante gestelltem Maßband an unterem Bogen anzeichnen. Dabei in Abschnitten von 10 cm arbeiten.

Beim Ausmessen und Markieren des Ringumfangs ganz akkurat mit auf die Kante gestelltem Maßband arbeiten.

6 ENDEN EINZEICHNEN Kartonstreifen abnehmen und mit Lineal von Punkt G über kürzeren Bogen Linien zu auf dem längeren Bogen angezeichneten Endpunkten ziehen.

7 AUS-SCHNEIDEN

Karton an den geraden Seiten mit Teppichmesser und Lineal, an den Bögen mit scharfer Schere ausschneiden.

Wäscheklammern zu Hilfe nehmen.

8 RINGE EINSETZEN

Karton um oberen Ring biegen und mit Wäscheklammern festhalten. Unteren Ring einsetzen und provisorisch mit Wäscheklammern festhalten. Nehmen Sie sich Zeit und platzieren Sie den Karton glatt und sorgfältig auf den Ringen. Korrigieren Sie dabei ständig den Sitz von Karton und Wäscheklammern, bis die Ringe glatt am Kartonrand anliegen und die Ansatzstelle überall gleich breit ist.

9 ANSATZSTELLE MARKIEREN Wenn Sie sicher sind, dass der Schirm perfekt sitzt, die entsprechenden Ansatzstellen oben und unten von innen mit einem spitzen, weichen Bleistift vorsichtig markieren.

10 ANSATZSTELLE BESCHNEIDEN Schirm abnehmen und mit Bleistift und Lineal an der Ansatzstelle 12 mm neben der ersten eine parallele Linie anzeichnen. Überstehenden Karton mit Schere abschneiden.

11 KARTON BESCHWEREN Klebstoff auftragen, Markierungen aufeinander legen, Karton zusammendrücken. Es darf kein Klebstoff auf die Außenseite gelangen. Ansatzstelle mit Lineal und Gewicht platt drücken. Mindestens 30 Minuten trocknen lassen.

12 RINGE ANKLEBEN

Nach dem Trocknen Ringe wieder einsetzen und mit Wäscheklammern festhalten. Die Ansatzstelle muss exakt auf einer Strebe sitzen. Ringe mit Kreppband festkleben. Band in 10 cm langen Stücken von außen ankleben, jeweils 6 mm überlappen lassen. Sitz immer wieder korrigieren und Band auf Außenseite glatt streichen.

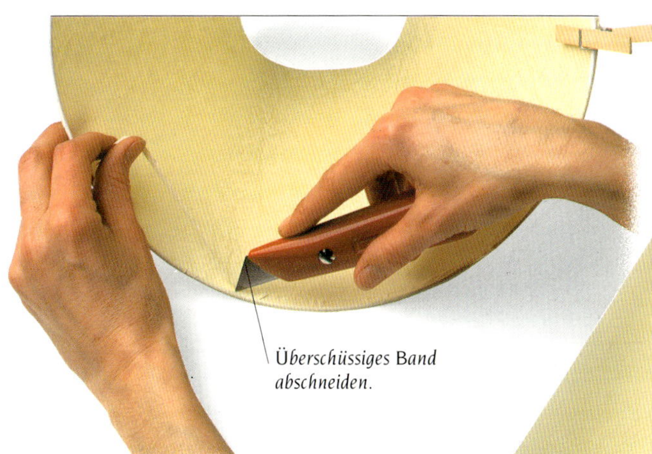

Überschüssiges Band abschneiden.

13 BAND BESCHNEIDEN

Kreppband nach innen umlegen und andrücken. Band mit sehr scharfem Teppichmesser so beschneiden, dass die Innenkante parallel zum Ring verläuft – nicht in den Karton schneiden! Nach Wunsch Stoffstreifen über das Band kleben. Schirm an der Fassung befestigen.

FERTIGER LAMPENSCHIRM

Reflexionen
Kleine dreibeinige Tischlampen sind bei wenig Platz ideal, da sie relativ kippsicher sind. Hier stehen die Lampen zu beiden Seiten eines Spiegels, der das Licht in den Raum zurückwirft. Die schlichten weißen Stoffschirme lassen viel Licht durch und beleuchten die blasse Wand.

RENOVIEREN

WERKZEUGE

KAUFEN SIE NACH MÖGLICHKEIT WERKZEUGE von guter Qualität für Ihre Renovierungsarbeiten. Gute Werkzeuge erleichtern Ihnen die Arbeit beim Verschönern Ihres Heims beträchtlich; kaufen Sie also lieber wenige gute Werkzeuge als viele von geringer Qualität. Sie müssen nicht alles auf einmal kaufen – schaffen Sie die Werkzeuge der Reihe nach an, wie Sie sie brauchen. Eine große Auswahl hand- und elektrisch betriebener Werkzeuge ist eine gute Investition; pflegen Sie also Ihr Werkzeug und lagern Sie es nach Gebrauch richtig. Spezielle Geräte können Sie in Geschäften für Heimwerkerbedarf leihen.

STEHLEITER
Eine Stehleiter ist bei vielen Arbeiten im Haus unentbehrlich. Für Arbeiten an der Decke brauchen Sie eine 2 m hohe Leiter. Achten Sie bei der Auswahl vor allem auf Sicherheit und Bequemlichkeit. Stabilität und breite, robuste Sprossen mit Profil-Oberfläche sind wichtig; auch eine abnehmbare Ablagefläche für Werkzeug und Material ist nützlich.

TRAGBARE WERKBANK
Eine feste, tragbare Werkbank, die sich flach zusammenklappen lässt, gehört zur Grundausstattung. Das einfachste Modell bietet die Möglichkeit, Gegenstände einzuspannen, und dient als erhöhte Ablage für Farbeimer. Aufwendigere Werkbänke bieten mehr Möglichkeiten, z. B. parallele Führungslinien zum Schneiden und einen Kreis mit Winkelmesser.

MARKIERSTIFTE
Ein guter Allzweckstift ist ein Zimmermannsbleistift. Ein feiner Bleistift eignet sich für kleinere Arbeiten, ein Fettstift zum Markieren von Fliesen und Glas.

FETTSTIFT
ZIMMERMANNSBLEISTIFT
FEINER BLEISTIFT

ALLES IM LOT
Für senkrechte Linien brauchen Sie ein Senkblei oder eine große Wasserwaage. Auch eine kleine Wasserwaage und ein Universalwinkel sind nützlich. Rechte Winkel überprüfen Sie mit dem Anschlagwinkel. Stahlmaßband und Stahllineal sind für die meisten Arbeiten unentbehrlich.

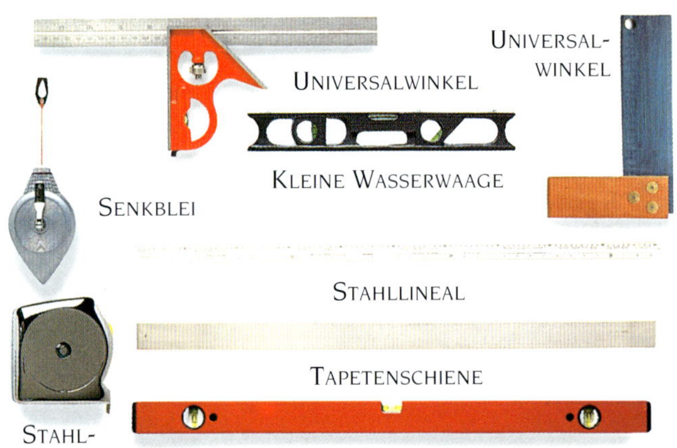

UNIVERSALWINKEL
UNIVERSALWINKEL
KLEINE WASSERWAAGE
SENKBLEI
STAHLLINEAL
TAPETENSCHIENE
STAHLMASSBAND
GROSSE WASSERWAAGE

BOHRER
Achten Sie beim Kauf einer Bohrmaschine darauf, dass der Motor für die geplanten Arbeiten stark genug ist, und auf die Zusatzfunktionen. Bohrmaschinen mit niedriger Geschwindigkeitseinstellung können auch als Schrauber verwendet werden. Sorgen Sie für eine Auswahl an Bohrern.

BOHRMASCHINE

ALLZWECKBOHRER
STEINBOHRER

HÄMMER
Ein Klauenhammer ist zum Entfernen von herausstehenden Nägeln und Klammern erforderlich. Mit einem Kreuzschlaghammer erledigen Sie feinere, mit dem Gummihammer gröbere Arbeiten. Der Schreinerklüpfel wird zum Treiben von Werkzeugen mit Holzgriff verwendet. Mit dem Körner versenken Sie Nägel. Zur Befestigung im Mauerwerk brauchen Sie Stahlstifte. Plattnägel sorgen für feste Verbindungen.

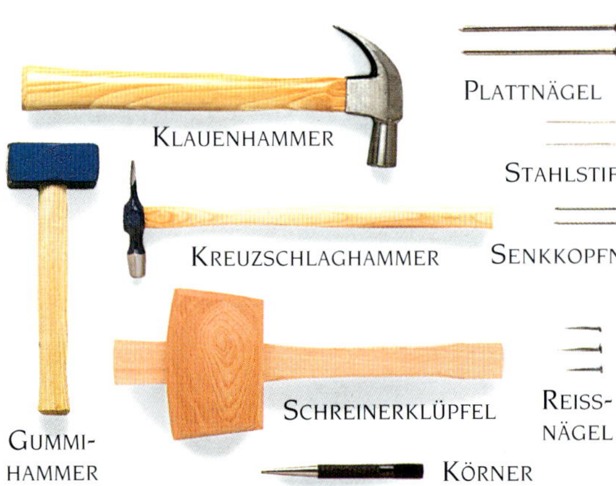

PLATTNÄGEL
KLAUENHAMMER
STAHLSTIFTE
KREUZSCHLAGHAMMER
SENKKOPFNÄGEL
SCHREINERKLÜPFEL
REISSNÄGEL
GUMMIHAMMER
KÖRNER

ZANGEN
Sorgen Sie für eine Auswahl von Zangen. Mit der Kneifzange ziehen Sie Nägel und Klammern. Die Universal-Gripzange ist zum Festhalten und Drehen von Gegenständen gedacht. Für alle möglichen Arbeiten eignet sich eine kräftige Kombizange mit gezahnten Haltebacken und Schneiden.

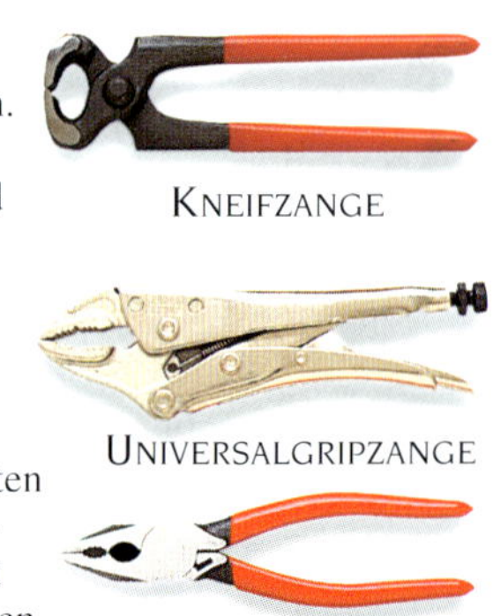

KNEIFZANGE
UNIVERSALGRIPZANGE
KOMBIZANGE

Schneidewerkzeuge

Ein 510 mm langer Fuchsschwanz eignet sich zum Sägen von Balken. Für Hartpappe oder Sperrholz brauchen Sie eine Rückensäge, für Metall eine Metallsäge. Kaufen Sie zwei oder drei Stechbeitel in verschiedenen Größen (bis 25 mm Breite) und ein Flacheisen, um Mauerwerk zu entfernen, Kacheln oder Bodendielen auszuheben. Für leichtere Materialien sollten Sie Haushaltsscheren in unterschiedlicher Größe und ein Teppichmesser mit auswechselbarer Klinge besitzen (aus Sicherheitsgründen mit einziehbarer Klinge).

Rückensäge

Fuchsschwanz

Stechbeitel

Teppichmesser

Kleine Haushaltsschere

Grosse Haushaltsschere

Flacheisen

Allzwecksäge

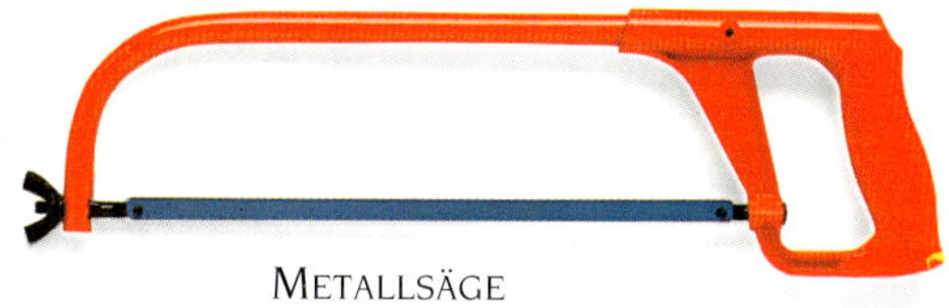
Metallsäge

Spachtel

Spachtel werden gebraucht, um Füllstoff in Risse und Löcher zu schmieren oder alte Tapeten zu entfernen. Vor dem Ablösen sollten Sie die Tapeten mit einer Stachelwalze oder einem Schaber anrauen. Mit dem Dampfstrahlgerät können Sie große Tapetenflächen entfernen. Ein Schwamm ist vielseitig einsetzbar. Metall reinigen Sie mit einer Drahtbürste. Flächen werden mit Stahlwolle oder Schleifpapier geglättet.

Spachtel

Dampfstrahlgerät

Tapetenschaber

Schleifpapier

Stachelwalze

Drahtbürste

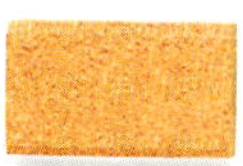
Schleifklotz

Stahlwolle

Schwamm

Schraubenzieher

Es gibt verschiedene Schraubenzieher für Kreuz- und Flachschlitzschrauben. Holz- und Metallschrauben sind in verschiedenen Formen und Farben erhältlich. Zeichnen Sie Bohrlöcher an. Zur Montage an der Wand verwenden Sie gewöhnliche oder Hohlraumdübel. Für kleinere Elektroarbeiten verwenden Sie isolierte Schraubenzieher.

Ahle

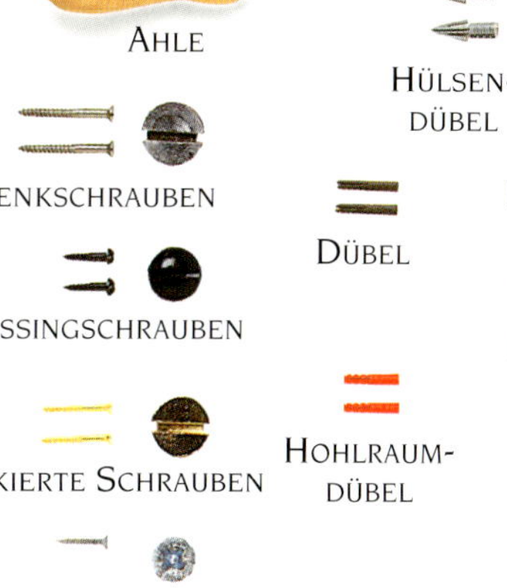
Hülsendübel
Senkschrauben
Dübel
Messingschrauben
Lackierte Schrauben
Hohlraumdübel
Stahl-Kreuzschlitzschrauben

Isolierter Schraubendreher

Kreuzschlitzschraubendreher

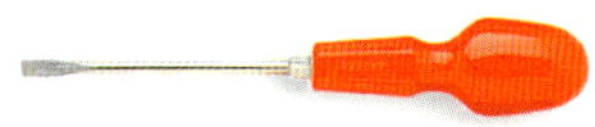
Flachschlitzschraubendreher

Akku-Schrauber

Verschiedenes

Suchen Sie vor dem Bohren mit dem Metalldetektor nach in der Wand verborgenen Hindernissen. Zum Schutz der Kleidung sollten Sie eine Arbeitsschürze tragen. Vor ätzendem Material schützen Sie Ihre Hände mit Gummihandschuhen, ansonsten können Sie Stoffhandschuhe tragen. Decken Sie Möbel mit Planen ab. Bei staubigen Arbeiten sollten Sie eine Schutzmaske und -brille tragen. Abdeckband, Bindfaden, ein Tacker und ein Eimer sind bei vielen Arbeiten nützlich.

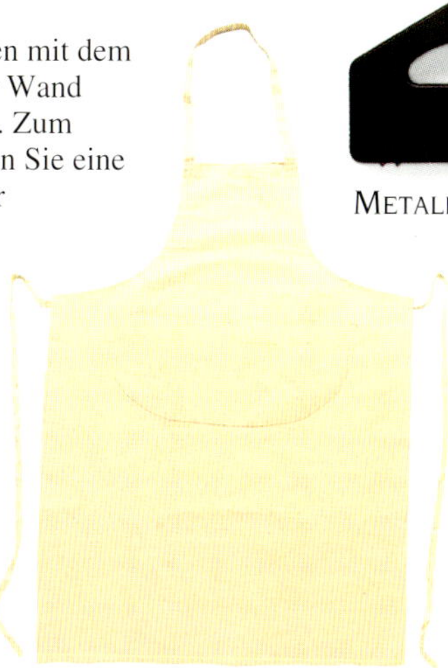
Arbeitsschürze

Metalldetektor

Schutzbrille

Staubmaske

Bindfaden

Arbeitshandschuhe

Tacker

Eimer

Abdeckband

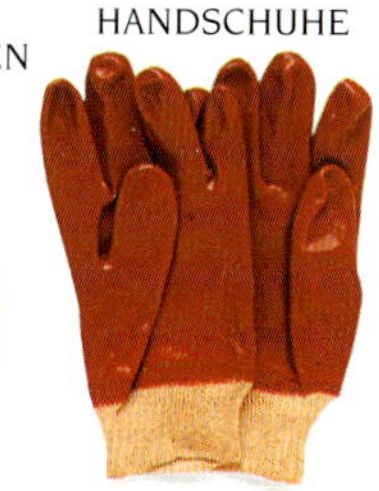
Gummihandschuhe

Abdeckplane

STREICHEN

Mit einem Anstrich lässt sich der Charakter eines Raumes leicht, schnell und kostengünstig verändern. Außerdem wird damit der Untergrund aus Putz, Holz oder Metall vor Abnutzung und Feuchteschäden geschützt. Dieses Kapitel behandelt Farbsorten, erklärt die Vorbereitung der Oberfläche und zeigt Arbeitsweisen, die hochwertige, dauerhafte Anstriche ergeben. Wenn Sie spezielle Farbeffekte erzielen wollen, finden Sie hier auch Techniken wie Ziehen und Schablonieren.

Farbschattierungen
Die Stimmung des Raumes ändert sich mit dem Farbübergang von leuchtendem Geranienrot zu sanftem Rosa. Durch zufällige Pinselstriche wirkt die Wand wie farbig getüncht.

GESTALTUNGSVORSCHLÄGE

MIT FARBIGEN ANSTRICHEN lassen sich die verschiedensten optischen Effekte erzielen; Sie sollten die Farbe nach der Größe, Lage und Funktion des Raumes auswählen. Helle Farben vergrößern und erhellen kleine, schwach beleuchtete Zimmer; durch warme, dunkle Töne wirkt ein großer, kalter Raum heimeliger. Durch Farbe lässt sich auch die optische Größe eines Raumes beeinflussen, so dass kleine Räume weiter und große Zimmer kleiner wirken. Bei der Auswahl der Farbe müssen Sie entscheiden, ob Sie eine starke Wirkung durch kräftige Grundfarben erzielen oder einen neutralen Hintergrund in Naturtönen schaffen wollen.

Küchenschränke
(rechts) Lebhafte, südliche Farbtöne eignen sich für Küchenschränke, die durch Strukturfarben eine verwitterte Oberfläche erhalten. Ein Strukturpinsel bringt die typische Körnung auf den Schranktüren hervor. Der helle, taubengraue Anstrich der Kochinsel und die cremefarbenen Wände betonen die leuchtenden Möbel. Schützen Sie sie mit transparentem Sprühlack vor Abnutzung.

Neonfarben
(unten) Bei diesen auffälligen Neonfarben sind Anstricheffekte überflüssig. Wählen Sie zwei, höchstens drei Farben, die Sie zu aussagekräftigen Blocks kombinieren. Hier betonen die einfachen kirschroten Kisten auf dem Schreibtisch den Raumteiler im Zwischengeschoss.

Flieder und Lavendel
(oben) In Räumen, die wenig natürliches Licht erhalten, können Blautöne kalt wirken. Insbesondere Schlafzimmer sollten aber einladend sein; wählen Sie daher lieber Lavendel. Tragen Sie die Farbe in Schichten auf, so dass sie Licht absorbiert und leicht strukturiert wirkt. Ein graues Violett bringt das schmiedeeiserne Bettgestell gut zur Geltung.

Matter Anstrich
(rechts) Bei der matten Dispersionsfarbe in Lippenstiftrosa und -rot zeichnen sich durch die Farbtiefe die einzelnen Streifen deutlich ab. Mattfarben absorbieren viel Licht, so dass die Farben auch bei Sonnenlicht nicht verblasst wirken.

Eintönig?
(oben links) Hier wird ein Cremeton durch verschiedene Oberflächenstrukturen variiert. Der Licht absorbierende matte Wandanstrich und der reflektierende Hochglanzlack des Tisches reichen bei dieser einfachen Komposition als Kontrast.

Terrakotta-Tünche
(oben) Die verdünnte Mischung aus Dispersionsfarbe und Lasur macht diesen Anstrich durchscheinend. Die Antikwirkung entsteht durch den Auftrag mit Pinsel und Plastiktüte. Durch den Lasurgehalt trocknet die Farbe langsamer, so dass Fehler leicht korrigiert werden können.

Neutral
(links) Der matte Anstrich wirkt solide und passt gut zu den einfachen, robusten Holzmöbeln. Die naturfarbenen Teppiche stellen optisch die Verbindung zwischen Wand und Schrank her.

Dusche
(rechte Seite) Wände und Böden, die nass werden, müssen wasserbeständig und rutschfest sein. Glanzlack eignet sich hier, aber auch Produkte, die eine unsichtbare Schutzschicht bilden, oder Spezialmittel wie Betonfarben für poröse Oberflächen.

OBERFLÄCHEN UND WERKZEUG

UM DEN CHARAKTER EINES RAUMES durch einen Anstrich zu ändern, genügt es nicht, einfach die Farbe aufzutragen. Sie eignet sich zum Kaschieren von kleinen Schönheitsfehlern und kann die optischen Proportionen eines Raumes ändern, aber ein professionelles Ergebnis braucht sorgfältige Vorbereitung. Eine glatte Oberfläche erleichtert die Arbeit, ob bei einem einfachen Dispersionsanstrich oder bei speziellen Techniken wie Ziehen, Stupfen oder Wolken. Es gibt Hilfsmittel, die die Vorbereitung vereinfachen – vom Glätten des Holzes bis zum Firnissen, vom Lasieren einer unbehandelten Holzfläche bis zum Reparieren kleiner Schäden.

WELCHE FLÄCHEN WIE VORBEREITEN

Die verschiedenen Oberflächen erfordern verschiedene Vorbereitungsarbeiten: Unbehandeltes Holz wird abgeschliffen und die Astlöcher versiegelt, Risse im Putz werden ausgespachtelt. Um einen dauerhaften Anstrich zu erhalten, müssen Sie das richtige Arbeitsmaterial für jede Fläche wählen. Wenn Sie den Stil Ihres Zimmers festlegen, sollten Sie sich überlegen, wie Sie Alt und Neu verbinden können. In einer modernen Wohnung sind vielleicht eher glatte Flächen erwünscht, in älteren Häusern wirken dagegen auch grobe Strukturen gut.

Unbehandelte Oberflächen

Putz

Ziegelsteine

Holz

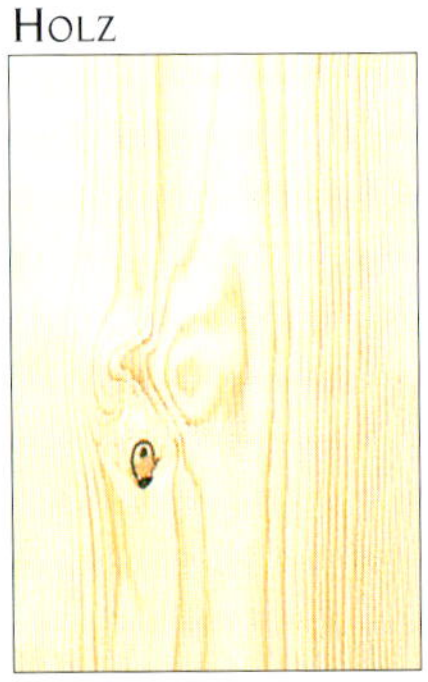

Kupferrohre

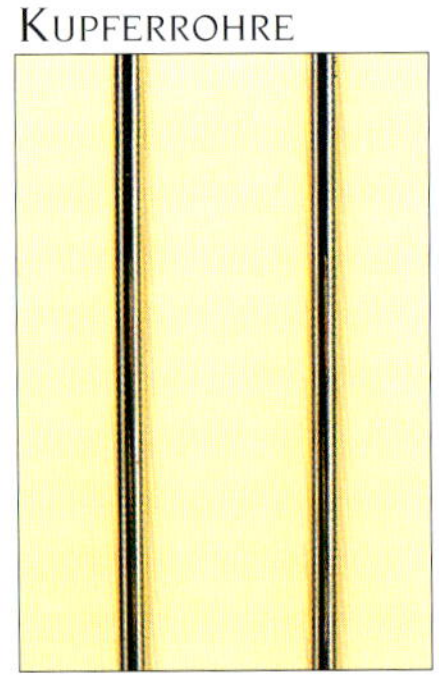

Trocknen Putz abbürsten, grundieren und mit verdünnter Dispersionsfarbe oder Vorstreichfarbe versiegeln. Im Badezimmer wasserbeständige Farben verwenden. Ziegelwände abbürsten und imprägnieren. Abdecklack auf die Astlöcher von unbehandeltem Holz geben, damit kein Harz austritt. Risse mit Holzspachtel schließen. Abschleifen, lasieren bzw. grundieren, vorstreichen und lackieren. Mit grobem Schleifpapier Rost von Eisen entfernen; vor dem Lackieren grundieren. Neue Kupferrohre mit Terpentinersatz reinigen und lackieren.

Behandelte Oberflächen: Wände und Decken

Temperafarbe

Farbe

Tapete

Keramikfliesen

Die Oberflächen feucht abwischen. Wenn sich die Farbe löst, könnte es Temperafarbe sein. Vor dem Überstreichen mit Dispersionsfarbe Temperafarbe abkratzen, versiegeln und mit einer Stabilisierungslösung vorstreichen. Risse ausspachteln und abschleifen. Mit Dispersionsfarbe gestrichene Wände mit Anlauger abwaschen. Eine glatte Oberfläche entsteht durch Tapezieren mit Makulatur *(siehe Seite 263)*. Tapeten mit Papieroberfläche können überstrichen werden, Keramikfliesen können mit Lack oder Emailfarben gestrichen werden.

Behandelte Oberflächen

Farbe

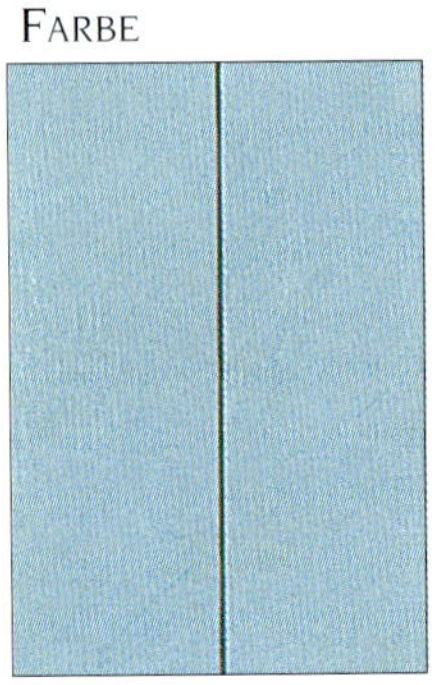

Melamin

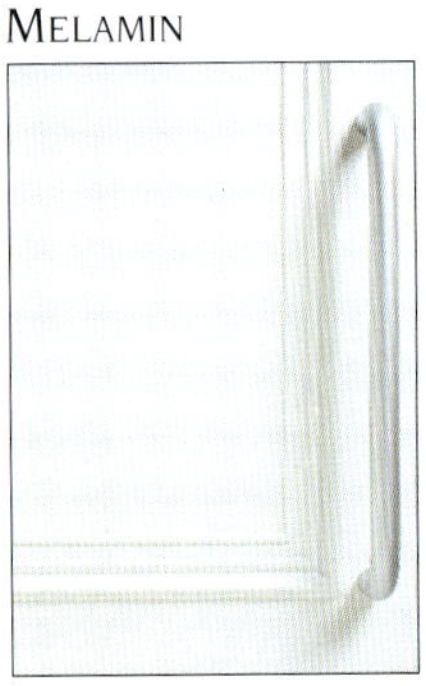

Holzbeize

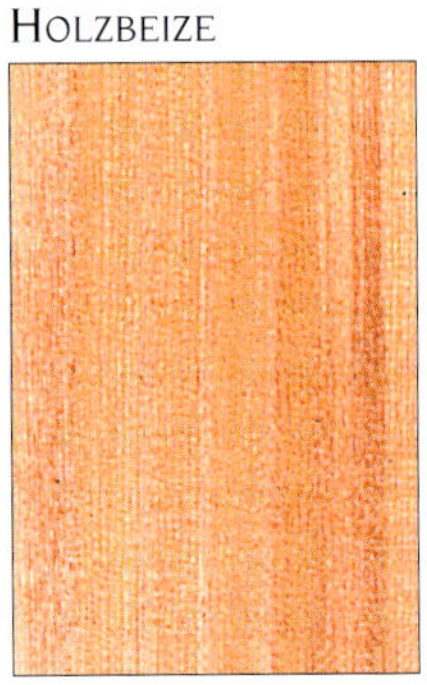

Firnis oder Wachs

Bereits gestrichenes Holz sollte mit Anlauger abgewaschen und mit Ölfarbe neu gestrichen werden. Beschädigtes Holz mit Füllstoff reparieren, schleifen, grundieren und streichen. Melaminoberflächen reinigen und abschleifen, damit die Farbschicht an der rauen Oberfläche haften bleibt. Lasiertes oder gewachstes Holz mit Abbeizer behandeln und mit einer 1:20-Mischung aus Essig und Wasser neutralisieren. Gebeiztes Holz vor dem Streichen schleifen und grundieren. Holzbeize mit Bleichmittel entfernen.

Werkzeug

Das Streichen und Renovieren eines Zimmers wird durch hochwertige Werkzeuge sehr erleichtert. Leihen Sie sich die teureren Spezialgeräte eventuell im Fachgeschäft. Als sichere Grundlage zum Streichen hoher Wände und Decken sollten Sie sich ein Gerüst bauen oder Stehleitern und Holzdielen verwenden *(siehe Seite 260)*. Denken Sie dabei an Ihre Sicherheit. Bei allen Geräten sollten Sie sich aus Sicherheitsgründen an die Angaben des Herstellers halten.

Pinsel

Zum Streichen von Decken und Wänden sollten Sie 100–150 mm breite, für feinere Details schmalere Pinsel verwenden. Ringpinsel eignen sich für das Auftragen von Holzlasur. Für Fensterrahmen benutzen Sie einen Nischenpinsel. Heizkörperpinsel sind zum Streichen von schmalen Spalten, z. B. an und hinter der Heizung, geeignet. Künstlerpinsel werden für feine Zeichnungen gebraucht.

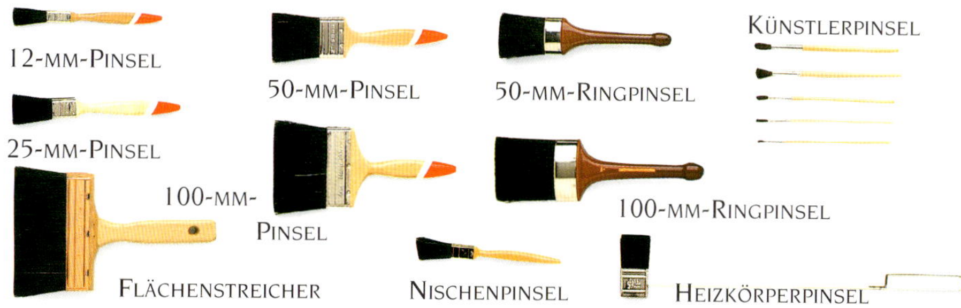

Farbrollen

Die besten Farbrollen haben einen weichen Flor. Mit Rollenkorb und Synthetikwalzen sind die Rollen leicht zu reinigen und wieder zu verwenden. Für Decken und hohe Wände wird der Teleskopstab gebraucht; schwierige Ecken erreicht die Heizkörperrolle. Mit einer Strukturwalze werden Muster auf die Wand gebracht.

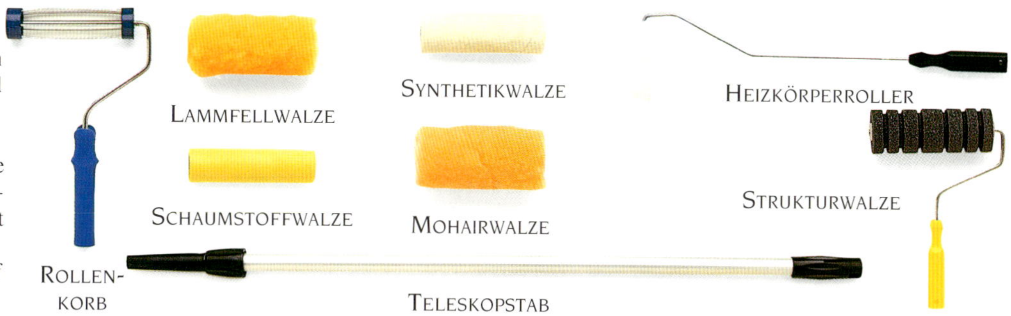

Flächenstreicher-Pads

Pads bestehen aus Mohair mit Schaumstoffrücken. Es gibt sie in verschiedenen Größen, oft mit hohlem Griff zur Verwendung mit dem Teleskopstab. Sie sollten wie Farbrollen für wasserlösliche Farben verwendet werden.

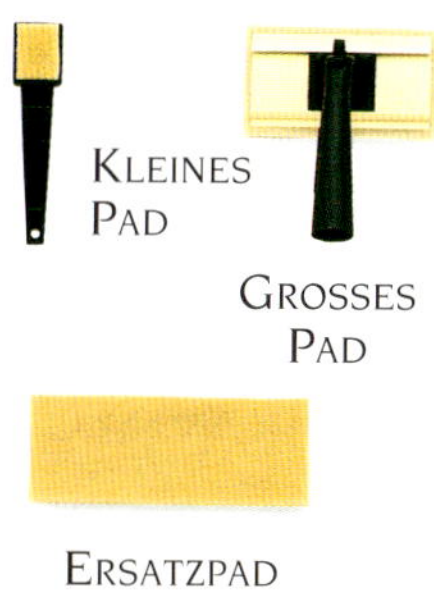

Gefässe

Wählen Sie den Farbbehälter nach Ihrem Werkzeug aus. Dosen oder Eimer aus Metall oder Plastik eignen sich am besten für Pinsel, flache Wannen eher für Farbrollen.

Andere Werkzeuge und Materialien

Terpentinersatz löst Ölfarbe. Der Malstock unterstützt die pinselführende Hand. Mit dem Rührholz wird die Farbe aufgerührt. Ein Lappen dient zum Abwischen, Schleifpapier zum Aufrauen oder Glätten. Für kleine Farbmengen ist ein Schraubglas ideal. Zum Öffnen von Dosen dient ein flaches Messer. Mit Abklebeband werden die Flächen begrenzt.

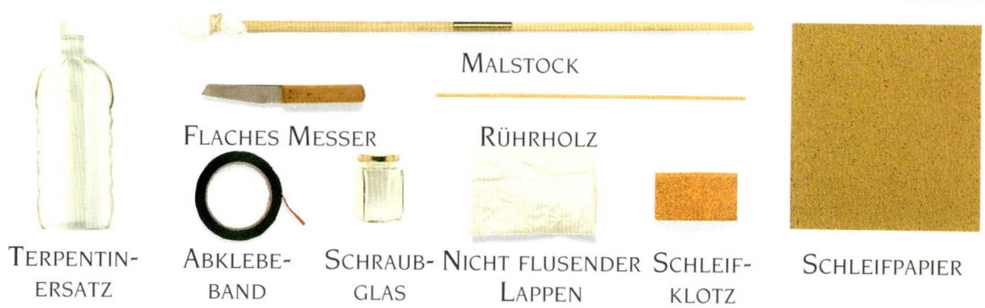

Akku-Pinsel

Die Farbe wird nach Bedarf aus einem Behälter zum Pinsel gepumpt.

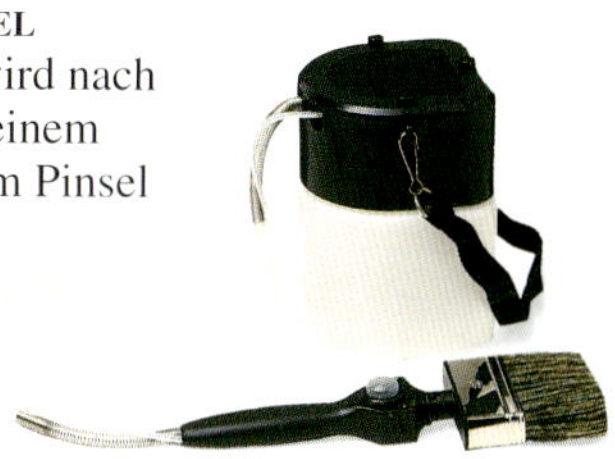

Akku-Farbrolle

Kann beim Streichen von großen, ebenen Flächen Zeit sparen, da keine Farbwanne gebraucht wird.

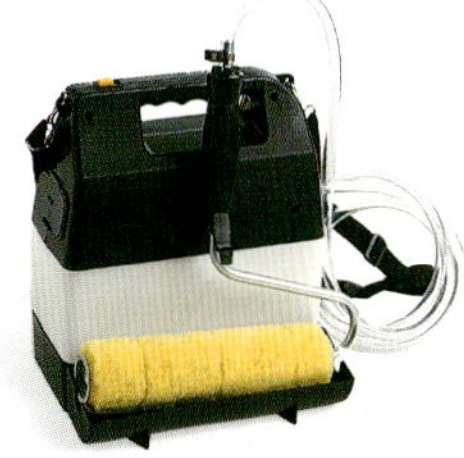

Spritzpistole und Maske

Mit der Spritzpistole sind große Flächen schnell bearbeitet. Bei der Arbeit sollte eine Maske getragen werden.

PLANUNG

EIN PROFESSIONELLER ANSTRICH beginnt mit der gründlichen Planung. Decken Sie zuerst den Raum und die Möbel ab. Die Fläche, die Sie streichen wollen, sollte so glatt wie möglich sein. Bevor Sie mit dem Schleifen und Schaben beginnen, sollten Sie die Tür des Raumes mit Abdeckband verkleben, damit sich der Staub nicht im ganzen Haus ausbreitet. Entfernen Sie alle Bilder und Möbel aus dem Raum oder stellen Sie alles in die Mitte und decken Sie es mit Planen zu. Nehmen Sie Lichtschalter und Steckdosen ab und schützen Sie diese Stellen mit Plastikfolie. Bedecken Sie den Fußboden mit Planen.

OBERFLÄCHEN VORBEREITEN

Tragen Sie alte Kleidung, eine Arbeitsschürze oder einen Overall, wenn Sie Oberflächen vorbereiten, und schützen Sie Ihr Gesicht mit einer Papiermaske gegen Staub. Zum Aufrauen der Oberfläche tragen Sie Anlauger mit Hilfe von Wasser und Schwamm auf und wischen mit einem flusenfreien Lappen nach. Mit Schleifklotz und -papier glätten Sie die Fläche. Ein kleiner Pinsel, etwa 12 mm breit, ist ideal zum Säubern und Anfeuchten einer Ritze, die Sie ausspachteln wollen. Tragen Sie Innenfüllstoff mit einem flachen Messer auf. Wenn er durchgetrocknet ist, schleifen Sie die Fläche nach.

Gestrichene Oberflächen

1 **OBERFLÄCHE AUFRAUEN** Wenn eine gestrichene Fläche noch glatt und in gutem Zustand ist, muss die Farbe nicht entfernt werden. Es genügt, sie zu säubern und den alten Anstrich mit Anlauger anzurauen. Dabei zeigen sich auch kleine Schäden, die ausgespachtelt werden müssen.

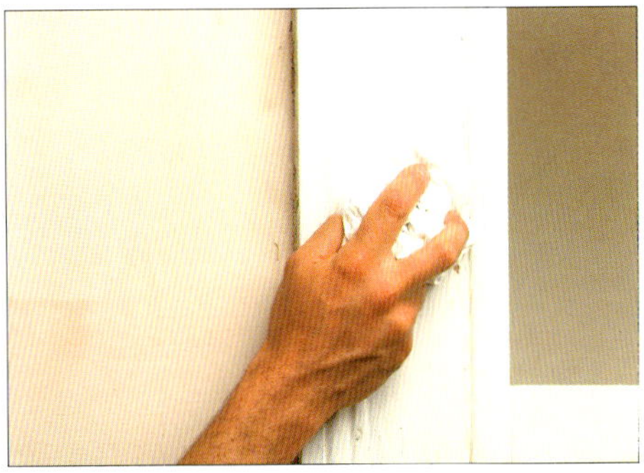

2 **OBERFLÄCHE TROCKNEN** Den alten Anstrich mit einem flusenfreien Lappen abtrocknen. Wer nicht mit Anlauger arbeitet, wischt die Fläche mit Haushaltsreiniger ab, trocknet sie und schleift mit feinem bis mittlerem Schleifpapier an. Mit einem Pinsel abstauben oder nochmals abwaschen.

Abblätternde Farbe entfernen

Blättert die alte Farbe von der Wand ab, muss sie mit einem breiten Spachtel oder Schaber abgeschabt werden. Danach wird die Fläche mit dem Schleifklotz und mittlerem Schleifpapier geglättet. Mit Temperafarbe gestrichene Flächen vor dem ersten Dispersionsanstrich mit einer Stabilisierungslösung versiegeln.

Löcher ausspachteln

1 **LÖCHER REINIGEN** Beim Ausspachteln von Löchern im Putz kommt es darauf an, den Füllstoff möglichst glatt aufzutragen. Das erleichtert das Nachschleifen. Zuerst müssen alle losen Teile mit einem kleinen Pinsel aus dem Loch entfernt werden.

2 **LÖCHER ANFEUCHTEN** Werden die Löcher mit Wasser angefeuchtet, hält der Füllstoff besser. Mit einem kleinen Pinsel reichlich Wasser in und um das Loch auftragen.

3 **AUSSPACHTELN** Füllstoff mit einem Spachtel auftragen, gut andrücken, Überschuss entfernen. Bei großen Löchern Füllstoff schichtweise auftragen und immer wieder durchtrocknen lassen. Flache Ritzen mit dünner Schicht überziehen.

4 **ABSCHLEIFEN** Kurz nach dem Auftragen des Füllstoffs mit dem angefeuchteten Spachtel überschüssiges Material entfernen. Wenn die Fläche getrocknet ist, mit feinem Schleifpapier nacharbeiten.

MENGEN BERECHNEN

Denken Sie bei der Berechnung daran, dass Sie mehrmals streichen müssen, besonders wenn Sie dunkle Farben überdecken wollen. Teilen Sie das Zimmer in kleine Flächen, die im gleichen Ton oder mit der gleichen Sorte gestrichen werden sollen. Multiplizieren Sie jeweils die Höhe und Breite dieser Flächen, addieren Sie die Ergebnisse. Achten Sie auf die Herstellerangaben, berücksichtigen Sie aber die verschiedenen Oberflächen. Neuer Putz saugt z. B. viel stärker als alter.

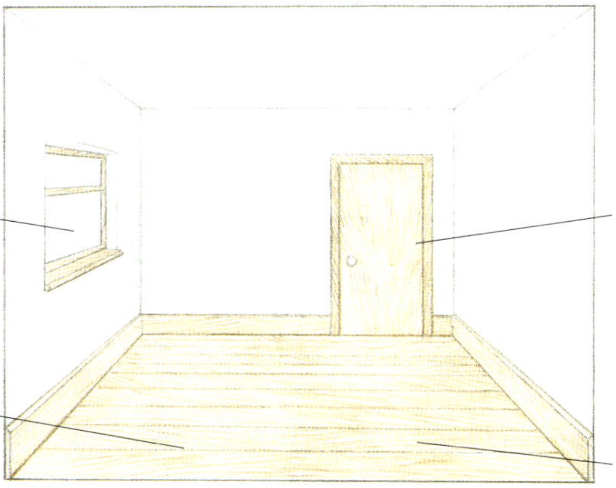

FARBE VORBEREITEN

Auf Farbe, die in geöffneten Dosen aufbewahrt wurde, bildet sich oft eine Haut. Sieben Sie die Farbe eventuell durch, bevor Sie sie wieder verwenden. Sie brauchen einen kleinen Staubpinsel, ein flaches Messer, ein Rührholz und ein Farbgefäß.

1 **RAND ABSTAUBEN** Vor dem Öffnen der Farbdose den Rand mit einem kleinen Pinsel abstauben. So fällt später kein Schmutz in die offene Dose.

2 **DOSE ÖFFNEN** Mit dem Rücken eines flachen Messers den Deckel der Dose rundum leicht aufhebeln, bis er sich von allein öffnet.

3 **RÜHREN** Damit die Farbe konsistent bleibt, muss sie gründlich gerührt werden. Mit einem Rührholz in großen und kleinen Kreisen von unten nach oben und anschließend wieder von oben nach unten rühren.

4 **FARBE UMGIESSEN** Die Hälfte der durchgerührten Farbe in ein sauberes Gefäß aus Plastik oder Metall gießen, das leichter zu handhaben ist als eine volle Farbdose. Gefäße mit Henkel können an die Leiter gehängt werden. Bei der Arbeit mit dem Roller die Farbe in eine Wanne gießen.

FARBE SIEBEN

Wird Farbe der Luft ausgesetzt, bildet sich oft eine Haut an der Oberfläche. Um dies zu vermeiden, Farbdosen gleich nach Gebrauch gut verschließen und auf dem Kopf stehend lagern. Wenn die Farbe verunreinigt ist, vor Gebrauch sieben!

1 **HAUT ENTFERNEN** Den Rand einer alten Farbdose vor dem Öffnen säubern. Wenn sich eine feste Haut gebildet hat, mit einem Messer am Rand entlangschneiden, Haut wegwerfen. Ist sie elastisch, lässt sie sich mit dem Rührholz herausnehmen.

2 **FARBE SIEBEN** Ein Stück feinen Musselin oder eine alte Feinstrumpfhose über die Öffnung des Farbgefäßes ziehen und befestigen. Die alte Farbe durch dieses Sieb gießen, um Hautteile und Schmutz zu entfernen. Die gesiebte Farbe luftdicht aufbewahren.

RICHTIG STREICHEN

BEVOR SIE DIE FARBE AUFTRAGEN, sollten Sie Staub und Schmutz entfernen, die Planen ausschütteln und staubsaugen. Legen Sie die Planen wieder aus, bevor Sie streichen. Sie sollten eine zuverlässige Lichtquelle haben, etwa eine Glühbirne ohne Schirm. Für große Flächen verwenden Sie große Pinsel oder Rollen, für kleinere Flächen oder Holzprofile nehmen Sie einen schmalen Pinsel. Es gibt zwei grundlegende Farbtypen: wasserlösliche Farben und Ölfarben. Letzere wurden früher meist für Holz und Metall verwendet, heute ist wasserlöslicher Acryllack üblich. Wasserlösliche Dispersionsfarbe ist ideal für Wände und Decken.

DER RICHTIGE PINSEL

Für Wände und Decken sollten Sie einen mindestens 100 mm breiten Pinsel verwenden. Ein 25–75 mm breiter Pinsel eignet sich für Türen und Fenster. Mit großen Pinseln streichen sich ebene Flächen schnell; feine Künstlerpinsel sind das Richtige für Details und fein gearbeitetes Holz.

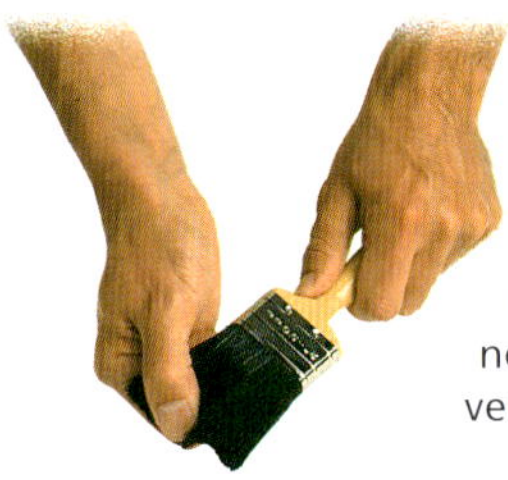

1 **AUSSCHÜTTELN** Die Borsten gegen die Hand schlagen. Neue Pinsel verlieren Borsten, die in der Farbe hängen bleiben. Werden die neuen Pinsel zum Grundieren verwendet, löst sich dieses Problem.

2 **EINTAUCHEN** Den Pinsel gerade in die Farbe tauchen, bis die Borsten zu einem Drittel bedeckt sind. Überschüssige Farbe besser durch Abklopfen an der Wand des Gefäßes entfernen als durch Abstreifen am Rand.

DISPERSIONSFARBE AUFTRAGEN

Dispersionsfarbe ist leicht zu verwenden und wird mit dem Pinsel, der Farbrolle oder dem Flächenstreicher-Pad aufgetragen. Der Anstrich ist wasserfest und kann matt oder glänzend wirken. Im Gegensatz zu Ölfarbe trocknet Dispersionsfarbe schnell, daher rasch auftragen, damit keine Flecken entstehen. Bei der Arbeit sollte ein feuchter Rand bleiben, so dass eine Farbfläche sich mit der nächsten verbinden kann.

1 **DER ANFANG** Die Oberfläche abstauben und mit dem Anstrich möglichst in der Nähe einer natürlichen Lichtquelle beginnen, z. B. an einem Streifen über dem Fenster. Große Pinsel fest um den Griff fassen. In Teilflächen von ca. 60 cm^2 arbeiten.

2 **DAS ENDE** Die gestrichene Fläche mit leichten, kreuzweisen Strichen glätten. Der letzte Strich sollte leicht nach oben gehen. Schnell mit der nächsten Fläche beginnen. Die Farbe nicht zu dick auftragen. Vor dem folgenden Anstrich Farbe trocknen lassen.

LACKE AUFTRAGEN

Lacke sind als Hochglanz-, Seidenmatt- und Mattfarben erhältlich und bilden einen dauerhaften Anstrich. Sie müssen sorgfältig schichtweise aufgetragen werden; bei Holz beginnt man mit einer Grundierung, danach folgt der Voranstrich, dann erst der Hauptanstrich. Der Arbeitsraum sollte beim Verstreichen von Ölfarbe gut belüftet sein, da gesundheitsschädliche Dämpfe entstehen können.

1 **SENKRECHTE STRICHE** Mit senkrechten, parallelen Strichen beginnen, wobei der Pinsel wie ein Stift gehalten wird. In Teilflächen von ca. 30 cm^2 arbeiten.

2 **VERBINDUNGSSTRICHE** Wenn die Farbe am Pinsel verstrichen ist, nicht gleich neu eintauchen, sondern mit schnellen Querstrichen von oben nach unten die Fläche abdecken.

3 **ZUM SCHLUSS** Mit leichten, senkrechten Bewegungen über die nasse Farbe streichen. Den Pinsel sofort neu eintauchen, die nächste Fläche bearbeiten und nasse Ränder verbinden.

PINSEL ANDRÜCKEN

Mit dieser Technik lassen sich klare Farbübergänge schaffen, z. B. zwischen Wand und Decke. Die eine Farbe muss trocken sein, bevor die zweite aufgetragen wird. Experimentieren Sie mit der richtigen Pinselgröße für Ihre Arbeit.

ÜBERGANG AN DER DECKE Den frisch eingetauchten Pinsel parallel zum Rand, aber in einiger Entfernung davon auf die Decke bringen. Sanft andrücken, so dass die Borsten leicht auseinander stehen. So entsteht ein Farbfleck, der stetig zur Ecke oder zum Rand vorgeschoben werden kann, wodurch sich ein glatter Übergang ergibt.

FARBGEFÄSSE AUSKLEIDEN

Damit das Farbgefäß sich leichter reinigen lässt, sollte es mit Aluminiumfolie ausgelegt werden. Wenn die Arbeiten beendet sind, die Folie vorsichtig herausnehmen und wegwerfen. Ölfarben lassen sich nur mit Terpentinersatz aus den Gefäßen entfernen.

ANSCHNEIDEN

Mit dieser Technik werden Kanten, etwa an Fenster- und Türrahmen, vor den restlichen Wänden gestrichen. Mit einem kleinen Pinsel um den Rand der Übergänge einen 2,5–5 cm breiten Farbstreifen ziehen. Danach mit einem großen Pinsel oder einer Rolle die Wand anlegen und dabei über den Streifen streichen.

1 **STREIFEN ZIEHEN** Eine Reihe kleiner Farbstreifen im rechten Winkel zum Türrahmen ziehen.

2 **STREIFEN VERBINDEN** Über diese Streifen eine durchgehende Linie parallel zum Türrahmen ziehen. Die Borsten vorsichtig nahe an den Rahmen bringen, damit ein klarer Rand entsteht. Mit allen Kanten im Raum wiederholen, dann erst die großen Flächen anlegen und mit den Streifen verbinden.

ANSTRICHE GLÄTTEN

Fremdkörper wie Schmutz, Staub oder Pinselhaare können sich bei der Arbeit in der Farbe absetzen. Daher kann es nötig werden, die Fläche zwischen zwei Anstrichen zu schleifen, zu entstauben und abzuwischen. Dazu brauchen Sie feines Schleifpapier, einen alten Pinsel und einen flusenfreien Lappen.

1 **ANSTRICH NACHSCHLEIFEN** Wenn der Anstrich getrocknet ist, mit Schleifklotz und feinem Schleifpapier die Problemstelle leicht überschleifen.

2 **ABSTAUBEN** Mit der Handfläche über die Stelle fahren und fühlen, ob die Oberfläche glatt genug ist. Mit einem alten Pinsel den Staub entfernen.

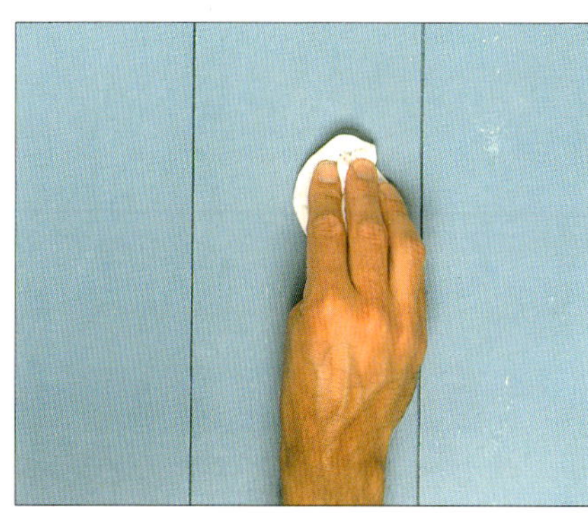

3 **ANSTRICH ABWISCHEN** Die feinsten Staubteilchen und Überreste mit einem feuchten, flusenfreien Tuch abwischen. Danach überstreichen.

DIE FARBROLLE

Rollen und Walzen sind in verschiedenen Breiten, Strukturen und Materialien erhältlich. Schaumstoff- und Mohairwalzen eignen sich für große Flächen, langflorige Synthetik- und Lammfellwalzen sind ideal für den Anstrich von strukturierten oder rauen Oberflächen. Vor dem Streichen die Kanten im Zimmer anschneiden *(siehe Seite 231)*. Aus einer Wanne ist die Farbe am besten aufzunehmen. Damit sie bei der Arbeit mit der Rolle nicht tropft, nur dünne Schichten auftragen.

1 **WANNE FÜLLEN** Nur saubere, trockene Wannen mit Farbe füllen. Dispersionsfarbe eignet sich gut, da sie wasserlöslich ist. Ölfarbe lässt sich auch so verarbeiten, ist aber schwer von der Walze zu entfernen.

2 **FARBE AUFNEHMEN** Die Walze vorher mit der Hand prüfen, ob sie sauber ist. In die Farbe tauchen und über die schräge Fläche der Wanne rollen, so dass sich die Farbe auf der Walze verteilt.

3 **FARBE AUFTRAGEN** Die Rolle von oben nach unten und seitwärts über die Wand ziehen und die Farbe gleichmäßig verteilen. Dabei sollte die Walze nicht abrutschen.

4 **ABHEBEN** Bei einer Aufwärtsbewegung Rolle entfernen, in Farbe tauchen. Wegen der Gleichmäßigkeit über nasse Ränder arbeiten.

STRUKTURFARBE

Wenn Sie Struktureffekte erzielen wollen, gibt es verschiedene spezielle Walzen und Strukturfarben für diesen Zweck. Strukturfarben sind meist weiß. Sie sollten überlappend auf die Wand aufgetragen werden. Nach dem Trocknen kann dann erst eine farbige Dispersionsfarbe darüber gestrichen werden, falls Sie das möchten.

FLÄCHENSTREICHER-PAD

Pads sind wie Farbrollen ein geeignetes Werkzeug für wasserlösliche Farben. Es gibt sie in verschiedenen Größen; sie können für leicht strukturierte Oberflächen ebenso verwendet werden wie für Metall und Holz. Man kann auch Ölfarben damit verarbeiten, aber die Lösemittel zum Säubern können den Schwamm beschädigen.

1 **FARBE AUFNEHMEN** Die Farbe in eine passende Wanne oder einen Teller gießen. Pad flach in die Farbe tupfen, so dass die Ecken mit Farbe bedeckt, aber noch sichtbar sind. Vor dem Auftrag überschüssige Farbe abstreifen.

2 **FARBE AUFTRAGEN** Pad in verschiedenen Richtungen über die Wand ziehen. Durch Experimentieren ergibt sich der richtige Druck, bei dem die Farbe nicht tropft, aber auf der Wand bleibt. Pads müssen öfter eingetaucht werden als Roller.

ARBEITSABLAUF

Wenn alle Vorbereitungen getroffen, die Flächen glatt und trocken sind, aller Schmutz aus dem Raum verschwunden ist, können Sie mit dem Streichen beginnen. Damit keine Farbe auf frisch gestrichene Flächen tropft, sollten Sie mit der Decke beginnen, dann die Wände und schließlich die Holzteile im Raum streichen. Wenn Sie eine dunkle Fläche überstreichen, sind vor dem Hauptanstrich vielleicht zwei Voranstriche nötig.

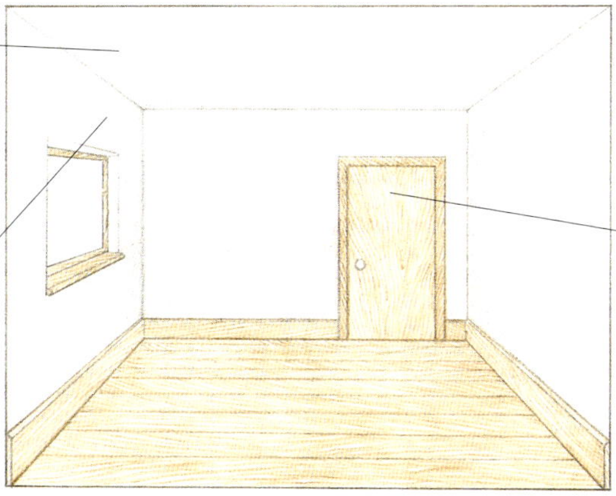

Von der Hauptlichtquelle weg streichen und zuerst die Decke anlegen.

Von der oberen Wandecke nach unten und vom Licht weg arbeiten.

Holzteile zuletzt streichen.

PINSEL KURZ AUFBEWAHREN

Malwerkzeuge werden unbrauchbar, wenn sie länger in der Farbe stehen. Einen Pinsel mit Ölfarbe können Sie einige Tage aufbewahren, indem Sie ihn am Rand eines mit Wasser gefüllten Glases aufhängen. Bohren Sie ein Loch in den Griff, führen Sie einen Draht hindurch. Bei kürzeren Pausen können Sie den Pinsel in Alufolie oder eine Plastikfolie wickeln.

GESTÜTZTER PINSEL

EINGEWICKELTER PINSEL

WÄNDE UND DECKEN STREICHEN

Nach dem Anschneiden die Wand mit großem Pinsel oder Farbrolle streichen. Mit Hilfe einer Stehleiter von oben nach unten vorgehen. Mit dem Pinsel in Teilflächen von ca. 60 cm^2 arbeiten und dabei möglichst in der oberen Ecke der Wand bei der Lichtquelle beginnen. Mit der Farbrolle in 60 cm breiten Streifen arbeiten, dabei parallel zur Decke beginnen und nach unten weitergehen.

DIE DECKE STREICHEN

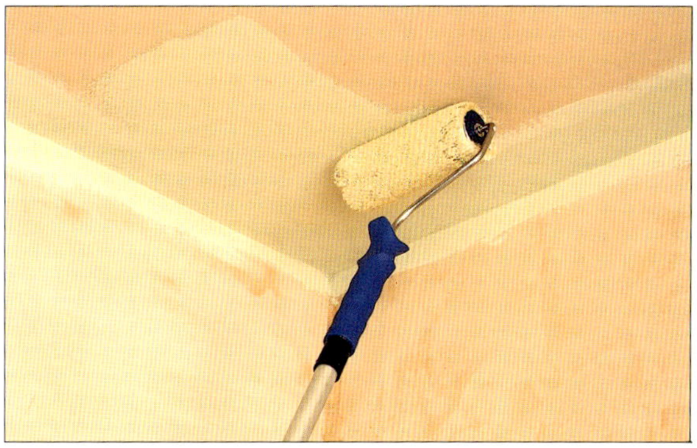

Für die Decke Farbrolle, Flächenstreicher oder Pad verwenden. Arbeiten auf der Stehleiter ist möglich, bequemer ist aber eine erhöhte Arbeitsbühne aus Stehleitern und Dielen *(siehe Seite 260)*. Zwischen dem Kopf und der Decke sollten noch 8 cm Platz sein. Farbrolle und Pad können auch auf Teleskopstäbe gesteckt werden. Die Farbe in 30–45 cm breiten Streifen auftragen und von der Lichtquelle weg arbeiten.

LICHTSCHALTER UND STECKDOSEN

Vor dem Abnehmen der Schalter und Steckdosen die Sicherung herausdrehen. Die Abdeckplatte mit dem Schraubenzieher oder einem flachen Messer lösen und die Wand dahinter streichen. Eine andere Möglichkeit ist das Abkleben der Steckdose oder des Schalters. Um die Platte herum streichen. Erst wenn der Anstrich ganz durchgetrocknet ist, das Abklebeband entfernen.

DETAILS AUFTRAGEN

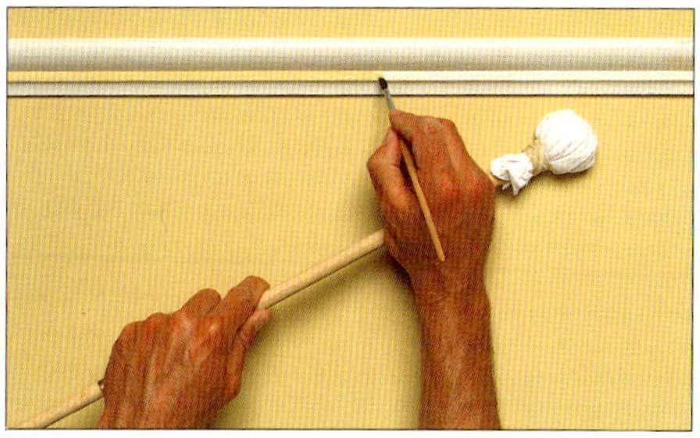

In alten Häusern sind oft Originaleinbauten wie Deckenleisten, Simse, Wandsockel oder Bildschienen vorhanden. Diese Teile aus Holz oder Gips sollten mit einem kleinen Pinsel oder Künstlerpinsel gestrichen werden. Die Hintergrundfarbe mit einem höchstens 25 mm breiten Pinsel auftragen, feinere Details mit dem Künstlerpinsel aufmalen. Bei der Arbeit mit dem Künstlerpinsel einen Malstock verwenden.

HOLZ STREICHEN

WENN DECKE UND WÄNDE FERTIG GESTRICHEN SIND, können Sie sich den Holzteilen im Zimmer zuwenden. Zur Vorbereitung von neuem oder bereits gestrichenem Holz müssen Sie alles glätten und säubern *(siehe Seite 228)* und bei Bedarf Abdecklack auftragen. Der dauerhafteste Anstrich auf Holz sind mehrere Schichten Lack. Wenn das Holz in gutem Zustand ist oder wenn Sie eine besondere Oberfläche wünschen, haben Sie die Auswahl zwischen zahlreichen anderen Produkten wie Beize, Lasur oder Wachs.

HOLZ STREICHEN

Hochglänzender oder seidenmatter Lack sollte in mehreren Schichten aufgetragen werden, um das Holz zu schützen. Achten Sie darauf, dass die einzelnen Schichten gut trocknen; bei Kälte kann das mehrere Tage dauern. Der letzte Anstrich sollte mit einem gebrauchten Pinsel mit weichen Borsten erfolgen. Bei Ölfarbe immer in gut gelüfteten Räumen arbeiten.

Unbehandeltes Holz streichen

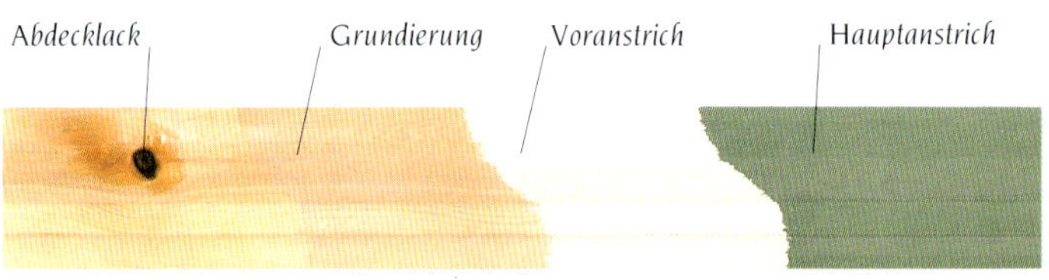

Raue Kanten oder Flächen an neuem Holz leicht anschleifen. Staub mit einem flusenfreien, mit Terpentinersatz befeuchteten Lappen abwischen. Astlöcher können mit Schellack oder Abdecklack versiegelt werden. Wenn der Abdecklack durchgetrocknet ist, eine Holzgrundierung auftragen. Das Holz gut einstreichen; nach dem Trocknen leicht mit feinem Schleifpapier glätten. Eine oder zwei Schichten Vorstreichfarbe auftragen. Wenn der Voranstrich trocken ist, die Fläche mit feinem Schleifpapier behandeln. Säubern und zum Schluss den Hauptanstrich auftragen.

Holz neu streichen

1 **ABSCHLEIFEN** Fläche mit Anlauger abwaschen. Mit Schleifpapier behandeln. Staub mit einem mit Terpentinersatz befeuchteten Tuch entfernen.

2 **HAUPTANSTRICH** Den Hauptanstrich auf die vorbereitete Fläche auftragen. Wenn eine neue Farbe gewünscht wird, erst einen Voranstrich auftragen.

HOLZ LASIEREN UND BEIZEN

Holzlasur ergibt einen ebenso dauerhaften Anstrich wie Lack; sie ist in matt, seidenglänzend und hochglänzend erhältlich. Pigmentierte Lasur verändert die Farbe des Holzes. Beize ergibt effektvollere Töne als Lasur. Das Holz wie zum Lackieren vorbereiten – abschleifen und ausspachteln. Den Staub mit einem flusenfreien, mit Terpentinersatz befeuchteten Lappen abwischen. Sie brauchen ein flusenfreies Tuch, feines Schleifpapier und einen Lasurpinsel.

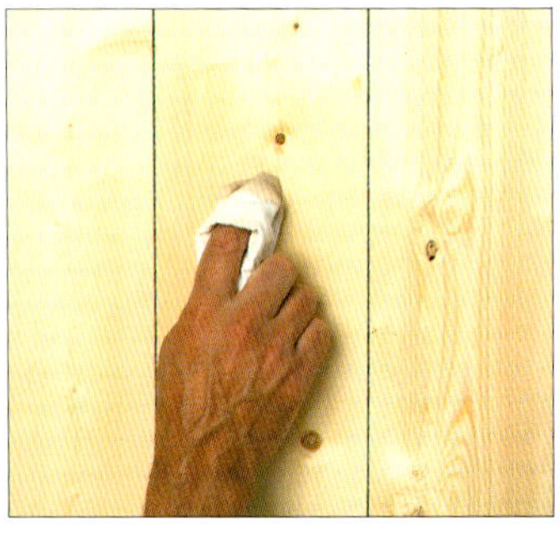

1 **LASUR AUFREIBEN** Etwas Holzlasur in ein Gefäß mit weiter Öffnung gießen. Die Lasur in die Oberfläche reiben, dabei in Richtung der Maserung arbeiten.

2 **ERSTEN ANSTRICH SCHLEIFEN** Wenn die erste Schicht trocken ist – je nach Temperatur und Material nach ca. 12 Stunden – Fläche leicht mit feinem Schleifpapier abreiben.

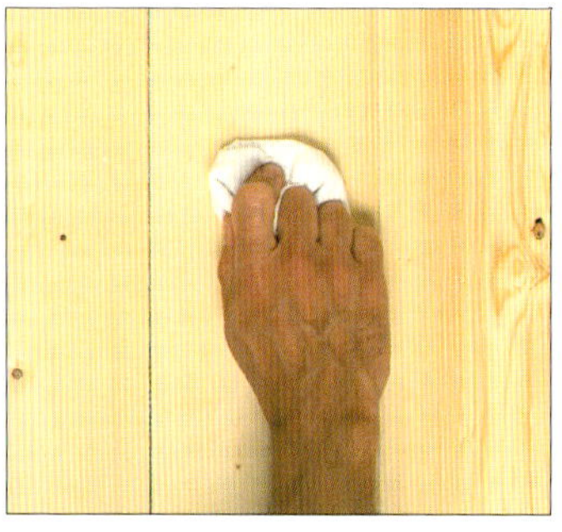

3 **STAUB ENTFERNEN** Staubpartikel mit einem alten Farbpinsel entfernen. Die letzten Spuren mit einem flusenfreien, mit Terpentinersatz befeuchteten Tuch abwischen.

4 **LETZTER ANSTRICH** Nach Angaben des Herstellers die einzelnen Anstriche mit einem sauberen Pinsel auftragen. Jede Schicht nach dem Trocknen leicht anschleifen.

ARBEITSABLAUF

Holz zu streichen dauert in der Regel bedeutend länger als erwartet. Es braucht Geduld, die Farbe aufzutragen, zu warten, bis sie trocknet, und die fertige Fläche zu glätten – besonders wenn Sie mehrere Schichten Lack auftragen. Wenn Sie einen vorher geplanten Arbeitsablauf einhalten, können Sie viel Zeit sparen. Erst die höchsten Holzteile im Raum streichen, z. B. eine Bildschiene, dann nach unten arbeiten und mit der Fußbodenleiste enden.

EINFACHE TÜREN

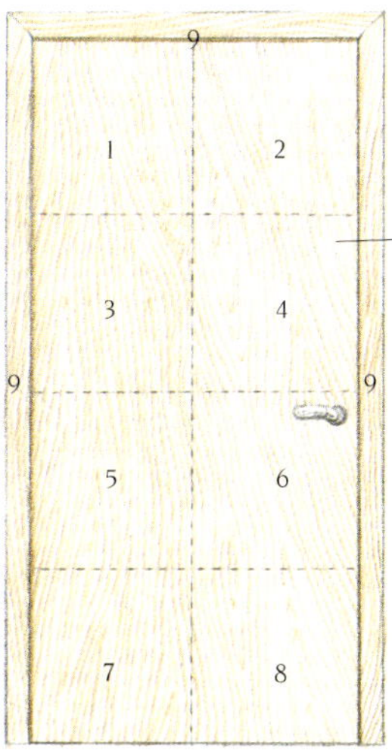

In der nummerierten Reihenfolge arbeiten und den Türrahmen zum Schluss streichen; Farbe von oben nach unten auftragen.

Am oberen Ende der Tür beginnen und mit einem 50 oder 75 mm breiten Pinsel in schmalen waagerechten Streifen nach unten arbeiten. Die Ränder der nebeneinander liegenden Streifen sollten feucht sein, damit glatte Übergänge entstehen. Den Türrahmen zum Schluss mit einem kleineren Pinsel streichen.

KASSETTENTÜREN

Hierfür werden zwei verschieden große Pinsel gebraucht, ein kleinerer für die Profile, ein größerer zum schnellen Abdecken der Flächen und des Rahmens. Damit die Ölfarbe nicht auf mit Spezialfarbe behandelte Türflächen gerät, werden diese mit Abdeckband und Folie abgeklebt.

TÜREN IN ZWEI FARBEN

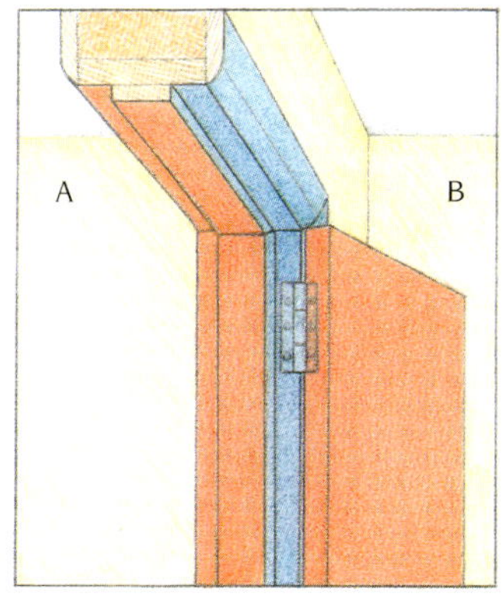

Um eine Tür mit Rahmen zwischen zwei Räumen in zwei verschiedenen Farben zu streichen, in einem Raum (A) arbeiten und die Tür in den anderen Raum (B) hinein öffnen. In der einen Farbe die Schlosskante, die daneben liegende Kante des Rahmens, die Schwelle und die Vorderseite des Türblatts streichen. Die Tür weit öffnen, so dass die Angeln sichtbar werden. Die Seite mit den Angeln, die Türschwelle, den Rahmen und die andere Seite des Türblatts mit der zweiten Farbe streichen.

FUSSBODENLEISTEN

Eine Fußbodenleiste braucht einen dauerhaften Anstrich, der sie vor Abnutzung schützt. Am besten mit einem 50 mm breiten Pinsel streichen. Einen Karton als Spritzschutz unter die Leiste schieben oder den Fußboden abkleben; so bleibt alles sauber, und auch kleine Schmutzteilchen können nicht am Pinsel festhängen und in den Farbauftrag gelangen.

SCHIEBEFENSTER

Keine Farbe auf die Schnüre kommen lassen.

Die Führung nur dünn streichen, damit die Fenster noch gut gleiten.

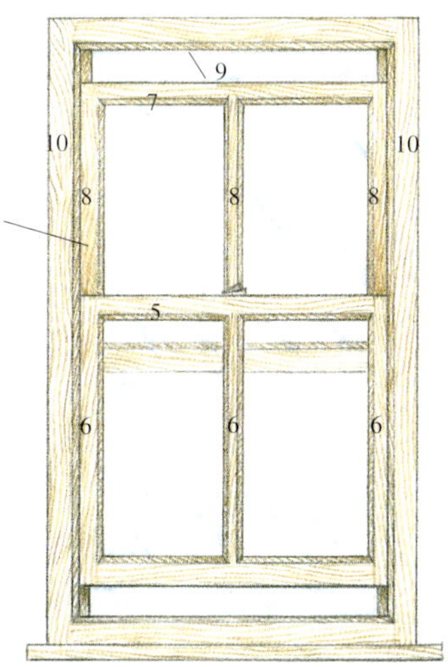

Die senkrechten Holzteile des oberen Fensters in zwei Abschnitten streichen.

Das Glas mit Abdeckband abkleben. Eine 1–2 mm breite Lücke zwischen Rahmen und Fenster lassen. So entsteht ein Farbrand auf dem Glas, der den Rahmen gegen Wasser schützt. Das Fenster so öffnen, dass der obere und untere Teil die Plätze tauschen. Untere Sprosse (1), vertikale Holme (2), untere Führung und Rahmen (3), Quersprosse und Unterseite (4) streichen. Wenn alles trocken ist, Fenster in normale Position bringen, Quersprosse (5), vertikale Holme (6), andere Quersprosse (7) und Rest (8) streichen. Dann untere Fläche der Einfassung, obere Führung, das Holz hinter den Schnüren (9) und Rahmen (10) streichen.

FLÜGELFENSTER

Fenstergriffe aus Metall gar nicht oder schwarz streichen.

Fenster sollten nach Möglichkeit morgens gestrichen werden, damit sie nicht über Nacht zum Trocknen offen bleiben müssen. Bei Kälte trocknen Ölfarben erst nach einigen Stunden. Zum Streichen des Fensters das Glas sorgfältig abkleben, das Fenster öffnen und verkeilen und in dieser Reihenfolge streichen: Falzen und Querhölzer (1), obere und untere Quersprossen (2), die Seite mit den Angeln (3), offene Seite (4), Rahmen (5).

Historische Farben
Wenn ein altes Interieur restauriert oder erhalten werden soll, steht eine große Auswahl an historischen Farben zur Verfügung, die nach Originalvorbildern in alten Häusern entwickelt wurden. Fliedertöne waren in England im 18. Jahrhundert beliebt, und diese gedeckte, neutrale Farbe passt gut zu der strengen Täfelung und betont die Patina des antiken Esszimmers.

AUFRÄUMEN

PINSEL, PADS UND FARBROLLEN sollten gleich nach Gebrauch gereinigt werden, damit sie lange halten. Pinsel werden mit der Zeit sogar besser und streichen glatter, wenn sie richtig gereinigt und aufbewahrt werden. Für kurze Zeit, z. B. über Mittag oder über Nacht, kann das Werkzeug auch ohne Reinigung gelagert werden *(siehe Seite 233)*. Zum Auftragen von Abbeizer oder Bleichmittel sollten Sie preiswerte Pinsel verwenden, die Sie nur für solche Zwecke aufbewahren oder nach getaner Arbeit wegwerfen.

STREICHWERKZEUG REINIGEN

Achten Sie beim Kauf von Farbe auf die Angaben des Herstellers zur Reinigung und nehmen Sie auch gleich das richtige Lösemittel mit. Ölfarbe kann mit Terpentinersatz, Universalverdünner oder Paraffin (Kerosin) aus dem Pinsel gewaschen werden. Wasserlösliche Farben werden mit Wasser abgespült. Für andere Farben werden spezielle Lösemittel gebraucht, etwa Kunstharzverdünner oder Pinselreiniger. Als letzten Schritt sollten Sie zum Auswaschen von Pinseln und Farbrollen Seife, z. B. Spülmittel, verwenden, um die letzten Farbspuren aus dem Werkzeug zu entfernen.

Wasserlösliche Farbe

1 **FARBE ABKRATZEN** Den Pinsel auf mehreren Lagen Zeitungspapier ausdrücken und die Farbe mit dem Rücken eines flachen Messers abkratzen.

2 **PINSEL AUSSPÜLEN** Die Borsten unter warmem Wasser ausspülen, so dass keine Farbe am Borstenansatz zurückbleibt; etwas Spülmittel verwenden, Wasser ausschütteln.

Ölfarbe

1 **FARBE ENTFERNEN** Farbe auf Zeitungspapier ausdrücken und mit einem Messerrücken abkratzen. Den Pinsel in ein Glas mit Terpentinersatz tauchen und schnell umrühren.

2 **PINSEL AUSWASCHEN** Das Lösemittel mit Seife und lauwarmem Wasser aus dem Pinsel waschen. Den Pinsel ausspülen, trocken schütteln. Dabei Form des Pinsels nicht verbiegen.

Sicherheitshinweis

Achten Sie auf die Angaben des Herstellers; wenn Sie mit Ölfarben arbeiten, Raum gut lüften! Während des Streichens nicht essen, trinken oder rauchen, offene Behälter für Kinder und Haustiere unzugänglich aufbewahren. Tragen Sie bei Arbeiten über Kopfhöhe eine Schutzbrille. Handschuhe verringern die Hautreizung durch Chemikalien. Bei der Arbeit mit Farbpulver oder der Spritzpistole sollten Sie eine Maske tragen. Auch die Dämpfe und der Staub, die beim Abschleifen oder der Arbeit mit dem Dampfstrahlgerät entstehen, können gefährlich sein.

Farbrollen und Pads

1 **FARBE ENTFERNEN** Die restliche Farbe kräftig auf mehreren Lagen Zeitungspapier ausrollen. Die Zeitung immer wieder auswechseln, damit die Rolle die Farbe nicht neu aufnimmt.

2 **AUSSPÜLEN** Wenn möglich, die Walze abnehmen und mit dem geeigneten Lösemittel reinigen. Rolle mit Seife und lauwarmem Wasser auswaschen. Gründlich ausspülen und trocken schütteln.

Die Arbeit mit Chemikalien

Tragen Sie bei Bedarf die empfohlene Schutzkleidung, z. B. Handschuhe, Schutzbrille oder Maske. Denken Sie beim Reinigen von Werkzeug oder Verdünnen von Farbe an die Gefahren durch Lösemittel. Terpentinersatz, Methylalkohol und Terpentin sind gesundheitsschädlich, wenn sie eingeatmet oder geschluckt werden oder die Haut berühren. Achten Sie darauf, dass Sie Chemikalien außerhalb der Reichweite von Kindern und Haustieren aufbewahren. Halten Sie sich bei allen Chemikalien an die Anweisungen des Herstellers.

HANDWERKSZEUG AUFBEWAHREN

Pinsel, Farbrollen und Pads halten länger, wenn sie nach der Arbeit gereinigt, getrocknet und richtig aufbewahrt werden. Eine angebrochene Dose Farbe lässt sich leichter öffnen, wenn der Deckel beim letzten Schließen nicht beschädigt wurde. Man braucht Gummiband, Papier oder nicht flusende Lappen, Hammer, Holz und Schraubdeckelgläser zum Aufbewahren.

AUFBEWAHRUNG
So viel Wasser wie möglich aus dem Pinsel schütteln. Die Borsten mit einem Gummiband zusammenhalten *(ganz links)* und den Pinsel zum Trocknen auf die Seite legen. Pinsel und Farbrolle in flusenfreie Lappen *(links)* wickeln und trocken lagern.

FARBDOSEN SCHLIESSEN
Ein flaches Stück Holz auf den Rand des Deckels legen und sanft mit dem Hammer darauf schlagen.

FARBE AUFBEWAHREN
Angebrochene Farben halten sich nicht unbegrenzt (Gebrauchsdatum vermerken). Kleinere Mengen sollten in luftdicht verschlossenen Gläsern aufbewahrt und mit Farbart und Fertigungsnummer gekennzeichnet werden.

FEHLERHAFTE ANSTRICHE

Sie lassen sich vermeiden, wenn Oberfläche, Farbe und Werkzeug gut vorbereitet sind. Die Flächen sollten sauber, trocken und staubfrei sein *(siehe Seite 228)*. Neue Farbe verwenden oder alte Farbe sieben; mit einem geeigneten Produkt vorstreichen. Das Werkzeug sollte sauber, in gutem Zustand und der Arbeit angemessen sein.

DUNKLE FLECKEN

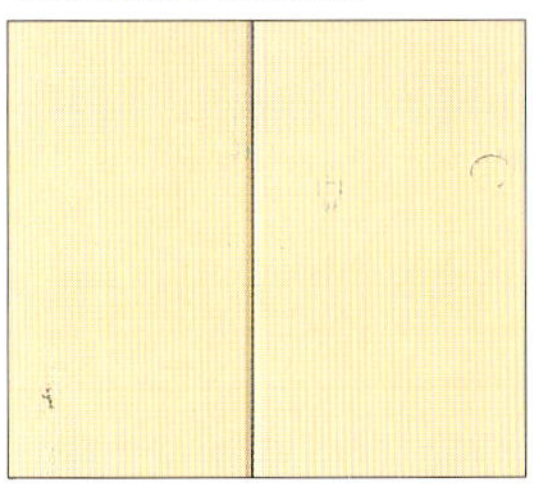

Schellack oder Abdecklack verhindert, dass Harz durch den Anstrich dringt. Die Farbe mit scharfem Schaber abkratzen, glatt schleifen, Abdecklack auftragen und nach dem Trocknen neu streichen.

TRÄNEN ODER NASEN

Sie entstehen beim Auftragen von zu viel Farbe. Nicht nachstreichen, sondern trocknen lassen. Danach leicht mit feinem Schleifpapier reiben, Staub entfernen und neu streichen.

FALTEN

Sie entstehen, wenn Lack aufgetragen wird, bevor der Erstanstrich getrocknet ist. Die meisten Farben sind so stabil, dass Falten selten auftreten. Farbe entfernen und nach Trocknungszeit neu streichen.

STAUB

Es ist unmöglich zu verhindern, dass sich Staub und Schmutz an der frisch gestrichenen Fläche absetzen. Nach dem Trocknen leicht anschleifen, überpinseln und nach dem Trocknen abwischen.

BLASEN

Sie entstehen, wenn unter einem Lackanstrich eingeschlossene Luft oder Feuchtigkeit sich ausdehnt. Farbe entfernen, eventuell ausspachteln, grundieren, vorstreichen und neu überstreichen.

SCHLECHTE DECKUNG

Wenn die Farbe des Voranstrichs noch durchscheint, wird eine weitere Farbschicht aufgetragen. Insbesondere bei wasserlöslicher Farbe sind fast immer mehrere Anstriche erforderlich.

ABBLÄTTERN

Der Untergrund wurde falsch vorbereitet: Wasserlösliche Farbe blättert ab, wenn sie auf Tempera oder Hochglanzlack gestrichen wird. Farbe entfernen, Untergrund vorbereiten, neu streichen.

FLECKEN

Sie treten vor allem bei wasserlöslichen Farben auf. Das Wasser in der Farbe reagiert auf Unreinheiten im Untergrund. Mit Aluminiumgrundierung vorstreichen, trocknen lassen, neu streichen.

HAARRISSE

Sie treten auf, wenn zwei oder mehr Farben mit unterschiedlicher Trocknungszeit übereinander gestrichen werden. Farbe entfernen, Oberfläche vorbereiten. Mit geeigneter Farbe überstreichen.

INSEKTEN

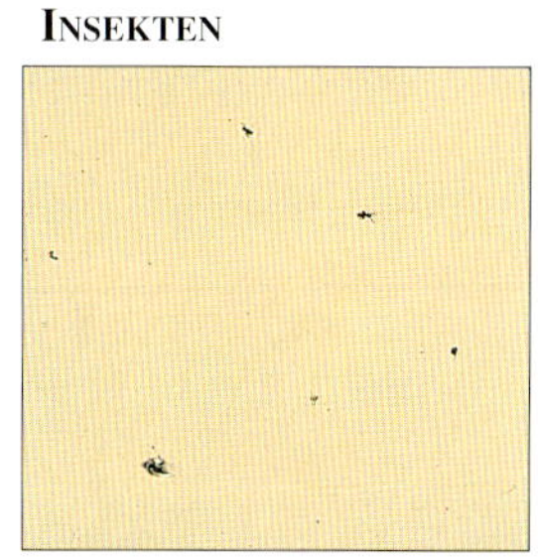

Insekten aus der frischen Farbe mit dem Pinsel entfernen und die Stelle ausgleichen. Bei Insekten in trockener Farbe die Stelle abschleifen und mit der richtigen Farbe überstreichen.

SPEZIALEFFEKTE

IN DEN LETZTEN JAHREN HABEN FARBHERSTELLER und Handwerker die Technik perfektioniert, eine gleichmäßige Farbschicht auf glatten Untergrund aufzubringen. Gleichzeitig wuchs jedoch das Interesse an unterschiedlichen Strukturen und Schattierungen in einem Anstrich. Diese Struktureffekte entstehen durch fein kontrastierende oder passende Töne, die auf einen weißen oder pastellfarbenen Hintergrund aufgetragen werden. Zwar war dies einmal die Aufgabe von Spezialisten, doch viele Effektanstriche sind mit einfachen Techniken und gewöhnlichem Material leicht zu bewerkstelligen. Sie können dafür wasserlösliche Farben verwenden, aber da die Farbe nach dem Auftrag noch bearbeitet werden muss, ist die langsamer trocknende Ölfarbe besser geeignet. Wenn Sie einen Helfer engagieren, können Sie Zeit sparen, indem eine Person die Farbe aufträgt, während die zweite sich um den Effekt kümmert. Zum Experimentieren und Üben eignet sich eine mit Ölfarbe gestrichene Sperrholzplatte.

FARBIGE OPALISIERENDE LASUR

Diese Lasur ist ein leicht zu verarbeitendes Material für Spezialeffekte. Je nach Temperatur lässt sie sich 30–60 Minuten verwenden. Eine derartige Lasur sollte auf einen matten Grundanstrich aufgetragen und ein- oder zweimal mit Mattlack überstrichen werden. Transparente Lasur ist als »opalisierende Lasur« in Spezialgeschäften erhältlich. Achten Sie darauf, dass Sie passend zum Grundanstrich wasserlösliche oder lösemittelhaltige Lasur kaufen. Sie kann mit Künstlerölfarben, Abtönfarbe, Farbpulver abgetönt werden. Lasur wird mit Terpentinersatz auf eine sirupartige Konsistenz verdünnt.

FARBLOSE LASUR HERSTELLEN

Für einen Liter opalisierende Lasur benötigen Sie 0,6 l Terpentinersatz, 0,3 l Leinölfirnis, 0,2 l Trockenmittel und einen Esslöffel Schlämmkreide; alle Bestandteile in einer Farbdose gründlich verrühren. Wenn Sie die Lasur luftdicht aufbewahren, hält sie sich etwa ein Jahr.

LASUR ABTÖNEN

Eine kleine Menge der gewählten Farbe in ⅓ Glas Terpentinersatz auflösen. Farbe und/oder Terpentinersatz hinzugeben, bis der gewünschte Farbton erreicht ist. Einen Esslöffel Lasur unterrühren. Restliche Lasur hinzufügen. Weiter Farbe und Terpentinersatz hinzugeben, bis der gewünschte Farbton erreicht ist.

ABKLEBETECHNIKEN

Bei vielen Gelegenheiten muss eine Fläche abgeklebt werden, damit ein sauberer Rand entstehen kann, z. B. wenn Sie an einem Lichtschalter arbeiten oder am Türrahmen beim Streichen von Wänden. Verwenden Sie das schwach klebende Abklebeband, um zwei Farbflächen an der Wand zu trennen. So löst sich mit der Klebeschicht nicht auch die frische Farbe. Ziehen Sie das Band erst ganz vorsichtig ab, wenn die Farbe gut getrocknet ist.

1 **LINIE MARKIEREN** Eine gerade Linie *(siehe Seite 285)* als Trennung der beiden Farbzonen festlegen. Mit einem weichen Bleistift anzeichnen.

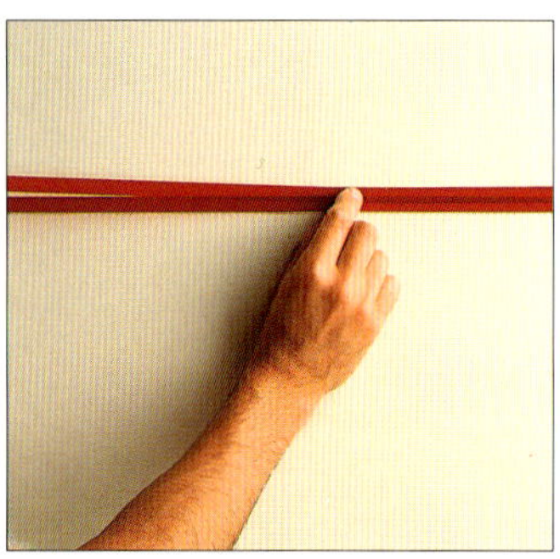

2 **KLEBEBAND ANBRINGEN** Das Klebeband parallel oberhalb der markierten Linie anbringen. Der Bleistiftstrich muss dabei erkennbar bleiben.

3 **FARBE AUFTRAGEN** Mit einem kleinen Pinsel von der Mitte der Klebestreifen her die Farbe von oben nach unten auftragen.

4 **KLEBEBAND ABZIEHEN** Die restliche Wand wird z. B. mit einer Farbrolle gestrichen. Wenn die Farbe trocken ist, das Klebeband langsam abziehen.

Werkzeug und Material

Die Auswahl an Werkzeug und Rohstoffen, die zum Auftragen von Effektanstrichen gehören, reicht vom speziellen Wischpinsel bis zur gewöhnlichen Plastiktüte, die als einfaches Werkzeug gebraucht wird. Wenn Sie Spezialwerkzeug kaufen oder leihen wollen, sollten Sie sich an Fachgeschäfte für Maler-, Bastel-, Drucker- oder Künstlerbedarf wenden. Die meisten Spezialhändler geben Kataloge heraus und versenden ihre Waren per Post. Gebräuchlicheres Werkzeug finden Sie im Baumarkt oder Heimwerkerfachgeschäft.

Pinsel

Mit dem Flächenstreicher werden große Flächen schnell gestrichen; kurzhaarige Pinsel dienen zum Verteilen der Farbe. Ein Rosshaar-Strukturpinsel eignet sich am besten zum Ziehen. Weichere Effekte entstehen mit dem Staubpinsel oder, noch feiner, mit einem weichen Wischpinsel. Mit einer Stupfbürste erhält die Oberfläche Flecken. Mit dem Schablonierpinsel wird getupft.

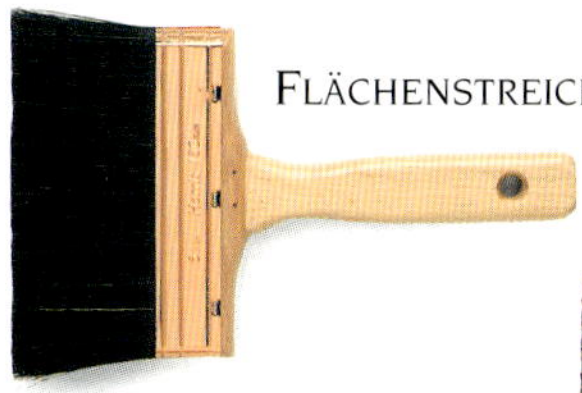
Flächenstreicher

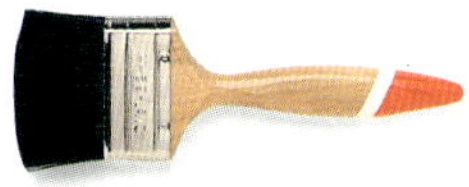
Kurzhaarpinsel

Stupfbürste

Strukturpinsel

Wischpinsel

Schablonierpinsel

Anderes Werkzeug

Es gibt viele Werkzeuge, mit denen sich Struktureffekte herstellen lassen, besonders auf der leicht zu verarbeitenden opalisierenden Lasur. Ein Naturschwamm erzeugt unterschiedliche Muster, wenn der Druck verändert wird. Ein Synthetikschwamm zaubert regelmäßigere Muster. Ein Knitterdesign wird mit einer Plastiktüte hergestellt, auf die die Farbe mit einem Lappen aufgetragen wird; auch geknüllte (gerollte) flusenfreie Tücher geben schöne Effekte.

Flusenfreies Tuch

Plastiktüte

Schwamm

Pigmente

Mit Pigmenten in Form von Farbpulver oder Künstlerölfarbe wird transparente Lasur abgetönt. Unabhängig von den Zutaten sollte immer genügend opalisierende Lasur hergestellt werden, um ein Zimmer oder Möbelstück damit zu streichen. Es kann sehr schwierig werden, denselben Farbton noch einmal zu mischen.

Farbpulver

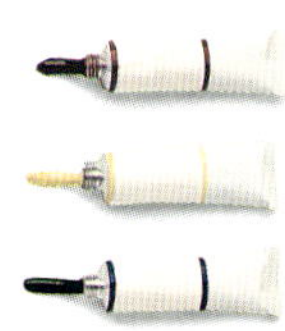
Künstlerölfarbe

Linolschnitt und -druck

Bei dieser Technik werden ausdrucksstarke Muster in Linoleumstücke geschnitten. Diese werden an der Wand dekorativ kombiniert. Die Spezialausrüstung, die hierfür gebraucht wird, ist in guten Bastelgeschäften erhältlich.

Walze

Glas mit abgeschrägtem Rand

Druckerfarbe

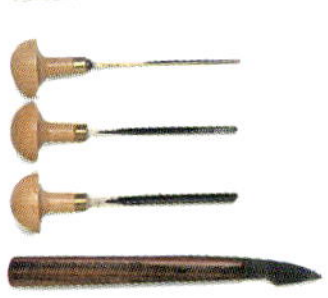
Schneidewerkzeuge

Linoleumplatte

Kohlepapier

Holz pudern

Die Maserung wird mit einer Bürste geöffnet, die in Spezialgeschäften erhältlich ist. Wachs oder Paste mit feiner Stahlwolle auftragen.

Puderwachs oder Paste

Metallbürste

Zutaten für transparente opalisierende Lasur

Damit sich die Lasur länger bearbeiten lässt *(siehe links)*, mehr Leinölfirnis hinzugeben. Schlämmkreide gibt der Lasur mehr Substanz, mit Trockenmittel trocknet sie schneller. Mit Terpentinersatz oder Terpentin ist sie leichter zu verarbeiten.

Schlämmkreide

Trockenmittel

Terpentin

Leinölfirnis

LASUREFFEKTE

Der einfachste Spezialeffekt ist eine opalisierende Lasur, welche die Grundfarbe der Fläche mit einer feinen, sanfteren Tönung ergänzt. Die vorbereiteten Wände sollten möglichst glatt sein *(siehe Seite 228)* und gleichmäßig zweimal mit Seidenmattfarbe gestrichen sein. Zum Auftragen und Verteilen der Lasur brauchen Sie einen Flächenstreicher, einen breiten Pinsel mit kurzen Borsten und einen Wischpinsel. Farbige Lasur erhalten Sie durch Abtönen von transparenter Lasur, die fertig zu kaufen ist oder selbst hergestellt werden kann, mit Künstlerölfarbe *(siehe Seite 240)*. Wegen der besseren Haltbarkeit wird der Lasuranstrich nach dem Trocknen mit Mattlack überstrichen.

1 **LASUR AUFTRAGEN** Den Pinsel in die opalisierende Lasur tauchen und in unregelmäßigen Strichen auf jeweils etwa 1 m^2 verteilen. Da die Lasur schnell trocknet, muss auch schnell gearbeitet werden.

2 **LASUR VERTEILEN** Hierfür sollte ein breiter Pinsel mit kurzen Borsten verwendet werden. Zunächst die offensichtlichsten Pinselstriche ausgleichen. Am Ende sollte eine gleichmäßige Lasurschicht stehen.

3 **LASUR GLÄTTEN** Mit der Spitze des Wischpinsels Lasur in alle Richtungen verteilen, die Pinselspuren verwischen. Damit sich keine Farbe ansammelt, die Borsten ab und an mit flusenfreiem Tuch abwischen.

AUFTRAG MIT DEM SCHWAMM

Der Farbauftrag mit dem Schwamm ist eine dekorative, unkomplizierte Technik. Die Werkzeuge sind einfach – Sie brauchen nur eine Farbwanne für die Lasur und einen guten Naturschwamm. Opalisierende Lasur ist für diese Technik das vielseitigste Material; der Untergrund sollte zweimal mit Mattlack gestrichen werden. Je nach dem gewünschten Effekt können Sie zwei oder drei Farben auftragen, die zur matten Grundfarbe passen.

1 **FARBE AUFNEHMEN** Eine Farbwanne ist der ideale Behälter für die Lasur. Fertige Lasur in die Vertiefung der Wanne gießen. Den Schwamm in die Lasur eintauchen und überschüssige Farbe an der schrägen Seite ausdrücken.

2 **LASUR AUFTRAGEN** Den Schwamm leicht fassen und wie zufällig auf die Oberfläche tupfen, so dass ein Fleckenmuster aus Hintergrundfarbe und Lasur entsteht. Wenn der Schwamm zu viel Lasur aufgenommen hat und die Farbe zu verlaufen beginnt, die überschüssige Farbe in einen flusenfreien Lappen drücken. Nach dem Trocknen mit Mattlack überstreichen.

ARBEIT MIT DEM SCHWAMM

Durch das Entfernen mit dem Schwamm entsteht ein regelmäßiger, einfarbiger, fast deckender Effekt. Für diese Technik brauchen Sie einen Pinsel, einen mit Terpentinersatz getränkten, ausgedrückten Naturschwamm und opalisierende Lasur. Die Oberfläche sollte gut vorbereitet und zweimal mit Mattlack grundiert sein. Um den fertigen Anstrich zu schützen, wird nach dem Durchtrocknen Mattlack aufgetragen.

1 **LASUR AUFTRAGEN** Opalisierende Lasur in einem Farbgefäß mischen, bis sie die Konsistenz von dicker Sahne hat, und mit dem Pinsel auftragen. In kleinen Teilflächen arbeiten, da die Lasur schnell trocknet.

2 **FARBE ABTRAGEN** Den Schwamm mit Terpentinersatz tränken und ausdrücken. Auf die Lasur tupfen, so dass ein wolkiger Effekt entsteht. Je mehr Lasur abgetragen wird, desto heller wird die fertige Fläche.

STOFF KNÜLLEN

Hierdurch entsteht auf einer Fläche, die mit opalisierender Lasur gestrichen wurde, ein feiner Effekt; tauchen Sie dazu saubere, flusenfreie Tücher in Terpentinersatz und wringen Sie sie aus. Bevor Sie die Lasur auf die Wand auftragen, sollten Sie diese einmal mit Mattlack vorstreichen.

LASUR ABTRAGEN
Das Tuch in einer Hand zusammenballen und die Lasur in Mustern abtupfen. Ändert sich die Handhaltung am Tuch, entstehen andere Muster. Ein weicherer Effekt ergibt sich, wenn die Lasur ca. 30 Minuten nach dem Auftrag mit einem Wischpinsel behandelt wird.

STOFF WICKELN

Hierdurch entsteht ein unregelmäßiger Struktureffekt. Zum Rollen brauchen Sie entweder viele saubere, flusenfreie Tücher oder ein Stück Fensterleder, die in Terpentinersatz getaucht und ausgewrungen werden, und einen breiten Pinsel.

FARBE ABROLLEN
Die Lasur einfach auf jeweils eine kleine Teilfläche auftragen. Das Tuch oder Fensterleder in verschiedene Richtungen darüber rollen.

PLASTIKTÜTENTECHNIK

Mit opalisierender Lasur gestrichene Oberflächen können mit verschiedenen Werkzeugen bearbeitet werden. Zu den einfachsten gehören eine Plastiktüte und ein zusammengeknülltes Tuch. Die Oberfläche wird einmal mit matter Ölfarbe vorgestrichen. Mit einem breiten Pinsel wird die Lasur auf je 2 m² gestrichen.

LASUR MIT DER PLASTIKTÜTE ABTRAGEN
Ein zusammengeknülltes Tuch in eine Plastiktüte stecken. Mit der flachen Seite dieses Werkzeugs überlappende Muster in die Lasur drücken. Hin und wieder überschüssige Lasur mit einem Tuch abwischen. Nach dem Trocknen einmal mit Mattlack überstreichen.

STUPFEN

Stupfen ist ein feinerer, komplizierterer Spezialeffekt mit opalisierender Lasur. Streichen Sie zunächst die Lasur mit dem Flächenstreicher auf eine glatte Fläche. Dann tupfen Sie mit einem großen Pinsel mit festen Borsten ein Muster mit vielen Spitzen auf die Lasur. Zwar ergibt auch ein fester Besen einen ähnlichen Effekt, doch es gibt eigentlich keinen Ersatz für eine Stupfbürste, wie sie im Spezialgeschäft erhältlich ist.

1 **STUPFEN** Lasur, Terpentinersatz und Ölfarbe zu einer dicken Paste rühren und auf eine Teilfläche von etwa 1 m^2 auftragen. Die Stupfbürste fest umfassen und auf die Wand tupfen. Durch diese Bewegung entsteht auf der dicken Lasur ein feines Fleckenmuster, das durch Rhythmus und Kraft beeinflusst wird. Versuchen Sie gleichmäßig zu arbeiten.

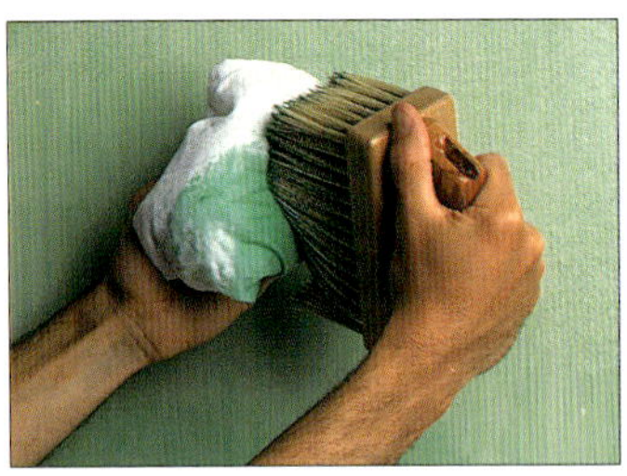

2 **PINSEL ABWISCHEN** Quer über die opalisierend lasierte Fläche arbeiten, dabei den Pinsel nicht über die Farbe gleiten lassen. Das Muster gleichmäßig verteilen, nebeneinander liegende Flächen mit leichten Pinseltupfern überlappen. Hin und wieder die abgetragene Farbe vom Pinsel wischen. Nach dem Trocknen mit Mattlack überstreichen.

ZIEHEN

Für diese Technik wird eine besonders glatte Oberfläche gebraucht *(siehe Seite 228)*, die zweimal mit Mattlack vorgestrichen wird. Sie brauchen einen Flächenstreicher, um die Lasur aufzutragen. Das sollte in senkrechten, 60 cm breiten Streifen von der Decke zum Boden geschehen. Ziehen Sie einen trockenen Strukturpinsel in gleichmäßigen senkrechten Streifen durch die Lasur. Bei diesem Effekt wird die Hintergrundfarbe in feinen, ungleichmäßigen Farbstreifen hinter der Lasur sichtbar.

ARBEIT MIT DEM STRUKTURPINSEL
Den Strukturpinsel von der Decke zum Boden ziehen. Die nasse Lasur stetig überstreichen, wobei keine Ansätze entstehen dürfen. Den Strukturpinsel mit leichtem, gleichmäßigem Druck halten und von der Mitte der Borsten her ziehen. Nach jedem Durchgang die überschüssige Lasur mit einem flusenfreien Tuch abwischen.

HOLZ PUDERN

Puder ergibt einen gebrochen weißen Ton und lässt sich leicht auf unbehandeltes Holz auftragen. Diese Art der Farbgebung eignet sich besonders für Möbel. Auch auf Fußbodendielen wirkt sie gut, ist jedoch nicht sehr haltbar. Sie brauchen für diese Technik eine Drahtbürste, feinste Stahlwolle und flusenfreie Lappen.

1 **MASERUNG ÖFFNEN** Die Maserung durch Behandeln mit einer Drahtbürste öffnen. Mit der Maserung arbeiten, damit keine Kratzer entstehen.

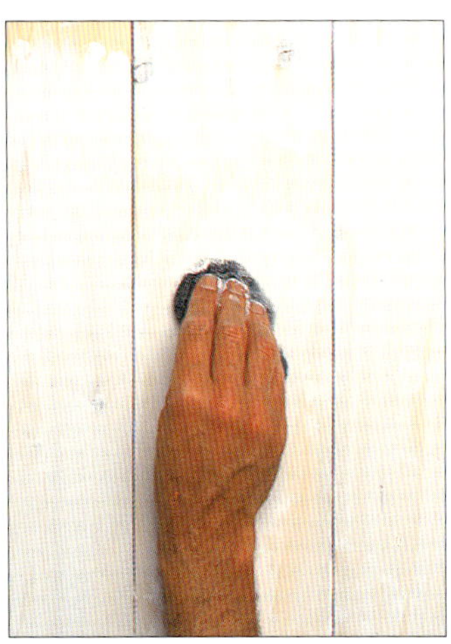

2 **PUDER EINREIBEN** Puder in Wachs- oder Pastenform mit feiner Stahlwolle auftragen und damit die Maserung füllen. Mit kreisenden Bewegungen jeweils eine Fläche von 0,5 m^2 fertig stellen und die Farbe einige Minuten trocknen lassen. Überschüssigen Puder mit feinem, farblosem Wachs abwischen.

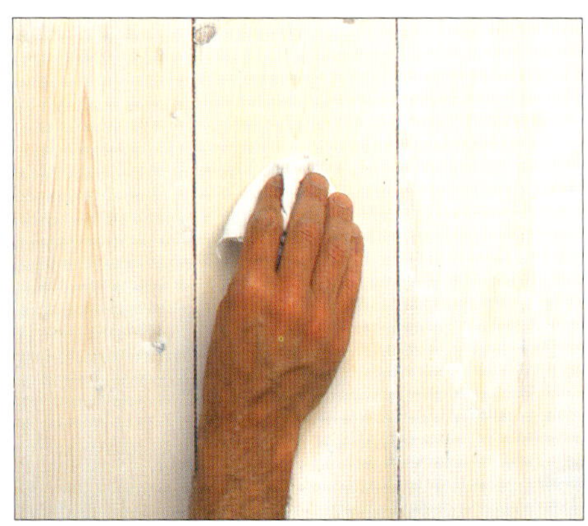

3 **POLIEREN** Die Fläche mit feinem, farblosem Wachs gründlich polieren. Dadurch wird überschüssiges Material entfernt. Die Fläche mit einem weichen, flusenfreien Lappen polieren, bis sie leicht glänzt.

FARBIG TÜNCHEN

Vor der Einführung gut deckender, leicht anwendbarer Dispersionsfarben wurden Wände mit wasserlöslichen Farben wie Temperafarbe gestrichen. Sie waren nicht sehr teuer, brachten aber wässrige Flecken und abfärbende Wände mit sich. Heute werden diese Eigenschaften als Spezialeffekte geschätzt. Temperafarbe ist immer noch bei einigen Spezialhändlern erhältlich. Sie können den Effekt aber auch mit verdünnter Dispersionsfarbe erzielen, die Sie mit einem großen Flächenstreicher auftragen. Um Holzflächen wie Bodendielen oder Türen farbig zu tünchen, brauchen Sie einen großen Flächenstreicher, einen flusenfreien Lappen, Schleifpapier und farbloses Wachs.

WÄNDE FARBIG TÜNCHEN

1 TÜNCHE AUFTRAGEN Eine glatte Wand einmal deckend mit Dispersionsfarbe streichen. Die Dispersionsfarbe zum Tünchen je nach Farbe im Verhältnis 4:1 bis 9:1 mit Wasser verdünnen. Die wässrige Farbe auf eine Teilfläche von 1 m^2 auftragen und sofort mit einem feuchten Pinsel nachwischen, um die Pinselstriche auszugleichen.

2 ZWEITE FARBSCHICHT Die erste Farbschicht, die oft unordentlich aussieht, über Nacht trocknen lassen. Mit einem breiten Flächenstreicher eine zweite Farbschicht auftragen. Wie vorher immer kleine Teilflächen bearbeiten und wegen der wässrigen Farbe auf Nasen und Tropfen achten. Eventuell mit Mattlack streichen.

HOLZ FARBIG TÜNCHEN

1 TÜNCHE AUFTRAGEN Das Holz abbeizen und schleifen. Die Dispersionsfarbe verdünnen, so dass sie in das Holz eindringt. Ausprobieren! Die Tünche mit der Maserung mit einem breiten Flächenstreicher satt auftragen.

2 FARBE ENTFERNEN Die Tünche auf eine kleine Fläche auftragen. Wenn sie fast trocken ist, den Überschuss mit einem flusenfreien Tuch abwischen, so dass die Maserung erscheint. In Teilflächen arbeiten.

3 SCHLEIFEN Nach dem Abwischen über Nacht trocknen lassen. Wenn das Ergebnis zu schwach ausfällt, eine weitere Schicht auftragen und abwischen. Zum Schluss die Fläche mit feinem Schleifpapier glätten.

4 VERSIEGELN Das Holz mit einem trockenen Pinsel abstauben. Die letzten Staubteilchen mit einem feuchten Tuch entfernen. Bodendielen sollten dann mit farblosem Wachs versiegelt werden.

SCHABLONIEREN

Bis vor kurzem wurden Mustervorlagen zum Verzieren von Wänden und Möbeln in dünne Metallplatten gestanzt. Heute sind Schablonen aus dünnen Acetatblättern verbreitet. Um ein Muster nachzuzeichnen, brauchen Sie Pergamentpapier, einen mittelharten und einen weichen Bleistift. Mit dem Bastelmesser schneiden Sie das Muster aus Pappe oder Acetat. Eine Unterlage kann nützlich sein, ein Metallllineal und eine Wasserwaage brauchen Sie auf jeden Fall. Befestigen Sie sie mit Abklebeband und tragen Sie die Farbe mit einem Schablonierpinsel auf.

1 **MUSTER ZEICHNEN** Das Muster mit einem weichen Bleistift auf ein Stück Pergamentpapier zeichnen oder kopieren. Schablonen wirken am besten als Fries oder Borte, also eignen sich vor allem umlaufende Muster, wobei Anlegemarken zur Orientierung dienen. Bei verschiedenen Farben jeweils eine eigene Schablone nehmen.

2 **ÜBERTRAGEN** Das Pergamentpapier umdrehen. Mit Abklebeband auf der Schablone befestigen. Mit einem mittelharten Bleistift über die Rückseite des Musters reiben. Das Pergamentpapier entfernen.

3 **VORLAGE HERSTELLEN** Mehrere Brücken anzeichnen, um die Inseln im Muster mit der Schablone zu verbinden. Mit dem Messer einstechen und das Material zum Messer ziehen.

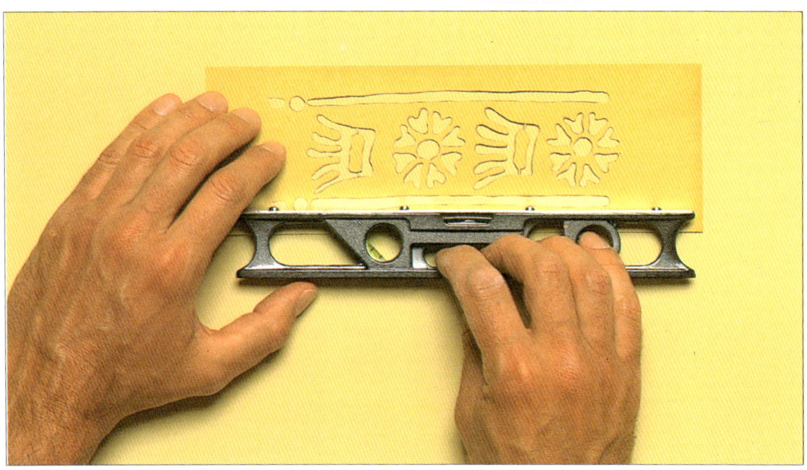

4 **SCHABLONE ANLEGEN** Den Platz des Schablonenmusters bestimmen und das erste Stück der Borte mit Bleistift anzeichnen. Bei jedem Anlegen der Schablone mit der Wasserwaage ausmessen und die Schablone mit Abklebeband an der Wand befestigen.

5 **MUSTER AUSFÜLLEN** Ein Schablonierpinsel ist ideal zum Auftragen der Farbe, aber auch andere feste Pinsel eignen sich. Für das Schablonieren an der Wand ist Dispersionsfarbe das richtige Material. Nicht zu viel Farbe auf den Pinsel nehmen, überschüssige Farbe vor dem Auftragen auf Schmierpapier abwischen.

DAS ENDERGEBNIS

INSPIRATION

Es gibt unzählige Anregungen für dekorative Schablonen und Stempel. Die geometrischen Muster traditioneller Stoffe aus Indonesien, Lateinamerika, Afrika und Indien sind hervorragende Quellen für Ideen. Ein gutes Kopiergerät hilft beim Vergrößern und Verkleinern der Muster. Für die Schablone wurde ein indisches Stoffmuster fotokopiert und zum leichteren Nachzeichnen vergrößert.

STEMPELN

Das Herstellen von Musterstempeln und ihre Anwendung auf Wänden oder Möbeln kann eine anregende, kreative Tätigkeit sein. Der Stempel kann von einer Zeichnung in der richtigen Größe auf einen fertigen Gummiblock übertragen werden oder aus Linoleum selbst hergestellt werden. Linolschnitt ist eine unkomplizierte, sehr ausdrucksstarke Technik. Im Bastelgeschäft erhalten Sie Linoleum, Linolschneider, Glas mit abgeschrägtem Rand, eine Tintenrolle und Druckerfarbe; dazu kommen noch Pergamentpapier, Kohlepapier, Kugelschreiber, Filzstift, 2 cm dickes Sperrholz, Papier, Terpentinersatz und ein flusenfreier Lappen.

1 **MUSTER ÜBERTRAGEN** Mit dem Kopiergerät das Muster auf die richtige Größe bringen. Das Linoleum zuschneiden. Das Muster über ein Blatt Kohlepapier auf das Linoleum legen und mit Kugelschreiber nachzeichnen.

2 **SCHNEIDEN** Den Umriss mit einem feinen, nicht abwaschbaren Filzstift nachzeichnen und die Flächen, die ausgeschnitten werden sollen, schraffieren. Werkzeuge vorher ausprobieren. Linoleum schneidet sich leichter, wenn es wärmer ist.

3 **FARBE AUFROLLEN** Die Druckfarbe vorbereiten. Etwas von der Farbe mitten auf die Glasscheibe drücken und mit der Walze verteilen. Die Walze gleichmäßig mit Farbe überziehen, Farbe hinzufügen, nochmals rollen.

4 **EINSTREICHEN** Den Linolschnitt auf die Sperrholzplatte legen. Mit der Walze fest über das Muster streichen. Die nicht ausgeschnittenen Flächen erscheinen im Druck. Stempel mit Terpentinersatz reinigen, unerwünschte Flächen entfernen.

5 **AUSPROBIEREN** Wenn das Muster auf dem Stempel richtig ausgeschnitten ist, den Stempel mit Farbe einstreichen und zur Probe auf ein Blatt Papier drucken. Den Stempel gleichmäßig und ruhig andrücken und in einer klaren Bewegung abziehen.

6 **WAND BESTEMPELN** Das Muster mit Farbe einstreichen und den Stempel fest andrücken, dabei gleichmäßig hin und her bewegen. Das Linoleum festhalten, damit es nicht verrutscht. Nach der Arbeit alle Werkzeuge mit Terpentinersatz reinigen.

Optische Verbindung
Der handgeknüpfte Teppich in Bernstein, Violett, Rot und Gelb war Anregung für diese Farbgestaltung. Er hält die Flächen optisch zusammen und schafft so Harmonie.

TAPEZIEREN

TAPETEN SIND DAS EINFACHSTE MITTEL, WÄNDE ODER DECKEN MIT REGELMÄSSIGEN FARBIGEN MUSTERN ZU GESTALTEN. ES GIBT DIE UNTERSCHIEDLICHSTEN STILRICHTUNGEN UND MATERIALIEN FÜR PRAKTISCH ALLE UNTERGRÜNDE UND ZWECKE. AUSSER IHRER DEKORATIVEN WIRKUNG DECKEN TAPETEN AUCH FÜR DIE WEITERBEARBEITUNG PROBLEMATISCHE UNTERGRÜNDE AB. IN DIESEM KAPITEL FINDEN SIE INFORMATIONEN ZU DEN VERSCHIEDENEN TAPETENARTEN, VORBEREITUNGSTECHNIKEN UND DEN ARBEITSABLAUF FÜR PROFESSIONELLES TAPEZIEREN.

FREISTIL
Das Farnblattmuster dieser Tapete bildet den Hintergrund an der Wand. Durch die Verbindung von naturalistischem Umriss und sanft moosgrüner Farbe wirkt die Tapete fast wie handbedruckt.

GESTALTUNGSVORSCHLÄGE

TAPETEN MÜSSEN NICHT GANZ UND GAR aus Papier bestehen. Es sind heute die verschiedensten natürlichen und synthetischen Materialien im Angebot, mit denen sich in jedem Raum Wände und Decken verschönern lassen. Die ständig wachsende Auswahl an modernen Mustern bietet Ihnen fast unbegrenzte Möglichkeiten beim Renovieren. Hand- oder maschinenbedruckte Papiertapeten sind an Vielseitigkeit allerdings kaum zu überbieten. In den letzten Jahren wurden neue Produktionstechniken entwickelt, so dass nun schnell zu klebende, abwaschbare und später leicht abzulösende Tapeten im Handel sind.

Betonung von Details
(oben) Kräftige Streifen und Muster auf der Tapete lenken die Aufmerksamkeit auf unregelmäßige Wände, daher sind sie ideal, um interessante architektonische Details wie die schrägen Wände dieser Schlafzimmer-Suite zu betonen. Der Wandabschnitt hinter dem Tisch wird von einer rotbraunen Borte eingefasst, die ihn von der im gleichen Muster tapezierten Wand dahinter abhebt.

Blattmotiv
(rechts) Kleine, kräftige Muster wirken gut in modernen Interieurs. Hier ist das rostbraune Blattmotiv das einzige Detail auf der sandgelben Tapete; es bringt etwas Farbe in den Raum und nimmt den warmen Holzton der lasierten Bodendielen auf. Der Hintergrund der Tapete wirkt durch die Struktur, die an farbige Tünche erinnert, lebendiger.

Tupfen
(oben) Zu gemusterten Möbeln passen eher zurückhaltende Tapeten, damit keine unangenehmen Kontraste entstehen. Tapeten mit kleinen Motiven oder Punkten können zur Farbgestaltung beitragen, ohne hervorzustechen. Diese Mischung aus breiten Karos und Tupfen ist sicher nicht die naheliegendste Kombination, wirkt aber gut: Einfache Farben herrschen vor, die Tupfen passen farblich zu den Streifen im Polsterbezug.

Senkrechte Streifen
(rechte Seite) Breite, formelle Streifen wirken großartig und lassen dieses Bad höher erscheinen, als es in Wirklichkeit ist. Eine passende Borte mit waagerechten Streifen verdeckt die oberen Schnittkanten und sorgt für einen sauberen, professionellen Abschluss.

HISTORISCHES MUSTER
(linke Seite) Im frühen 19. Jahrhundert wurden in England die Wände oft in hellen Farben gestrichen und mit unauffälligen Schablonen- oder Freihand-Mustern verziert. Dieser Stil wurde in der hellgrünen Tapete mit dem kleinen Lorbeerkranz-Muster nachempfunden, durch die der elegant geschnittzte Bettrahmen gut zur Geltung kommt.

BORTEN
(oben) Borten sind vielseitig verwendbar und beim Tapezieren fast unentbehrlich. Sie betonen architektonische Details oder fassen Türen und Fenster ein. Werden zwei Tapeten in einem Raum verwendet, bildet eine Borte den natürlichen Übergang. Auch zur Tarnung von nicht ganz geglückten Schnittkanten an der Decke oder auf Augenhöhe sind sie sehr nützlich.

METALLISCHE STREIFEN
(links) Metalltapeten reflektieren Licht in Räumen, die nicht viel Tageslicht erhalten. Der moderne Metallic-Streifen über dem Kamin hebt diese Wand von den anderen ab. Bei Metalltapeten fallen Unebenheiten besonders ins Auge, deshalb ist es wichtig, den Untergrund sehr gut vorzubereiten.

MATERIALIEN

PAPIER AN DIE WAND ZU KLEBEN war ursprünglich eine preiswerte Methode, die »gute Stube«, die nicht viel gebraucht wurde, zu verschönern. Heute sind Tapeten dauerhafter als früher und oft abwaschbar, so dass sie auch für stark frequentierte Räume, sogar Küche und Bad, zu gebrauchen sind. Es gibt Tapeten in verschiedenen Farben, Mustern und Strukturen, so dass für fast jeden Geschmack das Richtige zu finden ist. Auch Werkzeug und andere Produkte zum Vorbereiten der Wände und zum Tapezieren sind in Heimwerkergeschäften erhältlich.

TAPETEN AUSWÄHLEN

Nicht verzierte Tapeten wie Raufaser werden häufig verwendet, um unansehnliche Wände zu verdecken. Mit unterschiedlich feiner Makulatur werden Wände vor dem Streichen oder Tapezieren geglättet. Es gibt auch Tapeten aus ungewöhnlichem Material, von so exotischen Stoffen wie Seide, Rupfen oder Gras bis zu den äußerst robusten wärmebehandelten Vinyltapeten *(siehe Seite 273)*. In den letzten Jahren haben sich die Hersteller darauf konzentriert, Tapeten zu entwickeln, die wie ganz einfaches Papier wirken, aber leichter anzubringen, zu bearbeiten und zu pflegen sind.

RAUFASER
Diese robuste Tapete eignet sich bestens für Wände mit Ritzen und sonstigen kleinen Schönheitsfehlern. Raufaser wird nach dem Tapezieren oft gestrichen; sie lässt sich allerdings nur mit Schwierigkeiten wieder ablösen.

BORTEN
Viele Hersteller bieten zu ihrer Tapetenkollektion passende Borten an. Sie sind leicht zu tapezieren und werden oft als oberer Abschluss oder als Trennung zwischen zwei Farbflächen verwendet.

VINYLTAPETE
Diese Tapete besteht aus einer Vinylschicht auf Papieruntergrund; sie ist leicht zu tapezieren, abwaschbar bis scheuerbeständig und gut abzulösen. Vorgekleisterte Vinyltapeten *(siehe Seite 273)* sind sehr robuste Flächen.

MAKULATUR
Diese einfache Tapete ist in verschiedenen Formen erhältlich. Sie wird vor dem Streichen oder Tapezieren verklebt, besonders an Wänden oder Decken in schlechtem Zustand.

MUSTERTAPETEN
Tapeten sind in ganz verschiedenen Qualitäten und Mustern erhältlich. Mit Vinyl beschichtete Tapeten sind abwischbar, unbeschichtete Sorten brauchen hingegen besondere Pflege.

Werkzeug

Zum Tapezieren brauchen Sie eine stabile Stehleiter. Außer dem unten aufgeführten Werkzeug sollten Sie Maßband, Zimmermannsbleistift, 1-m-Lineal, Tapetenschiene, Teppichmesser mit auswechselbarer Klinge, Wasserwaage und einen Schwamm oder feuchten Lappen zum Abwischen von Kleister zur Hand haben. Plastiksäcke zum Wegwerfen von Abfall sollten auch bereitliegen.

Bürsten
Kleister mit einer leicht auswaschbaren Bürste mit Synthetikborsten auftragen. Eine Tapezierbürste wird zum Andrücken der Tapete gebraucht. Mit der Heizkörperrolle lässt sich Tapete hinter Heizkörpern anbringen. Mit einem Besen wird die gekleisterte Tapete für die Decke hochgehalten.

Kleisterbürste

Heizkörperrolle

Tapezierbürste

Besen

Kleber und Sperrgrund
Bei der Tapete sollte vermerkt sein, welcher Kleister dafür geeignet ist. Passend zum Kleister wird der Sperrgrund gekauft. Werden Vinyltapeten am Rand übereinander geklebt, ist ein Nahtkleber erforderlich.

Sperrgrund

Kleister

Nahtkleber

Wanne für vorgekleisterte Tapeten

Behälter
Sperrgrund und Kleister in einem sauberen Eimer mit Henkel anrühren. Vorgekleisterte Tapeten müssen nach dem Zuschnitt in einer Wanne eingeweicht werden.

Eimer mit Henkel

Weiteres Werkzeug
Zum Einkleistern wird eine ebene Fläche in der richtigen Höhe gebraucht, am besten ein Tapeziertisch. Die Bahnenränder werden mit dem Nahtroller angedrückt, mit der kleinen Schere und der Tapezierschere wird die Tapete gefalzt und geschnitten. Die Streichhölzer benutzt man zum Markieren von Löchern in der Wand.

Tapeziertisch

Nahtroller

Tapezierschere

Streichhölzer

Rührholz

ANZAHL DER ROLLEN BERECHNEN

Messen Sie die ganze zu tapezierende Fläche aus. Wenn Sie die Tapete auswählen, fragen Sie Ihren Händler oder sehen Sie in der Tabelle des Herstellers nach, wie viele Rollen gebraucht werden; rechnen Sie mit einer Zugabe für schwierige Stellen. Kaufen Sie nur Rollen mit derselben Fertigungsnummer. Die folgenden Angaben gelten nur für genormte Rollen, die etwa 10 m lang und 530 mm breit sind.

Rollen für die Decke

	Umfang des Zimmers						
Meter	9–12	13–15	17–18	20–21	23–24	26–27	29–30
Rollen	2	3	4	6	7	9	10

Rollen für die Wand

	Umfang des Zimmers (einschließlich Fenster und Türen)							
Wandhöhe	10 m	12 m	14 m	16 m	18 m	20 m	22 m	24 m
2,1–2,3 m	5	5	6	7	8	9	10	11
2,3–2,4 m	5	6	7	8	9	10	10	11
2,4–2,6 m	5	6	7	9	10	11	12	13
2,6–2,7 m	5	6	7	9	10	11	12	13
2,7–2,9 m	6	7	8	9	10	12	12	14

VORBEREITUNG

VOR DEM TAPEZIEREN sollten Sie das Zimmer so weit wie möglich ausräumen. Nehmen Sie Gardinen und Rollos ab und entfernen Sie Regale, Bilder und Spiegel. Haken, Lichtschalter und Steckdosen können Sie an der Wand lassen. Stellen Sie die verbliebenen Möbel mitten ins Zimmer und decken Sie diese und den Fußboden mit Planen ab. Den Fußboden sollten Sie zusätzlich mit starker Pappe auslegen.

UNTERGRUND VORBEREITEN

Zum Tapezieren brauchen Sie einen glatten Untergrund. Wenn die alte Tapete noch in gutem Zustand ist, können Sie meist darüber tapezieren. Abwaschbare, Struktur- oder Metalltapeten sollten Sie entfernen. Frisch verputzte Wände müssen durchtrocknen (was einige Wochen dauern kann), bevor Sie Sperrgrund auftragen. Spachteln Sie Risse und Löcher aus *(siehe Seite 228)*. Gestrichene Wände mit Anlauger abwaschen oder bei Lack anschleifen. Abblätternde Farbe können Sie mit einer Grundierung auf Ölbasis fixieren. Tragen Sie vor dem Tapezieren Sperrgrund und eventuell eine Makulaturtapete auf.

TAPETEN ABLÖSEN

1 **TAPETEN ANRITZEN** Mit einem scharfen Spachtel oder einer Stachelwalze die alte Tapete schräg anritzen. Die Wand darf dabei nicht beschädigt werden.

2 **EINWEICHEN** In einen Eimer mit warmem Wasser etwas Spülmittel geben und die alte Tapete mit dem Schwamm oder der Kleisterbürste gründlich anfeuchten. Den Schwamm dabei kräftig andrücken. Die Tapete in Teilflächen bearbeiten.

3 **TAPETE ABLÖSEN** Die Tapete, wenn sie gründlich durchgeweicht ist, mit einem Spachtel oder Schaber ablösen. Der feuchte Putz ist sehr empfindlich und darf nicht beschädigt werden. Nach dem Entfernen der Tapete die Wand abwischen und alle alten Kleisterreste entfernen.

DAMPFREINIGER

Ein Dampfreiniger mit entsprechendem Aufsatz erleichtert das Entfernen von Tapeten bei großen Flächen. Diese Geräte können in verschiedenen Größen in Heimwerkermärkten gemietet werden. Die alte Tapete wird mit einem Schaber oder Spachtel angeritzt *(siehe oben)*. Den Dampfreiniger an die Wand halten und die Tapete abkratzen, wenn sie sich zu lösen beginnt.

VINYLTAPETEN ENTFERNEN

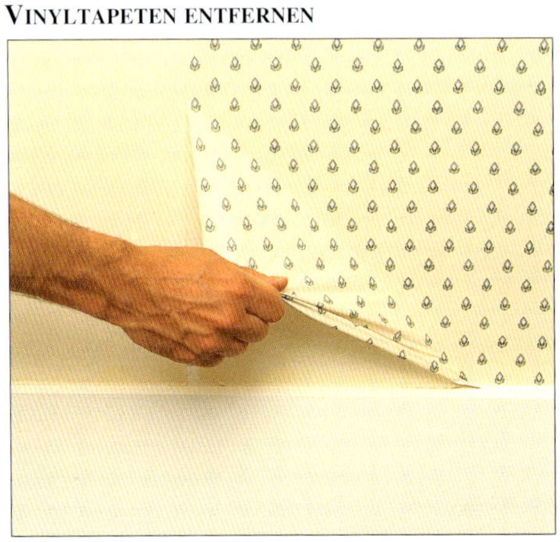

Vinyl- und abwaschbare Tapeten müssen vor dem Tapezieren entfernt werden. Die meisten Vinyltapeten sind spaltbar trocken abziehbar. Die Vinylschicht lässt sich dann leicht abziehen, und nur das Trägerpapier bleibt an der Wand zurück. Dieses wird angefeuchtet *(siehe oben)* und entfernt.

WÄNDE MIT SPERRGRUND BEHANDELN

Sperrgrund sollte vor dem Tapezieren auf einen sauberen, glatten, trockenen Untergrund aufgetragen werden. Dieser wird dadurch viel weniger saugfähig, und das Tapezieren fällt leichter. Sperrgrund nach Angaben des Tapeten- oder Kleisterherstellers mit dem Flächenstreicher oder der Kleisterbürste auftragen. Sperrgrundspritzer auf Holz sofort mit einem feuchten Lappen abwischen.

Kleister anrühren

Verwenden Sie den Kleister, der vom Makulatur- oder Tapetenhersteller empfohlen wird. Halten Sie sich beim Anrühren an die Angaben. Rühren Sie den Kleister mit dem Rührholz in einen Eimer kaltes Wasser und lassen Sie ihn gegebenenfalls eine Weile ziehen.

ARBEITSABLAUF

Nach den Vorbereitungen sollten Sie überlegen, was im Zimmer gestrichen werden soll. Die Decke und Holzflächen sollten Sie vor dem Tapezieren streichen, denn von einem fertigen Anstrich lassen sich Kleisterflecken leicht abwischen. Wenn alle Flächen tapeziert werden sollen, kleben Sie zuerst die Makulatur an der Decke, dann an den Wänden. Beginnen Sie an der wichtigsten Wand und kleben Sie die Bahnen von der Hauptlichtquelle weg. Die unauffälligste Ecke, meist die neben der Tür, bildet den Schluss.

Makulatur

Makulatur ist in verschiedenen Stärken erhältlich und wird meist verwendet, um vor dem Streichen oder Tapezieren eine glatte Fläche zu schaffen. Kleine Risse in einer Fläche, insbesondere in alten Decken, können Sie mit Makulatur überkleben. Für die Wände verwenden Sie mittelstarke Makulatur, für die Decke starke, da diese weniger leicht reißt. Verwenden Sie zum Kleben von Makulatur einen Sperrgrund und Kleister, der zu den für die Mustertapeten empfohlenen Produkten passt. Warten Sie, bis die Makulatur gut durchgetrocknet ist, bevor Sie die eigentliche Tapete kleben. Planen Sie diese Trockenzeit von Anfang an mit ein – sie kann bis zu 12 Stunden dauern.

Decken

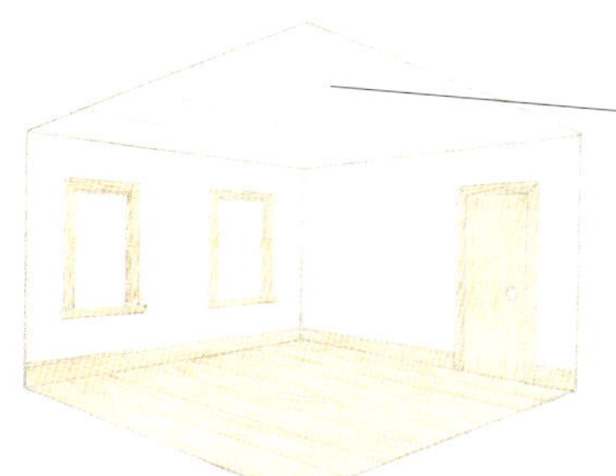

An der Decke die Makulatur parallel zum Fenster oder zur Hauptlichtquelle kleben und davon weg arbeiten. Bei schlecht verputzten Decken ist eventuell eine zweite Schicht quer zur ersten erforderlich, damit alle Risse abgedeckt sind und die Fläche möglichst glatt wird.

Quer kleben

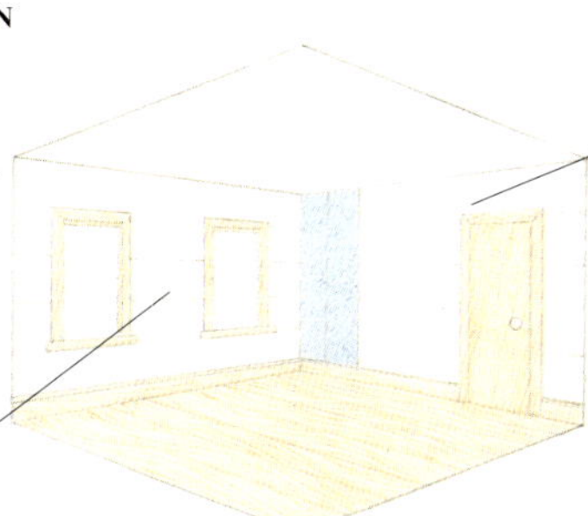

Mustertapeten werden in der Regel senkrecht tapeziert. Makulatur kann auch quer geklebt werden, so dass sie waagerecht zur Mustertapete verläuft *(siehe Seite 263)*. Auf diese Weise treffen die Nähte nicht zusammen.

Senkrecht kleben

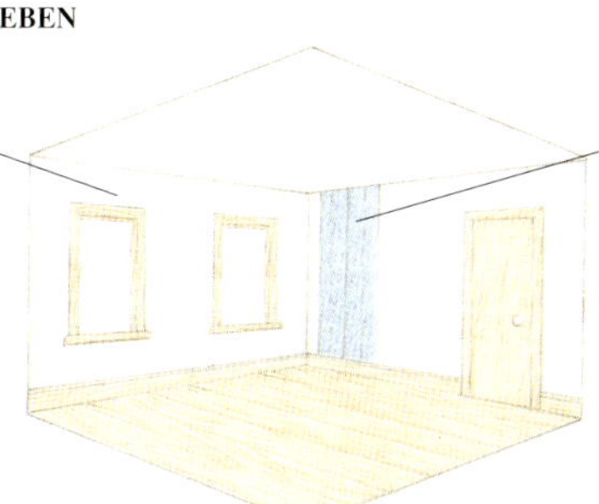

Zuerst eine Makulaturbahn mit halber Breite an die Ansatzlinie kleben und von dort aus mit ganzen Bahnen weiterarbeiten. Die Mustertapete wird von Anfang an in vollen Bahnen geklebt, so dass die Nähte der beiden Tapetenschichten nicht aufeinander treffen.

DECKE TAPEZIEREN

DECKEN WERDEN IN DER REGEL EHER GESTRICHEN als tapeziert. Wenn die Decke aber kleine Risse hat, kann eine Makulatur für einen glatten Untergrund sorgen. Mittlere bis schwere Makulatur benutzen, denn diese reißt beim Verkleben weniger leicht. Die Mustertapete sollte quer zur Makulatur geklebt werden, so dass die Nähte der beiden Tapetenschichten nicht an der gleichen Stelle verlaufen. Beim Tapezieren von Decken haben Sie die Schwerkraft gegen sich. Aus diesem Grund sollten Sie besser einen Helfer engagieren oder eine sichere, praktische Arbeitsbühne bauen.

ARBEITSBÜHNEN

Bauen Sie eine Arbeitsbühne, damit Sie mit mehr Sicherheit und in größerer Höhe arbeiten können. Die Decke sollte während der Arbeit etwa 8 cm über Ihrem Kopf sein.

Arbeitsbühne

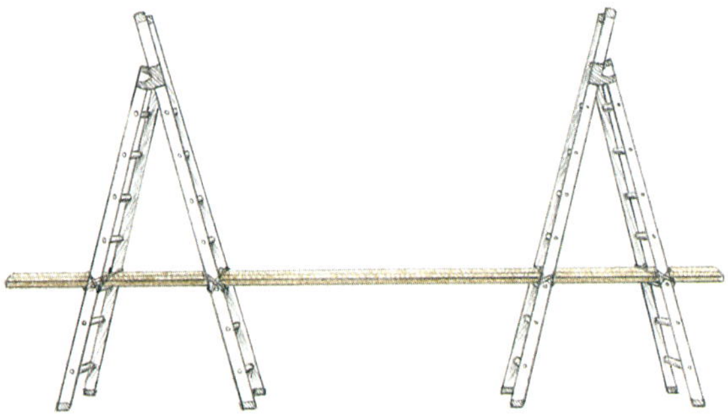

Eine sichere, praktische Arbeitsbühne wird aus starken Dielen gebaut, die auf den Sprossen von zwei Stehleitern oder über Böcken liegen. Die Dielen sollten so lang sein wie die Tapetenbahn. Sie sind stabiler, wenn sie doppelt liegen. Das macht sich besonders bei Abständen von mehr als 1,5 m bemerkbar.

MESSEN UND ZUSCHNEIDEN

Messen Sie die Decke und die Tapeten genau aus und schneiden Sie exakt zu, damit sich möglichst wenig Fehler einschleichen. Sie brauchen dazu die Tapete, ein Maßband, eine Schlagschnur, einen Bleistift, eine Tapezierschere und eine Tapetenschiene. Legen Sie das Werkzeug griffbereit auf den Tapeziertisch.

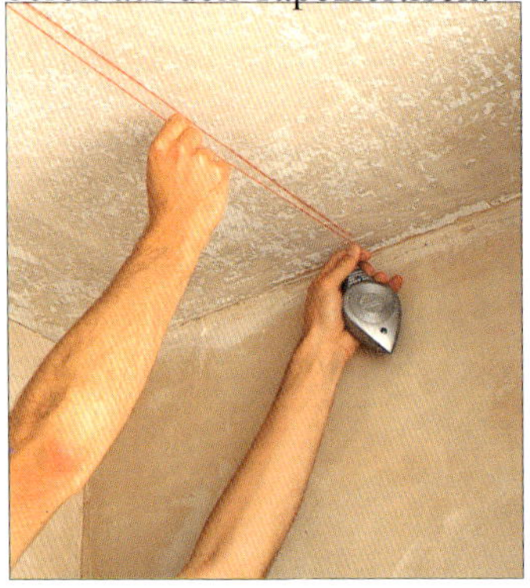

1 **ANSATZ MARKIEREN** Breite der Tapete messen und 1 cm abziehen. Diesen Abstand an den gegenüberliegenden Enden der Decke anzeichnen. Die Schlagschnur zwischen den Markierungen straff ziehen und schnalzen lassen, so dass eine Linie entsteht.

2 **TAPETE AUSMESSEN** Die Breite der Decke entlang der Ansatzlinie messen. An einer langen Seite der Tapete die Breite der Decke plus 5 cm Überhang an jedem Ende anzeichnen. Die gleiche Länge inklusive Überhang an der gegenüberliegenden Seite der Tapete anzeichnen.

3 **SCHNITTLINIE MARKIEREN** Mit Tapetenschiene und Bleistift die beiden Markierungen miteinander verbinden.

4 **ERSTE BAHN ZUSCHNEIDEN** Entlang der Schnittlinie mit der langen Tapezierschere die erste Bahn zuschneiden. Diese Bahn sollte so lang sein wie die Breite der Decke plus 5 cm Überhang an jedem Ende.

5 **BAHNEN MARKIEREN** Wenn die Decke ebenmäßig ist, die weiteren Bahnen nach der ersten zuschneiden. Wenn nicht, müssen alle Bahnen einzeln ausgemessen und nummeriert werden.

KLEISTERN UND FALTEN

Decken Sie den Tapeziertisch mit einer Bahn alter Makulatur ab. Zum Einkleistern brauchen Sie den Kleistereimer und eine Kleisterbürste. Rollen Sie eine Bahn auf, so dass die Schnittkante und eine lange Seite leicht über den Tapeziertisch herunterhängen. Legen Sie das Maßband oder die Tapezierschere in die Rolle, damit diese sich nicht wieder aufrollt.

1 EINSTREICHEN Die Kleisterbürste in den Kleister tauchen und diesen in der Mitte der Tapete auftragen. Jeweils etwa 1 m lange Stücke behandeln. Besonders die Ränder gut einkleistern. Dazu sollten sie über den Rand des Tapeziertischs hängen, damit keine Kleisterflecken auf die Tischplatte kommen.

2 KLEISTER VERTEILEN Den Kleister großzügig von innen nach außen verteilen. Eine Hälfte der Bahn einstreichen. Neuen Kleister aufnehmen, die Tapete so verschieben, dass die andere lange Seite über den Rand des Tapeziertischs hängt. Diese Seite einstreichen und dabei den Rand besonders gut einkleistern.

TIPPS

Platz für den Pinsel
Spannen Sie eine Schnur über den Eimer, mit dem Sie arbeiten, und legen Sie den Pinsel oder die Bürste darauf ab.

Papierablage
Anstatt die losen, aber bereits geschnittenen Tapetenstücke im Raum liegen zu haben, sollten Sie sie auf dem Tisch lagern, bereit zum Einstreichen mit Kleister. Spannen Sie eine Schnur um die Tischbeine und stecken Sie die Tapetenenden dort ein.

3 FALTEN Die gut eingekleisterte Schnittkante aufnehmen und zu einer etwa 30 cm breiten Ziehharmonika falten. Die Faltkanten nicht knicken.

4 WEITER EINSTREICHEN Wenn die eine Seite eingefaltet ist, das nächste Stück Tapete einkleistern. Wie oben beschrieben den Kleister von innen nach außen verteilen und die Ränder gut einstreichen.

5 ENDEN EINKLEISTERN Die eingestrichene Tapete wie unter 3 beschrieben weiter einfalten, bis nur noch ein kurzes Stück übrig bleibt. Dieses gut einkleistern. Von diesem Ende her wird die Tapete geklebt.

DIE DECKE TAPEZIEREN

Stellen Sie die Arbeitsbühne bzw. Stehleiter direkt unter die Kreidemarkierung *(siehe Seite 260)*. Streichen Sie den Untergrund für die erste Bahn mit Sperrgrund. Beim Tapezieren halten Sie die aufgefaltete Tapete in der linken Hand und drücken das offene Ende mit der rechten Hand in die rechte Ecke. Zum Bearbeiten der Decke brauchen Sie Tapezierbürste, Tapezierschere, kleine Schere und einen Nahtroller. Legen Sie sich das Werkzeug griffbereit.

1 **TAPETE AUSRICHTEN** Die aufgefaltete Tapete in einer Ecke ansetzen. Hier dienen eine ungeöffnete Rolle Makulatur und ein Besen als Stützen. Die lange Seite der Tapete an der Kreidelinie ausrichten und das offene Ende in der Ecke andrücken. An den Wänden je 5 cm überstehen lassen.

2 **TAPETE ANBRINGEN** Die Tapete an der Decke glätten. Nächste Falte öffnen, an der Kreidelinie ausrichten und von innen nach außen glätten. Überstehende Enden an der Wand andrücken. Von der Kreidelinie ausgehend quer zur Decke arbeiten.

3 **RÄNDER FALZEN** Mit der gerundeten Spitze der Tapezierschere den überstehenden Rand entlang der Kante zwischen Wand und Decke falzen.

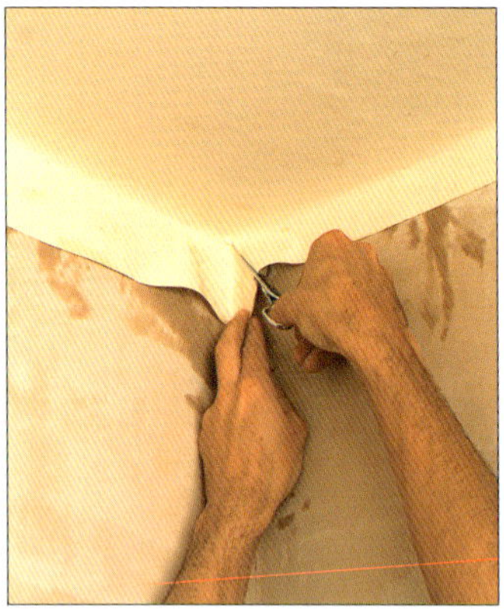

4 **ZUSCHNEIDEN** Mit der kleinen Schere den überstehenden Rand schräg in Richtung Ecke anschneiden. Die losen Enden in der Ecke überlappend verkleben.

5 **FALZ ANZEICHNEN** Wenn Sie schwere Tapeten benutzen, die sich nicht gut falzen lassen, die Falz am Rand vorsichtig mit einem Bleistift markieren.

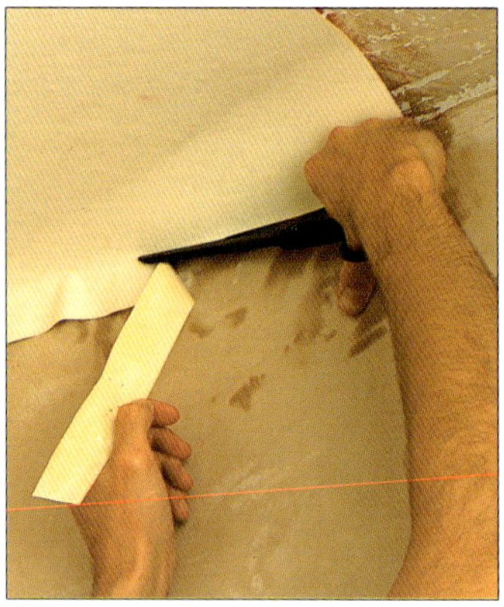

6 **RAND ABSCHNEIDEN** Den überstehenden Rand vorsichtig von Wand und Decke abziehen. An der Falz bzw. Bleistiftlinie mit der Tapezierschere abschneiden.

7 **GLÄTTEN** Die Tapete wieder andrücken. Den überstehenden Rand auf allen Seiten abschneiden und die Tapete glätten. Den Untergrund für die zweite Bahn mit Sperrgrund streichen.

8 **NÄHTE GLÄTTEN** Die lange Seite der neuen Bahn an der ersten ansetzen. Mit dem Nahtroller die Naht zwischen den Bahnen andrücken. Den Rest der Decke tapezieren.

LÜCKEN AN DEN NÄHTEN AUSFÜLLEN

Mit Füllstoff können die Lücken zwischen den Makulaturbahnen an der Decke ausgeglichen werden. Nach dem Tapezieren mit einem breiten Spachtel eine kleine Menge Füllstoff in die Naht drücken.

SCHWIERIGE STELLEN

Beim Tapezieren von Decken werden Sie bestimmte Gegenstände und schwierige Ecken umgehen müssen. Deckenlampen, Nischen oder ein offener Kamin können Probleme bereiten. Die Tapete muss zurechtgeschnitten werden, damit sie an der Problemfläche genau passt. Mit scharfen Schneidewerkzeugen, z. B. einer kleinen Schere, der Tapezierschere oder dem Teppichmesser, haben Sie es leichter. Drehen Sie die Sicherung heraus, bevor Sie anfangen zu arbeiten. Entfernen Sie die Leuchte und decken Sie den Anschluss mit Isolierband ab.

MAKULATUR AN WÄNDEN

Wenn Sie die Mustertapete auf Makulatur tapezieren wollen, kleben Sie die Makulatur waagerecht *(siehe Seite 259)* und die Mustertapete senkrecht. Messen Sie die Wände, schneiden Sie handliche Bahnen zu, die Sie dann einkleistern und falten. Streichen Sie die Wand mit Sperrgrund und setzen Sie die erste Bahn direkt an der Decke an. Falten Sie die Tapete nach und nach auf und drücken Sie sie gut an.

NISCHEN

1 **ECKEN GLÄTTEN** Die Tapete an die Außenecke andrücken. Mit den Borsten der Tapezierbürste in die Ecke zwischen Decke und Wand tippen und an der Außenecke eine Falz in die Tapete drücken.

2 **ZUSCHNEIDEN** Die Tapete von Decke und Wand abziehen. Mit der kleinen Schere diagonal zur Außenecke hin einschneiden. Es darf dabei kein Tapetenkleister an der Schere kleben.

3 **IN DIE ECKE BÜRSTEN** Die Tapete in die Innenecke bürsten. Den überstehenden Rand falzen und diagonal zur Ecke hin einschneiden. Die losen Enden von beiden Wänden in der Ecke überlappend kleben. Überstehenden Rand in der Ecke abschneiden.

ELEKTROANSCHLUSS

1 **ZUSCHNEIDEN** Über den Anschluss tapezieren. Ein Helfer hält die restliche Tapete mit einem langstieligen Besen. Direkt unter dem Anschluss ein Kreuz in die Tapete schneiden, durch welches das Kabel gezogen werden kann.

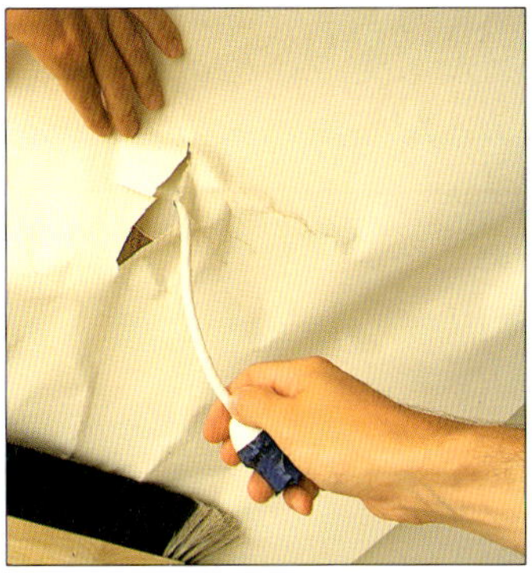

2 **KABEL HERAUSZIEHEN** Das Kabel durch das Loch in der Tapete ziehen und überschüssigen Kleister abwischen. Mit der Tapezierbürste die Tapete zum Anschluss hin glätten.

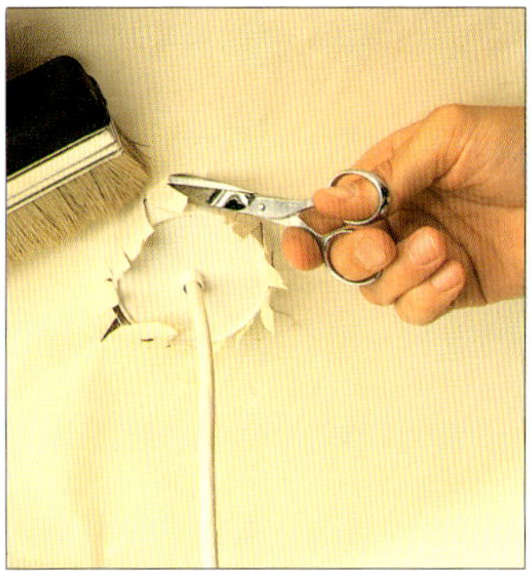

3 **ÜBERSTEHENDEN RAND EINSCHNEIDEN** Mehrere kleine Dreiecke in den überstehenden Rand um den Anschluss schneiden. Mit der Tapezierbürste die Tapete um den Anschluss zu einer deutlichen Falte schieben.

4 **ÜBERSTEHENDEN RAND ENTFERNEN** Mit dem Teppichmesser den überstehenden Rand um den Anschluss abschneiden. Mit einem feuchten Tuch den überschüssigen Kleister vom Anschluss wischen.

WÄNDE TAPEZIEREN

WÄNDE SIND SEHR VIEL LEICHTER ZU TAPEZIEREN als Decken. Mustertapeten sind oft teuer, daher ist es wichtig, sorgfältig zu planen und die Wände genau zu messen, damit nicht zu viel Verschnitt anfällt. Damit Muster und Farbe gleichmäßig wirken, sollten Sie für den ganzen Raum Tapeten derselben Fertigung verwenden. Lesen Sie die Angaben des Herstellers für den richtigen Kleister. Ihre freie Arbeitsfläche sollte so groß wie möglich sein; achten Sie auch auf ausreichende Beleuchtung. Stellen Sie einen Tapeziertisch auf und kleben Sie zum Schutz vor Kleisterflecken eine Bahn Makulatur darauf.

MESSEN UND EINSTREICHEN

Messen Sie den Abstand von der Decke zur Scheuerleiste dort, wo die erste Tapetenbahn geklebt werden soll, und addieren Sie 10 cm als Rand. Den überstehenden Rand können Sie später so zuschneiden, dass er in alle Ecken und Kanten passt.

Rühren Sie den Kleister nach den Angaben des Herstellers an. Zum Messen und Einstreichen Ihrer Tapeten brauchen Sie eine Tapezierschere, einen Bleistift, Tapetenschiene, ein Maßband, eine Kleisterbürste, ein Rührholz und einen Eimer.

1 **DIE ERSTE BAHN ZUSCHNEIDEN** Tapete ausrollen und die richtige Länge anzeichnen. Erste Bahn mit der Tapezierschere zuschneiden. Falls die Wände glatt sind, eventuell mehrere Bahnen gleichzeitig zuschneiden; auf Rapport achten!

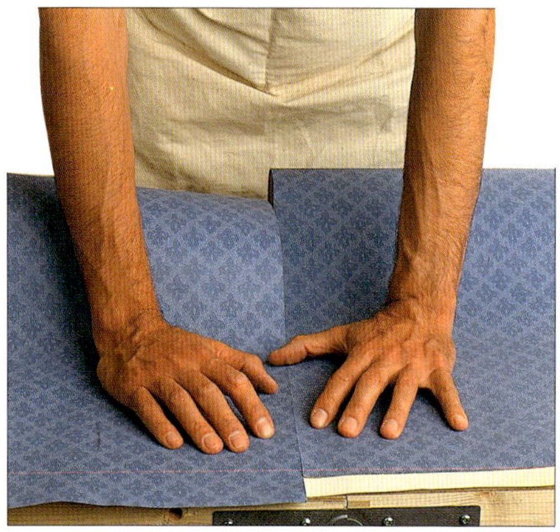

2 **RAPPORT** Gemusterte Tapeten so hinlegen, dass das Muster zu sehen ist. Nebeneinander zu klebende Bahnen so anordnen, dass das Muster richtig anschließt und doch noch ausreichend Tapete für den Rand bleibt.

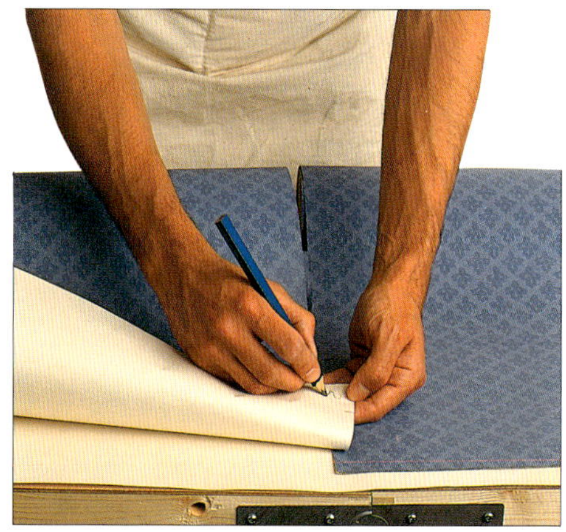

3 **BAHNEN NUMMERIEREN** Jede Bahn auf der Rückseite in der oberen Ecke nummerieren und anzeichnen, in welche Richtung sie geklebt wird. Die erste Bahn mit dem Muster nach unten auf dem Tapeziertisch ausbreiten und einkleistern.

SCHERE SAUBER HALTEN

Um den Kleister zu lösen, der sich immer an Tapezierscheren absetzt, diese hin und wieder in ein Glas mit warmem Wasser tauchen.

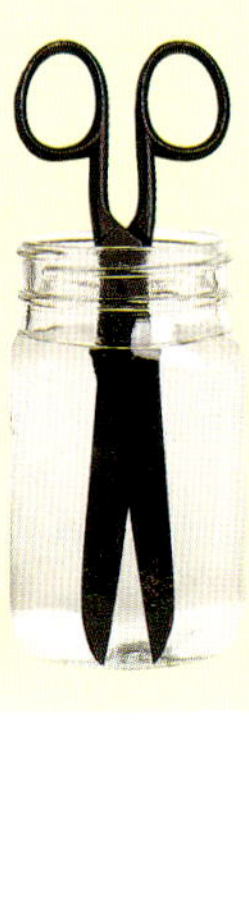

4 **TAPETE ZU EINER ZIEHHARMONIKA FALTEN** Die bereits eingekleisterte Tapete auf jeweils 1 m Länge in Falten legen. So vorgehen, dass die Klebeseiten aufeinander zu liegen kommen. Vorsichtig arbeiten, denn die Tapete darf dabei nicht geknickt werden.

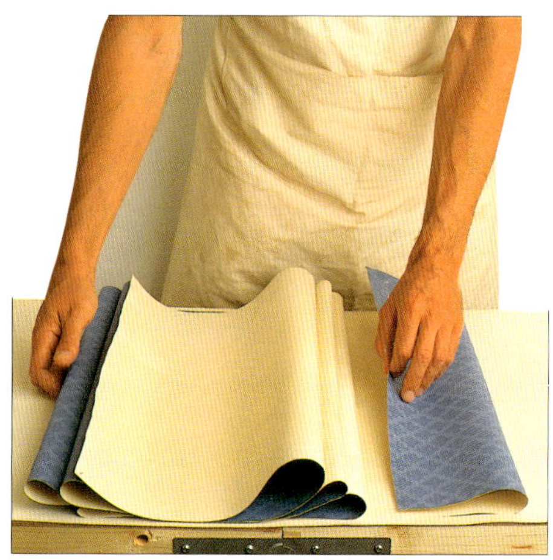

5 **OFFENER RAND** Am unteren Ende der Bahn einen offenen Rand von 70 cm stehen lassen. Dieses Ende einfach nach oben falten, damit es nicht vorzeitig an der Wand klebt.

TAPETE ANBRINGEN

Als Ansatz markieren Sie mit der Schlagschnur eine senkrechte Linie an der Wand. Streichen Sie einen etwas breiteren Streifen als die erste Tapetenbahn mit Kleister ein. Für die Arbeiten brauchen Sie eine Tapezierschere, eine Tapezierbürste, einen feuchten Schwamm, einen Nahtroller und einen Abfalleimer.

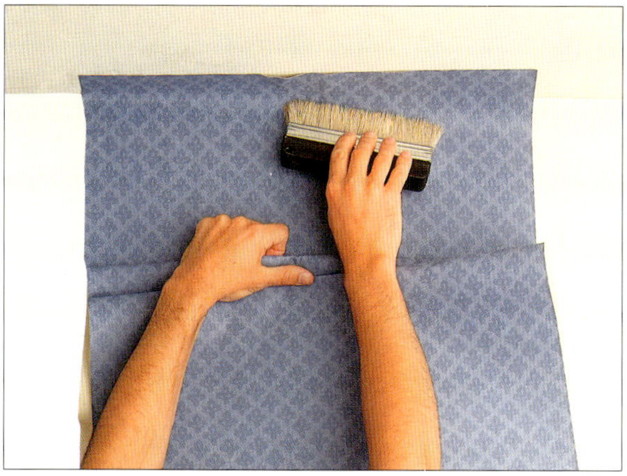

1 **TAPETE ANSETZEN** Von der Stehleiter aus das obere Ende der gefalteten Tapete mit 5 cm Rand an der Decke ansetzen. Die erste Falte öffnen, fest an die Wand drücken und die Tapete von innen nach außen glatt streichen.

2 **TAPETE GLÄTTEN** Die Falten nacheinander öffnen und an der senkrechten Linie ausrichten. Mit der Tapezierbürste andrücken. Das untere Ende vorläufig noch hängen lassen.

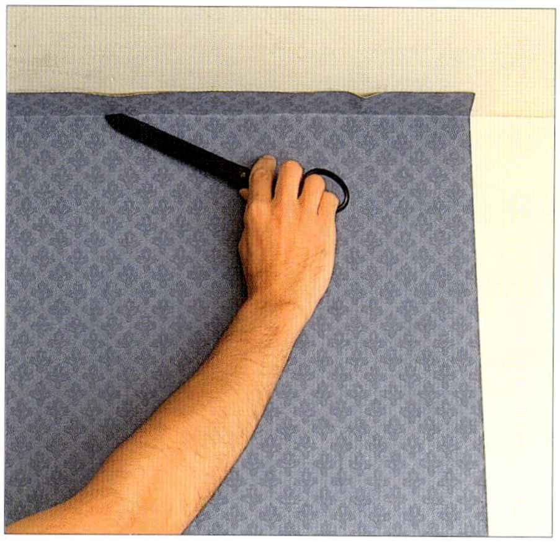

3 **RAND FALZEN** An der Kante zwischen Wand und Decke mit der gerundeten Spitze der Tapezierschere eine Falz in den Rand drücken. Die Falz eventuell mit dem Bleistift nachziehen.

4 **RAND ABSCHNEIDEN** Den oberen Rand der Tapete vorsichtig von der Wand abziehen und den Rand entlang der Falz abschneiden. Die abgeschnittenen Ränder in den Abfalleimer werfen.

5 **RAND ANSETZEN** Mit der Tapezierbürste den abgeschnittenen Rand an der Decke ausrichten und glatt andrücken.

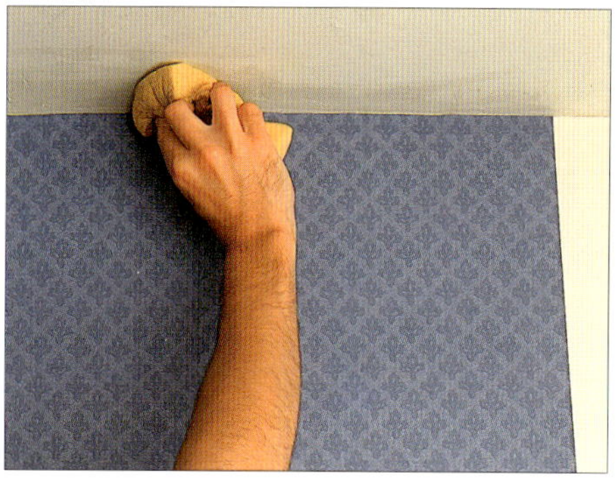

6 **WAND REINIGEN** Von abwaschbaren Tapeten überschüssigen Kleister mit Schwamm abwischen. Ist die Decke nicht abwaschbar, überstehenden Rand schmaler zuschneiden und von der Decke fern halten.

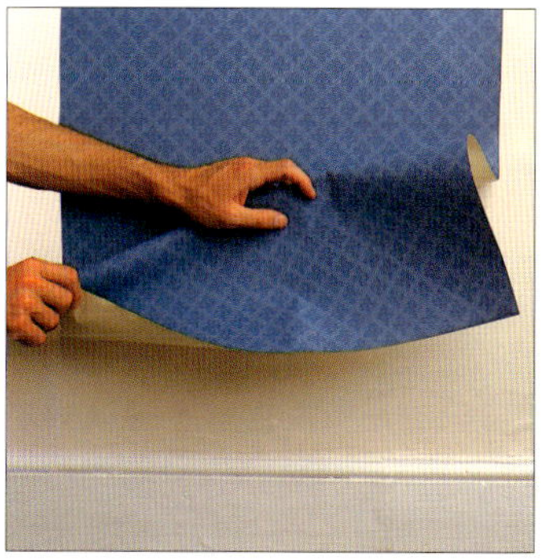

7 **UNTERER RAND** Am unteren Ende der Wand die einfache Falte öffnen. Den unteren Rand der Tapete am oberen Rand der Scheuerleiste oder am Fußboden ausrichten.

8 **RAND FALZEN** Die Tapete in die Kante zwischen Wand und Scheuerleiste drücken. Rand falzen. Die Tapete vorsichtig von der Wand abziehen und an der Falz abschneiden. Die Tapete wieder andrücken.

9 **KLEISTER ABWISCHEN** Überschüssigen Kleister mit einem feuchten Schwamm von der Leiste wischen. Die restlichen Bahnen tapezieren. Bei Bedarf die Tapete am Musteransatz der vorhergehenden Bahn ausrichten.

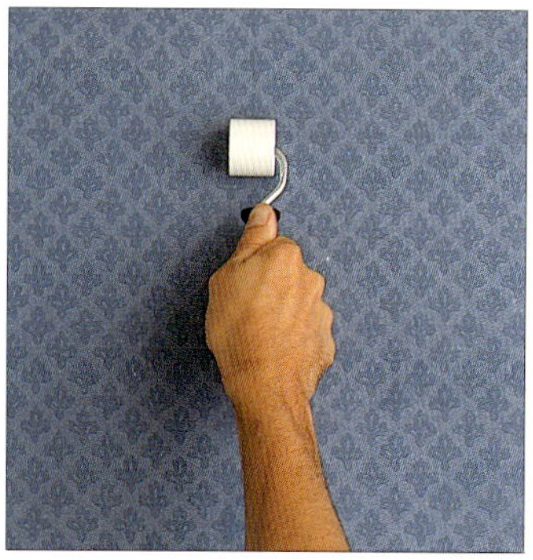

10 **RÄNDER ANDRÜCKEN** Die Ränder mit dem Nahtroller von unten nach oben und umgekehrt vorsichtig andrücken. Bei empfindlichen Tapeten mit weniger Druck arbeiten.

ECKEN TAPEZIEREN

Auch bei gemusterten Tapeten sollten Ecken eigentlich kein Problem darstellen. Am leichtesten sind Ecken zu bewältigen, wenn Sie die Tapete etwas über die Ecke hinweg kleben und dann einen schmalen Streifen übertapezieren. Bei Vinyltapeten brauchen Sie hierzu einen speziellen Kleber. Sie brauchen ein Teppichmesser, Tapetenschiene, eine Tapezierschere, ein Maßband, eine Tapezierbürste, einen Bleistift, einen Nahtroller und eine Wasserwaage oder eine Schlagschnur.

AUSSENECKE

1 TAPETE UM DIE ECKE KLEBEN Die Tapete zur Ecke hin glätten. Vorsichtig mit der Tapezierbürste um die Ecke herum kleben. Den Rand auf der anderen Seite nicht andrücken.

2 TAPETE FALZEN Mit Daumen und Zeigefinger an der Ecke entlang fahren, damit ein Falz entsteht. Mit Tapetenschiene und Bleistift in ca. 2,5 cm Abstand von der Ecke eine Linie vom Boden zur Decke anzeichnen.

3 STREIFEN ABSCHNEIDEN Mit Tapetenschiene und Teppichmesser an der Linie entlangschneiden. Bei einer neuen Klinge reißt die Tapete weniger leicht ein.

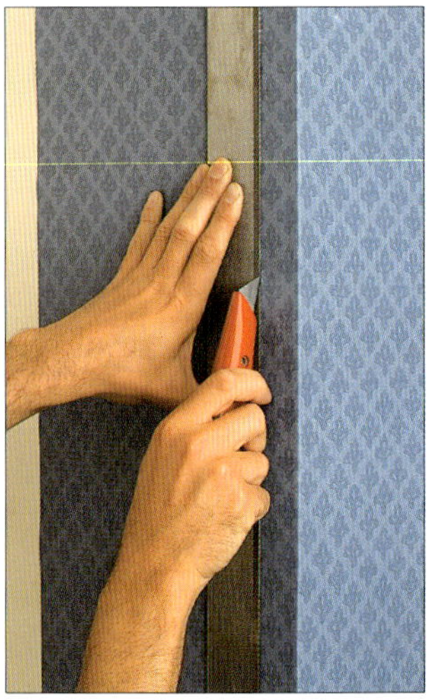

4 ABSCHNITT ENTFERNEN Den abgeschnittenen Streifen vorsichtig von der Wand lösen. Auf den Tapeziertisch legen. Die Wand mit Sperrgrund streichen und den Streifen bei Bedarf noch einmal einkleistern.

5 ÜBERSTEHENDEN RAND GLÄTTEN Mit dem Nahtroller den überstehenden Rand gut andrücken, so dass die Tapete gut haftet.

6 ABSCHNITT ANKLEBEN Den abgeschnittenen Streifen wieder andrücken und auf den überstehenden Rand kleben. Musteransatz beachten! Glätten und mit dem Nahtroller andrücken.

INNENECKE

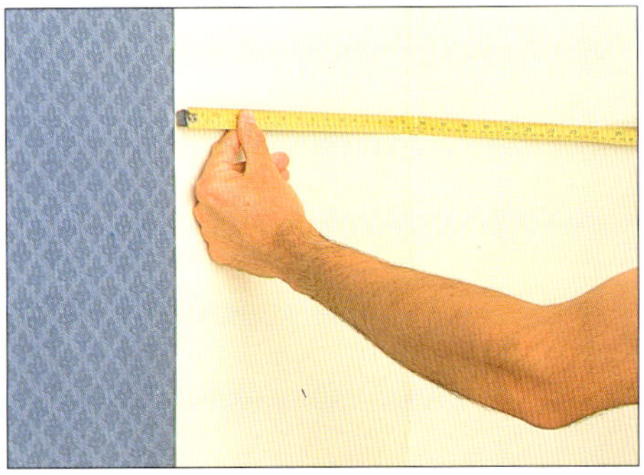

1 IN DIE ECKE MESSEN Vom Rand der letzten vollen Bahn in die Ecke messen und noch 2,5 cm für den Rand addieren. Eine Tapetenbahn auf diese Breite zuschneiden. Den Abschnitt dann auf den Tapeziertisch legen.

2 TAPETE GLÄTTEN Die zugeschnittene Bahn an der letzten vollen Bahn ansetzen, so dass das Muster übereinstimmt. Mit der Tapezierbürste die Bahn zur Ecke hin glätten.

3 RÄNDER ANDRÜCKEN Den überstehenden Rand mit dem Nahtroller fest an die Wand bzw. die Makulatur drücken. Überschüssigen Kleister vom Nahtroller wischen, bevor er trocknet.

4 ABSCHNITT MARKIEREN Von der Ecke her die Breite des Abschnitts plus 5 mm messen. Diesen Abstand an verschiedenen Punkten der Wand anzeichnen.

5 SENKRECHTE MARKIEREN Eine Wasserwaage an den markierten Stellen anlegen, um eine Senkrechte zu erhalten. Entsprechenden Abschnitt einkleistern.

6 ANDRÜCKEN Den Streifen innen an der senkrechten Linie anlegen und andrücken. Den Raum von dieser Linie aus fertig tapezieren.

LICHTSCHALTER UND STECKDOSEN

Wenn Sie um Lichtschalter und Steckdosen herum arbeiten, sollten Sie die Sicherung herausdrehen. Der Arbeitsablauf ist ähnlich wie beim Tapezieren um Lichtanschlüsse in der Decke *(siehe Seite 263)*. Sie brauchen eine Tapezierbürste und ein Teppichmeser. Decken Sie die Anschlüsse mit Isolier- oder Abklebeband ab, bevor Sie die Wand mit Sperrgrund streichen.

1 ANSCHLUSS ANZEICHNEN Mit der Tapezierbürste einen deutlichen Abdruck des Lichtschalters auf die Tapete übertragen.

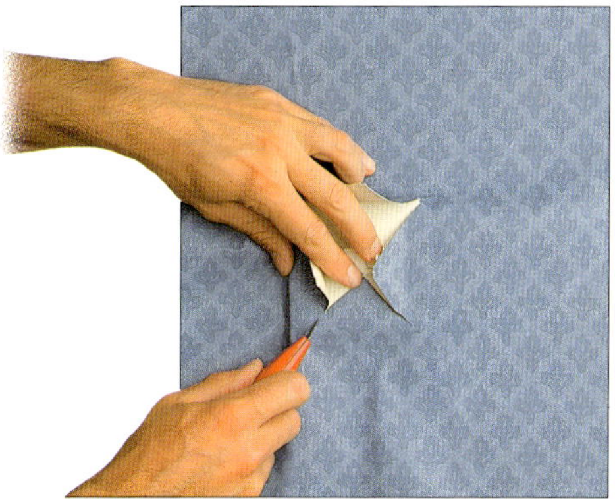

2 TAPETE EINSCHNEIDEN Mit dem Teppichmesser von der Mitte des Schalters diagonal nach außen schneiden. Die Tapetendreiecke abziehen.

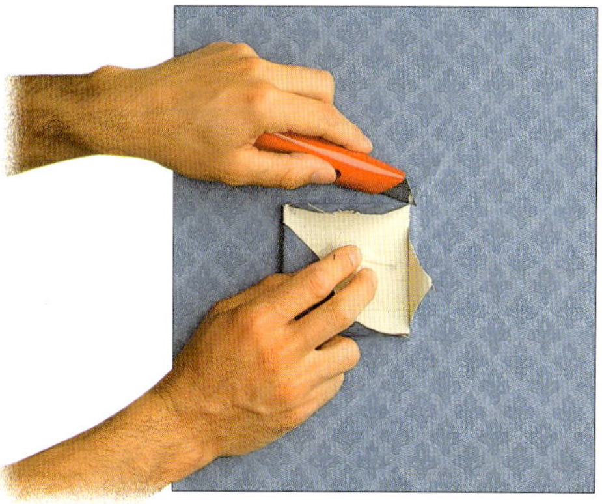

3 ÜBERSCHUSS ENTFERNEN Die überschüssige Tapete abschneiden. Die Tapete um den Schalter glätten. Erst den Kleister abwischen, dann den Strom wieder einschalten.

HINTER LICHTSCHALTER UND STECKDOSE TAPEZIEREN

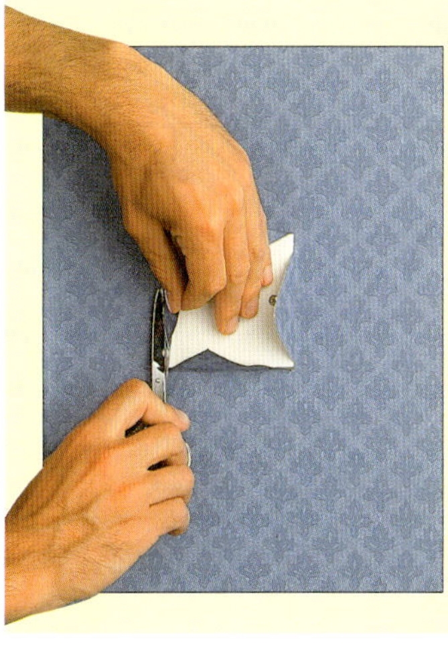

1 TAPETE ENTFERNEN
Schritte 1 und 2 wie oben ausführen. Die überschüssige Tapete mit einer Schere abschneiden. Die Steckdose oder den Schalter vorsichtig lockern, dabei eventuell einen isolierten Schraubenzieher verwenden. Es sollte eine Lücke von ca. 6 mm zwischen Wand und Schalter entstehen.

2 TAPETE ANDRÜCKEN
Die Tapete vorsichtig hinter den Lichtschalter oder die Steckdose schieben und mit den Borsten der Tapezierbürste andrücken. Den Schalter oder die Steckdose wieder anbringen. Kleister abwischen und eventuell Schrauben anziehen. Den Strom wieder einschalten. Diese Methode ist ungeeignet für Metallic-Tapeten.

FENSTER- UND TÜRRAHMEN

Zwischen Bahnen in voller Breite und Fenster oder Türen kleben Sie speziell zugeschnittene Bahnen; achten Sie dabei auf den Musteransatz. Lassen Sie beim Zuschneiden einen Rand von mindestens 3 cm. Sie brauchen eine Tapezierbürste, eine Tapezierschere, eine kleine Schere und ein Teppichmesser.

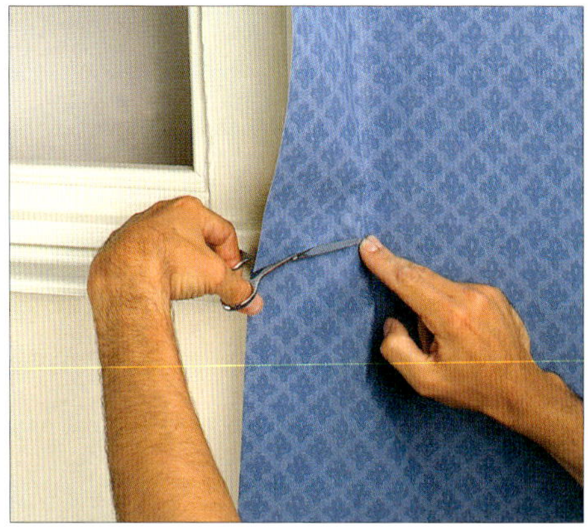

1 **RAND GLÄTTEN** Auf der mit Kleister eingestrichenen Fläche eine gekleisterte Tapetenbahn zum Rahmen hin glätten. Die Tapete mit der Tapezierbürste in die Kante zwischen Wand und Rahmen drücken. Die Tapete mit den Fingerspitzen auf den Rahmen drücken und so den Umriss markieren.

2 **ZUSCHNEIDEN** Mit der kleinen Schere die Tapete diagonal zum Rahmen hin einschneiden, dabei dem Umriss folgen. Die Tapete abziehen, einschneiden und wieder ankleben. Wiederholen, bis der ganze Umriss ausgeschnitten ist.

3 **ANDRÜCKEN** Wenn die Tapete am ersten Holm des Rahmens eingeschnitten ist, wird sie mit der Tapezierbürste angedrückt. Überschüssigen Kleister sofort mit einem feuchten Schwamm abwischen.

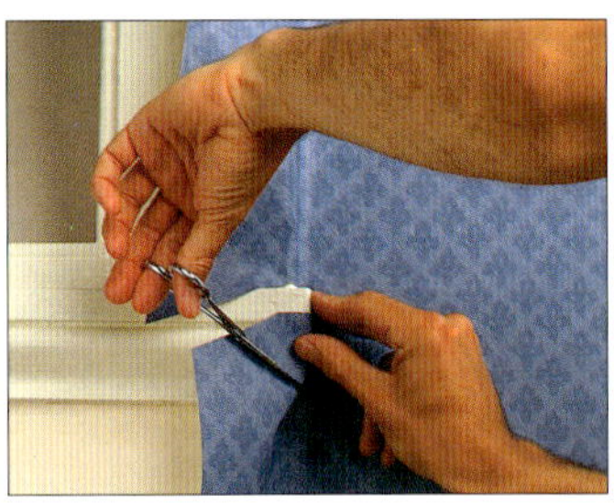

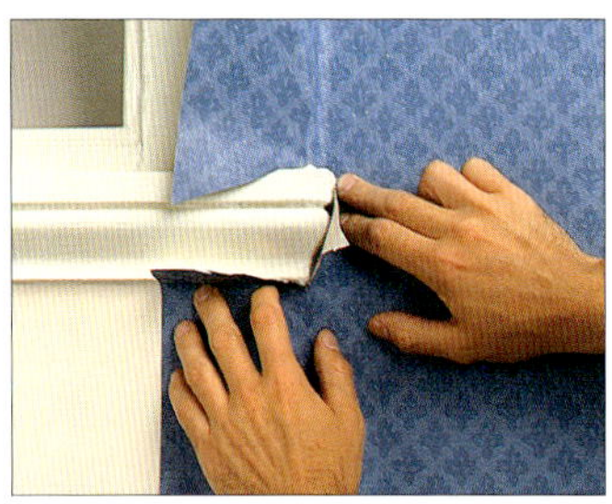

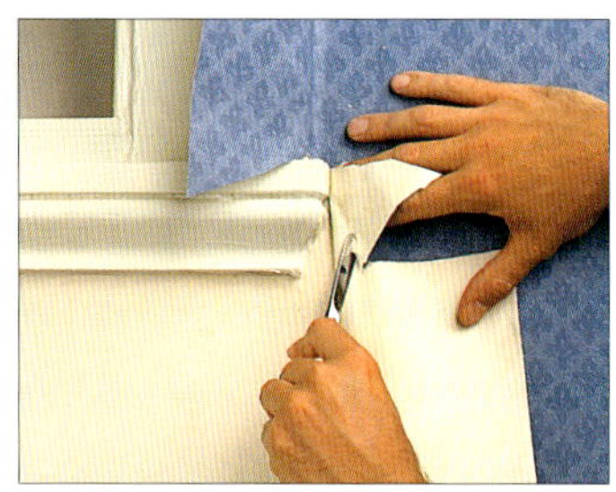

4 **KLEINE SCHNITTE** Zum nächsten Holm hin mehrere kleine Schnitte anbringen. Um die ganze Ecke herum schneiden.

5 **RAHMEN ANZEICHNEN** Wieder die Tapete mit dem Finger an den Rahmen drücken, so dass sich die Ecke deutlich abzeichnet.

6 **ZUSCHNEIDEN** Die Tapete von der Wand abziehen und an der Markierung entlang abschneiden. Wenn der Kleister trocknet, neuen auftragen.

7 **GLÄTTEN** Die Tapete mit den Borstenspitzen der Tapezierbürste am Rahmen fest andrücken.

HEIZKÖRPER

In vielen Wohnungen sind die Heizkörper der verschiedenen Heizsysteme an der Wand montiert. Es kann schwierig werden, sie alle abzunehmen. Leichter ist es, hinter ihnen zu tapezieren. Sie können eine Bahn in voller Länge über die Heizung kleben und in Bodennähe einen Schlitz anbringen, der die Wandhalterung umfasst. Eine andere Möglichkeit ist, eine Bahn von oben bis zur Wandhalterung und eine kürzere vom Boden her zu tapezieren.

Zwei Bahnen
Eine Bahn zuschneiden, die von der Decke bis zur Wandhalterung des Heizkörpers reicht. Die zweite Bahn so zuschneiden, dass sie zwischen Wandhalterung und Fußleiste passt. Die kurze Bahn genau passend zur Scheuerleiste kleben *(siehe Seite 265)*.

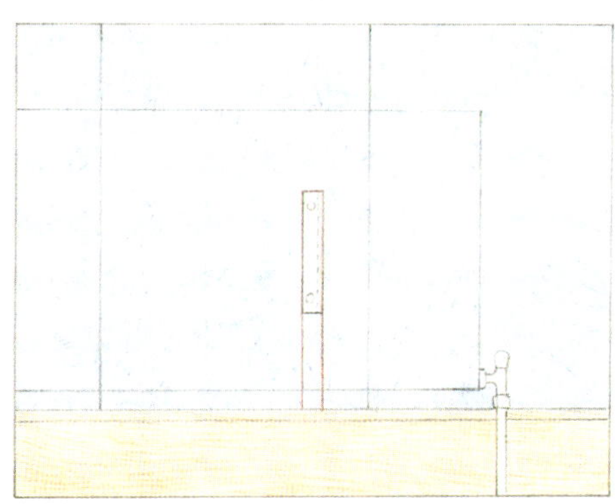

Eine Bahn
Vom oberen Fußleistenrand bis zum oberen Rand der Wandhalterung messen. Am unteren Ende der Bahn ein senkrechtes Stück für die Wandhalterung ausschneiden. Die eingeschnittenen Enden über die Wandhalterung schieben, andrücken.

TREPPENHÄUSER UND -ABSÄTZE

Zum Tapezieren von Wänden im Treppenhaus brauchen Sie ein Gerüst oder eine andere stabile Arbeitsbühne. Mieten Sie ein Gerüst, das gut in Ihr Treppenhaus passt. Sie können auch eine eigene Konstruktion aus stabilen Stehleitern, Holzdielen und Leitern verwenden. Stellen Sie eine Stehleiter in sicherem Abstand von der obersten Stufe auf den Treppenabsatz und lehnen Sie eine einfache Leiter an die Stirnwand. Schieben Sie die Dielen zwischen die beiden Leitern. Wenn der Abstand mehr als 1,5 m beträgt, legen Sie eine zweite Diele auf. Engagieren Sie einen Helfer, der die langen Bahnen hält, und verwenden Sie robuste Tapeten, die weniger leicht reißen. Wenn Sie mit einer Arbeitsbühne arbeiten, achten Sie auf Ihr Gleichgewicht, wenn Sie entlegene Ecken erreichen wollen. Verschieben Sie lieber die Bühne. Tapezieren Sie vom Gerüst aus das obere Ende der Bahn und lassen Sie Ihren Helfer die untere Hälfte anbringen.

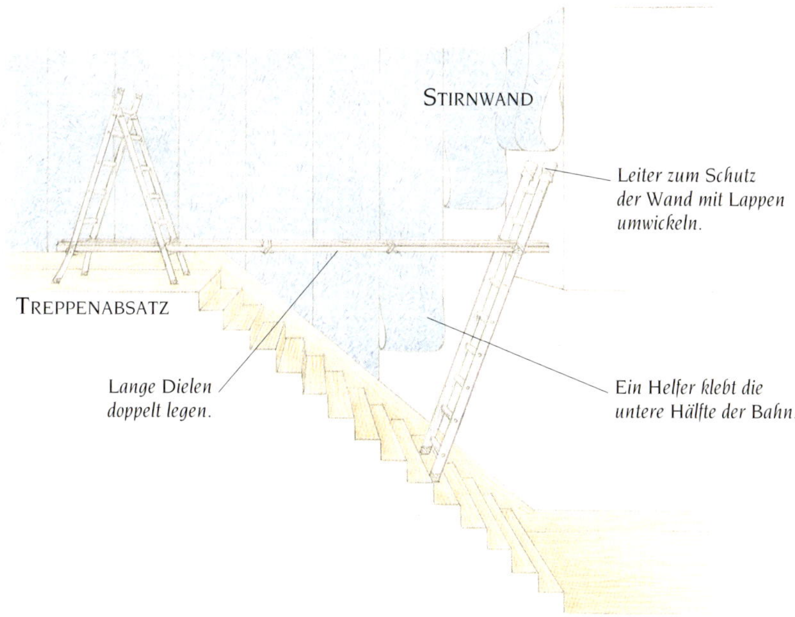

BORTEN

Viele Tapetenhersteller bieten zu ihren Tapeten passende Borten an. Diese können auf Tapeten oder Anstriche geklebt werden und bilden dekorative Einfassungen, täuschen eine Bildschiene vor oder wirken wie eine Deckenleiste.

BORTEN

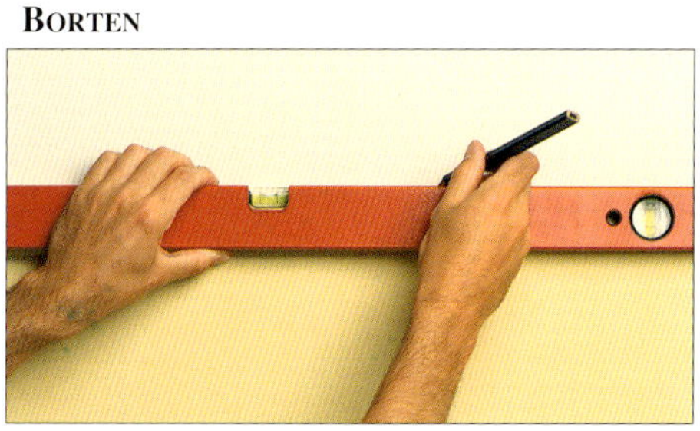

1 **ANZEICHNEN** Mit Wasserwaage und Bleistift eine waagerechte Linie anzeichnen, die die beiden Farben einer Wand trennt. Den Raumumfang messen und die Borte in handliche Stücke schneiden.

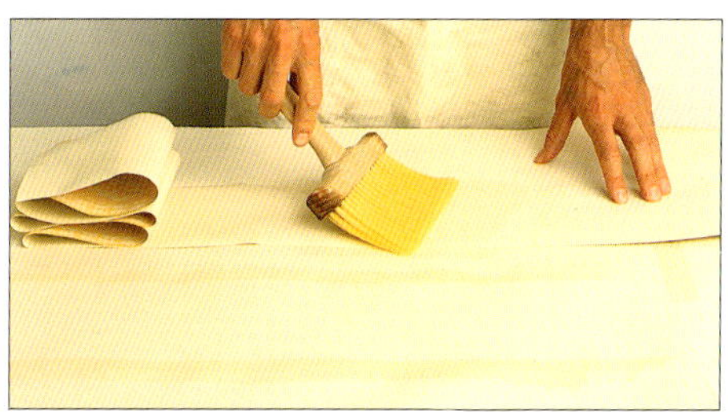

2 **BORTE EINKLEISTERN** Kleister auf die Rückseite der Borte aufbringen, dabei vor allem die Ränder gut einstreichen. Die Borte schmal zusammenlegen, dabei aber nicht knicken.

3 **BORTE TAPEZIEREN** Die Borte an der Wand anbringen; dabei die Falten nacheinander öffnen. Den oberen Rand an der waagerechten Linie ausrichten. Mit der Tapezierbürste andrücken.

DECKENABSCHLUSS

Als Deckenabschluss wird die Borte in die Kante zwischen Wand und Decke geklebt. Die Falten der Borte nacheinander öffnen. Überschüssigen Kleister mit einem Lappen abwischen.

STREICHHÖLZER

Vor dem Tapezieren nehmen Sie alle Haken aus der Wand. Streichhölzer eignen sich zum Markieren der Stellen. So können Sie Ihre Bilder und Regale wieder am richtigen Platz aufhängen.

1 **STELLE MARKIEREN** Die Wand vorbereiten und den Haken entfernen; die Stelle mit einem Streichholz markieren. Über das Streichholz hinweg tapezieren.

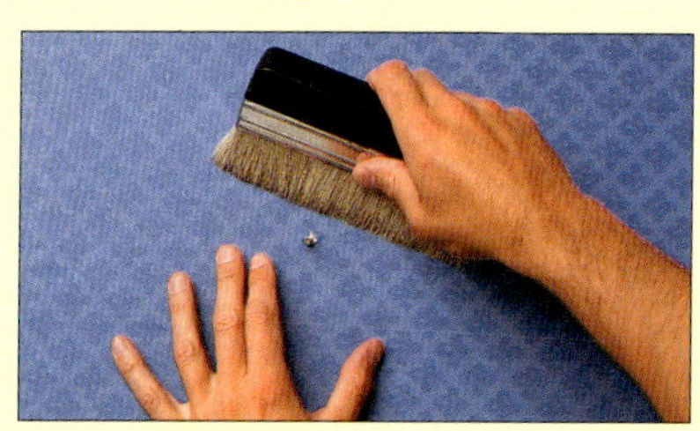

2 **TAPETE EINDRÜCKEN** Die Tapete über dem Streichholz andrücken, so dass es durch die Tapete dringt. Das Streichholz entfernen. Nach dem Trocknen Haken wieder einsetzen.

WERKZEUG REINIGEN

Beim Tapezieren sollten Sie darauf achten, dass alles Werkzeug, das oft in Kontakt mit Kleister oder Sperrgrund kommt – besonders Scheren, Messer und die Tapezierbürste – regelmäßig abgewischt wird. Reinigen Sie alle Tapezierwerkzeuge, wenn Sie die Arbeit beendet haben. Dann halten sie länger.

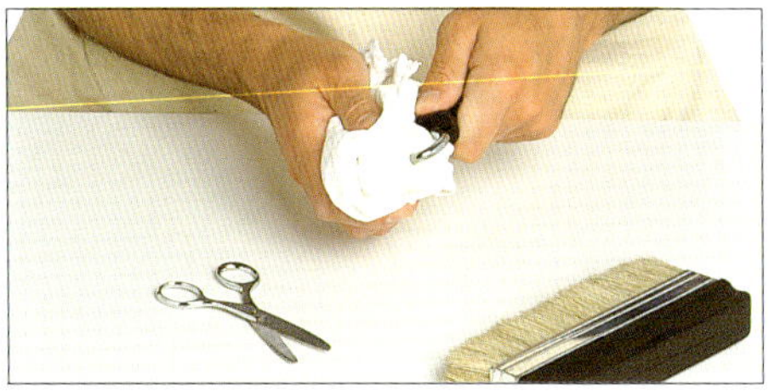

WERKZEUG REINIGEN
Mit einem sauberen, feuchten Lappen den Kleister von Nahtroller, Schere oder Tapezierbürste wischen. Werkzeug trocken lagern.

WERKZEUG AUSWASCHEN
Den Kleistereimer gründlich auswaschen und mit Spülmittel und warmem Wasser den Klebstoff aus den Borsten der Kleisterbürste spülen. Die Bürste kräftig ausschütteln, trocknen lassen und flach aufbewahren.

FEHLER BEHEBEN

Die Tapetenhersteller verbessern ihre Produkte immer weiter, so dass sie dauerhafter und leichter zu verarbeiten sind. Deshalb treten die meisten Probleme beim Tapezieren durch schlechte Vorbereitung des Untergrunds auf, oder sie sind auf fehlenden Sperrgrund und zu wenig Kleister zurückzuführen.

BLASEN

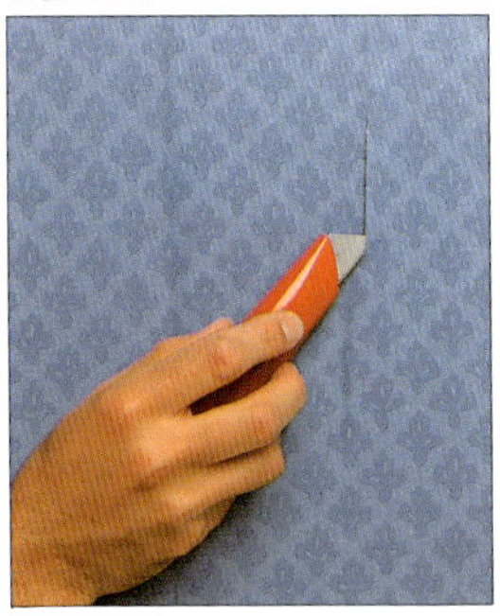

1 BLASE AUFSTECHEN Um eine Luftblase nach dem Trocknen aus der Tapete oder Makulatur zu entfernen, diese mit einem scharfen Teppichmesser einschneiden.

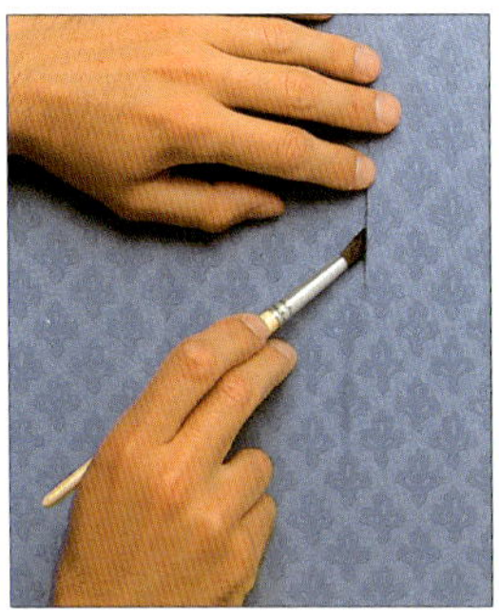

2 KLEISTER AUFTRAGEN Auf die Rückseite der eingeschnittenen Stelle etwas Kleister auftragen. Wenn in einer Bahn zu viele Blasen sind, die Bahn wieder abziehen und neu tapezieren.

3 TAPETE WIEDER GLÄTTEN Mit der Tapezierbürste die reparierte Stelle wieder andrücken. Mit einem feuchten Lappen überschüssigen Kleister sofort abwischen.

OFFENE NÄHTE

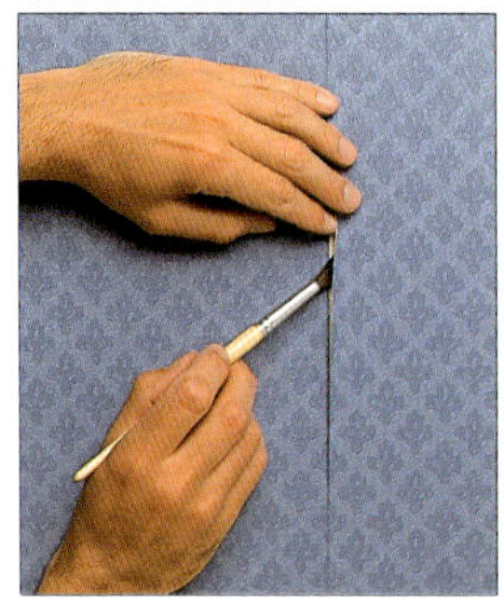

Nahtstellen öffnen sich, wenn am Rand zu wenig Kleister aufgetragen wurde. Die Naht mit einem Messer öffnen und etwas Kleister auftragen. Mit dem Nahtroller wieder andrücken.

GLÄNZENDE STELLEN

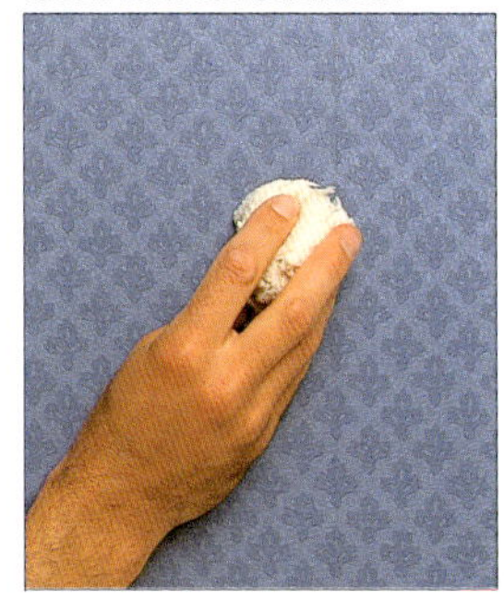

Wenn matte Tapeten zu kräftig oder zu oft angedrückt wurden, können glänzende Stellen entstehen. Diese Stellen mit einer Hand voll weichem Weißbrot abreiben, dann werden sie wieder matt.

MUSTERANSATZ

Die Rollen untersuchen, ob ein Produktionsfehler vorliegt. In diesem Fall die Tapete zurückbringen. Wenn die Rollen korrekt bedruckt sind, die Bahnen nach Anweisung des Herstellers neu tapezieren.

FALTEN

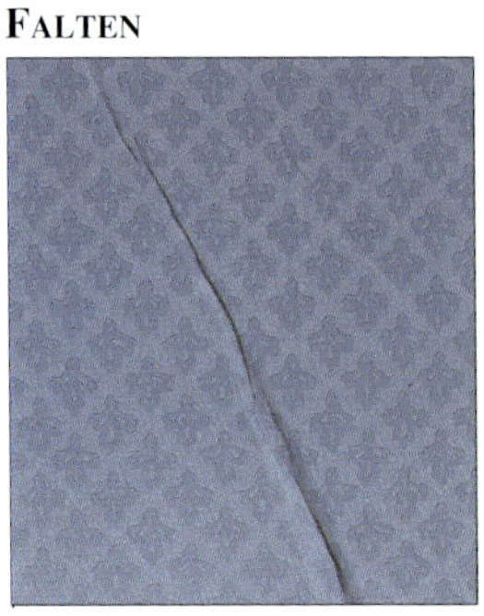

An Wänden, die nicht ganz ebenmäßig sind, und in unregelmäßigen Ecken kann die Tapete beim Glätten Falten schlagen. Die Falte aufschneiden, Klebstoff auftragen und andrücken.

FLACHES RELIEF

Werden Relieftapeten mit dem Nahtroller zu fest angedrückt, kann das Muster flach gedrückt werden. Keinen Nahtroller benutzen, sondern die Nähte mit feuchtem Lappen andrücken.

FEUCHTE FLECKEN

Feuchte Flecken, die noch lange nach dem Trocknen sichtbar sind, können auf eine feuchte Wand hindeuten. In diesem Fall einen Experten fragen und eventuell die Tapete wieder abziehen.

BRAUNE FLECKEN

Braune Flecken können z. B. durch Verunreinigungen im Putz entstehen. Tapete abziehen und die betroffene Fläche mit einem Fungizid behandeln. Feuchtigkeit abtrocknen lassen und neu tapezieren.

Dekorativer Wandabschnitt
Die unauffällige Eleganz dieses einzelnen tapezierten Wandabschnitts lenkt die Aufmerksamkeit auf die Feinheiten des Musters, für das der cremefarbene Anstrich als Rahmen wirkt. Diese Technik wirkt besonders gut bei kräftigen Mustern in leuchtenden Farben, die für einen ganzen Raum zu dominierend wirken.

Textiltapeten
Interessante Materialien wie Seide, Baumwolle, Leinen werden mit Papierrückseite hergestellt. Man muss vorsichtig mit ihnen arbeiten, damit kein Kleber auf die Vorderseite dieser empfindlichen Tapeten gelangt. Zum Säubern am besten ab und an einmal vorsichtig mit dem Staubsauger darüber fahren.

ANDERE TAPETENARTEN

TAPETEN GIBT ES IN VIELEN Strukturen und Materialien. Jede Art erfordert einen besonderen Kleister. Wichtige Hinweise zu Verarbeitung und Pflege finden Sie in den Angaben des Herstellers.

VINYLTAPETEN

Vinyltapeten, besonders vorgekleisterte, sind an geraden Wänden leicht zu verarbeiten. Im Gegensatz zu Papiertapeten müssen Vinyltapeten nach dem Einkleistern nicht ruhen. Sie brauchen ein Gefäß, das etwas länger als die Rolle und mit Wasser gefüllt ist, und einen Schwamm zum Andrücken. Rühren Sie etwas Kleister an, den Sie möglicherweise beim Kleben brauchen. Zum Überkleben von Rändern an Ecken und Hindernissen brauchen Sie speziellen Nahtkleber.

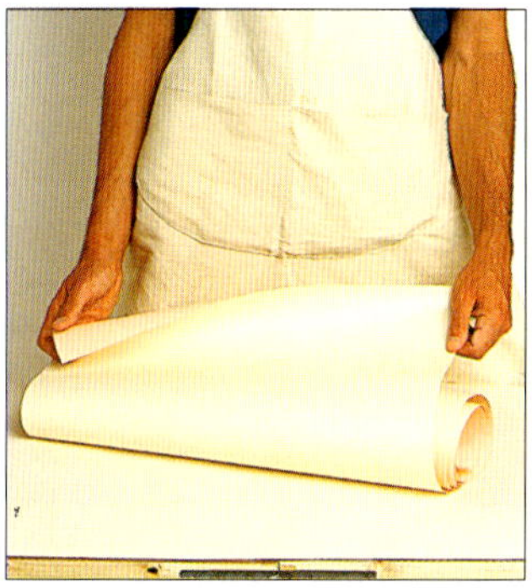

1 **BAHN AUFROLLEN** Die erste Bahn mit 10 cm Rand zuschneiden. Die Bahn mit dem Muster nach innen aufrollen. Das Gefäß mit dem Wasser in die Nähe der Wand abstellen. Rolle einweichen.

2 **TAPETE HERAUSNEHMEN** Die gut eingeweichte Vinyltapete mit beiden Händen am oberen Ende herausheben und das überschüssige Wasser ablaufen lassen.

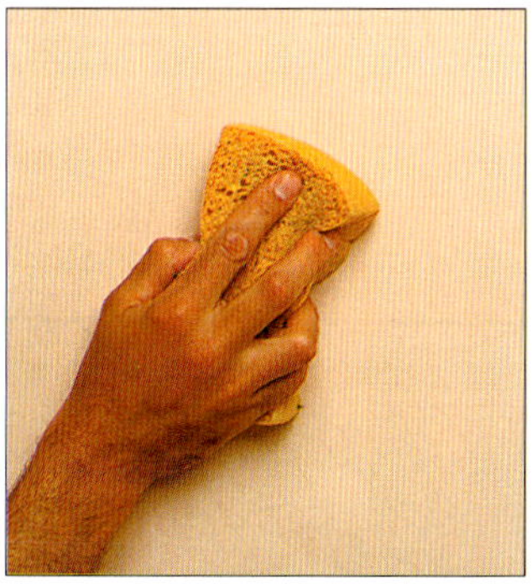

3 **GLÄTTEN** Die erste Bahn an die Wand kleben. Mit einem Schwamm glätten. Nach mehreren Bahnen die Nähte mit einem Nahtroller andrücken. Überschüssigen Kleister mit einem Schwamm abwischen.

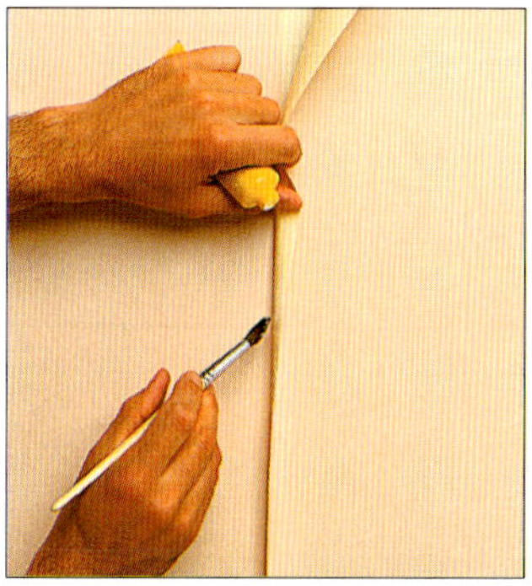

4 **ÜBERLAPPENDE RÄNDER KLEBEN** Mit einem kleinen Pinsel Nahtkleber zwischen die überlappenden Ränder geben und andrücken. So entsteht eine feste Kante.

TEXTILTAPETE
Textiltapeten haben eine Papierunterlage und können direkt auf die Wand geklebt werden. Dabei darauf achten, dass an den Rändern kein Kleister in das Gewebe eindringt.

GRASTAPETE
Auch sie hat eine Papierunterlage. Das Muster hat naturgemäß keinen Rapport; feinere Tapeten neigen zum Reißen, wenn sie nass sind.

GEMUSTERTE METALLTAPETE
Diese Tapeten sind entweder mit Metall bedruckte Vinyltapeten oder, die teurere Variante, bedruckte Aluminiumfolie auf einer Papierunterlage.

GLATTE METALLTAPETE
Glatte Metalltapeten eignen sich zum Tapezieren auf sehr glatten Wänden oder Makulatur, da sie Unebenheiten hervorheben. In dunklen Räumen reflektieren sie das Tageslicht.

ANAGLYPTA
Strukturtapeten wie diese werden aus geprägtem Holzpulpe oder Baumwollfasern hergestellt. Beim Tapezieren die Nähte nicht zu fest andrücken, da sonst das Muster flach wird.

VINYLTAPETEN
Vinyltapeten sind beliebt und sehr praktisch, denn ihre beschichtete Oberfläche lässt sich leicht abwischen. Sie sind ideal für stark beanspruchte Räume wie die Küche.

FLIESEN

FLIESEN SIND DAS RICHTIGE MATERIAL, UM WÄNDE DAUERHAFT GEGEN FEUCHTIGKEIT UND HITZE ZU SCHÜTZEN. SIE SIND NICHT NUR ROBUST UND LEICHT ZU REINIGEN, SIE EIGNEN SICH AUCH FÜR UNGEWÖHNLICHE DESIGNS. WANDFLIESEN WERDEN IN REGELMÄSSIGEN FORMEN UND KLEINEN GRÖSSEN HERGESTELLT, SO DASS SIE LEICHT IN MUSTERN ANGEORDNET UND UM HINDERNISSE HERUM VERLEGT WERDEN KÖNNEN. DIESES KAPITEL ZEIGT IHNEN DIE VERSCHIEDENEN FLIESEN UND DAS GEEIGNETE WERKZEUG, DIE VORBEREITUNG DER WAND UND DAS PROFESSIONELLE VERLEGEN UND VERFUGEN.

RUNDUM GEFLIEST
Um den Schaden durch Wasser und Dampf möglichst gering zu halten, sind alle Flächen, auch die Duschwanne, voll gefliest. Der Sockel ist leicht geneigt, damit das Wasser besser ablaufen kann.

GESTALTUNGSVORSCHLÄGE

KERAMIKFLIESEN SIND ROBUST UND VIELSEITIG; sie eignen sich also für Flächen, die dauerhaft und wasserbeständig sein müssen, etwa die Wände in Küche und Bad. Wandfliesen sind in vielen Materialien, Farben und Formen erhältlich, einfarbig, gemustert oder mit Bildern versehen. So können Sie die Fliesen an die vorhandenen Farben im Raum anpassen. Die große Auswahl eröffnet Ihnen ungewöhnliche Gestaltungsmöglichkeiten. Es gibt auch Bordüren und Randleisten, die zu Farbe und Muster der Grundfliesen passen und ein einheitliches Aussehen ermöglichen.

Mosaik-Nostalgie
(oben) Mosaikfliesen sind praktisch für Küchenwände, eignen sich aber auch für individuelle Muster und Bordüren. Diese rosa, malvenfarbenen und blauen Fliesen sind matt und seidenglänzend; sie reflektieren das Licht auf verschiedene Weise und kontrastieren mit der Edelstahl-Arbeitsfläche. Die unregelmäßigen Vierecke erinnern im Design an die 50er Jahre.

Bordüren und Profilfliesen
(rechts) Wenn die Fliesen nur den unteren Teil der Wand bedecken, ist der Rand der oberen Fliesenreihe sichtbar. Unglasierte Ränder und Fugenzement wirken unfertig, Bordüren oder Profilfliesen an derartigen Stellen verdecken diese offenen Ränder.

Mosaik-Gitter
(oben) Einzelne Mosaikplättchen zu legen ist sehr arbeitsintensiv. Es gibt fertige Mosaiktafeln, die durch Netzpapier oder -gewebe verbunden sind und sich schneller verarbeiten lassen. Durch Fugenzement zwischen den Plättchen wirkt das Ganze wie ein einzeln verlegtes Mosaik.

Kücheninsel
(rechte Seite) Blaue Mosaikfliesen betonen die geometrische Form der Kücheninsel. Die kräftige Farbe hebt sich vom ockerfarbenen Anstrich und den Holzelementen der gegenüberliegenden Wand ab und macht sie zum Blickpunkt. Die robuste Oberfläche ist praktisch für ein Element, das häufig gereinigt werden muss.

Verschiedene Strukturen
(rechts) Flache Fliesen in neutralen Farben eignen sich für ein einfaches senkrechtes und waagerechtes Muster. Die altweißen Fliesen bilden eine praktische Spritzfläche um die trogförmigen Keramikbecken.

Reinweiss
(unten) Große Fliesen erfordern weniger Fugenzement, damit die fertige Fläche glatt und sauber wirkt. Die cremefarbene Bordüre unterbricht die einförmig weiße Fläche, der schwarze Streifen setzt eine deutliche Grenze.

Preiswerte Eleganz
(rechte Seite) Die weit verbreiteten grauen Fliesen fügen sich in jedes Budget und in fast jede Raumgestaltung. Sie sind besonders praktisch für kleine Bäder; sie reflektieren das Licht, so dass der Raum heller wirkt.

VERSCHIEDENE FLIESENARTEN

WANDFLIESEN ERGEBEN NICHT NUR DEKORATIVE FLÄCHEN, sie schützen auch die Wände und sind leicht zu reinigen. Sie sind in so vielen verschiedenen Größen, Farben und Formen erhältlich, dass Sie sich genau überlegen sollten, welche Gebrauchs- und Dekorationswirkung Sie erzielen wollen. In stark beanspruchten Räumen wie Bad und Küche sollten Sie immer robuste, wasserfeste Keramik- oder Marmorfliesen verwenden; auch Mosaikfliesen sind hier geeignet. Einfarbige Keramikfliesen gibt es in allen Sanitärfarben, und sie lassen sich mit gemusterten Fliesen kombinieren. Manche gemusterten Fliesen können einzeln zwischen die einfarbigen platziert werden, andere sollten in Gruppen angeordnet werden. Es sind auch Bordüren und Leisten erhältlich, die an Rändern und Ecken abschließen.

KERAMIKFLIESEN
Maschinengefertigte Fliesen werden mit Fliesenkreuzen verwendet; manche haben auch Abstandszapfen. Fliesen sind auch mit Muster erhältlich. Handgefertigte Keramikfliesen wirken rustikal, was noch betont wird, wenn sie in Abständen bis zu 5 mm verlegt werden. Manche Fliesen sind an den Seiten nicht glasiert; falls der Rand sichtbar bleibt, sollte man besondere Randfliesen verlegen.

GESTUPFTE FLIESE

FLIESE MIT RELIEF

HANDGEFERTIGTE, BEMALTE FLIESEN

FLIESE MIT GERUNDETEM RAND

ECKFLIESE MIT GERUNDETEM RAND

STANDARDFLIESE

GLASIERTER RAND

FLIESE MIT ABSTANDSZAPFEN

FLIESE MIT MUSTER

EINLEGER MIT RELIEF

EINFARBIGER EINLEGER

NATURMATERIALIEN
Solche Fliesen eignen sich für verschiedene Zwecke und Effekte. Marmorfliesen sorgen für einen Hauch von Luxus, sind aber auch sehr strapazierfähig. Kork- und unglasierte Terrakotta-Fliesen bieten schöne Farben und Strukturen; Kork wirkt zudem schall- und wärmedämmend.

MARMORFLIESE

UNGLASIERTE TERRAKOTTAFLIESEN

KORK

SOCKEL, LISTELLI-FLIESEN, LEISTEN UND BORDÜREN
Eine Fläche aus einfarbigen oder gemusterten Fliesen lässt sich mit verschiedenen Bordüren unterteilen und hervorheben. Rechteckige Bordüren, Listelli-Fliesen und Flechtmuster betonen den Rand einer Fläche. Mit Randleiste erhalten teilweise geflieste Wände einen klaren Abschluss.

LEISTE

WANDSOCKEL

KLEINES FLECHTMUSTER

FLECHTMUSTER

LISTELLI-FLIESE

BORDÜRE UND LISTELLI-FLIESEN

BORDÜRE

RECHT-
ECK

SECHSECK

AUSGEFORMTE FLIESEN
Ausgeformte Fliesen eignen sich für fortlaufende Muster. Eine einfache Anordnung aus Rechtecken, Sechsecken und Rauten kann ebenso gut wirken wie eine Komposition aus Dreiecken und ausgeformten Fliesen. Entwerfen Sie das geplante Muster auf Millimeterpapier, bevor Sie mit der Arbeit beginnen.

RAUTE

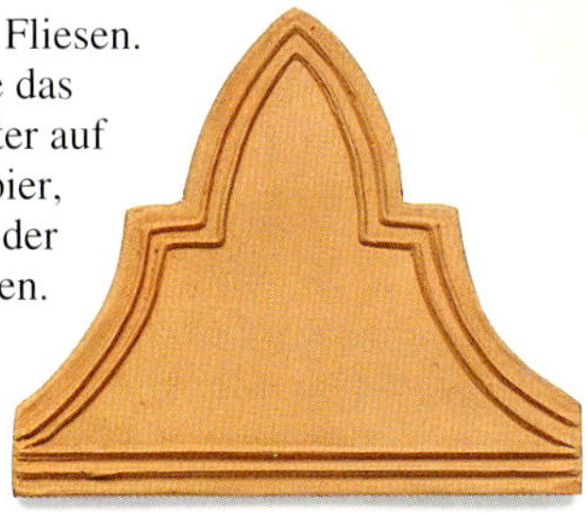

AUSGEFORMTE FLIESE

DREIECKE

MOSAIK
Mosaikfliesen sind in einfachen Formen erhältlich. Sie können aus Keramik, Glas, glasierter Terrakotta oder Marmor bestehen. Die einzelnen Mosaiksteine sind durch eine abziehbare Papierunterlage oder ein Netzgewebe, das mit verlegt wird, verbunden.

GLASMOSAIK MIT PAPIERUNTERLAGE

FERTIGES GLASMOSAIK

MARMORMOSAIK MIT NETZGEWEBE

ÜBERGÄNGE
Wenn die Wandfliesen auf den Rand eines Sanitärelements treffen, ist ein wasserdichter Übergang erforderlich. Anschlussfliesen sind in verschiedenen Größen und Farben erhältlich und sollten mit elastischer Dichtungsmasse verlegt werden. Wenn Sie keine passenden finden, decken Sie mit etwas Silikon ab.

FLIESE MIT GEHRUNG

ANSCHLUSSFLIESE

ABRUNDUNGSPLATTE

BILDFLIESEN UND GROSSE MUSTER
Mit Bildern, Mustern oder Reliefs verzierte Fliesen sind passend zu einfarbigen Fliesen oder anderen Oberflächen erhältlich. Manche können wie zufällig oder regelmäßig einzeln zwischen die einfachen Fliesen verlegt werden, so dass ein geometrisches Muster entsteht. Größere Anordnungen von gemusterten Fliesen bringen Farbe in kleine Räume oder Nischen.

HANDBEMALTE BILDFLIESEN

WANDFLIESEN ANORDNEN

Die meisten Fliesen werden so verlegt, dass sie senkrecht und waagerecht angeordnet sind. Es sind aber auch ganz andere Anordnungen denkbar, etwa ein Schachbrettmuster, Rauten oder Verbund. So können Sie die Wirkung der Wand deutlich verändern, ohne dass gemusterte oder ausgeformte Fliesen gebraucht werden.

EINFACH

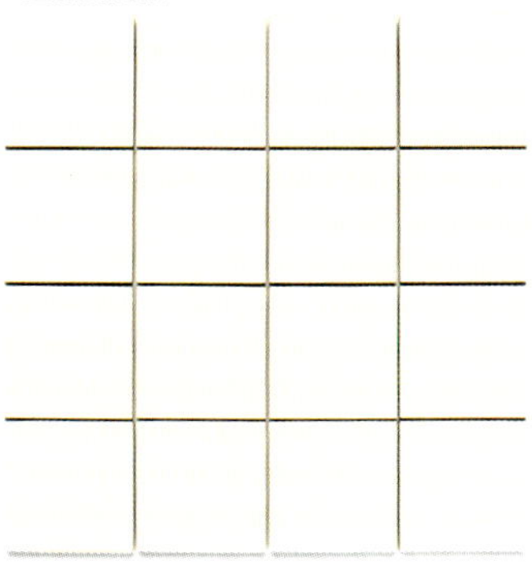

Diese Anordnung ist das übliche Muster für Wandfliesen.

SCHACHBRETT

Fliesen in Kontrastfarben ergeben in moderner Anordnung dieses Muster.

RAUTEN

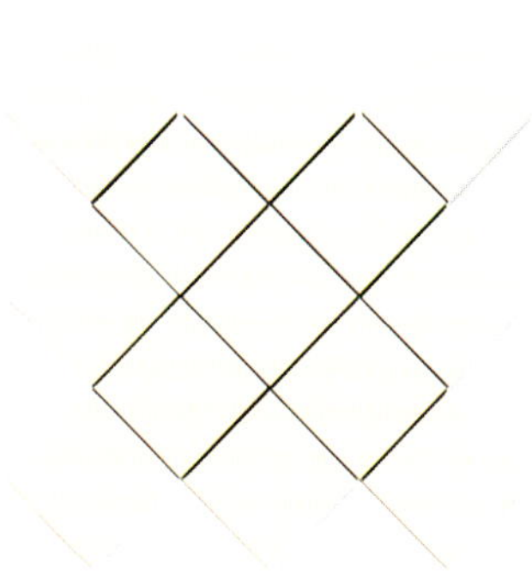

Zwar müssen die Fliesen an den Rändern zugeschnitten werden, aber das Muster wirkt sehr apart.

VERBUND

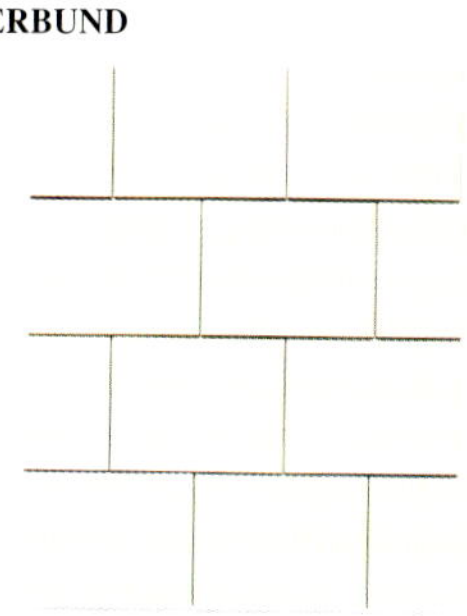

Diese Anordnung eignet sich vor allem für einfarbige, rechteckige Fliesen. Die Wirkung ist ein wenig nostalgisch.

VORBEREITUNG

EINE WAND ZU FLIESEN IST NICHT SEHR SCHWIERIG; es kommt auf die richtige Vorbereitung an. Die Qualität und Lebensdauer der fertigen Fläche hängt ebenso von der gründlichen, durchdachten Vorbereitung wie von der professionellen Fertigstellung ab. Vielleicht erscheinen Ihnen diese Arbeiten zu zeitaufwendig, aber die Zeit ist sicher gut investiert. Wenn Sie die Arbeit planen, denken Sie daran, dass der Platz der ersten Fliese das Endergebnis beeinflusst. Rechnen Sie auch Platz zum Verfugen mit ein. Wählen Sie den richtigen Fliesenkleber für Ihren Raum und das Material, mit dem Sie arbeiten wollen.

WÄNDE VORBEREITEN

Der Untergrund muss sorgfältig vorbereitet werden, denn jeder Fehler, jede Unebenheit ist nach dem Fliesen umso deutlicher sichtbar. Die Fläche muss fest und trocken sein, so dass der Fliesenkleber gut haftet. Wenn Sie auf Span- oder Sperrholzplatten fliesen, sollten Sie den Untergrund mit verdünntem PVA-Kleber behandeln.

Anstrich

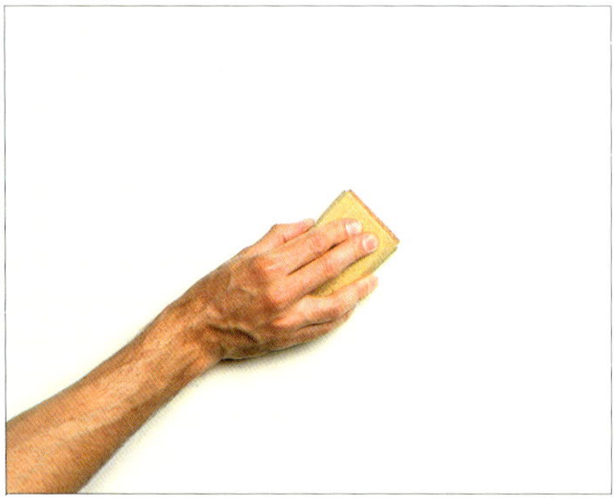

Fliesen, die auf einen Öl- oder Dispersionsanstrich verlegt werden, kleben eher an der Farbe als an der Wand. Damit der Fliesenkleber durch den Anstrich dringt, wird die Farbe mit grobem Schleifpapier angeraut. Nach dem Abschleifen muss die abblätternde Farbe sorgfältig mit dem Schaber entfernt werden.

Tapete

Alle Tapeten vor dem Fliesen entfernen, damit der Fliesenkleber an der Wand haftet – und nicht auf dem unsicheren Untergrund aus Tapete und Kleister. Vinyltapeten muss man abziehen, andere Tapeten sollte man mit Tapetenablöser oder Dampfreiniger ablösen und anschließend mit dem Schaber vorsichtig abkratzen.

Alte Fliesen entfernen

Neue Fliesen können über alte verlegt werden, wenn diese eben und in gutem Zustand sind. Glasierte Fliesen mit Silizium-Carbid-Papier anrauen, bevor der Fliesenkleber aufgetragen wird. Wenn die doppelt verlegten Fliesen zu dick werden, die alten mit Flacheisen und Gummihammer entfernen (Schutzbrille erforderlich). Die Wand wieder neu verputzen.

Putz

Löcher und Risse im Putz ausspachteln *(siehe Seite 228)*, damit der Untergrund möglichst glatt wird. Ist die Wand sehr stark beschädigt oder uneben, kann eine neue Putzschicht nötig werden. Erst die Ursachen von Schäden, z. B. Feuchte, beheben, dann die Wand neu fliesen.

Eine Masslatte herstellen

Ein einfaches, selbst gemachtes Werkzeug, die Maßlatte, ist beim waagerechten und senkrechten Ausrichten der Fliesen unentbehrlich. Wenn Sie eine ebene Wand von unten nach oben bearbeiten, halten Sie die Maßlatte senkrecht an die Wand, um den richtigen Platz für die waagerechten Reihen zu finden. Sie können das Werkzeug auch benutzen, um die Einarbeitung von Hindernissen wie Fenstern, Nischen oder Türen zu planen.

Eine gerade Holzlatte so zuschneiden, dass sie länger ist als das größte Hindernis im Raum. Die Latte an eine Reihe von Fliesen legen, die so ausgerichtet sind, wie sie später an der Wand befestigt werden sollen, einschließlich Fugen. Die jeweilige Breite am Rand der Latte anzeichnen.

WERKZEUG

Zum Fliesenlegen sind verschiedene Spezialwerkzeuge erforderlich. Die meisten sind klein und nicht sehr teuer, außer elektrischen Fliesenschneidern oder Fliesenschneidern mit Diamantspitze. Diese werden zum Schneiden und Formen von dicken Fliesen gebraucht und können in Heimwerkergeschäften geliehen werden. Außer diesem Spezialwerkzeug brauchen Sie verschiedene normale Werkzeuge *(siehe Seite 218)*, etwa Wasserwaage oder Schlagschnur.

VORBEREITUNG
Die Fliesen werden mit der Maßlatte ausgerichtet. Eine Richtlatte dient als Unterlage für die Fliesen. Mit der Wasserwaage und dem Winkel wird die Waagerechte festgelegt, die Latte mit Stahlstiften befestigt.

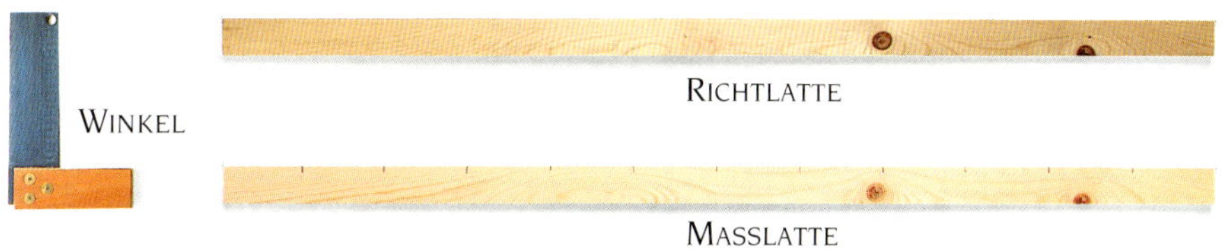

SCHNEIDEN
Das einfachste Werkzeug ist ein Glasschneider, aber Schneid- und Brechzange sind praktischer. Rundungen werden mit der Fliesensäge ausgesägt. Zum Schneiden von dicken Fliesen wird ein elektrischer Kreisschneider gebraucht.

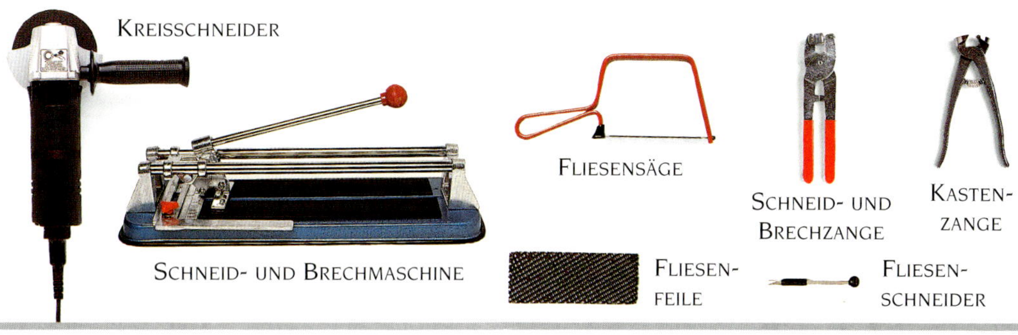

FLIESEN VERLEGEN
Nach den Angaben des Herstellers wird der richtige Kleber für das verwendete Material und den Raum ausgewählt. Der Kleber wird mit einer Spitzkelle oder einem flachen Spachtel auf die Wand aufgetragen und mit einem Zahnspachtel in Reihen verteilt. Mit Streichhölzern oder Fliesenkreuz aus Plastik werden gleichmäßige Abstände zwischen den Fliesen hergestellt; mit Wasserwaage arbeiten!

FERTIG STELLEN
Lücken zwischen den Fliesen füllen – Epoxid-Fugenzement eignet sich für wasserfeste Flächen. Normaler Fugenzement wird mit dem Schwamm oder dem Fugengummi aufgetragen und mit einem Rührholz geglättet, bevor Überschüssiges abgewaschen wird. Übergänge zwischen Fliesen und Umgebung mit Silikon abdichten.

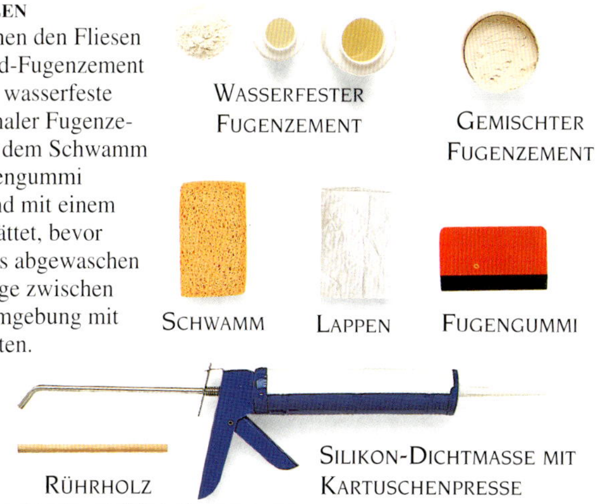

MENGEN SCHÄTZEN

Berechnen Sie die Fläche, die gefliest werden soll. Für quadratische Fliesen können Sie diese Tabelle oder die Angaben des Herstellers benutzen, um die benötigte Menge zu schätzen. Bei ausgeformten oder handgefertigten Fliesen, die in größeren Abständen verlegt werden sollen *(siehe Seite 281)*, stellen Sie mit der Maßlatte fest, wie viele Fliesen Sie einschließlich der Abstände in jede Richtung brauchen. Multiplizieren Sie diese Zahlen, um die Gesamtzahl zu erhalten. Kaufen Sie immer ein paar Fliesen mehr, denn es werden einige zu Bruch gehen!

FLIESEN-GRÖSSE	ZU FLIESENDE FLÄCHE IN M^2							
	1	2	3	4	5	6	7	8
5 x 5 cm	400	800	1200	1600	2000	2400	2800	3200
7 x 7 cm	204	408	612	816	1020	1224	1428	1632
10 x 10 cm	100	200	300	400	500	600	700	800
15 x 15 cm	44	87	130	174	217	260	303	347
20 x 20 cm	25	50	75	100	125	150	175	200
30 x 30 cm	12	23	34	45	56	67	78	89

PLANUNG

ES IST WICHTIG, EINIGE ZEIT auf die sorgfältige Planung und Vorbereitung zu verwenden, denn die Platzierung der ersten Fliese bestimmt den weiteren Verlauf der Arbeit. Wenn die erste Reihe nicht lotrecht verlegt wird, geraten auch alle anderen schief; Sie brauchen eine Schlagschnur oder Senkblei und Wasserwaage, um senkrechte und waagerechte Linien genau festzulegen, an denen Sie die Fliesen ausrichten können. Beginnen Sie mit einer Reihe ganzer Fliesen, die Sie am unteren Ende der Wand an einer waagerechten Saumlatte ausrichten.

EINEN WAAGERECHTEN ANFANG FINDEN

Die Ränder von Türrahmen etc. sind selten ganz lotrecht. Sie müssen also die Waagerechte und Senkrechte mit Wasserwaage und Senkblei festlegen. Außerdem brauchen Sie einen Klauenhammer, ein Maßband, die Maßlatte und eine Fliese. Wenn Sie die genaue Waagerechte markiert haben, können Sie eine Richtlatte mit Stahlstiften an die Wand nageln, um eine horizontale Kante zu bekommen, an der Sie die Fliesen ausrichten. Schlagen Sie die Nägel im Abstand von ca. 10 cm in die Latte, bevor Sie sie an der Wand befestigen. Diese Latte stützt die Fliesen, während der Kleber trocknet. Mit der Wasserwaage messen Sie nach, ob die Kante waagerecht ist und die Latte gerade sitzt, bevor Sie die erste Fliese kleben.

1 **HÖHE DER SAUMLATTE FESTLEGEN** Fliese am Boden gegen die Wand halten. Den Abstand zum Verfugen berücksichtigen, Latte locker annageln. Möglichst nur einen Nagel verwenden, damit die Latte zum Festlegen der Waagerechten beweglich ist.

2 **LATTE WAAGERECHT AUSRICHTEN** Die Wasserwaage an die Latte halten und die Waagerechte festlegen. Jeden zweiten Nagel in die Wand schlagen, damit die Latte hält. Besteht der Untergrund aus alten Fliesen, muss die Latte angeschraubt werden.

3 **ABSTAND MESSEN** Eine Fliese zwischen Latte und Fußboden halten, um den Mindestabstand zur Scheuerleiste bzw. zum Fußboden zu bestimmen. Mit dem Bleistift diesen Punkt am unteren Rand der Latte an die Wand zeichnen. Die Latte entfernen.

4 **REIHEN BERECHNEN** Mit der Maßlatte feststellen, wie viele Reihen ganzer Fliesen man bis zur gewünschten Höhe braucht *(siehe Seite 282)*. Die Latte an der Markierung an der Wand anlegen, nach oben arbeiten. Wenn am oberen Rand extrem schmale Fliesen gebraucht würden, die Markierung am unteren Ende etwas verschieben, damit die Lücke oben breiter wird. Von der Markierung aus eine Waagerechte ziehen.

5 **LATTE BEFESTIGEN** Die waagerechte Markierung ist der Anfang für die erste Reihe ganzer Fliesen. Den oberen Rand der Latte an dieser Markierung genau waagerecht ausrichten. Die Latte befestigen, dabei die Nägel etwas hervorstehen lassen. Wenn der Rest gefliest ist, Latte entfernen. Fliesen passend zum Abstand schneiden.

EINE GLATTE WAND FLIESEN

Es ist unwahrscheinlich, dass ganze Fliesen die Fläche ausfüllen; Sie müssen sie eventuell zuschneiden. Ideal wäre es, wenn die Fliesen an beiden Enden auf dieselbe Größe, am besten eine halbe Fliesenbreite, zugeschnitten würden. Mit Wasserwaage oder Schlagschnur richten Sie die senkrechten Latten genau aus. Sie brauchen Hammer, Stahlstifte, Bleistift und Maßband.

1 **FLIESEN PLATZIEREN** Eine Reihe Fliesen vor der Wand auslegen. Gleichmäßige Lücken zum Verfugen einrichten. Das Ganze so verschieben, dass an beiden Enden gleich große Lücken entstehen.

2 **SENKRECHTER RAND** Am oberen Rand der Saumlatte den Rand der ersten Fliese anzeichnen. An diesem Punkt wird die erste Fliese verlegt. Von der Markierung aus mit Wasserwaage oder Schlagschnur Senkrechte festlegen und mit Bleistift markieren.

3 **SENKRECHTE LATTE BEFESTIGEN** Eine gerade Latte mit Stahlstiften in ca. 10 cm Abstand an die Wand nageln. Dabei den inneren Rand an der senkrechten Linie ausrichten. Die Nägel einschlagen, die Köpfe aber nicht versenken, damit man sie anschließend wieder leicht packen und die Latte entfernen kann.

WÄNDE TEILWEISE FLIESEN

Wenn eine Wand nur teilweise gefliest wird, sollte die obere Reihe aus ganzen Fliesen bestehen. Mit einem Bleistift oberen Rand markieren. Mit der Maßlatte von oben nach unten arbeiten, unteren Rand der letzten ganzen Fliese anzeichnen. Oberen Rand der Saumlatte an dieser Markierung ausrichten, Latte waagerecht.

HINDERNISSE UMGEHEN

Um Nischen oder ähnliche Hindernisse sollten gleichmäßig geschnittene Fliesen angeordnet werden. Die richtige Verteilung der ganzen und geschnittenen Fliesen um ein Hindernis bringt oft die gesamte Anordnung an der Wand aus dem Lot. Sie brauchen Maßlatte, Bleistift, Hammer, Stahlstifte, eine gerade Latte, Maßband, die Schlagschnur und die Wasserwaage.

1 **SEITEN AUSGLEICHEN** Eine waagerechte Latte am unteren Ende der Wand anbringen. Die Fliesen oberhalb und unterhalb des Hindernisses sollten gleichmäßig sein. Die Maßlatte waagerecht an das Hindernis halten, so platzieren, dass zu beiden Seiten gleich große Fliesen gebraucht werden. Äußeren Rand der Fliesen anzeichnen.

2 **SENKRECHTE MARKIEREN** Mit der Schlagschnur eine senkrechte Linie von der Markierung an der Seitenwand bis zur waagerechten Latte am unteren Ende der Wand anzeichnen.

3 **PLATZIERUNG** An der Saumlatte die Senkrechte markieren. Die Maßlatte an der Saumlatte anlegen und die Senkrechte an den Fliesenmarkierungen ausrichten. Vom Hindernis weg über die Seitenwand arbeiten, Position der letzten ganzen Fliese anzeichnen.

TECHNIKEN

WENN PLANUNG UND VORBEREITUNGEN abgeschlossen sind, können Sie die Fliesen an der Wand befestigen. Waagerechte und senkrechte Latten sind gute Hilfsmittel beim Platzieren der Fliesen und stützen sie, solange der Kleber trocknet. Wenn Sie alle ganzen Fliesen verlegt haben und der Fugenzement durchgetrocknet ist, können Sie die Latten abnehmen. Nun können Sie die Fliesen für den Rand passend zuschneiden.

GANZE FLIESEN VERLEGEN

Untersuchen Sie die einzelnen Fliesen und sortieren Sie alle fehlerhaften aus. Diese können Sie für die Ränder zuschneiden oder zurückgehen lassen. Alle Fliesen sollten die gleiche Fertigungsnummer haben, sonst können Farbunterschiede auftreten. Diese fallen weniger auf, wenn Sie die unterschiedlichen Fliesen mischen. Wählen Sie den richtigen Kleber aus. Den Kleber tragen Sie mit Spitzkelle und Zahnspachtel auf. Mit Plastik-Fliesenkreuzen oder Streichhölzern schaffen Sie die richtigen Abstände. Sie sollten ein feuchtes Tuch zur Hand haben, um überschüssigen Kleber abzuwischen.

1 **ECKEN KONTROLLIEREN** Kontrollieren, ob die senkrechten und waagerechten Latten gut befestigt sind. Mit dem Anschlagwinkel oder einer ganzen Fliese den rechten Winkel in der Ecke kontrollieren, in der die Arbeit beginnt. Wenn nicht, die entsprechende Latte mit der Wasserwaage neu ausrichten.

2 **KLEBER AUFTRAGEN** Mit der Spitzkelle den Kleber auf der Wand verteilen; dabei in der Ecke beginnen, wo die Latten aufeinander treffen. Den Kleber möglichst gleichmäßig etwa 3 mm dick verteilen. Nicht mehr als 1 m^2 einstreichen.

3 **KLEBER VERTEILEN** Den Zahnspachtel im Winkel von 45 Grad an der Wand ansetzen und durch den Kleber ziehen, bis er gleichmäßig verteilt ist. Die Rillen saugen die Fliesen an.

4 **FLIESEN ANBRINGEN** In der Ecke beginnen; den unteren Rand der ersten Fliese auf die Saumlatte setzen. Fest andrücken. Die untere Reihe verlegen, dabei die Fliesen mit Fliesenkreuzen trennen.

5 **NACHMESSEN** Fliesen verlegen. Bei jeder Reihe die Waagerechte nachmessen. Alle ganzen Fliesen verlegen, nach 12 Stunden die Latten und Streichhölzer entfernen. Fliesenkreuze werden mit verfugt.

FLIESEN SCHNEIDEN

Zum Schneiden und Anbringen von Randfliesen brauchen Sie Winkel und Fettstift. Mehrere Fliesen in gleicher Form und Größe schneiden Sie gleichzeitig zu. Wenn Sie verschiedene Fliesen zuschneiden, Rückseite nummerieren, ebenso die entsprechenden Stellen an der Wand. Gerade Ränder schneiden Sie mit der Schneid- und Brechzange. Mit dem Fliesenschneider mit Diamantspitze schneiden Sie dickere Fliesen. Ecken und Rundungen mit der Kastenzange schneiden.

Schneid- und Brechzange

1 SCHNITTLINIE MARKIEREN Die Lücke an der Wand genau ausmessen und dies auf die Oberseite der Fliese übertragen. Mit dem Anschlagwinkel und Fettstift eine gerade Linie auf der Fliese anzeichnen. Fettstiftspuren lassen sich leicht abwischen.

2 SCHNITTLINIE ANRITZEN Anschlagwinkel oder Lineal an der Linie fixieren und mit dem Glasschneider der Schneid- und Brechzange daran entlangschneiden. So viel Druck ausüben, dass die Glasur sofort durchbrochen wird.

3 FLIESE BRECHEN Die angeritzte Fliese zwischen die Backen der Zange legen, so dass die Markierung am Mittelpunkt der Brechplatte zu liegen kommt. Die Zange mit der Fliese direkt über die Arbeitsfläche halten und die Griffe vorsichtig zusammendrücken.

Glasschneider und Streichhölzer

1 FLIESE ANRITZEN Die Lücke an der Wand ausmessen und mit Fettstift und Anschlagwinkel auf der Oberseite der Fliese anzeichnen. Winkel an der Markierung fixieren und die Fliese mit der Spitze des Glasschneiders anritzen. Die Glasur mit festem Druck durchstoßen.

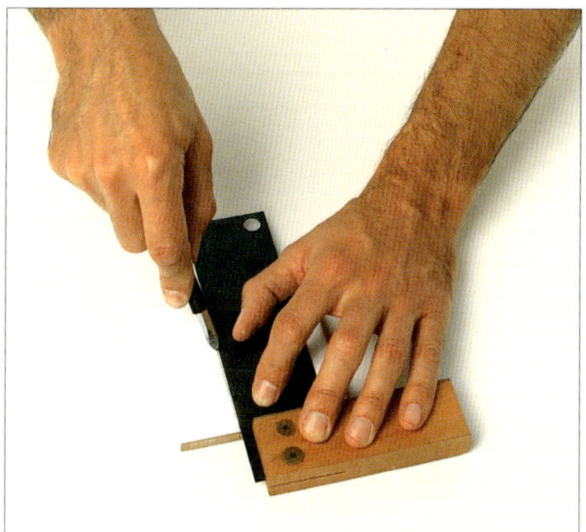

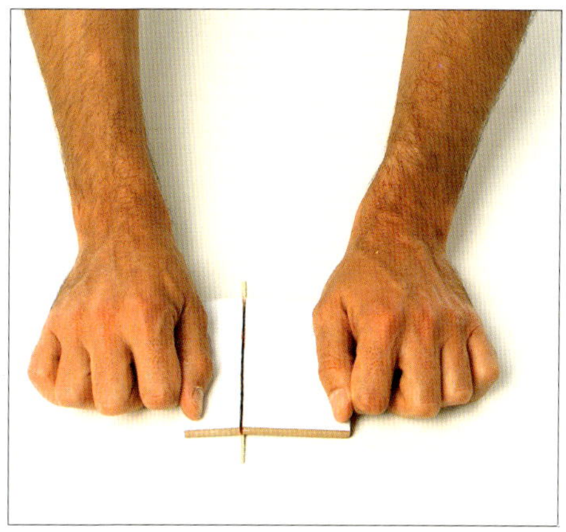

2 FLIESE BRECHEN Die geritzte Fliese auf eine glatte, harte Fläche legen. Zwei Streichhölzer an den Enden der Markierung unter die Fliese legen. Die Seiten fest und gleichmäßig nach unten drücken, bis die Fliese bricht.

Papageienschnabelzange

Die scharfen Backen dieser Zange sind dazu gedacht, dünne Splitter vom Rand der Fliese zu entfernen. Die Lücke ausmessen, auf der Oberseite mit dem Fettstift anzeichnen. Die Glasur mit Hilfe des Anschlagwinkels entlang der Markierung mit dem Fliesenschneider durchstoßen. Mit der Zange kleine Fliesenteile bis zur Linie abbrechen.

Fliesenfeile

Eine Fliesenfeile ist zum Glätten der Ränder von gebrochenen oder geschnittenen Fliesen erforderlich. Die Fliesenfeile auf eine ebene Fläche legen und den Schnittrand der Fliese über die raue Oberfläche ziehen. Auf diese Weise werden sowohl die Keramik als auch die Glasur geglättet. Hin und wieder den entstehenden Staub entfernen.

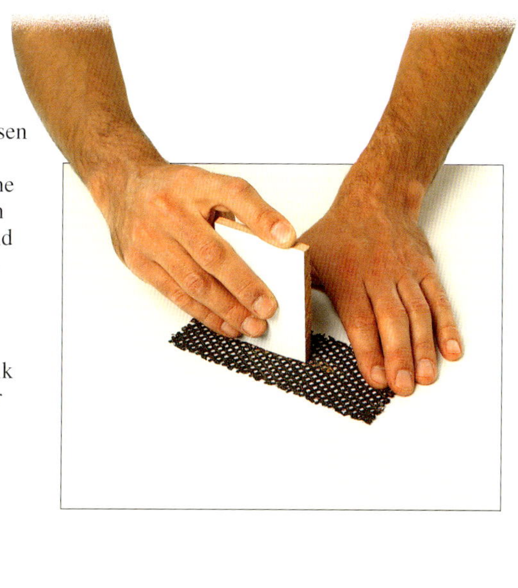

ECKEN AUSSCHNEIDEN

Es ist relativ einfach, Fliesen auf ungünstige Maße zuzuschneiden, wenn Sie methodisch vorgehen. Damit Sie verschieden zugeschnittene Fliesen nicht verwechseln, nummerieren Sie sie und die entsprechenden Stellen an der Wand. Zum Übertragen der Maße auf die Fliesen brauchen Sie Anschlagwinkel, Fettstift und Zimmermannsbleistift. Wenn Sie eine Schablone herstellen wollen, brauchen Sie eine Schere, Papier und einen feinen Bleistift. Sind die Fliesen richtig markiert, können Sie sie mit der Papageienschnabelzange bearbeiten oder mit der Fliesensäge genau aussägen.

Ecken mit geraden Kanten

1 FLIESE MARKIEREN Die Fliese an die Wand halten, so dass sie auf dem Fliesenkreuz am Rand der letzten Reihe ganzer Fliesen liegt. Mit dem Fettstift die Kante an den Rändern der Fliese anzeichnen. Die Fliese an der senkrechten Kante anlegen und entsprechend markieren.

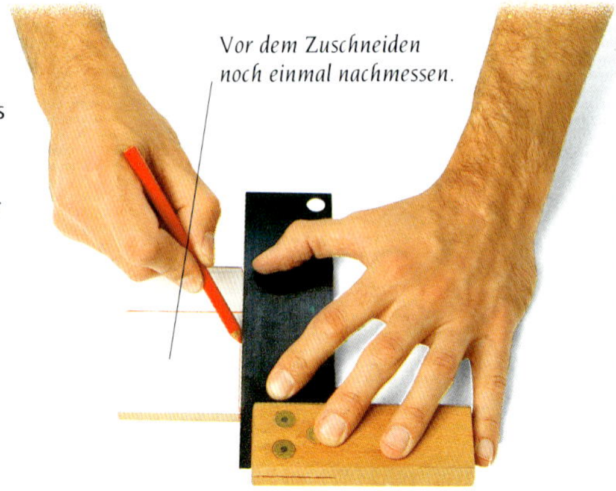

2 VERBINDEN Senkrechte und Waagerechten verbinden, so dass die auszuschneidende Form sichtbar wird. Die Fliese an die entsprechende Stelle halten und die Zeichnung überprüfen. Die Linien anritzen und die Form mit dem Papageienschnabel zuschneiden. Die Ränder abfeilen.

Ecken mit unregelmässigen Kanten

1 FLIESE MARKIEREN Die Fliese mit Hilfe von Fliesenkreuz an die richtige Stelle halten. Mit dem Zimmermannsbleistift auf der Rückseite die waagerechten und senkrechten Ränder und den Eckpunkt anzeichnen.

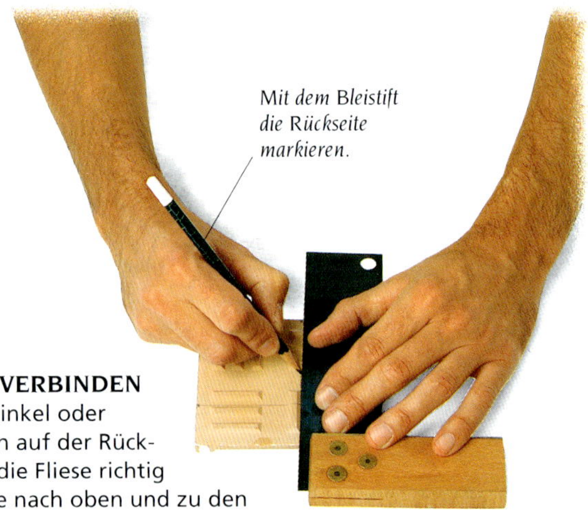

2 MARKIERUNGEN VERBINDEN Mit dem Anschlagwinkel oder Lineal die Markierungen auf der Rückseite verbinden. Damit die Fliese richtig ausgerichtet wird, Pfeile nach oben und zu den Seiten einzeichnen und beschriften.

3 SCHABLONE ZEICHNEN Die Ränder von einem Stück Pergamentpapier an den Markierungen auf der Rückseite der Fliese ausrichten. Wenn die Linien sich nicht rechtwinklig schneiden, diese nachzeichnen und das Papier zuschneiden. Das Papier fixieren, Ränder der Fliese nachziehen. Auf dem Papier die Pfeile wie auf der Fliese markieren.

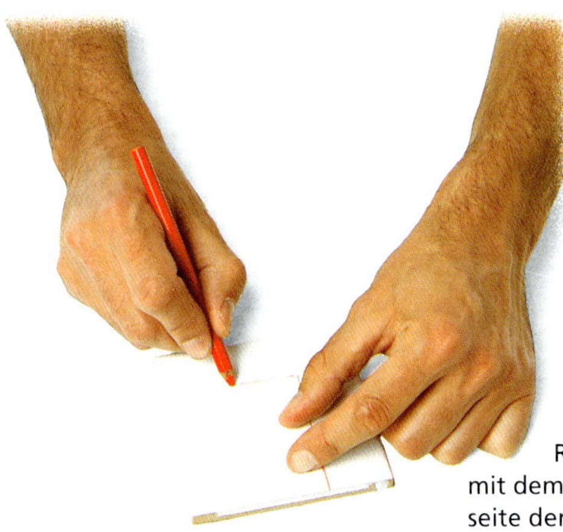

4 VORDERSEITE MARKIEREN Die Schablone entlang der Linien ausschneiden und mit der Schrift nach unten auf die Oberseite der Fliese legen. Die Pfeile auf dem Papier und auf der Rückseite der Fliese müssen in die gleiche Richtung zeigen. Die Ränder der Schablone mit dem Fettstift auf die Oberseite der Fliese übertragen. An dieser Linie entlang anritzen, die Ecke versäubern und die Schnittränder feilen.

RUNDUNGEN AUSSCHNEIDEN

Vielleicht müssen Sie Ihre Fliesen gerundet zuschneiden, um Hindernisse wie Rohre oder Sanitärelemente zu umgehen. Mit einer kleinen Schere, einem feinen Bleistift und einem Fettstift stellen Sie eine einfache Papierschablone her, mit der Sie die Rundung auf die Fliese übertragen. Spannen Sie die Fliese ein und sägen Sie die Rundung mit der Fliesensäge aus.

1 **SCHABLONE ZEICHNEN** Schablone in Größe der Fliese ausschneiden. Das Papier mehrfach einschneiden, damit es genau in die Rundung passt. Rundung am unteren Ende der eingeschnittenen Laschen anzeichnen.

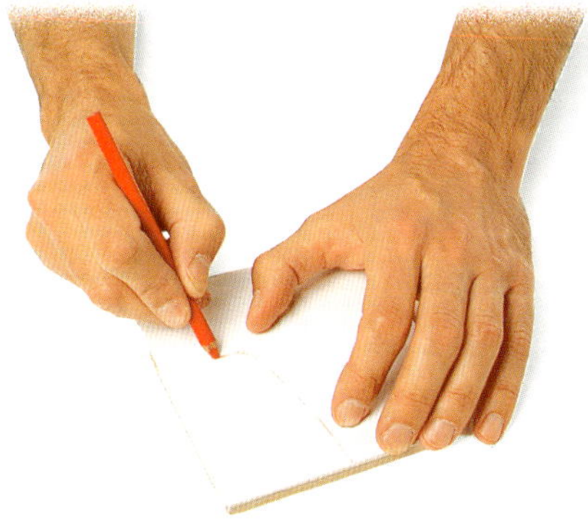

2 **FLIESE MARKIEREN** Die markierte Linie entlang der Rundung ausschneiden und die Schablone auf die Glasurseite der Fliese legen. Mit dem Fettstift die Rundung nachziehen. Entlang der Linie sorgfältig anritzen.

3 **AUSSCHNEIDEN** Fliese fixieren, ohne die Glasur zu beschädigen. An der geritzten Linie entlang mit der Fliesensäge aussägen; wenig Druck, damit die Glasur nicht abblättert. Rand mit Fliesenfeile glätten.

ECKEN FLIESEN

Wenn Sie eine Wand mit einem Absatz fliesen, werden Sie es mit Ecken zu tun bekommen. Hier ist es wichtig, die Fliesen genau zuzuschneiden. Markieren Sie die Fliesen mit Anschlagwinkel und Fettstift und schneiden Sie sie nach einer der beschriebenen Methoden zu *(siehe Seite 287)*. Für dickere Fliesen brauchen Sie einen Schneider mit Diamantspitze.

AUSSENECKEN

Die weniger sichtbare Kante der Ecke bestimmen. Fliesen an dieser Seite verlegen, so dass sie mit der anderen Fläche abschließen. Die besser sichtbare Fläche fliesen; für die Schnittränder Fliesen mit glasiertem Rand verwenden. Ecken kann man auch mit Plastik, Holz oder Metall einfassen.

KLEINE FLIESENSTÜCKE

Manchmal ist es schwierig, Kleber aufzubringen, ohne die umliegenden Fliesen zu beschmutzen. Dann geben Sie den Kleber mit einem kleinen Spachtel direkt auf das Stück Fliese.

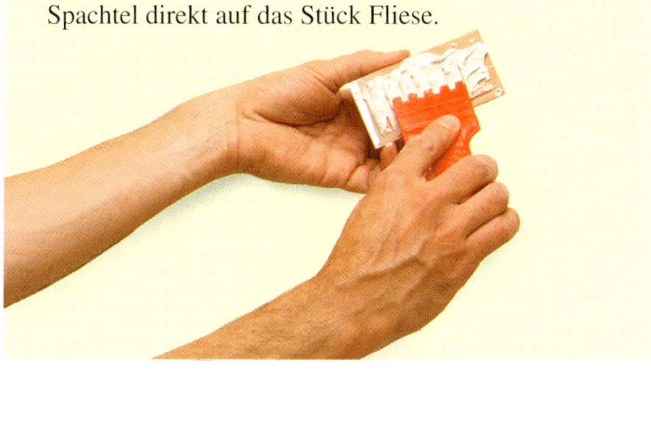

INNENECKEN

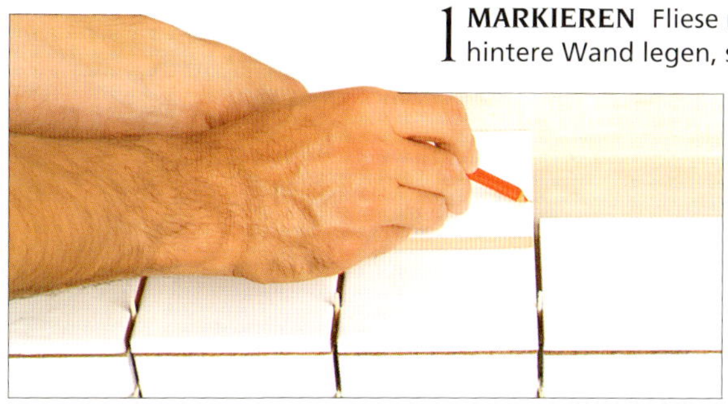

1 **MARKIEREN** Fliese mit dem Rand an die hintere Wand legen, so dass sie sich mit der letzten Reihe ganzer Fliesen überschneidet. Schnittstelle markieren, Fugen einrechnen, ausschneiden. Bei einer Nische auf der unteren Fläche der Fliesen, weiter hinten geschnittene legen.

2 **VERLEGEN** Fliesen passend zur Lücke schneiden, Schnittränder glätten. So verlegen, dass die Schnittränder in der Ecke liegen. Bei einem Absatz erst untere Fläche fliesen, dann die Seiten, schließlich Oberseite. Mit Latte arbeiten, bis Kleber trocken ist.

3 **ECKE FERTIG STELLEN** Beim Verlegen von Fliesen in einer Innenecke die Schritte 1 und 2 für die zweite Fläche wiederholen, bei einer Nische erst die Seiten fliesen, dann die Fläche der Hinterwand berechnen und diese wie eine glatte Wand fliesen.

VERFUGEN

Nun müssen die Zwischenräume richtig gefüllt werden. Es gibt wasserabweisenden Fugenzement, für Duschkabinen sollten Sie aber wasserfesten verwenden. Epoxid-Fugenzement ist auch für geflieste Arbeitsflächen geeignet, damit sie keimfrei bleiben. Fertigen Fugenzement erhalten Sie in verschiedenen Farben. Fugenzement in Pulverform kann mit Pigmenten gemischt werden, bevor Wasser zugegeben wird. Nach dem Verfugen werden die Lücken zwischen den Fliesen und der Arbeitsfläche mit Silikon geschlossen. Sie brauchen Fugengummi, Schwamm, Rührholz und ein trockenes Tuch.

1 **FUGENZEMENT AUFTRAGEN** Fugenzement in Pulverform in kleinen Mengen anrühren. Fertiger Fugenzement ist in kleinen Dosen im Handel. Den Zement mit dem Fugengummi aufnehmen, auf die Lücken verteilen und tief eindrücken.

2 **FLÄCHE ABWISCHEN** Fugenzement auf jeweils etwa 1 m^2 verteilen und mit dem Fugengummi andrücken, so dass er mit der Oberfläche abschließt. Mit einem sauberen, feuchten Schwamm überschüssiges Material abwischen, bevor es trocknet.

3 **FUGENZEMENT FORMEN** Wenn der Fugenzement hart wird, das stumpfe Ende eines schmalen Holzes, z. B. eines Rührholzes, durch die Fugen ziehen. So wird überschüssiger Fugenzement sauber entfernt. Das Holz sollte etwas breiter sein als die Fuge.

4 **POLIEREN** Überschüssigen Fugenzement mit Schwamm von den Fliesen wischen. Die letzten Spuren werden mit einem weichen, trockenen Tuch entfernt. Den Fugenzement aushärten lassen, bevor er wieder nass wird.

DICHTMASSE AUFTRAGEN

Mit Silikondichtmasse schließen Sie die Lücken zwischen einer gefliesten Fläche und einem Sanitärelement. Silikondichtung gibt es transparent oder in verschiedenen Farben, in Tuben oder Kartuschen. Halten Sie ein feuchtes Tuch bereit, mit dem Sie überschüssige Dichtmasse abwischen.

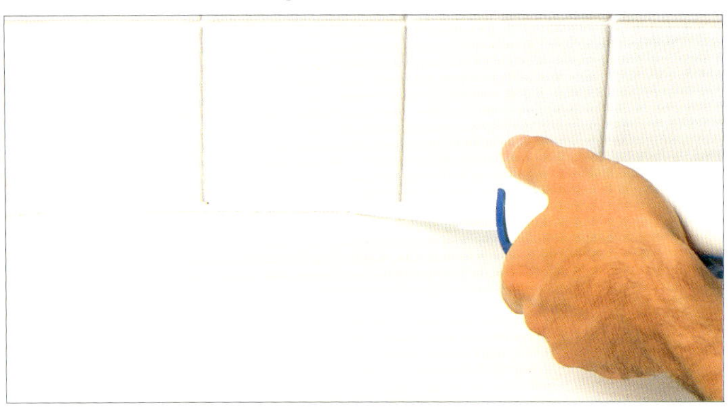

1 **DICHTMASSE AUFTRAGEN** Die Dichtmasse wird direkt aus der Kartusche aufgetragen, die Spitze muss also passend zur Fuge aufgeschnitten werden. Die Fuge muss sauber und trocken sein. In einer durchgehenden Bewegung die Dichtmasse in die Fuge drücken.

GLATT VERFUGEN

Ein etwas anderer Effekt und eine robuste, völlig wasserdichte Fuge entsteht, wenn Sie den Fugenzement abwischen, anstatt ein Rührholz durch die Fugen zu ziehen, so dass er mit der Fliesenoberfläche abschließt.

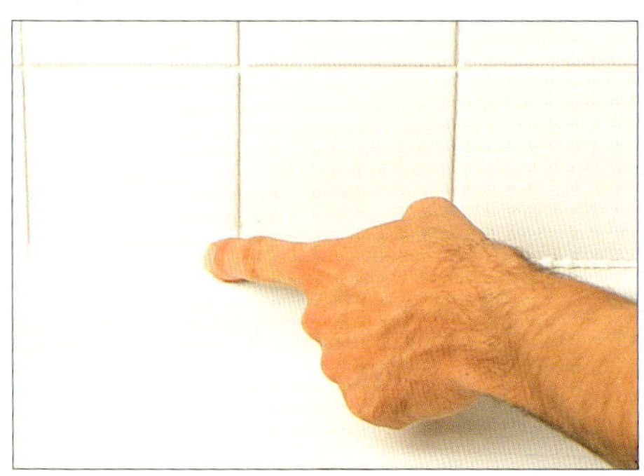

2 **DICHTMASSE GLÄTTEN** Die Dichtmasse abziehen, so dass eine glatte, wasserdichte Fuge entsteht, am besten mit einer feuchten Fingerspitze. Überschüssige Dichtmasse sofort mit einem feuchten Tuch abwischen.

GEGENSTÄNDE ANBRINGEN

Um Gegenstände an eine geflieste Wand zu schrauben, bohren Sie ein Loch in die Fliesen und drücken einen Dübel hinein. Dazu brauchen Sie eine Bohrmaschine mit Mauerbohrer, einen feinen Bleistift oder Fettstift, einen Schaber und etwas Abklebeband. Bitten Sie Ihren Helfer, einen Staubsauger unter das Loch zu halten, wenn Sie bohren. Die Dübel so weit in das Loch schieben, dass sie mit der Wand abschließen; ziehen Sie die Schrauben nicht zu fest an, die Fliesen könnten brechen!

1 **ANZEICHNEN** Den Gegenstand vor der gefliesten Wand an die richtige Stelle halten und mit dem feinen Bleistift oder Fettstift das obere Bohrloch anzeichnen. Dieses Loch zuerst bohren und den Gegenstand hier anschrauben; so ist er zum Ausmessen der anderen Löcher bereits fixiert.

2 **GLASUR ABSCHABEN** Damit der Bohrer an der glatten Oberfläche nicht abrutscht, mit einem scharfen Werkzeug, z. B. einem Glasschneider, ein Loch in die Glasur schaben. Den Schaber fest auf den markierten Punkt drücken und drehen, bis ein kleines Loch entsteht.

3 **BOHREN** Ein kleines Stück Abklebeband über die Markierung kleben und neu anzeichnen. Die Spitze des Bohrers vorsichtig auf das Band setzen und langsam beginnen zu bohren. Anfangs nur mit leichtem Druck ein sauberes Loch tief in die Wand bohren.

WERKZEUG REINIGEN

Klebstoff und vor allem wasserfester Fugenzement trocknen schnell. Die Werkzeuge, die Sie benutzen, müssen so schnell wie möglich nach Gebrauch gereinigt werden. Beachten Sie dabei die Angaben des Herstellers. Die meisten Produkte können mit Wasser abgewaschen werden. Vorsicht, dass Sie damit nicht den Abfluss verstopfen.

SCHWAMM AUSSPÜLEN
Zum Entfernen von Klebstoff oder Fugenzement den Schwamm mehrmals in sauberem Wasser einweichen. Gut durchtrocknen lassen. Diesen Schwamm nur noch zum Fliesenlegen verwenden.

WERKZEUG AUSWASCHEN
Die Spitzkelle und den Zahnspachtel in Wasser auswaschen, bis aller Kleber bzw. Fugenzement entfernt ist. Das Metallblatt der Spitzkelle gut trocknen, dann zum Schutz vor Rost einölen.

RESTEVERWERTUNG

Vielleicht haben Sie noch einige ganze Fliesen übrig, wenn Ihre Wand fertig gefliest ist. Die meisten sollten Sie als Ersatzteile gut aufheben. Aus einer schweren, gemusterten Fliese können Sie aber leicht einen robusten Topfuntersetzer herstellen. Legen Sie die Fliese auf eine dünne Korkschicht, z. B. ein Stück aus einer Korkfliese. Zeichnen Sie die Form an und schneiden Sie den Kork rundum 3 mm kleiner zu als die Fliese. Kleben Sie ihn mit einem hitzebeständigen Kleber auf die Unterseite der Fliese.

Ton in Ton
Die sehr unterschiedlich großen Fliesen markieren in diesem modernen Bad den Übergang zwischen Ablagefläche und Wand. Das matte Grau hebt das Glaswaschbecken und die verchromten Armaturen hervor.

BODENBELÄGE

Einen neuen Fussboden zu verlegen ist ein grösseres Vorhaben und kann etwas abschreckend wirken. Das Ergebnis hat in jedem Fall Auswirkungen auf den Charakter des Raumes. Alle harten Fussböden, ob Holz, Fliesen oder Kunststoff, sind zunächst einmal praktisch. Ein guter Bodenbelag überdauert oft viele Veränderungen, die in einem Zimmer vorgenommen werden. In diesem Kapitel wird die ganze Breite der möglichen Materialien vorgestellt. Alle gezeigten Beläge – Keramik, Stein, Holz und Kunststoff – erfüllen ihren Zweck und wirken zudem noch dekorativ.

Individuelles Design
Linoleum bietet nicht nur unbegrenzte Designmöglichkeiten, es ist auch dauerhaft, leicht zu reinigen, fußwarm und beherbergt keine Allergie auslösenden Hausstaubmilben.

GESTALTUNGSVORSCHLÄGE

DIE AUSWAHL DES FUSSBODENS hängt zum Teil von der Funktion des Zimmers ab – Holzfußböden wirken gut im Wohnzimmer, Fliesen und Kunststoff sind für stark beanspruchte Räume wie die Küche besser geeignet. Bodenfliesen sind in den verschiedensten Materialien erhältlich, z. B. Keramik, Marmor, Stein, Kork, Gummi und PVC. Sie bringen Farbe und Wärme ins Zimmer und können es sogar optisch vergrößern. Holzfußböden gibt es in Form von Dielen, die überstrichen oder gebeizt werden können, als Parkett oder Laminatplatten.

FARBIGER BETON
(oben) Soll ein Betonfußboden nur überstrichen werden, muss er sehr glatt sein, sonst wird das Barfußgehen unangenehm. Hier bilden Ausgleichsmasse und ein Härter, der den Staub abhalten soll, eine gute Basis für den Anstrich.

NATURSTEINBODEN
(rechts) Richtig verlegte Natursteinfliesen halten jahrelang; sie brauchen allerdings einen starken Unterboden, der sie tragen kann. Zwar sind sie dauerhaft und robust, aber auch fußkalt und laut.

EICHE UND GLAS
(rechte Seite) Dieser ungewöhnliche Fußboden besteht aus Eichen- und Glasstreifen. Das opake Glas lässt das Licht bis in den Keller unter der Treppe dringen. Die Eichenbalken sind stark und wirken schallisolierend, so dass man ohne störenden Lärm von oben nach unten gelangt.

NOSTALGIE
(linke Seite) Inzwischen sind die Hersteller in der Lage, die komplizierten Muster von Bodenfliesen aus dem 19. Jahrhundert zu reproduzieren. Die Terrakottatöne passen zu modernen Interieurs und sind bestens für stark beanspruchte Flächen wie Flure geeignet. In großen Räumen, wo ein farbig gemusterter Fußboden zu kräftig wirkt, sind kleine Musteranordnungen, die zwischen einfarbigen Fliesen Blickpunkte bilden, die richtige Lösung.

TERRAKOTTAFLIESEN
(links) Terrakottafliesen wirken warm und verändern mit der Zeit ihre Farbe. Es sind alte Fliesen im Handel, die einem traditionell eingerichteten Raum antikes Flair geben.

LANDHAUSDIELEN
(unten) Landhausdielen sind mittlerweile so beliebt, dass sie inzwischen in Paketen zum Selbsteinbau angeboten werden. Es gibt helle und dunkle Furniere in Esche bis Walnuss, die mit einem Teppich als Abschluss warm und wohnlich wirken. Die versiegelte Oberfläche ist fast immer robust und pflegeleicht, kann aber durch hohe Absätze oder Möbel beschädigt werden.

Langlebig
Gute Fußbodenheizungen und zunehmende Furcht vor Allergien, die durch den Staub in Teppichböden ausgelöst werden, haben zur Beliebtheit von festen Fußböden beigetragen. Steinplattenböden sind fast unzerstörbar, wasserdicht und leicht zu reinigen. Steinböden sind hart und nicht für langes Stehen geeignet. Wo es nötig ist, können nicht rutschende Teppiche Abhilfe schaffen.

VERSCHIEDENE FLIESENARTEN

Bei der Auswahl von Bodenfliesen müssen Sie verschiedene Punkte berücksichtigen, z. B. wo sie verlegt werden und zu welchem Zweck, die Beanspruchung der Fläche und das Gewicht des Materials. Wenn Sie entschieden haben, welche Fliesenart die beste für Ihre Zwecke ist, beachten Sie beim Verlegen genau die Angaben des Herstellers.

STEINZEUGFLIESEN
Steinzeug-Bodenfliesen werden bei sehr hohen Temperaturen gebrannt, damit sie fast unzerbrechlich werden. Sie haben den Vorteil, dass sie in vielen Formen, Farben und Größen erhältlich sind. Mit kleinen, quadratischen Einlegern aus glasierter oder unglasierter Keramik oder aus Stein können Sie Muster legen. Glasierte Fliesen sind sehr rutschig, wenn sie nass werden.

GLASIERTE FLIESE MIT EINLEGERN

EINLEGER

LINOLEUMFLIESE

GLASIERTE FLIESE MIT BORDÜRE

UNGLASIERTE FLIESE MIT BORDÜRE

KORKFLIESE

PVC-FLIESE

BODENFLIESEN AUS KORK, GUMMI, LINOLEUM UND PVC
Korkfliesen sind fußwarm und schallisolierend. Achten Sie darauf, dass Sie Bodenfliesen kaufen, und versiegeln Sie sie, wenn sie wasserfest sein sollen. PVC-, Gummi- und Linoleumfliesen sind dauerhaft und leicht zu verlegen. Mit Hilfe des Computers lassen sich aus diesen Materialien individuelle Muster zusammenstellen.

GUMMIFLIESE

BORDÜREN
Bordüren sind in verschiedenen Formen und Farben erhältlich, einfarbig oder gemustert, rechteckig oder in unregelmäßigen Formen. Sie dienen dazu, geflieste Flächen einzufassen und die einfarbigen Bodenfliesen abzusetzen.

MARMORBORDÜRE

MOSAIKFLIESEN
Die meisten Mosaik-Wandfliesen, ob aus Glas, Marmor oder Keramik, ergeben auch interessante Bodenbeläge. Als besonders robust haben sich große Mosaike erwiesen.

MATTE GLASMOSAIKFLIESEN

GLASIERTE MOSAIKFLIESEN

MARMORFLIESE MIT EINLEGER

SCHIEFERFLIESE

GEMUSTERTE KERAMIKFLIESEN
Handbemalte gemusterte Bodenfliesen eignen sich als interessante Einsprengsel in einem einfarbigen Fußboden. Die dickeren Fliesen sollten in ein Bett aus Zement und nicht mit Fliesenkleber verlegt werden.

HANDBEMALTE KERAMIKFLIESEN

TERRAKOTTA-FLIESE

KALKSTEINFLIESE

STEINFLIESEN
Marmorfliesen sind in verschiedenen Naturfarben und vielen Formen erhältlich, die mit Einlegern kombiniert werden können. Die robusten, wasserfesten Schieferfliesen sind in Grau-, Grün- und Blautönen im Handel. Kalksteinfliesen sind porös und müssen nach dem Verlegen versiegelt werden. Terrakottafliesen in Erdfarben sind robust und wirken mediterran.

Schachbrett
Mit einer Vorlage und zwei kontrastierenden Farben lässt sich auf Holzdielen leicht ein Schachbrettmuster herstellen. Die Dielen müssen glatt abgeschliffen und entstaubt werden, dann ist das Ganze ohne großen Aufwand erledigt.

VERSCHIEDENE HOLZFUSSBÖDEN

Im Handel erhältliche Holzfußböden bestehen aus einer Hartholz-Oberfläche auf einem speziellen Unterboden. Diese Böden, Tafelparkett, Mosaikparkett oder Landhausdielen, sind in verschiedenen Farben und Maserungen erhältlich, so dass Sie das passende Material für Ihren Zweck wählen können. Halten Sie sich beim Verlegen an die Angaben des Herstellers; manche Komponenten, z. B. Parkettbauteile, sollten vor dem Einbau einige Tage im Raum liegen, um sich zu akklimatisieren.

TAFELPARKETT
Tafelparkett besteht aus dünnen Blöcken, die ineinander passen und eine feste Oberfläche ergeben. Sie werden aus verschiedenen dauerhaften Hartholzarten hergestellt. Wählen Sie die Farbe und Maserung, die für Ihren Raum am besten passt. Parkett sollte auf einen gut vorbereiteten, festen Untergrund verlegt werden; die Blöcke werden mit Klebstoff befestigt und passen mit Nut und Feder ineinander.

MAHAGONI

MAHAGONI HELL

AHORN

MERBAU

AHORN HELL

TASMANISCHE EICHE

MOSAIKPARKETT
Mosaikparkett wird aus kurzen Streifen in Mustern zusammengeleimt. Die einzelnen Muster werden dann auf einer Unterlage zu größeren Platten verbunden. Die Platten werden auf einen vorbereiteten Untergrund verlegt und müssen danach abgeschliffen und versiegelt werden.

LANDHAUSDIELEN
Landhausdielen sind in vielen verschiedenen Hartholzarten und Längen erhältlich; sie werden parallel in geraden Reihen verlegt, so dass sie wie kurze, schmale Dielen wirken. Sie können, je nach Hersteller, nach verschiedenen Methoden verlegt werden, z. B. geleimt, vernagelt oder mit Nut und Feder verbunden.

ESCHE

EICHE

BUCHE GEBEIZT

AUF DIE HERKUNFT ACHTEN

Viele Hartholzarten, die wir als dekorative, dauerhafte Bodenbeläge schätzen, stammen von langsam wachsenden Bäumen des tropischen Regenwaldes. Wählen Sie nach Möglichkeit Holz von Plantagen, die nach ökologischen Kriterien arbeiten. Wenn Sie beim Kauf auf die Herkunft achten – z. B. auf das Gütesiegel des Forest Stewardship Council – unterstützen Sie die Anpflanzung von langsam wachsenden Bäumen in Plantagen, wodurch die natürlich gewachsenen Wälder geschont werden.

TEPPICHE

TEPPICHBÖDEN UND TEPPICHE GEHÖREN ZU DEN WIRKUNGSVOLLSTEN DEKORATIONSELEMENTEN EINER WOHNUNG UND WERDEN SCHON SEIT LANGER ZEIT DAZU BENUTZT, KALTE, HARTE BODENFLÄCHEN ZU WÄRMEN UND AUFZULOCKERN. TEPPICHBODEN IST BESONDERS WEIT VERBREITET, ABER AUCH SCHÖNE MATTEN AUS PFLANZEN-FASERN WERDEN IMMER BELIEBTER BEI UNS. DIESES KAPITEL BEHANDELT NICHT NUR QUALITÄT UND STIL DER VERSCHIEDENEN TEXTIL-BODENBELÄGE, ES ZEIGT IHNEN AUCH, WIE TRADITIONELLE UND MODERNE TEPPICHE AM BESTEN WIRKEN.

NATÜRLICHE STREIFEN
Treppenläufer müssen dauerhaft und rutschsicher sein. Die Bordüre dieses naturfarbenen Läufers betont die einzelnen Stufen, Eisenstangen halten den Teppich fest.

GESTALTUNGSVORSCHLÄGE

TEPPICHE SIND AUS ÄSTHETISCHEN UND praktischen Gründen noch immer äußerst beliebte Bodenbeläge. Es gibt Teppichböden, Matten und Läufer in so vielen Stilrichtungen und Materialien, dass sich für fast jede Gestaltungsidee etwas Passendes findet. Teppichböden wirken schall- und wärmeisolierend und eignen sich zum Barfußgehen. Der Teppich kann dazu beitragen, Wände, Möbel und Accessoires zu einem einheitlichen Stil zu verbinden. Läufer verleihen auch einfachen Räumen einen Hauch von Luxus, ohne den Boden ganz zu verdecken.

PATCHWORKLÄUFER
(oben) Ein einfaches Patchwork aus farbigen Stoffquadraten auf Leinwandunterlage ergibt einen dekorativen Kaminvorleger. Die gedämpften Farben passen zu den Möbeln; zudem verhindert der Teppich, dass Asche aus dem Kamin auf den hellen Holzfußboden fällt.

BADEMATTE
(rechts) Die Farben und Streifen des modernen Läufers betonen den Holzfußboden und die Accessoires in diesem Badezimmer. Der maschinenwaschbare weiße Baumwollvorleger fängt die Tropfen beim Aussteigen auf.

GEMUSTERTE TEPPICHE
(oben) Ein stark gemusterter Teppich ist vielleicht alles, was ein Raum an Verzierung braucht. Hier dient ein Kelim als attraktiver Blickpunkt, der den Naturholzboden und die weiß getünchten Wände hervorhebt. Der Teppich liegt auf einer rutschfesten Unterlage, die ihn noch angenehmer zum Barfußgehen macht.

NATURFASERN
(rechte Seite) Teppiche aus Naturfasern sind robust und pflegeleicht. Teppiche aus Kokosfaser, Sisal, Jute, Seegras und Papier werden oft auf einer Latexunterlage befestigt, die verhindert, dass sich Staub auf dem Boden darunter sammelt. Mit ihren neutralen Farben und einfachen Webmustern sind sie für die meisten Räume geeignet, sie sind aber auch mit eingewebten Mustern oder gefärbt erhältlich.

Designerteppich
(rechts) Die gerundeten Wände dieser modernen Wohnung werden durch den weichen Wollteppich im Flur mit seinen einfachen, wasserblauen Mustern betont. Das tiefblaue Sofa vor dem Fenster greift das Farb- und Formthema auf der anderen Seite des Raumes auf.

Läufer mit Bordüre
(oben) Ein Läufer auf Teppichboden wirkt besonders luxuriös. Als Gegengewicht zum Sofa und als Kontrast zum hellen Teppichboden dient hier ein einfacher, dunkler Läufer mit einer zarten Bordüre als Begrenzung. Die Sofakissen nehmen die Farbtöne des Fußbodens wieder auf.

Wollstreifen
(rechts) Die breiten beigen Streifen des Läufers passen zu diesem einfachen Schlafzimmer und reflektieren die geraden Linien des schmiedeeisernen Bettgestells. Unter dem Läufer dient ein Sisalboden als Wärme- und Schallisolierung.

Teppich mit Struktur
(unten) Zottelige Teppiche sind warm und gemütlich, genau das Richtige, wenn man sich gern auf dem Fußboden ausstreckt. Der lange Flor muss regelmäßig mit dem Staubsauger behandelt werden. Zudem ziehen die Synthetikfasern Schmutz an und verfärben sich schnell; sie müssen dann chemisch gereinigt werden. Zottelige Teppiche eignen sich vor allem für wenig beanspruchte Flächen, auf denen sie länger sauber bleiben.

Modernes Gewebe
(oben) Teppiche mit modernen Webmustern sind wahre Kunstwerke; entsprechend sind sie in Textilgalerien und Kunsthandwerkläden erhältlich. Es sind verschiedene Stilrichtungen und Farben im Handel, viele Designer fertigen Teppiche in genau der richtigen Größe und Farbe an.

Esszimmer
Der Fußboden im Esszimmer wird nicht so stark beansprucht wie der in der Küche; trotzdem geraten Krümel und Spritzer auf den Boden, so dass eine leicht zu reinigende Oberfläche gebraucht wird. In dieser gemütlichen Essecke wurde ein loses Stück Naturfaserboden über Holzdielen verlegt.

VERSCHIEDENE TEPPICHBÖDEN UND MATTEN

Die Auswahl an Teppichböden in verschiedenen Materialien und Stilrichtungen ist verwirrend. Bei sorgfältiger Auswahl sind Teppichböden dauerhaft und pflegeleicht. Hochwertige Teppichböden werden aus einer Mischung von Natur- und Kunstfasern hergestellt, die widerstandsfähigsten haben einen dicht gewebten Flor. Matten aus Pflanzenfasern sind in verschiedenen Mustern erhältlich. Mit der richtigen Unterlage fühlen sie sich auch barfuß gut an.

Wilton

Wilton ist ein hochwertiger gewebter Teppichboden, bei dem Flor und Rückseite an einem Stück gewebt werden, so dass eine besonders starke, dichte, flache Oberfläche entsteht. Diese Teppichböden werden meist einfarbig hergestellt.

Axminster

Axminster-Teppichböden werden in einzelnen Schlingenreihen gewebt; sie haben einen hohen Wollanteil und eine Rückseite aus Rupfen. Im Gegensatz zu den einfarbigen Wilton-Teppichen sind sie in der Regel gemustert und haben einen längeren, lockereren Flor.

Berber

Berber-Teppichböden werden mit Schlingenflor gewebt. Sie sind in verschiedenen gedeckten Naturfarben und unterschiedlichen Materialien erhältlich, mit hohem Wollgehalt bis zu 100 % Kunstfaser. Die Rückseite besteht aus Rupfen oder Schaumstoff.

Getuftete Teppiche

Im Gegensatz zu den gewebten Teppichböden werden getuftete Teppiche hergestellt, indem die Faserbüschel durch ein Traggewebe gezogen werden. Die Flornoppen werden auf der Rückseite verklebt. Getuftete Teppiche mit verdrehtem Flor sind besonders grob strukturiert.

Cord

Cord-Teppichböden sind robust und flach. Garnschlingen werden fest in den Untergrund gezogen, so dass klar abgegrenzte Rippen entstehen. Sie wurden früher nur aus tierischen Fasern hergestellt, heute sind sie auch aus Kunstfasern erhältlich.

Teppichfliesen

Teppichfliesen sind stark zu beanspruchen, zudem leicht zu verlegen und bei Bedarf relativ schnell zu ersetzen. Sie sind in vielen Farben und Farbmustern, aber leider nur in genormten Größen erhältlich. Ihre Oberfläche ist cordartig oder florig.

Unterlagen

Durch Unterlagen verlängert sich die Lebensdauer eines Teppichs, er fühlt sich weicher an und dämmt besser. Die Unterlagen waren früher meist aus Filz, heute sind sie auch in Gummi oder anderen Kunststoffen erhältlich. Läufer werden durch Unterlagen rutschfester.

Sisal

Die Agavenfaser wird zu robusten Matten mit unterschiedlicher Struktur verarbeitet.

Kokosfaser

Diese Matten werden aus den Fasern der Kokospalme gewebt; sie sind in verschiedenen Farben, Strukturen und Webmustern erhältlich.

Jute

Die fein strukturierte Jutefaser eignet sich am besten für leichte, gemusterte Matten.

Seegras

Diese Naturfaser wirkt glatt und glänzend; gezwirnt und zu Matten verwoben ergibt sie eine strukturierte Oberfläche.

BAUMWOLLSTREIFEN
Die dicht gewebte Baumwolle mit den einfachen Streifen ist fast so haltbar wie Segeltuch. Auf dem neutralen Fußboden wirkt die Kirschfarbe frisch und unterstreicht gleichzeitig den Holzton der Möbel.

VERSCHIEDENE LÄUFER

Die Auswahl eines Läufers kann eine Herausforderung sein, da so viele Stilrichtungen im Handel sind. Der Wert eines Läufers hängt von verschiedenen Faktoren ab, etwa der Faserzusammensetzung oder dem Muster, doch letzten Endes sollte Ihr persönlicher Geschmack den Ausschlag geben und der Stil des Zimmers, in dem der Teppich liegen soll. Alte, empfindliche Teppiche können sehr teuer und pflegeaufwendig sein, aber es gibt auch viele moderne Reproduktionen.

TRADITIONELLER KELIM

Ein Kelim ist ein flach gewebter Läufer aus dem Orient. Er wurde ursprünglich für den Eigenbedarf hergestellt, besteht oft aus Wolle und hat meist kräftige Farben.

MODERNER KELIM

Kelims eignen sich als Bodenbeläge ebenso wie als Wandbehänge. Sie werden heute in Farben und Mustern hergestellt, die in europäische Interieurs passen.

INDIANERTEPPICH

Flach gewebte Stoffe wurden von den Indianern als Decken und Umschlagtücher hergestellt. Dieser Teppich wurde wahrscheinlich als Tauschobjekt verwendet.

MODERNER INDIANERTEPPICH

Wie Kelims werden Indianerteppiche auf der ganzen Welt gesammelt. Die heutzutage hergestellten Teppiche gehen oft auf traditionelle Muster zurück.

ZEUZERA-TEPPICH

Diese Teppiche werden alle von Hand gewebt, so dass sich immer leichte Variationen ergeben. Der Flor ist aus reiner Wolle geknüpft.

NEPALTEPPICH

Aus weicher, handgesponnener Wolle und Seidenfäden werden diese Teppiche gewebt, die mit Pflanzenfarben gefärbt wurden. Das gibt feine Farbschattierungen.

ZEITGENÖSSISCHER KELIM

Dieser handgeknüpfte Kelim aus pflanzengefärbter Wolle wurde in New York entworfen und in der Türkei hergestellt.

TÜRKISCHER TULU

Das Wort Tulu geht auf tuylu, »haarig«, zurück. Diese Teppiche werden von den Frauen im Osten der Türkei als Teil ihrer Aussteuer aus längerer Wolle gewebt.

MODERNE KUNST

Das Muster dieses modernen Teppichs hat eine fließende weibliche Form. Er wurde aus reiner Wolle handgeknüpft und hat einen langen Flor.

ABSTRAKTES MUSTER

Dieser Knüpfteppich verbindet kräftige Farben mit einfachen, fließenden Mustern. Mit seinem weichen Wollflor ist er angenehm und praktisch.

MODERNER LÄUFER

Organische Formen, die hohe Gräser oder Bäume darstellen, sind in diesem Läufer dargestellt. Diese Muster erzeugen eine Bewegung von oben nach unten.

UNTERLAGEN

Wenn Sie einen Läufer auf einen polierten Holz- oder Fliesenboden legen, sollten Sie darauf achten, dass der Teppich nicht rutscht oder wandert. Besser ist es, Sie verwenden eine Unterlage nach Empfehlung des Herstellers oder Händlers *(siehe Seite 311)*. Die Unterlagen helfen Ihnen auch, alte und neue Teppiche auf stark beanspruchtem, hartem Boden vor Verschleiß zu schützen.

LÄUFER ALS WANDBEHÄNGE

VIELE FUSSBODENLÄUFER WIE ORIENTTEPPICHE und Kelims eignen sich auch als effektvolle Wandbehänge. Sammler hängen Teppiche auf, um das Gewebe zu erhalten; aber ihre dekorative Wirkung ist nicht zu unterschätzen; sie können interessante Blickpunkte bilden. Bis auf die größten Teppiche lassen sich alle leicht an der Wand befestigen. Es gibt im Grunde zwei Techniken: Für eine verdeckte Aufhängung brauchen Sie eine Teppichleiste; Sie können den Teppich aber auch einfach an einer Stange und Haken aufhängen.

MATERIAL

Die Teppichleiste an die Wand dübeln oder Haken an die Wand dübeln und einen Stab daran befestigen. Aus schwerem Baumwollstoff einen Überzug für den Stab anfertigen. In einem Musselinbeutel Mottenkugeln hinter den Teppich hängen. Außerdem werden Bleistift, Säge, Bohrmaschine mit verschiedenen Bohrern, Wasserwaage, Schraubendreher und Nadel und Faden gebraucht.

TEPPICHLEISTE

HOLZSTAB

SCHWERER BAUMWOLLSTOFF

SCHRAUBHAKEN

MOTTENKUGELN

MUSSELINBEUTEL

AUFHÄNGUNG MIT DER TEPPICHLEISTE

Die Teppichleiste dient dazu, textile Wandbespannungen anzubringen. Sie ist in verschiedenen Längen erhältlich und mit scharfen Dornen besetzt, die sich bestens dazu eignen, einen Teppich aufzuhängen. Kaufen Sie die Leiste mindestens so breit wie den Teppich. Wenn Sie einen breiten Teppich aufhängen, müssen Sie eventuell mehrere Stücke verbinden.

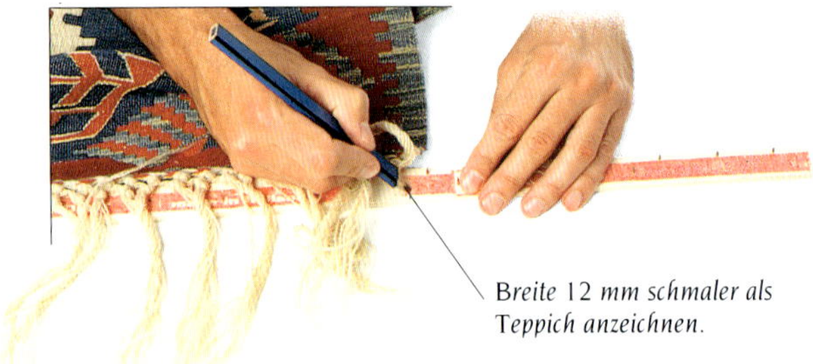

Breite 12 mm schmaler als Teppich anzeichnen.

1 **BREITE ANZEICHNEN** Die Dornen aus der Teppichleiste entfernen. Den oberen Rand des Teppichs neben die Leiste legen. Die Breite 12 mm schmaler als der Teppich anzeichnen und aussägen. Mit der Wasserwaage und dem Zimmermannsbleistift eine waagerechte Linie in der Länge der Leiste an die Wand zeichnen.

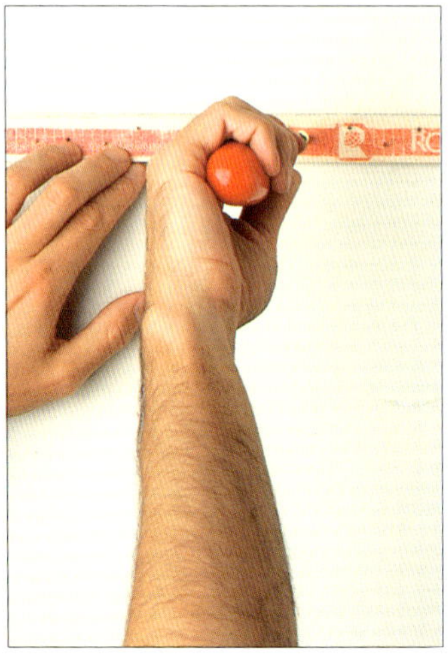

2 **LEISTE ANBRINGEN** Bohrlöcher an der Leiste und der Linie anzeichnen. Löcher in Leiste bohren. Löcher in die Wand bohren und Dübel einsetzen. Die Dornen der Leiste müssen nach oben zeigen. Festschrauben.

Beim Befestigen des Läufers Fransen auf die Rückseite legen.

3 **TEPPICH BEFESTIGEN** Den Rand des Teppichs von der Seite her ganz vorsichtig auf die Dornen der Teppichleiste drücken. Wenn der Teppich Fransen hat, diese am oberen Rand auf die Rückseite legen. Das Gewebe muss fest auf den Dornen stecken. Der Teppich kann wieder abgezogen und neu platziert werden, bis er gerade hängt.

DER FERTIGE WANDBEHANG

LÄUFER AM STAB AUFHÄNGEN

Sie können den Läufer an einem Stab aufhängen, der in einer Stoffhülle auf die Rückseite des Läufers genäht wurde. Besonders dekorativ wirken Gardinenstangen mit Endstücken *(siehe Seite 38)* in der richtigen Länge. Aber auch ein einfacher Holzstab, der etwas breiter ist als der Teppich, genügt. Der Stab wird an zwei Schraubhaken aufgehängt.

1 **HÖHE FESTLEGEN** Mit der Wasserwaage und dem Zimmermannsbleistift eine waagerechte Linie anzeichnen, wo der Teppich hängen soll. Die Linie 1 cm länger, als der Teppich breit ist. An den Enden der Linie mit der Ahle ein Loch in die Wand stechen.

2 **HAKEN ANBRINGEN** Löcher bohren, Dübel mit passendem Durchmesser einsetzen. Die Haken einschrauben. Aus schwerem Baumwollstoff eine Hülle nähen, die so breit ist wie der Teppich und etwas weiter als der Durchmesser der Stange. Einen 5 mm breiten Saum auf die langen Seiten der Hülle bügeln.

Hülle an oberen Rand des Teppichs nähen.

3 **HÜLLE ANNÄHEN** Die Hülle mit Hinterstichen 5–10 mm unter dem oberen Rand auf der Rückseite des Teppichs annähen. Den unteren Rand annähen. Den Abstand zwischen den Haken ausmessen und den Stab auf diese Länge plus insgesamt 4 cm Rand zuschneiden.

4 **STAB ANBRINGEN** Den Teppich auf eine ebene Fläche legen und den Stab in die Hülle schieben. So lange verschieben, bis an jedem Ende ein Rand von 2 cm übersteht. Den Stab auf die Haken hängen. Bei Bedarf den überstehenden Rand auf ein Minimum kürzen.

DER FERTIGE WANDBEHANG

MOTTENSCHUTZ

Kleidermotten bedrohen Textilien jeder Art. Ihre Larven fressen Stoff, und da die Motten einen ruhigen Platz für die Eiablage suchen, ist die Rückseite eines Wandbehangs ideal. Sie können Ihre Teppiche allerdings vor Motten schützen. Schütteln Sie den Teppich zweimal im Jahr aus und erneuern Sie dabei den Mottenschutz.

MOTTENSCHUTZSPRAY

Den Teppich auf eine ebene Fläche in einem gut gelüfteten Raum legen. Beide Seiten mit einem speziellen Mottenschutzmittel besprühen, das vom Hersteller für Textilien empfohlen wird. Diese Behandlung zweimal im Jahr wiederholen.

MOTTENKUGELN

Einen kleinen, quadratischen Musselinbeutel mit Tunnelzug nähen – für größere Teppiche auch mehrere. Mit Mottenkugeln füllen und sorgfältig mit Hinterstichen auf die Rückseite des Teppichs nähen. Den Inhalt zweimal im Jahr erneuern.

REGALE

REGALE SIND DIE BESTE METHODE, DEN STAURAUM ZU VERGRÖSSERN. ES GIBT DIE VERSCHIEDENSTEN REGALSYSTEME, VON EINFACHEN, EINZELNEN BRETTERN AUF FESTER HALTERUNG BIS ZU ÄUSSERST FLEXIBLEN, AUSBAUFÄHIGEN SYSTEMEN. SIE KÖNNEN REGALE AUS IHREM WUNSCHMATERIAL BAUEN ODER FERTIGE REGALSYSTEME KAUFEN, DIE SIE NUR NOCH AUFBAUEN. ZUERST SOLLTEN SIE JEDENFALLS DIE STÄRKE UND STABILITÄT DER REGALE BEDENKEN. DIESES KAPITEL BESCHREIBT DIE VERSCHIEDENEN MATERIALIEN, GIBT HINWEISE ZUR AUSWAHL DER RICHTIGEN STÜTZEN UND ZEIGT, WIE SIE DAUERHAFTE REGALE BAUEN.

KÜCHENREGAL AUS GLAS
Nur die Unterseite des Regals aus gehärtetem Glas ist sandgestrahlt und sorgt für die mattierte Wirkung. Die Oberseite ist glatt, so dass die Fläche leicht zu reinigen ist.

GESTALTUNGSVORSCHLÄGE

DER STIL IHRER REGALE RICHTET SICH nicht nur danach, wie viel Platz Sie zur Verfügung haben und wofür Sie das Regal nutzen wollen, sondern auch nach Struktur und Material und nach dem Platz, an dem es steht. Regale müssen nicht rein funktional sein, sie können an den Stil, den Charakter und die Form eines Zimmers angepasst oder als dekoratives Element eingesetzt werden. Achten Sie darauf, dass das Material und die Wände, an denen ein Regal befestigt wird, die geplante Belastung aushalten; eine Sammlung hübscher Kleinigkeiten kann auch auf einem leichten Regal ausgestellt werden.

DURCHBRUCHARBEIT
(oben) Ein altes Regal lässt sich mit Durchbrucharbeit aus Faserplatten wieder beleben. Zwei durchbrochene Leisten werden an einem Rahmen am oberen Rand der Nische befestigt, und die Durchbrucharbeit wird an den Rand der Regalbretter genagelt.

REGALWÜRFEL
(links) Quadratische Regaleinheiten lassen sich in verschiedener Form kombinieren und bilden einen interessanten Rahmen für die Keramiksammlung.

UNBEHANDELTES HOLZ
(rechte Seite) Das stabile Holzregal über der Spüle passt zur massiven Arbeitsfläche und bietet viel Platz, ohne nachzugeben. Furniertes Sperrholz ist eine preiswerte Alternative; eine wasserfeste Oberfläche verhindert Wasser- und Dampfschäden.

WANDREGALE
(rechts) Ein einfaches Regalbrett in Augenhöhe bildet den Blickpunkt an einer kahlen Wand. Die offene Rückseite und die kräftigen Teilungselemente rahmen die aufgestellten Gegenstände ein, die dunklen Vertiefungen des Regals betonen die hellen, reflektierenden Objekte noch.

KLEIDERLAGER
(rechte Seite) Das richtige Kleidungsstück findet sich leichter, wenn alles an seinem Platz aufbewahrt wird. Hier liegen Hemden und Pullover ordentlich gefaltet in ihrem Fach. Die Kisten unter dem Regal lassen sich herausziehen, so dass auch die Schuhe bei Tageslicht gewählt werden können.

FARBIGE NISCHE
(unten) Werden Wände, Regale und die Nische in derselben Farbe gestrichen, wirkt das Zimmer einheitlich. Auf diese Weise wird auch ein praktisches, deutlich abgenutztes Regal wieder aufgewertet. Die Tischlampe in der Nähe beleuchtet das Regal und die dort gelagerten Bücher und Spiele.

HÖHENVERSTELLBAR
(rechts) Eine umfangreiche Kassetten- oder CD-Sammlung braucht wahrscheinlich mehr als einen handelsüblichen Ständer. Dieses Regalsystem wird an senkrechten Schienen befestigt, so dass die ganze Wand abgedeckt werden kann. Der Abstand zwischen den Brettern lässt sich verändern, ohne die Elemente auszutauschen oder neue zu kaufen.

EIN REGALSYSTEM AUSWÄHLEN

SCHAUEN SIE SICH ERST DIE BETREFFENDE WAND AN, bevor Sie Regale aufhängen. Dann bestimmen Sie die Art und Größe der benötigten Halterung. Verwenden Sie ruhig etwas Zeit darauf, denn die Auswahl an Befestigungssystemen und Regalbauteilen ist groß. Die einfachste Befestigung sind starre Halter. Flexibler wird das Ganze, wenn Sie ein verstellbares Schienensystem verwenden. Achten Sie bei der Auswahl darauf, dass sowohl die Halterungen als auch die Bretter die vorgesehene Last für lange Zeit tragen können.

FESTE HALTERUNGEN

Rechtwinklige Halterungen aus Holz oder Metall sind schon lange als effektive Unterlagen für Regalbretter beliebt. Ist die Halterung einmal richtig an die Wand gedübelt, werden die Bretter mit kleinen Schrauben an den Haltern befestigt. Diese Halterungen sind in vielen Größen, Breiten und Stilrichtungen erhältlich.

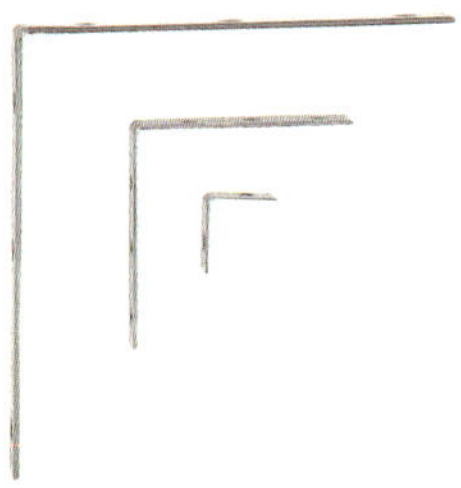

LEICHT
Diese leichten Halter aus Stahlbändern eignen sich für dünne Regalbretter, auf denen kleine Ziergegenstände angeordnet werden sollen.

MITTEL
Diese Halter werden aus Stahl oder massivem Messing hergestellt, manchmal lackiert, geeignet für leichte bis mittelschwere Bretter.

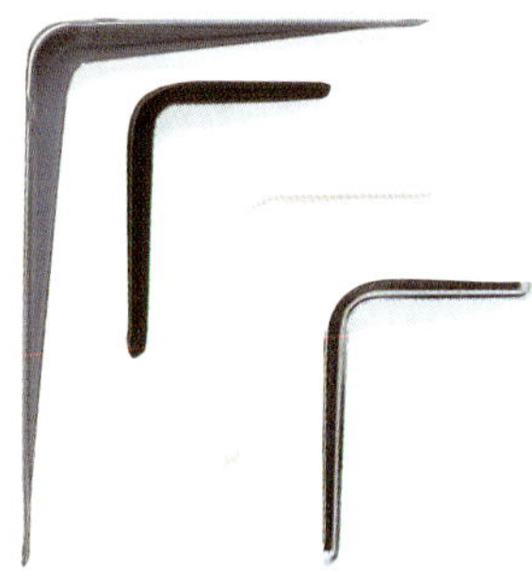

MITTELSCHWER
Diese Halter aus lackiertem Stahl sind fast überall erhältlich. Die kleineren sind ideal für schwere Regalbretter.

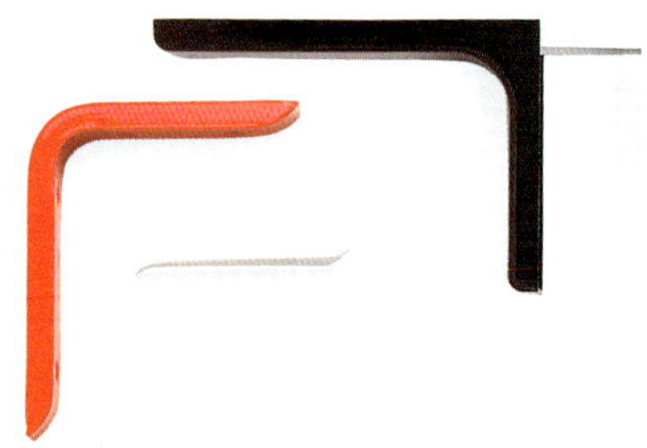

SCHWER
Bei vielen Halterungen dieser Kategorie ist ein Arm länger als der andere. Manche haben eine aufsteckbare Zierleiste, die den Tragarm verbirgt.

VERSTELLBARE HALTER

Ein verstellbares Regalsystem besteht aus Metall- oder Holzschienen, die an der Wand befestigt werden. Geflanschte Tragarme, die in verschiedenen Längen erhältlich sind, werden in die Schlitze der Schienen gesteckt. Sie stützen die Regalbretter sicher ab, lassen sich aber leicht entfernen. Die Tragarme gibt es in verschiedenen Größen aus Holz oder Metall.

LEICHT
Dieses Schienensystem aus Aluminium ist für leichte Regale gedacht. Für schwere Lasten wie Bücher ist es ungeeignet.

MITTELSCHWER, HOLZ
Hölzerne Schienensysteme sind weniger verbreitet als solche aus Metall. Sie werden oft komplett mit den passenden Regalbrettern geliefert. Bei diesem System werden die Arme mit einem Metallhaken an der Schiene befestigt.

MITTELSCHWER, STAHL
Dieses System aus Pressblech ist für mittelschwere Lasten geeignet. Die Arme haben vorn eine Spitze, die die Regalbretter festhält. Die Endplatten stützen die Gegenstände auf dem Regal sicher ab.

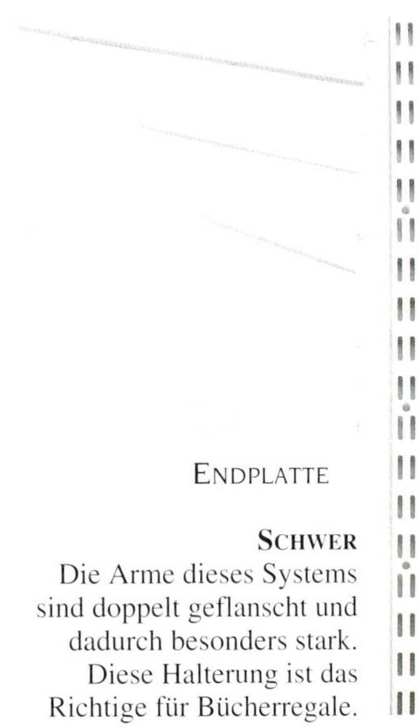

SCHWER
Die Arme dieses Systems sind doppelt geflanscht und dadurch besonders stark. Diese Halterung ist das Richtige für Bücherregale.

REGALBRETTER

Wenn Sie sich für eine Art der Aufhängung entschieden haben, wählen Sie die passenden Regalbretter dazu. Besonders praktisch sind Massivholz oder Holzwerkstoffe. Glas eignet sich für dekorative, leichte Gegenstände. Aufpassen, dass die Bretter das Gewicht, das sie tragen sollen, auch aushalten. Verkürzen Sie u. U. den Abstand zwischen den Tragarmen.

WANDBEFESTIGUNG

Für Schrauben in massiven Wänden verwenden Sie Dübel oder, für schwere Lasten, Spreizhülsenanker. Metall- und Plastikdübel sowie Klappdübel sind zur Befestigung von Schrauben in Hohlwänden erhältlich.

FÜR HOHLWÄNDE

Es gibt eine große Anzahl spezieller Dübel aus Metall und Plastik, um Schrauben in Hohlwänden zu fixieren. Allerdings können daran nur sehr leichte Regale befestigt werden. Die Stärke der Aufhängung richtet sich nach der Wand. Versuchen Sie die Stützen der Wandplatten zu finden und die Regale an diesen zu befestigen.

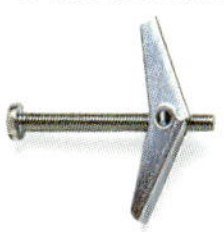
KLAPPDÜBEL

GIPSKARTONDÜBEL MIT PASSENDER SCHRAUBE

PLASTIK-SPREIZ-DÜBEL

HOHLRAUM-DÜBEL

FÜR MASSIVE WÄNDE

Beim Befestigen von Regalen an massiven Wänden die richtige Schraubengröße und passende Dübel verwenden. Dübel für massive Wände sind aus Pressfaser, meist jedoch aus Plastik. Die Löcher immer in der vom Dübelhersteller angegebenen Größe bohren. Für sehr schwere Lasten eignen sich Spreizhülsenanker, die keine Dübel brauchen, am besten.

FASER-DÜBEL

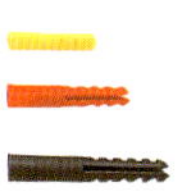
PLASTIK-DÜBEL

SCHUPPEN-DÜBEL

SPREIZHÜLSENANKER

GLAS UND MASSIVHOLZ

Regalböden aus Glas sollten mindestens 6 mm dick und am Rand poliert sein. Der Glaser schneidet das Glas auf die gewünschte Größe zu. Glas ist schwer und braucht starke Tragarme, die nicht weiter als 40 cm voneinander entfernt sein sollten. Weich- und Hartholz sieht gewachst oder lasiert sehr dekorativ aus, kostet allerdings mehr als Holzwerkstoff und verzieht sich leicht.

GLAS
WEICHHOLZ
HARTHOLZ

HOLZWERKSTOFFE

Dieses Material aus zusammengeleimtem und gepresstem Holz oder Holzprodukten ist für Regalböden äußerst beliebt. Hartfaserplatten, Sperrholz und Tischlerplatten sind nicht teuer, leicht zu verarbeiten und in verschiedenen Stärken erhältlich. Tischlerplatten sind das festeste Material.

HOLZFASER-PLATTE
SPERRHOLZ
TISCHLER-PLATTE

FURNIER

Sperrholz ist mit verschiedenen Furnieroberflächen aus Hart- oder Weichholz, Melamin oder PVC erhältlich. Furnierte Sperrholzbretter werden speziell als Regalböden hergestellt. Es gibt sie in verschiedenen Breiten, die auf die richtige Länge zugeschnitten werden. Die Sägekanten werden dann mit einem Furnierstreifen beklebt.

EICHENFURNIER AUF HOLZFASER
EICHENFURNIER AUF SPANPLATTE
MELAMIN AUF SPANPLATTE
RESOPAL AUF HOLZFASER-PLATTE

REGALE AUFHÄNGEN

WENN SIE SICH FÜR EIN REGALSYSTEM ENTSCHIEDEN haben, das Ihren Wünschen entspricht, und das richtige Material gewählt haben, müssen Sie das Regal nur noch aufhängen. Denken Sie daran, dass das Regal schwere oder wertvolle Gegenstände für lange Zeit sicher tragen soll. Deshalb ist es wichtig, das geeignete Material zu verwenden und es richtig zu verarbeiten. Bei festen wie verstellbaren Systemen müssen Sie darauf achten, die Wandhalterung sicher zu verankern und die Bretter genau waagerecht zu legen.

WANDHALTERUNGEN AN EINER MASSIVEN WAND

Legen Sie den richtigen Platz für die Halterungen fest. Beachten Sie die Angaben des Herstellers zu den passenden Schrauben und Dübeln. Verwenden Sie geeignete Dübel zur Befestigung der Schrauben. Sie brauchen einen Bleistift, einen Metalldetektor, eine Ahle, eine Schlagbohrmaschine mit Bohrer, eine Schutzbrille und einen Schraubendreher.

1 **BOHRLÖCHER MARKIEREN** Fläche mit dem Metalldetektor untersuchen, damit keine Leitungen angebohrt werden. Die Halterung an die Wand halten und senkrecht ausrichten. Mit dem Bleistift die Bohrpunkte durch die Schraublöcher anzeichnen.

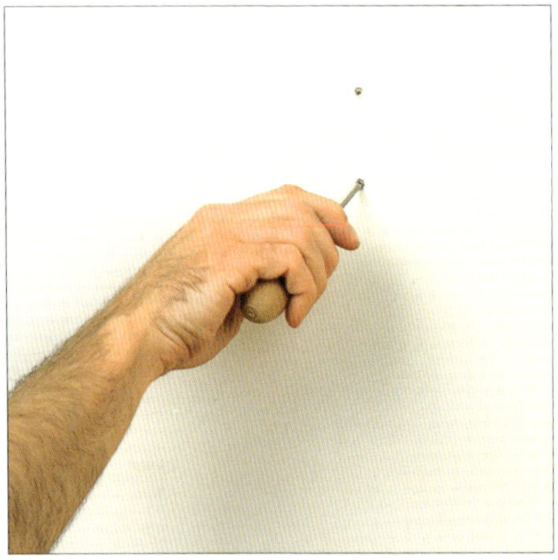

2 **LÖCHER VORBOHREN** Mit der Ahle die Löcher leicht vorbohren. So rutscht der Mauerbohrer weniger leicht ab, und die Löcher sind genau zentriert.

3 **LÖCHER BOHREN** Den Bohrer in die Maschine spannen. Schlagbohrmechanismus bei niedriger Drehzal einschalten. An den vorgebohrten Stellen Löcher bohren, die etwas länger sind als die Schrauben. Bei dieser Arbeit eine Schutzbrille tragen.

4 **DÜBEL EINSETZEN** Dübel in die gebohrten Löcher drücken. Die Dübel sollten gut sitzen und knapp innerhalb der Wand abschließen, damit der Putz nicht so leicht beschädigt wird.

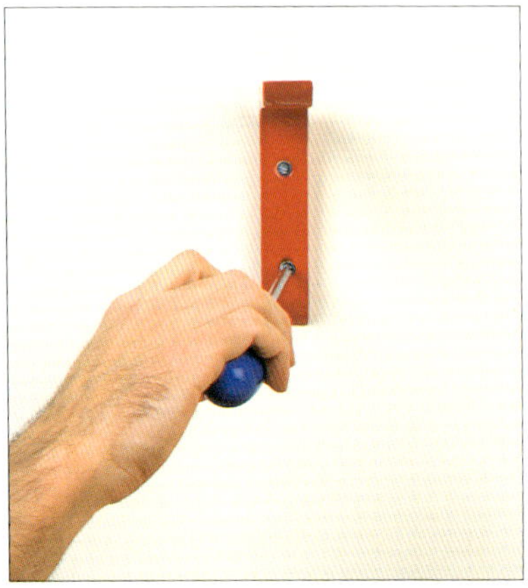

5 **HALTERUNG ANSCHRAUBEN** Die Halterung an die richtige Stelle halten und eine Schraube durch das entsprechende Loch in den Dübel stecken. Mit dem Schraubenzieher fest anziehen. Zweite Schraube anziehen.

HOHLWÄNDE

Beim Anbringen von leichten Regalen an Hohlwänden Plastik- oder Metalldübel verwenden. Die meisten klappen sich innerhalb der Höhlung aus. Den Bohrer nach Angaben des Dübelherstellers wählen. Die Löcher anzeichnen und bohren. Dübel einsetzen und Halterung anschrauben.

NICHT VERSTELLBARE REGALE

Bestimmen Sie den Platz der Halterungen und Regalböden. Mit dem Metalldetektor stellen Sie fest, dass keine Leitungen in der Wand verlaufen. Beim Aufhängen der Regale an einer Hohlwand suchen Sie damit die Träger. Die Schrauben sollten mindestens 2,5 cm tief in die Wand eindringen. Außerdem brauchen Sie Bleistift, Ahle, Bohrmaschine, Mauerbohrer, Dübel, Wasserwaage, Schraubendreher und kleine Schrauben, um das Regal an der Halterung zu befestigen.

1 **ERSTE HALTERUNG ANBRINGEN** Die erste Halterung an die Wand halten, so dass der obere Rand auf der gewünschten Höhe für die Unterkante des Regals liegt. Die Bohrpunkte mit dem Bleistift anzeichnen und die Halterung wie auf vorheriger Seite gezeigt fixieren.

2 **ZWEITE HALTERUNG ANBRINGEN** Die zweite Halterung an die Wand halten. Den Regalboden auflegen und mit der Wasserwaage waagerecht ausrichten. Die Bohrpunkte mit dem Bleistift anzeichnen. Der Überstand sollte auf beiden Seiten gleich sein. Löcher bohren und Halterung anschrauben.

3 **MITTLERE HALTERUNG ANBRINGEN** Die Halterungen zwischen den beiden äußeren müssen auf der richtigen Höhe und in gleichem Abstand sitzen. Den Regalboden hochkant auflegen und die Halterungen danach ausrichten. Die Bohrpunkte mit dem Bleistift anzeichnen und die Halterung anschrauben.

4 **REGALBODEN BEFESTIGEN** Den Regalboden auf die Halterung legen. Von unten die Positionen der Befestigungsschrauben mit der Ahle markieren. Die Löcher vorbohren, aber nicht zur Oberfläche des Bodens durchdringen. Die Befestigungsschrauben anziehen.

DAS FERTIGE REGAL

KLEINE REGALE ANBRINGEN

Bei kurzen Regalen erst den Regalboden an die Halterung schrauben. Den Boden auf einer ebenen Fläche hochkant stellen. Eine Halterung an die richtige Stelle halten. Die Befestigungslöcher mit der Ahle anzeichnen. Vorbohren und die Halterung anschrauben. Mit der zweiten Halterung ebenso verfahren.

BOHRTIEFE BERECHNEN

Um Dübellöcher gleichmäßig tief zu bohren, wird ein Tiefenmesser gebraucht. Viele Bohrmaschinen sind damit bereits ausgerüstet. Wenn nicht, helfen ein Maßband und Klebeband.

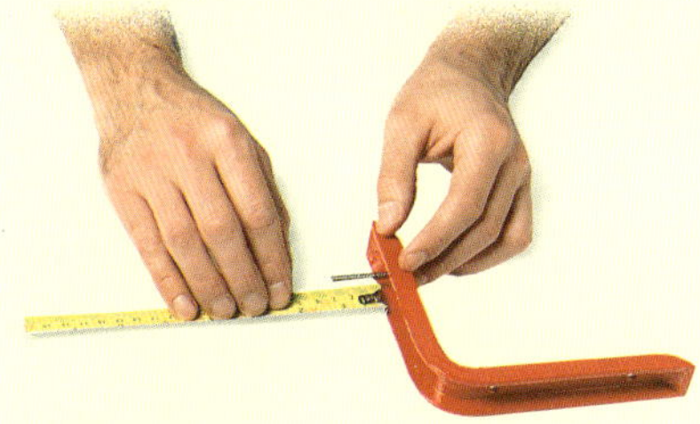

1 **TIEFE MESSEN** Die Halterung auf eine ebene Fläche legen. Eine Schraube durch ein Loch stecken und an die Halterung drücken. Messen, wie weit die Schraube aus der Halterung ragt. So tief muss das Bohrloch werden.

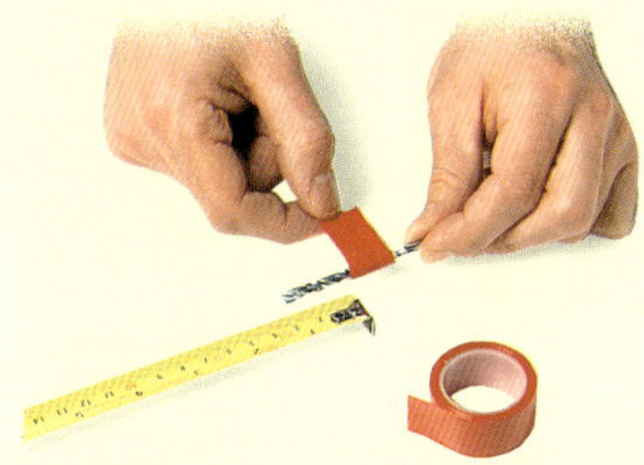

2 **BOHRER MARKIEREN** Diese Länge auf dem Bohrer markieren. Von der Spitze des Bohrers aus messen und an dieser Stelle ein Stück farbiges Klebeband um den Bohrer legen. Das Loch ist tief genug, wenn beim Bohren das Klebeband erreicht ist.

VERSTELLBARE REGALE ANBRINGEN

Wenn Sie die Höhe Ihrer Regale nachträglich verstellen wollen, sollten Sie ein Schienensystem verwenden. Es muss so stark sein, dass es die gewünschte Last tragen kann. Außerdem brauchen Sie Bleistift, Metalldetektor, Ahle, Bohrmaschine mit verschiedenen Mauerbohrern, passende Schrauben und Dübel, Schraubenzieher, Wasserwaage, Senkblei und passende kleine Schrauben, um die Regalböden an den Tragarmen zu befestigen.

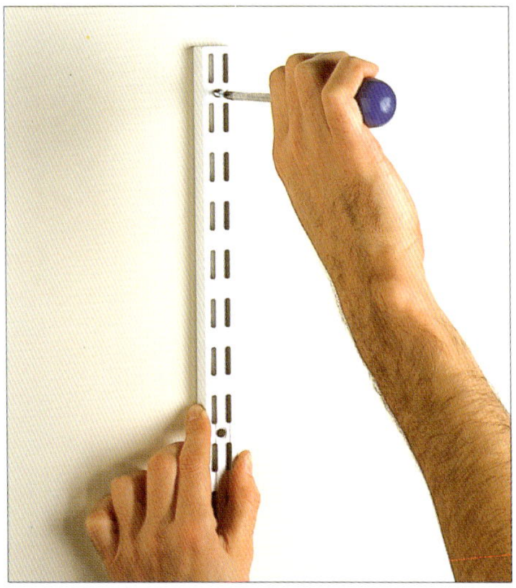

1 **SCHIENE ANBRINGEN** Wand mit Metalldetektor untersuchen. Erste Schiene anbringen. Oberstes Schraubloch anzeichnen und mit der Ahle einstechen. Loch bohren, Dübel einsetzen. Schiene locker anschrauben.

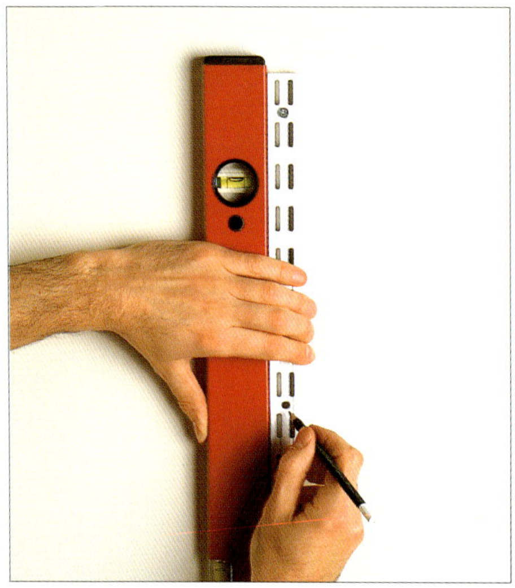

2 **SCHIENE AUSRICHTEN** Die Schiene muss noch beweglich sein. Mit der Wasserwaage die Schiene senkrecht ausrichten. Dann alle Bohrpunkte mit dem Bleistift anzeichnen.

METALLDETEKTOR

Speziell für Heimwerker gibt es batteriebetriebene Metalldetektoren, die zur Sicherheit der Arbeit beitragen. Sie geben optisch und akustisch Alarm, und ihre Empfindlichkeit lässt sich danach einstellen, ob Nägel, Schrauben, Elektroleitungen oder stärkere Metallhindernisse in der Wand gesucht werden.

3 **LÖCHER BOHREN** Die Schiene zur Seite schieben, um die Bohrpunkte genau zu erreichen. Erst mit der Ahle einstechen, dann bohren. Dann Dübel einsetzen. Die Schiene wieder senkrecht hängen und mit allen erforderlichen Schrauben festschrauben.

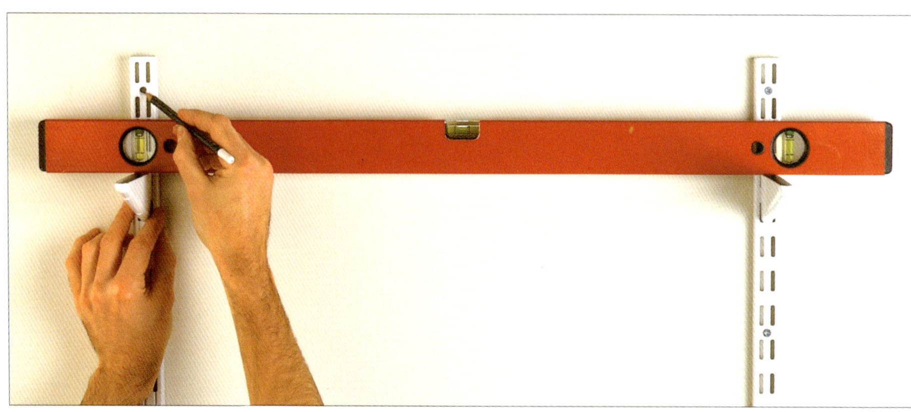

4 **ZWEITE SCHIENE**
Je einen Tragarm am oberen Ende der ersten Schiene und einer weiteren anbringen. Wasserwaage auf die Tragarme legen. Die Schienen müssen den richtigen Abstand haben. Tragarme ausrichten. Ersten Bohrpunkt an der Wand anzeichnen. Zweite Schiene befestigen.

5 **REGALBODEN BEFESTIGEN**
Einen Regalboden auf die gewünschte Höhe legen. Der Boden muss mittig auf den Tragarmen liegen. Mit der Ahle die Bohrpunkte für die Befestigungsschrauben anzeichnen.

6 LÖCHER BOHREN

Nach dem Markieren der Bohrpunkte an den Regalböden werden mit einem passenden Bohrer die Löcher gebohrt. Wenn das Schraubloch zu schmal ist, den Regalboden von den Tragarmen nehmen.

7 REGALBODEN BEFESTIGEN

Die Bohrlöcher nach den Tragarmen ausrichten. Mit dem Schraubendreher die passenden Schrauben anziehen; viele Regalhersteller liefern die richtigen Befestigungsschrauben gleich mit. Auf diese Weise alle Regalböden befestigen.

8 REGALBÖDEN AUSRICHTEN

Beim Anbringen eines Regalsystems mit mehreren Böden von gleicher Länge werden die Böden mit dem Senkblei auf gleichen Überstand ausgerichtet. Den obersten Regalboden befestigen und das Senkblei daran aufhängen. Die restlichen Regalböden daran ausrichten.

Mehrere Regalböden mit dem Senkblei exakt ausrichten.

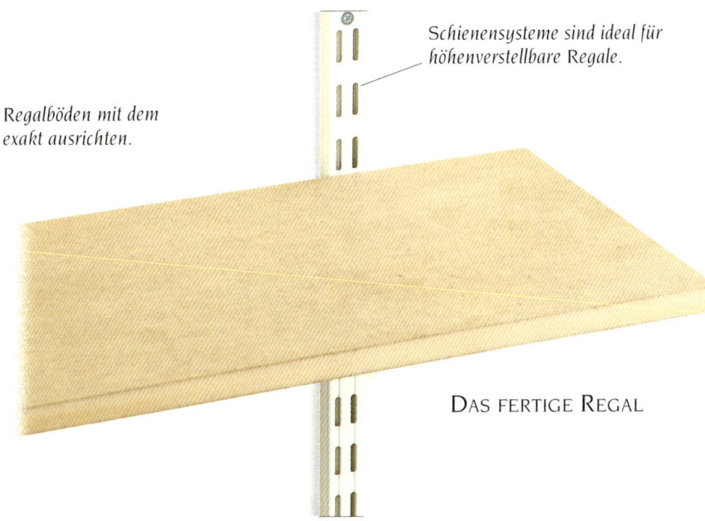

Schienensysteme sind ideal für höhenverstellbare Regale.

DAS FERTIGE REGAL

WEITERE MÖGLICHKEITEN

REGALBÖDEN AN DER WAND ANLEGEN
Bei Schienensystemen liegen die Regalböden etwas entfernt von der Wand. Um sie direkt anzulegen, in Höhe der Schienen kleine Aussparungen schneiden.

FLEXIBILITÄT MIT DREI SCHIENEN
Bei einem System mit drei Schienen sind verschiedene Regalhöhen und -abstände möglich. Auch Regalböden in verschiedener Größe sind möglich, so dass die verschiedensten Gegenstände untergebracht werden können. Beim Befestigen der Böden die Überhänge wie oben beschrieben ausgleichen.

RAUMTEILER
Die offenen Regale in dieser Küche dienen gleichzeitig als Raumteiler, Arbeitsfläche und Stauraum. Durch den großzügigen Abstand zwischen der Arbeitsplatte und dem ersten Regalboden können Speisen und Geschirr gereicht werden. Die matten Edelstahlträger und die Hartholz-Regalböden bilden eine optische Verbindung zwischen der funktionalen Küche und dem informellen Esszimmer.

BELEUCHTUNG

DIE BELEUCHTUNG TRÄGT ENTSCHEIDEND ZUR ATMOSPHÄRE EINES RAUMES BEI UND SOLLTE DESHALB BEI DER PLANUNG AUF JEDEN FALL BERÜCKSICHTIGT WERDEN. OFT SCHRÄNKEN DIE VORHANDENEN ANSCHLÜSSE DIE MÖGLICHKEITEN EIN, ÜBER DIE GRUNDLEGENDE BELEUCHTUNG HINAUS LICHT ALS STILELEMENT EINZUSETZEN. TROTZDEM LASSEN SICH MIT KÜNSTLICHEM LICHT INTERESSANTE EFFEKTE ERZIELEN. IN DIESEM KAPITEL FINDEN SIE INFORMATIONEN DARÜBER, WIE SIE MIT VERSCHIEDENEN MODELLEN DIE GEWÜNSCHTE WIRKUNG HERVORRUFEN KÖNNEN UND WIE SIE FESTE UND BEWEGLICHE LICHTQUELLEN NACH MÖGLICHKEIT NUTZEN.

Kreative Beleuchtung
Diese Lampe aus Holz, farbigem Glas und Chrom ist selbst ein dekoratives Element. Ihr Licht fällt sanft auf das Sofa und schafft eine entspannte Atmosphäre.

GESTALTUNGSVORSCHLÄGE

WIRD LICHT RICHTIG EINGESETZT, verstärkt es den Charakter eines Raumes, betont besondere Gegenstände oder schafft eine gewisse Atmosphäre. Auch in der Küche, wo gute Beleuchtung wichtig ist, haben zur Einrichtung passende Lampen ihre Wirkung. Kerzenlicht ist das bekannteste Beispiel für atmosphärische Beleuchtung – es schafft eine entspannte Stimmung. Beleuchtung wirkt auch als Hervorhebung: Ein schmaler Strahl, der auf einen Gegenstand fällt, betont seine Form und trägt zur Helligkeit im Raum bei. Eher funktional ausgerichtet sind z. B. Tischlampen, die eine Arbeitsfläche beleuchten.

Licht zum Arbeiten
(oben) Zum Lernen, Schreiben oder Nähen braucht man genügend Licht, um die Augen nicht zu überanstrengen. Verstellbare Leuchten sind für den Arbeitsplatz ideal, denn ihr helles Licht lässt sich an die gewünschte Stelle lenken. Der schwere Fuß sorgt für einen festen Stand; die Leuchte kann nach oben verstellt werden, so dass sie während der Arbeit nicht im Weg ist. Hier wird eine ruhige Ecke zum Lernen ausgeleuchtet, während der Rest des Zimmers halbdunkel bleibt.

Funktionales Licht
(rechts) In der Küche ist gutes Licht schon aus Sicherheitsgründen notwendig. Die Fenster sorgen für reichlich Tageslicht auf dem Boden und an der Spüle, während verborgene Lichtleisten unter den Hängeschränken die Arbeitsfläche schattenfrei ausleuchten. Die in der Decke versenkten Strahler leuchten direkt in Schränke und Regale.

Dachfenster
(oben) Durch ein hohes Fenster in der Dachschräge fällt Tageslicht auf das Bett. Nachts wird das Zimmer durch die Nachttischlampe und das Licht vom Treppenabsatz erleuchtet. Der tiefblaue Anstrich wirkt in dieser Dunkelheit weiträumig und ruhig.

Einzelne Leuchten
(rechte Seite) Moderne Leuchten, die einzeln eingestellt werden können, eignen sich am besten als Leselampen. In der Decke versenkte Strahler sorgen für atmosphärische Beleuchtung.

Einzelheiten betonen
(linke Seite) Der abwärts gerichtete Lichtstrahl betont das Glasregal, während die Strahler direkt vor der Metallwand diese als zentrales Element des Zimmers hervorheben.

Wasserfeste Beleuchtung
(unten) Die Stimmung im Badezimmer ändert sich, wenn die wasserfesten Wandleuchten eingeschaltet werden. Das Licht blendet auch auf den leuchtend weißen Flächen nicht, so dass man sich gut entspannen kann.

Licht und Form
(links) Die eiförmige Lampe auf dem hohen, dünnen Metallständer wirkt in dieser modernen Umgebung wie eine Skulptur. Der opake Lampenschirm dämpft das Licht und bringt die überstrichene Ziegelwand zum Leuchten.

Offene Räume
(unten) Offene Räume erfordern eine sorgfältige Beleuchtung, damit jeder Abschnitt das richtige Licht zum Arbeiten und zum Wohlfühlen erhält. Halogenlampen an Drähten lenken den Blick nach oben, sie schaffen Lichtinseln an den Wänden. Auf dem Fußboden bringen versenkte Leuchten unter den Einbauschränken mehr Leben in die Küche.

LICHTQUELLEN

FRÜHER GAB ES KÜNSTLICHES LICHT nur aus begrenzten, diffusen Quellen wie Kerzen, Hängeleuchen und Wandleuchten. Heute ist es viel leichter, das Licht zielgerichtet für den jeweiligen Zweck einzusetzen, da eine nahezu unbegrenzte Auswahl an Leuchten und Lampen fast überall erhältlich ist. In Verbindung mit den Fortschritten der Beleuchtungstechnik wurden auch Energie sparende Lampen entwickelt, die lange halten und weniger Strom verbrauchen als ältere Modelle.

REFLEKTOR-PROFILE

Eine handelsübliche Glühbirne mit Wolframdraht verbreitet diffuses Licht, das sich zur allgemeinen Beleuchtung eignet. Die Richtung des Lichts lässt sich mit verschiedenen Reflektorlampen für Strahler, Abwärtsstrahler und Aufwärtsstrahler besser kontrollieren. Ein schmaler Strahl zwischen 3 und 25 Grad eignet sich für kleine Flächen. Ein mittlerer Strahl zwischen 25 und 40 Grad erhellt schon größere Zonen, während ein breiter Strahl von mehr als 40 Grad weite Räume ausleuchtet.

SCHMALER STRAHL 3–25 GRAD

MITTLERER STRAHL 25–40 GRAD

BREITER STRAHL ÜBER 40 GRAD

ENERGIESPARLAMPEN

In den letzten zehn Jahren hat sich die Forschung auf Energie sparende Lampen konzentriert, die angenehmes Licht ausstrahlen und lange halten. Halogenlampen aus Wolfram oder Quarz sind kompakt und verbreiten starkes weißes Licht. Leuchtstofflampen hingegen werden eher wegen ihres Sparpotenzials als wegen ihrer Leuchtstärke geschätzt. Allerdings macht die Technik auch hier Fortschritte, und inzwischen sind sie eine brauchbare Alternative zur herkömmlichen Glühbirne.

Wolfram-Halogenlampe
Ursprünglich wurden diese Lampen als Flutlicht für große Flächen entwickelt. Die kleinen Niedervolt-Halogenlampen mit den passenden Leuchten eignen sich besonders für Räume, wo punktgenaues, starkes Licht gebraucht wird. Seit einiger Zeit werden Halogenlampen auch in Verbindung mit Strahlern mit Standardspannung eingesetzt.

KLEINE NIEDERVOLT-WOLFRAM-HALOGENREFLEKTORLAMPE

WOLFRAM-HALOGEN-REFLEKTORLAMPE FÜR NORMALE SPANNUNG

Kleine Leuchtstofflampen für normale Leuchten
Die meisten Energiesparlampen brauchen nur ein Viertel des Stroms einer normalen Glühbirne und halten mehr als fünfmal so lange. Einige brauchen einen Adapter. Da der Adapter länger hält als das Glühteil, sollten die Teile getrennt gekauft werden.

BAJONETT-GEWINDE

SCHRAUBGEWINDE

2-D-Mini-Leuchtstofflampe
Diese Lampe wurde mit der passenden Kontrolleinheit für eine spezielle Wand- oder Deckenleuchte entwickelt. Mit Hilfe eines Adapters kann sie aber auch in normalen Leuchten eingesetzt werden.

2-D-MINI-LEUCHTSTOFFLAMPE

Im Esszimmer
Der Raum soll für die täglichen Mahlzeiten ebenso angenehm sein wie für festliche Anlässe. Eine lange Leuchte in der Mitte wirft blendfreies Licht auf den Tisch, die versenkten Abwärtsstrahler schaffen Lichtinseln an den glatten Wänden und hölzernen Schiebetüren.

FESTE LEUCHTEN

WENN SIE SICH FÜR EINE BESTIMMTE ART DER BELEUCHTUNG entschieden haben, brauchen Sie noch die passenden Leuchten dazu. Feste Leuchten sind ideal für allgemeine Beleuchtung, und es gibt eine große Auswahl. Die meisten festen Leuchten erfordern verdeckte Leitungen an der Decke oder unter Putz in der Wand. Wenn Sie eine vorhandene Leuchte durch eine neue ersetzen wollen, wenden Sie sich an einen erfahrenen Elektriker. Ersetzen Sie keine elektrischen Teile, wenn Sie sich nicht genau auskennen. Halten Sie sich an die Sicherheitsvorkehrungen, dann ist es nicht allzu schwer, ein Elektrosystem zu installieren.

WANDLEUCHTEN

Wandleuchten werden oft in Augenhöhe aufgehängt und sind eine elegante Lichtquelle. Wandleuchten mit entsprechenden Schirmen ersetzen die Kerzen, Öl- oder Gaslampen, die im frühen 20. Jahrhundert noch üblich waren. Neuere Modelle werfen ein breiter gestreutes Licht mit einem größeren Radius an die Wand.

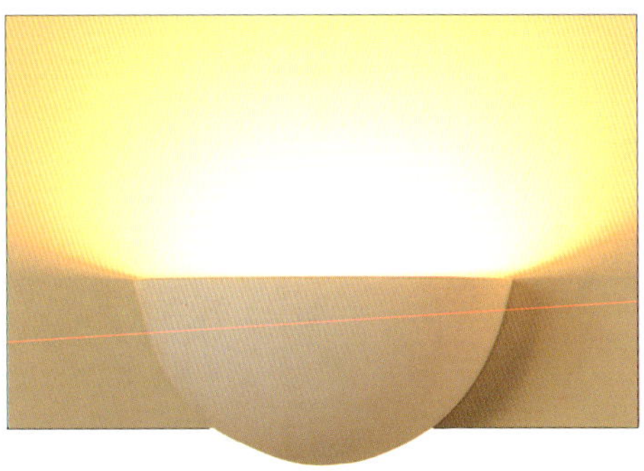

Opake Schale
Diese Halbkugel bündelt den Lichtstrahl direkt nach oben über die Wand zur Decke. Sie besteht aus Gips und kann passend zur Wand oder in einer Kontrastfarbe gestrichen werden.

Nostalgisch
Wandleuchten waren unter den ersten elektrischen Geräten, die hergestellt wurden. Heute gibt es verschiedene Rekonstruktionen aus dieser Zeit, wie diese Art-déco-Leuchte aus Chrom und Rauchglas, oder die Leuchten aus poliertem Messing und geätztem Glas, die wie antike Gaslaternen wirken.

Wandleuchte für diffuses Licht
Diese Leuchte lenkt das Licht nicht hinauf, sondern strahlt es durch eine Rauchglasscheibe diffus auf die umliegende Fläche aus.

Doppelte Wandleuchte
Diese Leuchte ist ein modernes Modell, das von schmiedeeisernen Kerzenhaltern inspiriert wurde. Kleine Papierschirme werden auf die kerzenförmigen Lampen gesteckt und erleuchten die unmittelbare Umgebung.

Bildleuchte
Diese Lichtleiste mit Schirm ist speziell dazu geeignet, Gegenstände zu beleuchten, die an der Wand hängen. Je nach Größe und Position des Objekts kann das Licht dahinter, darüber oder darunter angebracht werden. Wenn Sie ein Gewebe, ein altes Dokument oder ein Gemälde beleuchten wollen, ist Vorsicht geboten, da diese Gegenstände oft besonders lichtempfindlich sind.

Mit Stecker

Die meisten Wandleuchten werden direkt an die Stromversorgung angeschlossen, manche werden aber auch mit Stecker angeboten. Sie sollten möglichst direkt über der Steckdose angebracht werden, damit keine langen Leitungen gespannt werden müssen.

DECKENLEUCHTEN

Die übliche Form der allgemeinen, fest installierten Deckenleuchte ist die Hängeleuchte. Früher bestanden diese einfach aus einem Stück Leitung, der Fassung und einem Schirm. Heute gibt es die verschiedensten Hängeleuchten. Außer den üblichen Hänge- oder flach angebrachten Leuchten eignen sich auch versenkte Abwärtsstrahler als Zimmerbeleuchtung.

Glaskugel

Diese Rauchglaskugel hängt an einem verchromten Stab von der Deckenhalterung und verstrahlt das Licht einer handelsüblichen Glühbirne. Hängeleuchten mit Glaskugel sind in verschiedenen Größen an unterschiedlichen Stäben erhältlich.

Hängeleuchte mit Schirm

Die übliche Methode, ein Zimmer zu beleuchten, ist sicher die hängende Lampe mit Schirm. Der hier gezeigte Aluminiumschirm ist eine moderne Variante der herkömmlichen Papier- und Stoffschirme.

Kronleuchter

Die traditionelle Form des Kronleuchters eignet sich gut für elektrische Beleuchtung. Kronleuchter werden aus verschiedenen Materialien hergestellt. Achten Sie darauf, dass Ihre Decke und die Halterung das oft hohe Gewicht dieser Art Leuchte aushalten.

Halbkugel

Diese Leuchte verbreitet diffuses Licht. Sie wurde zum Gebrauch mit einer Mini-Leuchtstoffröhre entwickelt und kann auf der Fläche oder halb versenkt in der Decke oder der Wand angebracht werden.

Diskusform

Diskusförmige Leuchten eignen sich hervorragend für hohe Räume. Diese hier besteht aus einer Rauchglasform über einer Metallhalterung, die an der Decke verschraubt ist.

Runde Halterung mit Strahler

Runde Halterungen mit mehreren Strahlern sind eine wirtschaftliche und praktische Alternative zu einer Lichtleiste mit Strahlersystem an der Decke. Die Strahler sind mit Wolframdraht-Reflektorlampen bestückt; ihre Richtung ist jeweils leicht verstellbar.

Wolfram-Reflektor

Das Design dieses Abwärtsstrahlers ist einfach und unauffällig. Er hat eine Wolframdraht-Reflektorlampe und ist ideal für die allgemeine Raumbeleuchtung.

Mini-Leuchtstoffröhre

Dieser Abwärtsstrahler mit Mini-Leuchtstoffröhre und Reflektorkegel ist sehr engergieeffizient und daher für den Dauergebrauch geeignet.

Niedervolt-Halogenlampe

Diese Abwärtsstrahler haben den kleinsten Durchmesser. Sie müssen an einen passenden Transformator angeschlossen werden. Hier liegt er in der Decke.

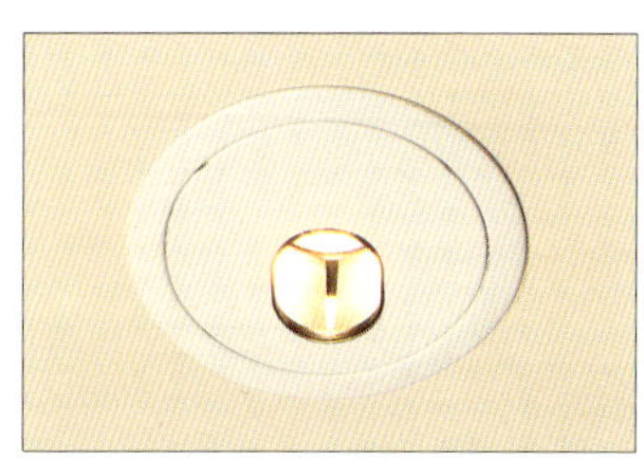

Abwärtsstrahler

Manche Abwärtsstrahler leuchten nicht gerade nach unten, sondern haben drehbare Lampen oder sind selbst drehbar, so dass das Licht nach Wunsch gelenkt werden kann.

BEWEGLICHE LEUCHTEN

SIE WERDEN INNERHALB EINES ZIMMERS wahrscheinlich verschiedene fest installierte und bewegliche Lichtquellen verwenden. Letztere sind eine attraktive, leicht zu handhabende Alternative zu fest installierten Leuchten, die meist unter Putz verlegte Leitungen erfordern. Bewegliche Leuchten passen sich ohne Schwierigkeiten an Ihre Wünsche und Bedürfnisse an. Zwar ist ein Schienensystem etwas starrer als eine Tischleuchte, es ist aber so flexibel, dass Sie die Lampen jederzeit anders platzieren können. Kerzenlicht verändert die Stimmung stärker als elektrisches Licht und ist auf verschiedene Weise einsetzbar.

TISCHLEUCHTEN

Es gibt im Grunde zwei Arten von beweglichen Leuchten, die dazu gedacht sind, auf einen Tisch gestellt oder daran befestigt zu werden. Schreibtischleuchten erhellen kleine Arbeitsflächen, es gibt sie in verschiedenen Formen und Größen. Tischleuchten unterstützen die allgemeine Beleuchtung eines Zimmers oder erleuchten bestimmte Zonen, etwa einen Sessel oder eine Ecke.

NIEDERVOLT-QUARZ-HALOGEN
Schreibtischleuchten sollten leicht verstellbar sein und genügend Licht abgeben. Diese Leuchte mit schwerem Fuß ist mit Federn und Gelenken ausgestattet, so dass der Lichtwinkel veränderbar ist.

NOSTALGISCHE SCHREIBTISCHLEUCHTE
Dieses klassische Modell aus dem Jahr 1930 ist heute immer noch beliebt. Es ist in Chrom oder Messing erhältlich und eignet sich für fast jeden Zweck im Büro.

SCHREIBTISCHLEUCHTE MIT KLEMME
Manche Schreibtischleuchten haben an Stelle des großen, meist schweren Fußes eine verstellbare Klemme, mit der sie an der Tischplatte befestigt werden. Das Konzept dieser Leuchte mit Federn und Gelenken stammt aus dem Jahr 1933.

KERAMIKFUSS UND STOFFSCHIRM
Leuchtenfüße aus Keramik sind in verschiedenen Formen und Mustern erhältlich. Der Schirm aus Stoff ist mit halb opakem Papier gefüttert und lenkt das Licht zum größten Teil auf den Tisch.

HOLZFUSS MIT PAPIER-SCHIRM
Dieser einfache, elegante Tischleuchtenfuß ist aus Hartholz gedrechselt. Der Schirm besteht aus einfachem Papier. Die Leuchte erhellt Teilflächen und verbreitet diffuses Licht im Zimmer.

KERZEN

Ein Kerzenständer ist ideal, um das Licht einer Kerze hervorzuheben. Durchbrochene Laternen wirken aufgehängt dekorativ. Ein Kerzenleuchter mit reflektierender Rückenfläche eignet sich zur Befestigung an der Wand. Bei Kerzenlicht immer auf die Sicherheit achten (Zugluft).

KERZENSTÄNDER

LATERNE

KERZENHALTER

BODENLEUCHTEN

Leuchten, die frei auf dem Boden stehen, sind in vielen Formen und Größen erhältlich und wie Tischleuchten leicht zu installieren. Bodenleuchten eignen sich als Quellen für allgemeines, atmosphärisches und punktuelles Licht. Sie werden in verschiedenen Formen angeboten. Aufwärtsstrahler und Spotlights dienen zum Beleuchten bestimmter Flächen.

HOLZ-METALL-STEHLEUCHTE MIT PAPIERSCHIRM
Dies ist eine moderne Variante der Stehlampe. Sie ist höhenverstellbar und hat einen Papierschirm, der das Licht nach vorn lenkt. Diese Leuchte eignet sich zum Beleuchten eines Sessels oder eines bestimmten Platzes.

MESSING-STEHLEUCHTE MIT PAPIERSCHIRM
Diese seitlich verstellbare Leuchte steht auf einem robusten Fuß; sie passt gut ins Wohnzimmer, wo sie eine bestimmte Fläche oder den ganzen Raum ausgewogen beleuchtet.

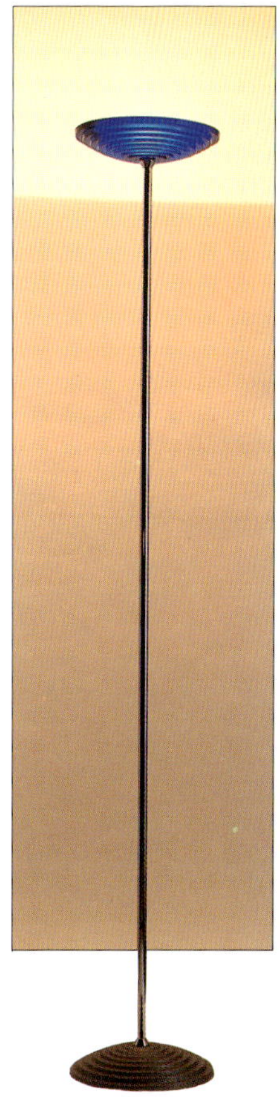

HOHER AUFWÄRTSSTRAHLER
Diese Art Strahler mit Wolfram-Halogenlampe ist eine Energie sparende, indirekte Lichtquelle. Er ist geeignet für allgemeine und dekorative Beleuchtung.

KLEINER AUFWÄRTSSTRAHLER
Der kurze Ständer verbirgt den Transformator für die Niedervolt-Wolfram-Halogenlampe. Der Strahler kann auf den Boden oder auf eine erhöhte Fläche gestellt werden.

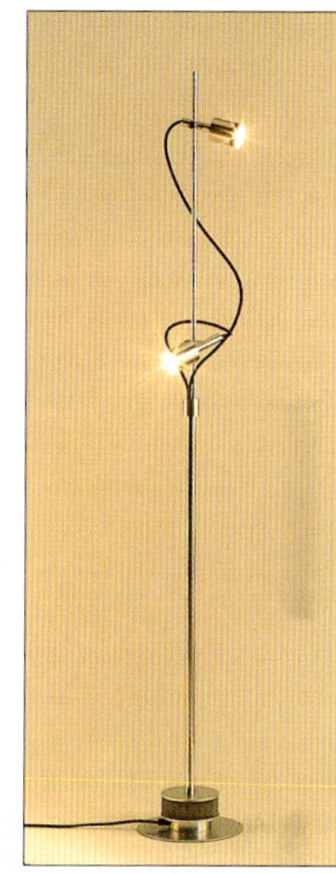

STRAHLERSTÄNDER
Dieser Strahlerständer mit Transformator im Fuß ist als tragbare Lichtquelle für kleine Flächen gedacht. Er eignet sich für punktuelle Beleuchtung.

LEUCHTSCHIENEN

An der Decke montierte Schienen mit verstellbaren Strahlern wurden ursprünglich für Geschäfte entwickelt, um die häufig nötigen Veränderungen zu erleichtern. Ähnliche Systeme werden nun auch gern in Wohnungen verwendet. Manche sind mit eckigen oder runden Profilen erhältlich und können in den verschiedensten Formen angeordnet werden.

NIEDERVOLT-STRAHLER
Wenn Sie einen Gegenstand mit einem dünnen Lichtstrahl hervorheben oder dekorative Lichtpunkte schaffen wollen, eignet sich am besten eine Wolfram-Halogenlampe. Dieser Strahler mit integriertem Transformator ist für eine Niedervolt-Wolfram-Halogenlampe gedacht; der Lichtstrahl ist 9 bis 36 Grad breit.

STRAHLER MIT HÜLLE
Die Reflektorlampe für Normalspannung in diesem Strahler steckt in einer weißen Aluminiumhülle. Dieses Beleuchtungselement ist ebenso elegant wie funktional.

STRAHLER OHNE HÜLLE
Diese Leuchte besteht aus einer Fassung, in die eine Reflektorlampe für Normalspannung geschraubt wird. Je nach Birne lässt sich die Breite des Lichtstrahls von 10 bis 30 Grad verändern.

Kerzenlicht
Die flackernden Schatten und das warme Leuchten der Flammen schaffen eine ruhige Atmosphäre. Kerzenhalter, Wandleuchter und andere Formen sind in vielen Variationen erhältlich, so dass sich immer das Richtige findet. Kerzenhalter aus Stein und Bambus sowie die in Abständen angeordneten Kiesel verraten hier den fernöstlichen Einfluss.

PFLEGE

TEXTILIEN HABEN EINE LÄNGERE LEBENSDAUER, wenn man dafür sorgt, dass der Stoff vor extremer Belastung geschützt ist. Direkte Sonneneinstrahlung lässt die Farben und Muster verblassen und strapaziert auf lange Sicht das Material. Auch Wärmequellen können schaden, deshalb sollten Wohntextilien nie zu nah an Heizkörpern, Öfen oder offenem Feuer stehen. Die beste Methode, Textilien in gutem Zustand zu halten, ist regelmäßiges Reinigen. Entfernen Sie Staub von Polstermöbeln immer mit dem Staubsauger. Tierhaare bleiben oft im Gewebe hängen; man entfernt sie mit Klebeband. Gestrichene, tapezierte oder geflieste Flächen benötigen weniger Pflege, wenn man sie vor dem Dekorieren sorgfältig vorbereitet und sich an die Gebrauchsanweisungen für Pflege und Reparatur hält.

Vergewissern Sie sich bei der Stoffauswahl, ob das Material der Belastung gewachsen ist. Stoffe mit Antifleckenausrüstung sind praktisch, wenn man Kinder oder Haustiere hat, da sie weniger leicht verschmutzen. Man kann die Textilien zu diesem Zweck aber auch mit einem Spray behandeln.

STOFFE

STOFFE REINIGEN

Jeder Stoff hält länger, wenn man ihn in gutem Zustand hält. Bei vielen Stoffen ist die Pflegeanleitung in Form von internationalen Symbolen auf der Webkante oder dem Etikett aufgedruckt. Befolgen Sie diese Anweisungen genau. Wenn Sie bezüglich Pflege oder Einlaufen Zweifel haben, geben Sie die Teile am besten in die chemische Reinigung. Paspelkordel sollte man vor der Verarbeitung an waschbaren Teilen immer vorwaschen, da sie bei der ersten Wäsche einläuft.

GARDINEN UND ROLLOS

Bei mit Gardinenband verarbeiteten Gardinen Haken abnehmen und Schnur aufknoten. Gardinenband glatt ziehen und Staub ausschütteln. Waschbare Gardinen oder Rollos mit etwas flüssigem Waschmittel zehn Minuten in kaltem Wasser einweichen. Ausspülen und nach Pflegeanleitung waschen. Tüllgardinen so oft wie nötig vorsichtig waschen, damit sie immer adrett wirken. Hängt man Gardinen nach der Wäsche nicht sofort wieder auf, hängt man sie auf Kleiderbügel, damit sie nicht aus der Form geraten. Bei Tüllgardinen lassen sich die Falten leichter wieder legen, wenn man die Gardinen noch etwas feucht aufhängt.

LOSE BEZÜGE

Lose Bezüge müssen auch nach dem Waschen noch exakt sitzen, daher sollte man sorgfältig kalkulieren, wie stark sie einlaufen. Bezug zunächst auf dem Möbelstück mit Staubsauger reinigen. Dabei gleichzeitig den Stoff untersuchen und bei Bedarf kleine Reparaturen vornehmen. Bezug abnehmen und je nach Pflegeanleitung mit Hand oder Maschine waschen bzw. chemisch reinigen lassen. Bei Kissenbezügen Verschlüsse vor dem Waschen schließen. Zum Trocknen aufhängen und nach Möglichkeit bügeln, solange der Stoff leicht feucht ist. Polsterbezüge aufziehen und bei Bedarf noch einmal bügeln, dabei sauberes Tuch unter das Eisen legen.

FLECK-ENTFERNUNG

Reste sofort abwischen. Flecken durch Tupfen, nicht durch Reiben und von außen nach innen bearbeiten. Möglichst von der Stoffunterseite arbeiten, dabei saugfähiges Papier oder Stoff auf Oberseite halten. Lösungsmittel oder Fleckentferner mit sauberem, weißem Tuch auftragen. Bei Zweifelsfällen Teil in die Reinigung geben. Die meisten Fleckentferner und Lösungsmittel sind giftig, feuergefährlich und dürfen nicht eingeatmet werden. Stoff nicht mit Lösungsmitteln tränken. Reinigungsflüssigkeiten immer vorsichtig auftragen und Gebrauchsanweisung beachten.

FETT- UND ÖLFLECKEN

Reste mit stumpfem Messer abnehmen und Stoff mit saugfähigem Küchenpapier abtupfen. Stelle mit fettlösendem Mittel behandeln. Oder Talkumpuder auf die Stelle streuen, um Öl oder Fett aufzusaugen, und vollgesogenen Puder abbürsten. Immer wieder einpudern und ausbürsten, bis alles Öl aufgesaugt ist.

NICHT FETTIGE FLECKEN

So viel Reste wie möglich mit stumpfem Messer entfernen und Stelle mit saugfähigem Papiertuch abtupfen. Mit sauberem, kaltem Wasser ausspülen oder mit Schwamm abwischen. Bei hartnäckigeren Flecken Fleckentferner benutzen.

BLUT

Frische Flecken oder Spritzer mit sauberem, kaltem Salzwasser und Schwamm bearbeiten. Stoff einweichen und mit biologischem Waschmittel waschen. Gründlich ausspülen.

WACHS

Überschüssiges Wachs abnehmen. Stelle zwischen zwei Lagen Pack- oder Löschpapier legen und mit warmem Bügeleisen vorsichtig über obere Papierschicht bügeln, um das Wachs zu schmelzen.
Fleckreste mit fettlösendem Mittel entfernen. Bei Florstoffen Wachs auf keinen Fall abziehen, sondern Papier

auf die Stoffoberfläche legen und von der Rückseite durch das Papier bügeln.

Kaugummi
Eine Tüte mit Eiswürfeln auf die Stelle halten, bis es hart wird. Das verhärtete Gummi vom Stoff abziehen. Es gibt auch speziellen Kaugummi-Entferner.

Kaffee und Tee
Flüssigkeit sofort aufsaugen, dann Stelle in warmer Lösung aus biologischem Waschmittel einweichen. Bei Bedarf nach dem Trocknen speziellen Fleckentferner anwenden.

Tinte
Tintensorte identifizieren und entsprechenden Fleckentferner benutzen; bei falscher Behandlung fixiert man den Fleck. Im Zweifelsfall in die Reinigung geben. Tintenfleck mit Äthylalkohol (Brennspiritus) betupfen und Stoff nach Pflegeanleitung waschen.

Lippenstift
Lippenstiftreste entfernen und Fleck mit Eukalyptusöl betupfen. Nach einer Stunde Stoff ausspülen und nach Pflegeanleitung waschen.

Wandfarbe und Lack
Bei Lacken und Farben auf Wasserbasis Reste abtupfen und Stelle mit sauberem, kaltem Wasser und Schwamm bearbeiten. Nach Pflegeanleitung waschen oder Farbentferner benutzen. Bei Kunstharzfarben Reste abschaben und mit Terpentinersatz oder Fleckentferner behandeln.

Wein
Den Fleck nicht eintrocknen lassen, sondern den Wein aufsaugen und die Stelle mit Salz bestreuen. Wenn das Salz durchtränkt ist, abschütteln und bei Bedarf wiederholen. Das Salz mit dem Staubsauger entfernen und den Fleck mit kaltem Wasser und sauberem Tuch betupfen, Fleckentferner benutzen oderden Stoff mit biologischem Waschmittel waschen.

ANSTRICH
Die meisten gestrichenen Flächen lassen sich ohne weiteres abwischen. Allerdings muss der Anstrich noch in gutem Zustand sein. Im Zweifelsfall kann es besser sein, die Fläche neu zu streichen. Die meisten Farbhersteller geben Hinweise zur richtigen Reinigung ihrer Produkte. Ölfarben sind in der Regel unempfindlicher als wasserlösliche Farben und können abgewaschen oder leicht gescheuert werden, um Schmutz zu entfernen.

TAPETEN
Tapeten gibt es mit verschiedenen Oberflächen, von scheuerbeständig bis äußerst druckempfindlich. Abwaschbare Tapeten sind versiegelt und können mit einem Schwamm abgewischt werden. Auch Vinyltapeten sind abwaschbar. Textiltapeten können abgebürstet oder mit dem Staubsauger gereinigt werden. In Zweifelsfällen finden sich Hinweise des Herstellers bei jeder Tapetenrolle. Wenn eine Reinigung nicht möglich ist, kann die betreffende Stelle geflickt oder die Bahn neu tapeziert werden. Eventuell ist es nötig, den ganzen Wandabschnitt neu zu tapezieren.

FLIESEN
Fliesen sind sehr robust; eine richtig geflieste Fläche hält lange Jahre. Der Fugenzement hingegen ist anfälliger und verfärbt sich mit der Zeit. Die meisten Probleme lassen sich lösen, ohne große Flächen neu zu fliesen. Fugenzement ist besonders gefährdet, wenn er längere Zeit der Feuchtigkeit ausgesetzt ist; deshalb ist es wichtig, für solche Flächen das richtige Material zu verwenden.

Schmutziger Fugenzement
Schmutziger Fugenzement muss nicht unbedingt ersetzt werden. Er kann mit Fugenweiß erneuert werden. Schmutz mit einer feinen Bürste oder einer alten Zahnbürste und warmem Wasser mit Haushaltsreiniger entfernen. Wenn der Fugenzement getrocknet ist, Fugenweiß auftragen. Wenn der Fugenzement nicht nur schmutzig, sondern auch beschädigt ist, auskratzen und ersetzen.

Schimmliger Fugenzement
In einer feuchten Umgebung wie Küche oder Bad kann Fugenzement auch schimmeln. Nach Angaben des Herstellers mit einem geeigneten Fungizid behandeln. Wenn der vorhandene Fugenzement stark verfärbt ist, mit Fugenweiß erneuern oder auskratzen und ersetzen.

TEPPICHE
Bodenbeläge jeder Art sind in der Regel stark beansprucht und schmutzen schnell, wenn sie nicht regelmäßig gepflegt werden. Teppiche und Bodenbeläge aus Pflanzenfasern sehen besser aus und halten länger, wenn sie einmal pro Woche gründlich abgesaugt werden. Außerdem sollten sie gelegentlich mit Teppichschaum behandelt werden. Flecken sofort entfernen, wenn sie entstehen; dabei darf der Bodenbelag nicht zu nass werden, da er sonst fault.
Fleckentferner immer erst an einer unauffälligen Stelle in kleinen Mengen ausprobieren. Bei Schlammflecken auf Teppichen warten, bis der Schlamm fest wird, dann abbürsten oder abheben. Die Fläche staubsaugen, mit Seifenwasser abwischen und die Seife gut auswaschen. Läufer werden ähnlich behandelt wie Teppichböden. Langflorige Läufer sollten nur an wenig beanspruchten Stellen liegen; der Schmutz wird gelegentlich ausgeschüttelt, damit er sich nicht tief im langen Flor absetzt.

GLOSSAR

Absteppen Dicker, dekorativer Zierstich zur Betonung von Nahtlinien.

Abdeckband Klebeband, das beim Renovieren unentbehrlich ist, z. B. zum Abdecken von Flächen, die nicht gestrichen werden sollen.

Abwärtsstrahler Deckenleuchte, deren Lichtstrahl nach unten gerichtet ist.

Acryllack Wasserlöslicher Lack für Innenanstriche. Ist matt, seidenmatt und hochglänzend erhältlich.

Arbeitsbeleuchtung Lokale Beleuchtung einer bestimmten (Arbeits-)Fläche.

Aufrauen Vorbereitung von Flächen, die mit Farbe oder Kleister behandelt werden sollen. Dazu wird Schleifpapier oder Stahlwolle verwendet.

Besatz Verzierungen wie Einfassung, Paspel, Rüsche und Stehsaum an Textilien. An fertigem Besatz sind u. a. Fransen und Zierkordeln erhältlich.

Bildschiene Leiste im oberen Teil einer Wand, aber deutlich unter der Decke, zum Befestigen von Bilderrahmen (*siehe auch* Leiste).

Bogen Stoffdrapierung, bei der die Enden höher als die Mitte gezogen werden, so dass der Stoff im Bogen fällt. Für Querbehang aus Bogen und Schärpen.

Dispersionsfarbe Schnell trocknende wasserlösliche Farbe für Wände und Decken.

Doppelter Saum Saum, bei dem der Stoff zweimal, meist in der gleichen Breite, umgelegt wird, so dass die Schnittkante völlig verdeckt ist.

Durchschlagen Lockerer Stich zum Markieren von Stoffen, z. B. zum akkuraten Zusammensetzen.

Einfassung Stoffstreifen, der die Schnittkanten verdeckt (*siehe auch* Besatz).

Einlage Aufbügelbares Material, mit dem man Raffbänder und andere Heimtextilien versteift.

Französische Naht Kräftige, versäuberte Naht, bei der auf der rechten Stoffseite keine Stiche zu sehen sind. Ideal für dünne Stoffe, nur an geraden Kanten zu verwenden.

Fries Waagerechtes, meist recht breites dekoratives Band, das in der oberen Wandhälfte nahe der Decke verläuft. Wird gemalt oder mit einer speziell gefertigten, kontrastierenden Tapete hergestellt (*siehe auch* Schablonieren *und* Stempeln).

Fugenzement Wasserbeständige Paste, die in die Fugen zwischen Fliesen gefüllt wird. Fugenzement ist in der Regel weiß, kann aber auch farbig sein. Die Technik zum Auftragen von Fugenzement nennt man Verfugen.

Furnier Dünnes Holz oder ähnliches Material, mit dem raues Holz oder Sperrholz überzogen wird, um eine glatte, dekorative Fläche zu schaffen.

Gardinenband Fertiger Streifen, der oben an die Gardine genäht und am Aufhängesystem befestigt wird. Es gibt verschiedene Sorten; durch Anziehen der Schnüre entstehen die Faltenformen.

Gerader Fadenlauf Richtung der Webfäden im Stoff (*siehe auch* Kett- *und* Schussfäden).

Gipskartonplatte Wird als Oberfläche für Wände und Decken verwendet. Besteht aus einer Schicht Gips zwischen zwei dicken Papierschichten.

Hinterfütterung Material, das zur Verstärkung von empfindlichen oder durchscheinenden Stoffen auf die Rückseite aufgenäht wird.

Grundierung Flüssigkeit, die vor dem Voranstrich auf Holz oder Metall aufgetragen wird, damit die Fläche die Farbe besser annimmt.

Handversäuberte Naht Nähtechnik zum Verdecken von Schnittkanten. Benötigt eine breitere Nahtzugabe als Kappnähte.

Heftstich Langer Stich, mit dem Stoffteile vor dem Nähen provisorisch zusammengehalten werden.

Hintergrundbeleuchtung Künstliche Beleuchtung für den ganzen Raum, die oft das Tageslicht nachahmen soll.

Hohlwand Zwei Gipskartonplatten mit einem Hohlraum dazwischen, die als Raumteiler dienen sollen. Der Hohlraum wird meist mit Isoliermaterial wie Polystyrol gefüllt.

Holzlasur Produkt zum Versiegeln von Holzflächen. In verschiedenen Farben und Qualitäten erhältlich.

Inlett Wird wie ein Kissenbezug gearbeitet. Für Kissenfüllung oder Wattierung. Geeignete Stoffe: Kambrik, Nessel, Futterstoff oder alte Laken.

Kambrik Feiner weißer Leinen- oder Baumwollstoff für Kisseninletts. Dicht gewebt und deshalb besonders für Daunen- und Federfüllungen geeignet.

Kappnaht Stabile, flache Naht, häufig bei stark belasteten Polstermöbeln oder Heimtextilien verwendet.

Kelim Flacher, gewebter Teppich aus dem Orient oder Zentralasien. Wird meist aus Wolle hergestellt und zeigt geometrische Muster.

Kettfäden Längsfäden, die parallel zur Webkante verlaufen (*siehe auch* Schussfäden *und* Webkante).

Klettband Stoffverschluss aus zwei Nylonstreifen, einer mit winzigen Haken, der andere mit Schlingen besetzt, die beim Zusammendrücken aneinander haften.

Kräuselstich Einfacher Vorstich zum Einkräuseln von Stoffkanten.

Langettenstich Zum Versäubern von Schnittkanten oder als Zierstich.

Lasur Glatter Anstrich mit durchscheinender Farbe (*siehe auch* Holzlasur *und* opalisierende Lasur).

Leiste Schmaler waagerechter Zierstreifen aus Holz, Gips oder anderem Material.

Leiterstich Zum Zusammensetzen von gemusterten Stoffteilen, für exakte Musteranschlüsse an Nahtstellen.

Lochstickerei Feiner, bestickter Stoff, meist mit Blumenmuster, auch als Besatz.

Makulatur Ungemusterte Tapete, die vor dem Streichen oder Tapezieren an Wände und Decken geklebt wird, um besonders glatte Flächen zu schaffen.

Musterrapport Die Länge des Rapports ist der Abstand zwischen den Punkten, nach denen sich ein Muster auf Stoff oder Tapete wiederholt. Dieses Maß muss man kennen, wenn man gemusterte Stoffe oder Tapeten zusammensetzt oder das Muster bei geschlossenen Vorhängen zusammenpassen soll.

Nahtzugabe Stoff, den man beim Zusammensetzen von zwei Stoffteilen zugibt. Wird in der Regel nach dem Zusammennähen beschnitten.

Nessel Kräftiger, meist naturweißer Baumwollstoff, wird für Kisseninletts und Weißpolster verwendet (*siehe auch* Inlett).

Ölfarbe Langsam trocknende Farbe für Holz, Möbeln und Metallflächen. Wird heute zunehmend durch wasserlösliche Farben ersetzt.

Opalisierende Lasur Mischung aus Terpentin, Leinölfirnis, Trockenmittel, Schlämmkreide, Terpentinersatz und Pigmenten, z. B. Künstlerölfarben oder Farbpulver. Wird für Farbstruktureffekte oder einfache Anstriche über mehreren Lagen seidenmatter Farbe verwendet. Die durchscheinende Lasur harmoniert im Farbton mit dem Grundanstrich.

Paspel Einfassung für zahlreiche Heimtextilien wie Kissen, Kopfkissen und Bettbezüge zur professionell wirkenden Verarbeitung.

Patchwork Technik, bei der kleine, gleichmäßig geformte Stoffstücke zu einem großen Teil zusammengesetzt werden.

Plastiktütentechnik Farbstruktureffekt, der mit einem Stoff- oder Papierballen in einer Plastiktüte hergestellt wird. Die Tüte wird in einen Anstrich mit opalisierender Lasur gedrückt. Dadurch entstehen in der feuchten Farbe klare Abdrücke (*siehe auch* Opalisierende Lasur).

Pudern Oberflächenbehandlung von Holz mit einer besonderen Paste oder mit Wachs, die einen Bleicheffekt ergibt.

Querbehang Stoffstreifen, der die Oberkante von Gardine oder Vorhang verdeckt (*siehe auch* Schabracke).

Quilt Zwei Stoffteile, zwischen denen eine Lage Wattierung gefasst wird.

Rückstich Handnähstich für stabile Nähte oder zum Einsetzen von Reißverschlüssen.

Rupfen Grober, einfarbiger gewebter Stoff, der für Tapeten, Polsterstoff und andere weiche Möbelmaterialien verwendet wird. Auch Sackleinen genannt.

Saumstich Für Säume oder Nähte auf rechter Stoffseite, zum Beispiel zum Zunähen von Kissenbezügen. Auch überwendlicher Stich genannt.

Schablonieren Auftrag von Farbe auf eine Fläche durch eine Schablone, um ein einzelnes oder fortlaufendes Muster herzustellen.

Schabracke Dekoratives Holz- oder Stoffteil zum Verdecken der Oberkante von Gardinen oder Rollos; bei Polsterbezügen zum Verdecken der Unterkonstruktion.

Scheuerleiste Schmale Bordüre, meist aus Holz, die am unteren Ende der Wand angebracht wird. Auch Fußleiste genannt.

Schlagschnur Schnur, die mit farbiger Kreide überzogen und an einem Gewicht befestigt ist. Wird verwendet, um gerade, senkrechte Linien anzuzeichnen.

Schräger Fadenlauf Verläuft in einem Winkel von 45 Grad zum Fadenlauf (*siehe auch* Kettfäden *und* Schussfäden).

Schrägstreifen Im schrägen Fadenlauf zugeschnittene Stoffstreifen. Zum Einfassen von Paspelkordel oder Schnittkanten.

Schussfäden Querfäden, die über und unter den Kettfäden verlaufen (*siehe auch* Kettfäden *und* Webkante).

Senkblei Schnur mit einem Gewicht am Ende, die verwendet wird, um senkrechte Linien festzulegen.

Simpler Zirkel Schnur, die an einen Bleistift und eine Reißzwecke gebunden wird. Zum Zeichnen von Kreisen oder Bögen auf Schnittmuster oder Stoff.

Sockel Waagerechtes Sims, das meist in Hüfthöhe an der Wand angebracht wird, um den unteren Teil vom oberen zu trennen.

Sockelhalterung Ringförmiger Teil eines Lampenschirmgestells, der die Fassung im Lampenschirm hält.

Sperrgrund Flüssigkeit, die vor dem Tapezieren auf die Wand gestrichen wird, damit diese weniger saugfähig wird. Dadurch lässt sich die Tapete später leicht lösen.

Stecken und Heften Arbeiten, mit denen Stoffteile vor dem Nähen zusammengehalten werden. Stecknadeln rechtwinklig zur Nahtlinie stecken, dann lose Heftstiche entlang der Nahtlinie arbeiten. Die Stecknadeln entfernt man nach dem Heften, den Heftfaden nach dem endgültigen Nähen.

Steifleinen Dickes, versteiftes Sackgewebe. Zum Verstärken für Schabracken und andere Heimtextilien.

Stempeln Herstellung und Anwendung von Musterstempeln auf einer glatten Fläche. Wird oft für Bordüren verwendet.

Steppstich Langer Stich, mit dem man bei Vorhängen Futter und Zwischenfutter locker am Oberstoff festhält. Bei jedem Stich nimmt man nur ein oder zwei Stofffäden auf, der Faden wird zu Schlingen gelegt.

Stoffballentechnik Farbstruktureffekt, der durch Farbauftrag oder -abtrag mit einem sauberen, zerknüllten Tuch entsteht. Als Grundlage eignet sich opalisierende Lasur (*siehe auch* Opalisierende Lasur).

Stoffwickeltechnik Farbstruktureffekt, der mit einem sauberen, in Terpentin getränkten Lappen oder Fensterleder hergestellt wird. Das Tuch wird durch eine opalisierende Lasur gerollt, so dass unregelmäßige Abdrücke entstehen (*siehe auch* Opalisierende Lasur).

Stupfen Farbstruktureffekt, der mit der Stupfbürste oder einem festen Besen hergestellt wird. Nasse opalisierende Lasur wird mit der Bürste auf eine Fläche gestupft, so dass Abdrücke der Borsten zurückbleiben (*siehe auch* Opalisierende Lasur).

Überwendlicher Stich *siehe* Saumstich

Unterlage Gummi- oder Filzstücke, die unter Teppichböden gelegt werden.

Volant Stoffstreifen, z. B. an der Unterkante von Bettdecke oder Bettüberzug.

Vorstich Einfacher Stich, der durch Auf- und Abstecken in einer Richtung in Stofflagen entsteht. Heft- und Kräuselstich bestehen ebenfalls aus Vorstichen.

Webkante Stoffkanten zu beiden Seiten einer Stoffbahn. Diese Kanten sind versäubert und fransen deshalb nicht aus.

Wolken Es gibt zwei Varianten dieser Technik, den Farbauftrag und den Farbabtrag mit dem Schwamm. Für Letzteres wird ein Schwamm in Terpentinersatz getaucht und die noch nasse Lasur damit abgetupft (*siehe auch* Opalisierende Lasur).

Zackenschere Schere, mit der man Schnittkanten abschneidet und versäubert. Diese Technik eignet sich überwiegend für innen liegende Nähte.

Ziehen Farbstruktureffekt, für den ein Strukturpinsel sorgfältig von oben nach unten durch opalisierende Lasur gezogen wird. So entstehen feine senkrechte Striche (*siehe auch* Opalisierende Lasur).

Zwischenfutter Dickes, weiches Baumwoll- oder Synthetikmaterial, mit dem man Vorhänge zur Wärmedämmung füttert.

REGISTER

A

B

C

D

E

F

G

U

V

W

Z

DANKSAGUNGEN

DANKSAGUNGEN DES AUTORS

Ich widme dieses Buch meiner Frau Julia, die mich bei der Arbeit daran mit Liebe und Geduld unterstützte.

Für die Recherchearbeiten, die Herstellung und Zusammenstellung der Heimtextilien danke ich Alison Kingsbury.

Außerdem danke ich folgenden Personen für ihre Unterstützung bei diesem Projekt: Louise Greenwood, Ali Edney und Tracey Turner von Liberty, Martin Ephson von Farrow & Ball; Richard Foxell und Martin James von Foxell & James. Alex Portelli von World's End Tiles; Karen Buswell von Mulberry at Home, Stephen Bunce von London Lighting; Annabel Lewis von V.V. Rouleaux. Martin Long von The Carpet Library; Beattie und Trish von Rossiters; Dave Marsh; Lyn Sherwood und Ian Mankin von Ian Mankin Ltd.; Caroline Brandenberger; Liz Crouch; Harrington Evans; Diana Ekins und der Stencil Library.

Dekoration wurde zur Verfügung gestellt von:
Patrizia Antonicelli, P & A Collection Teppiche 313; Gloria Birkett, bestickter Kissenbezug 149; Carpet Library, London, Bodenbeläge aus Naturfasern 311; Carvills Furnishings Ltd., Uckfield Tapete 273; Crossleys, Somerset, Heimtextilien und Teppichmuster 311; Designers Guild 57, Borten 82, Karostoff 87 und 88–89, Mustertapete 264–270; Diana Lampshades, Hampshire Zubehör und Beratung 201–213; Christopher Farr, London, Teppiche 313; Farrow & Ball, Dorset, alle Dispersions-, Hochglanz- und Seidenmattfarben; Foxell & James, London, Spezialwerkzeuge und Material; Frome Feather Company, Somerset, Polsterkissen; Habitat UK, Stuhl 154–155 und 156–157, Stuhl 160–161; runder und rechteckiger Tisch 186–192; Christopher Legge, Oxford, Teppiche 313; Liberty, London, Musterstoff 44–45, 49, 50–51, Musterstoff 52–53, 55, 56–57, Musterstoff 66–67, 68–69, 117, 139, 145, geblümter Stoff 194, Tapetenborte 269; Litvinoff & Fawcett, London, Bett und Matratze; Lumiance UK und London Lighting, Beleuchtung 338–339; Mulberry at Home, Musterstoff 20–21, 72–73, Musterstoff 87, Stoff 92–93, 118, 188, 192–193, bedruckter Voile 195, 206–207, 208–209; Papyrus, Bath & London 210–211; Pennells Uckfield, Axminster-Teppich 311; Rossiters, Bath, Messingarmaturen 40; V.V. Rouleaux, London, alle Bänder und Borten; Rufflette®, Gardinenrollen 38, Gardinenband 44; Shaker Shop, London, Kerzen und Kerzenhalter 340; Sussex House, London, Hocker 176–177; Swish, Gardinenhaken, Aufhängungen und Schienen 39; Tile and Flooring Centre, Bath, Holz- und Korkbodenmuster; Wagner Spraytech (UK) Ltd., Akku-Farbrollen, -Pinsel und Spritzpistole; Westbury Wallpapers; Wiltshire Wallpapers; World's End Tiles, London, Wandfliesen 280–281, alle Fliesen 282–291, Bodenfliesen 301; Sinclair Till, London, Linoleum 301.

DANKSAGUNGEN DES VERLAGES

Dorling Kindersley dankt Mark Ronan, Candida Ross-MacDonald und Sharon Lucas für ihre Unterstützung im Lektorat, Tim Scott und Colette Ho für ihre Unterstützung beim Design, Emily Hedges und Jess Walton für die Bildrecherche, Noel Barnes und Doug Miller für die Seitenzusammenstellung und Unterstützung am Computer, Pat Coward und Hilary Bird für das Register, Andrew MacDonald für die Zeichnungen, Simon Moore, Ben Pulsford und Charlie Cook für den Aufbau.

BILDNACHWEIS

Legende: o oben, m Mitte, u unten, l links, r rechts
Alle Fotos von Tim Ridley, Steve Gorton, Andy Crawford und Nick Goodall, außer:
Peter Anderson 332ol
Anna French (0207 351 1126) 34r, 271
Arcaid/Belle Earl Carter 274–275; Simon Kenny 276or; Willem Rethmeier 129u
Artisan (0171 498 6974) 32–33, 37u
Laura Ashley Ltd (0870 5622 116) 37ol, 79or
Coloroll 252u
Crowson Fabrics (01825 761055) Parisienne III Collection 152–153
Crucial Trading (01562 825656) 101a, 308l
The Conran Shop 313l
Eclectics (0870 010 2211) 76, 79ol, 79u, 84–85, 86–87;
Farrow & Ball (01202 876141 Mail Order & Stockists) 4, 252ol
Fired Earth Moustier tiles and Memphis Blue paint 276u
Jake Fitzjones 335ol
Robert Harding Syndication/Inspirations Louise Avery 6ul, 182al; Stewart Grant 304–305; Jamie Hughes 224ol; Tim Imrie 319; Sandra Lane 180–181, 201; Lizzie Orme 96–97, 100u, 183, 222ul, 276ol, 316–317; David Parmiter 185o, 306or; Spike Powell 119; Russell Sadur 14–15; Lucinda Simons 198–199; Verity Welstead 36; Polly Wreford 128
Houses & Interiors 134–135; Mark Bolton 253; Roger Brooks 333, 335u; Jake Fitzjones 222o, 299o; Verne 196–197, 200ol, 248–249
ICI/DULUX (01753 550555) Walls ›Limbo‹ vinyl silk emulsion und ›Beach Hut‹ vinyl matt emulsion; Screen ›Anguilla‹ satinwood; Gallery door ›Gerbera‹ high gloss 222ur; Walls ›Apple Basket Exclusives‹ vinyl soft sheen; Woodwork ›Almond White Satinwood from Dulux Ready-to-Use range 224u
Interior Archive Henry Wilson, Denise Lee (Designer) 332u; Andrew Wood 76or, Spencer Fung (Architect) 278a, Leonie Lee (Designer) Whittle/Snap Dragon 140–141, Jo Malone (Owner) 164l; Edina van der Wyck, Katrin Cargill (Stylist) 2, 108–109; Simon Upton 279, Michael Reeves (Designer) 272, Carol Thomas (Designer) 203u, Vaight (Owner) 308r
IPC Syndication/Homes & Gardens 124–125, 166, 200or, 225; Andreas von Einsiedel 307; David George 100u; Jane Gifford 306or; Tom Leighton 126l; John Mason 255u; Jonathan Pilkington 167o; Lucy Pope 74–75, 79ml; Trevor Richards 220–221; Kim Sayer 223; Pia Tryde 47, 98mr, 127, 165, 310; Andrew Wood 341; Polly Wreford 100o, 158–159, 342–343; Simon Upton 321;
IPC Syndication/Living Etc Peter Aprahamian 296o; Graham Atkins-Hughes 318l
H&R Johnson Ceramics International (01782 575575) 6or
Malabar (0171 501 4200) Minto (no.8) 48, Samarkand (no.3) plus co-ordinating fabrics 58–59
Andrew Martin (0171 225 5126) 1, 98u, 129l
Ray Main/Mainstream 129or, 294–295, 337; Babylon Design 335or; Martin Lee Associates (Developers) 297; Lawrence Llewelyn-Bowen (Designer) 330–331; Susannah Lumsden (Architect) 300
Narratives Jan Baldwin 182u, 200u, 214–215, 236–237, 254, 312, 332or; Denis Mortell 98ol; Verity Welstead 297u
Roger Oates Design (01531 631611) 306u, 309o
Original Style Ltd (01392 474058) 298
Paint Magic (0181 960 9960) 224or, 302, 320ul
Paul Ryan/International Interiors Designer: Harriet Anstruther 202, Designer: Jan des Bouvrie 203o, Designer: John Michael Ekeblad 320ur, Designer: Barbro Grandelius 309ur, Architect: David Ling 120, Designer: Lee Mindel 99
The Rug Company (0171 792 3245) 313ml, 313mr, 313r
Arthur Sanderson and Sons Ltd (01895 201509) 70–71, 167, 178–179, 250–251, 252or, 309ul
Volga Linen Company (01728 635020) Simon Upton 185u
Elizabeth Whiting & Associates Brian Harrison 299o, Rodney Hyett 322–323, Neil Lorimer 76ol, 277, Tom Leighton 334
John Wilman Fabrics & Wallpapers 7, 35, 37or, 77, 78, 127o, 162–163, 164r, 184, 255o, 320o
World's End Tiles (0207 819 2100) 278u, 292–293
Helen Yardley 313ul, 313um, 313ur